Lit 485
SIM 8

Patrick Marnham

Der Mann, der nicht Maigret war

Das Leben des Georges Simenon

*Übertragen
von Helmut Kossodo*

Albrecht Knaus

Die Originalausgabe ist 1992 unter dem Titel
«The Man Who Wasn't Maigret»
bei Bloomsbury, London, erschienen

Umwelthinweis:
Dieses Buch und sein Schutzumschlag wurden auf chlorfrei gebleichtem Papier gedruckt. Die vor Verschmutzung schützende Einschrumpffolie ist aus umweltschonender und recyclingfähiger PE-Folie.

Der Albrecht Knaus Verlag
ist ein Unternehmen der Verlagsgruppe Bertelsmann

1. Auflage
© 1992 by Patrick Marnham
© Albrecht Knaus Verlag GmbH, Berlin 1995
Gesetzt aus Korpus Baskerville
Satz: Filmsatz Schröter GmbH, München
Schutzumschlag von Klaus Renner unter
Verwendung eines Photos von Paul.Buisson
(Collection Fonds Simenon de l'Université de Liège)
Wiener Verlag · Printed in Austria
ISBN 3-8135-2208-3

Inhalt

Vorbemerkung 7
Zeittafel 11
Vorspiel – Lausanne 1989: Tod eines Mannes ohne Beruf 21

Erster Teil: Der Tatort

1 Lüttich 1903: Präliminarien zum Tod eines Mannes
 ohne Beruf 29
2 Der Tod einer Kindheit 66
3 Der jugendliche Kolumnist 88
4 Der Tod eines Journalisten 112
5 Der Tod Kleines 135

Zweiter Teil: Das Idiotengenie

6 «Manger et faire l'amour» 151
7 Eine gewisse Idee von Frankreich 178
8 Tod eines Playboys 204
9 Der Flüchtlingskommissar 246
10 Verwirrung, Angst, Verrat und Betrug 272

Dritter Teil: Eine Krankheit und ein Fluch

11 Die Falle schnappt zu 305
12 Shadow Rock Farm 334
13 Der Akt des Hasses 359
14 Der Mann im Glaskäfig 388

Anhang

Ein flämisches Gerippe im wallonischen Familienschrank ... 425
Bibliographie 427
Register 435
Bildnachweis 445

Vorbemerkung

Romanschriftsteller versuchen manchmal ihre Biographen zu überlisten, indem sie ihre Papiere vernichten lassen. Georges Simenon bediente sich einer raffinierteren Methode. Er vermachte eine ausgiebige Sammlung beruflicher Dokumente einer Stiftung der Universität seiner Heimatstadt Lüttich, veröffentlichte eine Autobiographie von 1048 Seiten und ließ dieser noch ein einundzwanzigbändiges Memoirenwerk folgen. Zuvor hatte er bereits zwei autobiographische Romane, ein Tagebuch und zwei frühere Memoirenbände veröffentlicht. Das macht insgesamt siebenundzwanzig Bände, von denen nur vier ins Englische übersetzt worden sind. In diesen zahlreichen Schriften über die Ereignisse seines Lebens widerspricht er sich auf vergnügliche Weise und warnt den Leser oft vor der Unzuverlässigkeit früherer Berichte. Ich glaube, daß der Schlüssel zu seinem Leben in diesem Netz von Widersprüchen zu finden ist, und ich wurde auch von einer seiner Bemerkungen beeinflußt, wonach «ein Mensch bis zum Alter von etwa achtzehn Jahren Material in sich aufnimmt. Was er bis dahin nicht aufgenommen hat, wird er nie aufnehmen».

Dieses Buch macht es sich unter anderem zum Thema, Verbindungen zwischen Simenons wirklichem Leben und seinen Romanen aufzuzeigen. Sollte mein Bericht Leser ermutigen, zum Werk des Schriftstellers zurückzukehren, den André Gide «den größten Romancier unserer Zeit» nannte, so wäre das nur zu begrüßen. Die Genialität Simenons wurde von seinen berühmten Zeitgenossen hoch gepriesen und hat ihm enorme Verkaufserfolge eingebracht, aber er ist trotzdem immer bescheiden geblieben. Auf dem Höhepunkt seines Ruhms sagte er einmal: «Der Künstler ist vor allem ein kranker und in jedem Fall ein labiler Mensch – soweit man den Ärzten Glauben schenken kann ... Warum sollte man darin eine Art Überlegenheit sehen? Ich täte besser daran, die Leute um Verzeihung zu bitten.»

Zu besonderem Dank bin ich Madame Christine Swings verpflichtet, der Verwalterin des Centre d'Etudes Georges Simenon an der Universität Lüttich. Ihre praktischen Ratschläge und Ermutigungen haben mich inspiriert. Auch bin ich für die Hilfe und die Gastfreundschaft der Familienangehörigen Georges Simenons dankbar, Madame Denyse Simenon, Marc Simenon und seiner Gattin Mylène Demongeot, John Simenon, Madame Henriette Liberge und Madame Teresa Sburelin. Bernard de Fallois, der ehemalige Direktor der Presses de la Cité, der jahrelang Simenons engster Freund war, hat mir als Berater und Informant unschätzbare Dienste erwiesen. Madame Joyce Pache-Aitken, die Verwalterin von Simenons Nachlaß in Lausanne, seine literarische Testamentsvollstreckerin und seine Sekretärin während mehr als dreißig Jahren, hat mir viele Fragen beantwortet und mir Dokumente zugänglich gemacht, die nirgendwo sonst zu erhalten gewesen wären.

Für ihre Hilfe danke ich ferner (unter vielen anderen) Herrn Professor Paul Delbouille, dem Leiter des Centre d'Etudes Georges Simenon, Jean-Christophe Camus, Willy Rutten, Pierre Zink und Paul Giesberg in Lüttich; Bernard Alavoine in Amiens; Jean-Pierre Sanguy, Leiter der Police judiciaire, Patrick Riou, Chef der Brigade Criminelle, Madame Françoise Verdier von der Préfecture de Police, Kommissar Thierry Boulouque von der Kriminalpolizei am Quai des Orfèvres 36, dem Bibliothekar der BILIPO, Pierre Assouline, Claude Sauteur, Robert Doisneau und Robin Smythe in Paris; dem Kurator des Museums der Ecole Nationale Supérieure de la Police in Saint-Cyr au Mont d'Or; Paul Mercier in Besançon; Paul Martinon in Nizza; Julian Symons, Eric Norris und der verstorbenen Caroline Hobhouse in London.

Dem Georges-Simenon-Nachlaß danke ich für die Erlaubnis, aus folgenden Werken zu zitieren: *Je me souviens; Un homme comme un autre; Vent du nord, vent du sud; De la cave au grenier; Je suis resté un enfant de chœur; On dit que j'ai 75 ans; Quand vient le froid; La femme endormie; Jour et nuit; Destinées.* Ferner danke ich dem Georges-Simenon-Nachlaß und dem Verlag Hamish Hamilton Ltd für die Erlaubnis, aus folgenden ins Englische übersetzten Werken zu zitieren: *The Night Club; Monsieur Monde Vanishes; The Fate of the Malous; The Son; Pedigree; Letter to my Mother; Intimate Memoirs**.

Schließlich war mir meine Frau Chantal eine große Hilfe, vor allem mit ihrer Kritik und ihren Ermutigungen, dann aber auch mit ihrem praktischen Beitrag in den vielen Stunden, die sie mit Nachforschungen in der Bibliothèque Nationale und der Bibliothèque des Littératures Policières in der Rue Mouffetard, Paris 6ème, verbracht hat, und bei der Suche nach zahlreichen vergriffenen Buchausgaben.

Für eventuelle Irrtümer trage ich allein die Verantwortung.

P. M. Paris, Februar 1992

---

* Für die vorliegende Ausgabe wurden die Zitate, soweit sie in deutscher Übersetzung verfügbar waren, der bei Diogenes (Zürich) erschienenen Georges-Simenon-Gesamtausgabe entnommen. Der Übersetzer dankt dem Diogenes Verlag und ganz besonders dessen Lektorin Anna von Planta, die ihm wertvolle Hilfe geleistet hat.

Zeittafel

1903
12. Februar — Georges Simenon wird in der Rue Léopold 26 in Lüttich geboren.

1905
April — Die Familie läßt sich auf der Insel Outremeuse in der Stadtmitte von Lüttich, Rue Pasteur 3, nieder.

1906
21. September — Geburt des jüngeren Bruders Christian; Georges besucht den Kindergarten der Pfarrei Saint-Nicolas.

1908
September — Georges wechselt über auf die Primarschule der Schulbrüder, das Institut Saint-André.

1911
Februar — Die Familie zieht in die Rue de la Loi 53.

1914
August — Kriegsausbruch; die Deutschen besetzen Lüttich.
Oktober — Georges geht auf das Jesuitengymnasium Saint-Louis.

1915
Juli — Sommerferien in Embourg; Georges begegnet «Renée».
September — Georges entsagt der Berufung zum Priesteramt. Wechsel auf das Gymnasium Saint-Servais.

1918
Juli — Der Vater, Désiré Simenon, erleidet einen Herzanfall; Georges verläßt die Schule.
November — Niederlage der deutschen Armee; Befreiung Lüttichs.

1919
Januar — Georges wird Reporter bei der *Gazette de Liège*.
Juni — Er tritt der Künstler- und Anarchistengruppe «La Caque» bei.

1920
31. Dezember — Bekanntschaft mit der Kunststudentin Régine Renchon.

1921
Februar — Veröffentlichung seines ersten Romans, *Au Pont des Arches*.
Frühjahr — Verlobung mit Régine, die er von jetzt an Tigy nennt.
28. November — Tod Désiré Simenons.

1922
März — Selbstmord seines Freundes Kleine.
10. Dezember — Er nimmt den Nachtzug nach Paris.

1923
24. März — Er kehrt für zwei Tage nach Lüttich zurück, um Tigy zu heiraten.
Sommer — Colette nimmt ihm eine seiner Kurzgeschichten für die Zeitung *Le Matin* ab. Er schreibt unter dem Namen Georges Sim.

1924
März — Er gibt seine Stellung beim Marquis de Tracy auf, um von der Schriftstellerei zu leben.
Sommer — Beendigung seines ersten in Paris geschriebenen Romans, *Le roman d'une dactylo*.

1925
Sommer — Ferien in der Nähe des Hafens von Etretat in der Normandie. Henriette Liberge, die achtzehnjährige Tochter eines ortsansässigen Fischers, wird von Tigy als Dienstmädchen angestellt; Sim tauft sie in «Boule» um.

1926
April — Tigy verkauft ihre ersten Bilder; sie verbringen den Sommer auf der Mittelmeerinsel Porquerolles.

1927
Januar — Sim verpflichtet sich vertraglich gegenüber dem Unternehmer Eugène Merle, einen Roman in einem Glaskäfig zu schreiben.
Sommer — Er zieht sich auf die Atlantikinsel Aix zurück, um die Verbindung mit Josephine Baker abzubrechen.

1928
März — Rundreise durch Frankreich mit Tigy und Boule auf Flüssen und Kanälen.
Oktober — Er schreibt Geschichten für die neue Zeitschrift *Détective*.

1929
März — Beginn einer einjährigen Reise auf Wasserstraßen im nördlichen Westeuropa.
September — In Delfzijl, Niederlande, konzentriert er sich auf die Entwicklung einer neuen Romanfigur: Kommissar Maigret.

1930
Frühjahr — Lapplandreise mit Tigy.
April — Rückkehr nach Paris. Unterzeichnung eines Vertrags mit Fayard für eine Reihe von Maigret-Romanen, die ersten unter Simenons eigenem Namen erschienenen Werke.

1931
Februar — Er veranstaltet einen «*bal anthropométrique*», um die ersten beiden «Maigrets» zu lancieren.

1932
April — Er wird Pächter des kleinen Landguts La Richardière bei la Rochelle.
Juni — Beginn einer Reise ins tropische Afrika.

1933

Januar	Er verfaßt den ersten «dunklen» oder «psychologischen» Roman, *La maison du canal*.
Juni	Er schreibt den neunten und «letzten» Band der ersten Maigret-Reihe. Beginn einer Reise durch Osteuropa. Er interviewt Trotzki.
Oktober	Abschluß eines Vertrags mit Gallimard für jährlich sechs Romane.

1934

Januar	Er betreibt Nachforschungen in der «Stavisky-Affäre».
April	Gezwungen, La Richardière zu verlassen, verbringt er den Sommer auf einer Mittelmeerkreuzfahrt.
September	Umzug in das Jagdhaus La Cour-Dieu in den Wäldern um Orléans.

1935

Januar	Weltreise nach Tahiti und zurück.
August	In der Zurückgezogenheit von Porquerolles schreibt er *Le testament Donadieu*, eines seiner Hauptwerke.
Oktober	Er nimmt eine Luxuswohnung in Neuilly.

1937

Dezember	Er verkündet, er werde «in zehn Jahren» den Nobelpreis erhalten.

1938

Juni	Kauf eines Hauses in Nieul-sur-Mer bei La Rochelle.
Juli	Tigy wird schwanger.
August	Sudetenkrise. Generalmobilmachung in Belgien; Simenon wird zum Wehrdienst einberufen.

1939

19. April	Geburt des Sohnes Marc Simenon.
3. September	Frankreich und Großbritannien erklären den Krieg. Belgien bleibt neutral.

1940

10. Mai	Deutschland überfällt die Niederlande und Belgien.
11. Mai	Auf dem Weg zu seiner Einheit wird Simenon nach Paris zurückgeschickt und zum belgischen Flüchtlingskommissar in La Rochelle ernannt.
22. Juni	Die französische Armee kapituliert; Simenon, Tigy, Marc und Boule sitzen in der deutschen Besatzungszone fest.
August	Umzug von der Küste in den Wald von Vouvant.
September	Nochmaliger Umzug, nun nach Fontenay-le-Comte; laut einer Fehldiagnose leidet Simenon an einer unheilbaren Herzkrankheit, und er glaubt, nur noch kurze Zeit zu leben.
9. Dezember	Er beginnt, für Marc eine Familienchronik mit dem Titel *Je me souviens* zu schreiben.

1941

Juni	André Gide ermutigt ihn zur Arbeit an dem autobiographischen Roman *Pedigree*.

1942

Juni	Von der Vichy-Regierung als Jude bezeichnet, sieht sich Simenon vor der drohenden Einlieferung in ein Konzentrationslager.
Juli	Neuerlicher Wohnungswechsel; diesmal zieht er in den entlegenen Weiler Saint-Mesmin-le-Vieux.
November	Ein Versuch, illegal in die Vichy-Zone zu entkommen, ist zum Scheitern verurteilt, da die Deutschen inzwischen ganz Frankreich besetzt haben.

1943

Januar	Nachdem er *Pedigree* beendet hat, versteigert er Manuskripte zugunsten der Kriegswohlfahrt.

1944
Sommer   Nach fünfzehn Jahren entdeckt Tigy, daß ihr Mann ein Verhältnis mit Boule hat.
Juli   Simenon flieht vor der Säuberungsaktion der Résistance.

1945
Mai   Nach Aufhebung eines Hausarrests Rückkehr nach Paris.
August   Simenon, Tigy und Marc verlassen Frankreich; Boule bleibt zurück.
Oktober   Die Familie läßt sich in Sainte-Marguerite-du-Lac-Masson in Kanada nieder.
November   Simenon engagiert die Frankokanadierin Denyse (für ihn Denise) Ouimet als seine Sekretärin. Sie wird seine Mätresse.

1946
Januar   Er schreibt *Trois chambres à Manhattan*.
September   Rundreise durch die Vereinigten Staaten mit Denise.
November   Aufenthalt in Bradenton Beach, Florida, wo er *Lettre à mon juge* schreibt.

1947
Januar   Nach Havanna, Kuba, mit Denise.
Juni   Er richtet sich mit Denise, Tigy und Marc in Snob Hollow in Tucson, Arizona, ein.

1948
März   Er schreibt ein Meisterwerk, *La neige était sale*.
Juni   Umzug nach Stud Barn in Tumacacori, Arizona; mit der Ankunft Boules wird sein «*ménage à trois*» zu einem «*ménage à quatre*».

1949
Januar   Denise gibt bekannt, daß sie schwanger ist, und Simenon erklärt Tigy, sie müßten sich scheiden lassen; Tigy, Boule und Marc ziehen nach Kalifornien.
29. September   Geburt des Sohnes John Simenon.

Oktober		Simenon, Denise und John ziehen nach Carmel-by-the-Sea in Kalifornien, um in der Nähe Marcs zu sein.
1950		
Juni		Simenon läßt sich in Reno, Nevada, von Tigy scheiden und heiratet Denise einen Tag später im selben Gerichtsgebäude.
September		Simenon und Denise beziehen Shadow Rock Farm in Lakeville, Connecticut.
1951		Der Absatz seiner Werke beläuft sich weltweit auf drei Millionen Exemplare im Jahr.
1952		
März		Triumphaler Besuch Simenons in Paris; eine riesige Menschenmenge erwartet ihn auf der Gare Saint-Lazare. Er wird zum Mitglied der belgischen Académie Royale gewählt.
1953		
23. Februar		Geburt der einzigen Tochter Marie-Jo Simenon.
1954		Simenon beantragt die US-Staatsbürgerschaft.
1955		
März		Einem Impuls folgend, packt Simenon die Koffer und kehrt samt Familie nach Europa zurück.
April		Er läßt sich in La Gatounière bei Cannes nieder.
Juni		Denise hat eine Fehlgeburt.
Oktober		Die Familie zieht in die Luxusvilla «Golden Gate» in Cannes.
1957		
Juli		Simenon läßt sich im Kanton Waadt in der Schweiz nieder, wo er das Schloß Echandens in der Nähe von Lausanne mietet.
1959		
Mai		Geburt des Sohnes Pierre Simenon.

1960
Mai Präsident der Jury beim Filmfestival in Cannes.

1961
Dezember Denise engagiert ein neues Hausmädchen, die aus Venedig stammende Teresa Sburelin; sie wird wenig später Simenons Mätresse.

1962
März Simenon wird Großvater.
Juni Denise läßt sich freiwillig zur Behandlung in eine psychiatrische Klinik in Nyon einweisen.
Oktober Simenon schreibt *Les anneaux de Bicêtre*.

1963
Dezember Simenon und Denise ziehen in ein großes neues, nach ihren Plänen erbautes Haus in Epalinges oberhalb von Lausanne.

1964
April Denise verläßt Epalinges für immer; sie kehrt in die psychiatrische Klinik zurück.
November Boule verläßt Epalinges.

1966
Mai Die dreizehnjährige Marie-Jo unterzieht sich ihrer ersten psychiatrischen Behandlung.
September Simenon begibt sich nach Delfzijl, um in Anwesenheit seiner Verleger aus aller Welt einem großen Fest zu Ehren seines Romanhelden Kommissar Maigret beizuwohnen.
Dezember Er stürzt und bricht sich mehrere Rippen; Teresa wird seine Krankenpflegerin und offizielle Gefährtin.

1967
Februar Veröffentlichung des Romans *Le chat*, einer mitleidslosen Schilderung der zweiten Ehe seiner Mutter, Henriette Simenon.

1970
Juli — Marie-Jo hat einen Nervenzusammenbruch.
Oktober — Simenon schreibt *La disparition d'Odile*, die Geschichte eines jungen Mädchens, das nach einem Nervenzusammenbruch einen Selbstmordversuch unternimmt.
8. Dezember — Tod Henriette Simenons.

1971
Oktober — Simenon beendet *Les innocents*, seinen letzten «roman dur».

1972
Februar — Er beendet seinen letzten Maigret-Roman, *Maigret et M. Charles*.
September — Er bietet das Anwesen in Epalinges zum Verkauf an.
Oktober — Mit Teresa zieht er in eine Achtzimmerwohnung an der Avenue de Cour in Lausanne.

1973
7. Februar — Simenon verkündet seine Absicht, sich von der Schriftstellerei zurückzuziehen; sechs Tage später kauft er ein Tonbandgerät und beginnt, einundzwanzig Memoirenbände zu diktieren.

1974
Februar — Umzug mit Teresa und dem jetzt vierzehnjährigen Pierre in ein kleines Haus an der Avenue des Figuiers in Lausanne.
April — Er diktiert *Lettre à ma mère*, eine Schilderung des Verhältnisses zu seiner Mutter.

1977
Februar — Nach einem Interview mit Fellini zur Vorankündigung von dessen Film *Casanova* macht Simenon Schlagzeilen in aller Welt mit der in dem Gespräch geäußerten Behauptung, sexuelle Beziehungen mit 10 000 Frauen gehabt zu haben.

November	Eröffnung der Simenon-Stiftung an der Universität Lüttich.
1978	
April	Denise (jetzt wieder Denyse) Simenon veröffentlicht *Un oiseau pour le chat*, einen schonungslosen Bericht über ihre Ehe.
20. Mai	Marie-Jo verübt Selbstmord in ihrer Pariser Wohnung.
1980	
November	Simenon beendet *Mémoires intimes*, eine Marie-Jo gewidmete Autobiographie.
1981	
September	Denyse veröffentlicht *Le phallus d'or*, einen Schlüsselroman, dem ihre Ehe mit Simenon zugrunde liegt.
Oktober	Simenon veröffentlicht *Mémoires intimes*, in denen er Denyse für den Selbstmord der Tochter verantwortlich macht.
November	Denyse erwirkt durch Gerichtsbeschluß die Streichung einiger Passagen in *Mémoires intimes*.
1985	
18. Juni	Tigy stirbt im Alter von vierundachtzig Jahren im Haus ihres Sohnes Marc in Porquerolles.
1989	
4. September	Georges Simenon stirbt im Alter von sechsundachtzig Jahren in seinem Haus in Lausanne; seine Kinder hören die Todesnachricht im Radio, nachdem er bereits eingeäschert worden ist.

Vorspiel
Lausanne 1989: Tod eines Mannes ohne Beruf

> «Ich will nicht mehr reisen und bin glücklich in Lausanne. In der Schweiz habe ich ein Land entdeckt, in dem man die Menschen respektiert. Nie hat jemand uneingeladen an meiner Tür geklingelt. Nie hat man mich nach meinen politischen, religiösen oder philosophischen Ansichten gefragt.»
>
> Simenon in einem Interview (1973)

Am Morgen des 6. September 1989 trat eine Frau mittleren Alters in den Garten ihres Hauses in Lausanne und ging auf eine hohe Zeder zu, die das Haus überragte und angeblich der älteste Baum der Stadt war. Sie trug ein kleines Steingefäß, das die Asche Georges Simenons enthielt, des Mannes, mit dem sie fünfundzwanzig Jahre lang gelebt hatte und der vor zwei Tagen gestorben war. Nachdem sie die Asche unter der Zeder verstreut hatte, kehrte sie in das Haus zurück und ließ den Tod Georges Simenons bekanntgeben. Die Nachricht machte Schlagzeilen in aller Welt und erregte sogar die Anteilnahme des französischen Staatspräsidenten, doch als die Reporter vor der Tür des kleinen Hauses an der Avenue des Figuiers standen, gab es nichts zu sehen. Die Einäscherung hatte ohne Feierlichkeiten stattgefunden, und Teresa, Simenons Gefährtin, hatte darum gebeten, nicht gestört zu werden. Von Simenon war überhaupt nichts übriggeblieben. Es war eine von einem Gespenst einberufene Pressekonferenz, genau so, wie er es sich gewünscht hatte. Simenon war zeit seines Lebens ein Meister der Eigenreklame gewesen, aber er hatte stets einen Horror vor Trauerfeierlichkeiten gehabt.

Am folgenden Tag widmeten die Zeitungen dem Leben und dem Werk Georges Simenons viele hundert Spalten. In Moskau veröffentlichte die Agentur TASS ein besonderes Kommuniqué. *Le Soir* in Brüssel brachte die Nachricht auf der Titelseite, und der Nachruf erstreckte sich über drei volle Seiten. In Paris erschien die Nachricht in *Le Monde* ebenfalls auf der Titelseite, und im Lauf der Woche folgten neun weitere Artikel. Die Boulevardzeitung *France-Soir* verkündete in dreieinhalb Zentimeter hohen Lettern: «*Le père de Maigret est mort*», und die Regale mit den Werken Simenons in den Läden der Buchhandelskette FNAC leerten sich innerhalb von Stunden. Die französischsprachigen Huldigungen für Simenon erzählten eine sagenhafte Geschichte.

Er hatte hundertdreiundneunzig Romane unter seinem eigenen Namen geschrieben und mehr als zweihundert unter achtzehn verschiedenen Pseudonymen. Der Absatz seiner Bücher betrug weltweit vermutlich über fünfhundert Millionen Exemplare in fünfundfünfzig Sprachen, eine Zahl, die im Bereich der schönen Literatur bisher nur Jules Verne und William Shakespeare übertroffen hatten und die ihn zum meistverkauften Romancier der Welt machte. Gleichzeitig wurde sein Werk mit dem Balzacs, Dostojewskis und Dickens' verglichen und gepriesen von Céline, Max Jacob, Robert Brasillach, Colette, Anouilh, Cocteau, Pagnol, Mauriac, T. S. Eliot, Henry Miller, Thornton Wilder, Somerset Maugham, John Cowper Powys, George Steiner, John Le Carré, Charlie Chaplin, Fellini, Jean Renoir und Sacha Guitry, um nur einige zu nennen. André Gide hatte ihn als «den allergrößten, originellsten Romancier unserer Literatur» bezeichnet. Simenons Presseausschnitte reichten über sechzig Jahre zurück und füllten zwei große Schränke im Büro seines Pariser Verlegers. Die Geschichte seines Lebens war der Traum eines Schriftstellers. Aus einer armen belgischen Familie in Lüttich stammend, hatte er es bis zum Multimillionär gebracht. Die meisten seiner Bücher hatte er in weniger als zwei Wochen geschrieben, und in den vierundzwanzig Jahren bis 1972, als er seine literarische Tätigkeit einstellte, waren von ihm durchschnittlich vier bis fünf Bücher im Jahr erschienen. Er hatte dreiunddreißigmal die Wohnung gewechselt. Fünfundfünfzig Kino- und zweihundertneunundsiebzig Fernsehfilme wurden nach seinen Büchern gedreht. Ein Arzt hatte ihm geraten, sich beim Schreiben auf täglich zwei Flaschen nicht zu jungen, aber auch nicht zu alten Bordeauxweins zu beschränken. Er hatte ein Vokabular von zweitausend Wörtern verwendet, räumte jedoch ein, für seinen persönlichen Gebrauch über einen reicheren Wortschatz zu verfügen. Auf der Höhe seines Ruhms hatte er sich ein Haus mit dreißig Zimmern und Blick auf den Genfer See bauen lassen, wo er eine elfköpfige Dienerschaft beschäftigte und fünf Wagen in der Garage stehen hatte. Er war zweimal verheiratet gewesen und hatte zwei anhaltende Affären mit den Dienstmädchen seiner Ehefrauen gehabt. Er war der hingebungsvolle Vater von vier Kindern gewesen und hatte einmal seinem Sohn während einer kurzen Trennung von drei Wochen hundertdreiunddreißig Briefe geschrieben. Und wie fast jeder weiß, hatte er einmal behauptet, mit zehntausend Frauen geschlafen zu haben.

Doch obgleich die Simenon-Nachrufe eine Fülle gutrecherchierter Einzelheiten enthielten, waren sie höchst ungenau. Das waren sie vor allem deshalb, weil ihre Autoren sich auf die zahlreichen Selbstdarstellungen des Schriftstellers verlassen hatten. Simenon schrieb zwei autobiographische Romane und vier Autobiographien, denen dann noch die einundzwanzig Memoirenbände folgten, die er nach seinem Abschied von der Romanliteratur auf Tonband diktierte. Aber seine autobiographischen Schriften bildeten ein so kompliziertes Gewebe aus Wirklichkeit und Phantasie, daß er zum Schluß selbst daran zu glauben begann. Er sagte einmal, es falle ihm schwer, die Geschichte seiner frühen Jahre zu erzählen, «weil wir im Lauf des Lebens unsere Kindheitserinnerungen erfinden und sie mit der Zeit immer wieder verändern». In seinem Fall war es gewiß so.

In den zahlreichen Berichten über die Herkunft seiner Familie hat Simenon oft behauptet, von einem bretonischen Soldaten abzustammen, der sich nach seiner Rückkehr von Napoleons Rußlandfeldzug im späteren Belgien niedergelassen und die Tochter eines wallonischen Bauern geheiratet habe. Die Simenons, so erzählte er, seien seßhafte und ziemlich wohlhabende Leute gewesen, kleine Händler und Handwerker. «Alles, was sich bewegte, war einem Simenon verdächtig.» Die Familie seiner Mutter hingegen war ständig unterwegs. Die Brülls hatten Not und Verzweiflung gekannt. Sie waren Flamen und galten daher für die Simenons als «Fremde». Henriette, seine Mutter, hatte als Fünfjährige ihren Vater verloren und wurde in Lüttich auf die Straße geschickt, um die Familieneinkäufe zu besorgen, obgleich sie kein Wort Französisch sprach. Übrigens lernte sie die Sprache nie richtig und machte noch im hohen Alter Fehler, über welche die Leute lächelten. Die ersten Jahre ihrer Ehe mit Désiré Simenon waren von der Angst vor ihrer wallonischen Schwiegermutter Marie Catherine Simenon beherrscht, einer Frau, «die wie ein eisiger Luftzug ins Zimmer drang», die Georges nie küßte und die nie lächelte, weil sie immer noch einem ihrer jung gestorbenen eigenen Kinder nachtrauerte. Désiré und Henriette stammten beide aus Familien mit dreizehn Kindern. Wenn die Simenon-Sippe sich am Sonntag zum Mittagessen versammelte, saßen fünfundzwanzig Personen am Tisch. Der eine der beiden Urgroßväter mütterlicherseits von Georges, *«Vieux Papa»*, wurde fünfundachtzig Jahre alt. Als Georges ein Kind war, nahm seine Mutter russische Studenten als Logiergäste auf, und sie lehrten ihn, Gogol und Dostojewski zu lesen. Als er fünfzehn war, wurde sein Vater ernsthaft krank, und der Hausarzt sagte, Georges müsse sofort die Schule verlassen und zum Lebensunterhalt der Familie beitragen. Daß er Zeitungsreporter wurde, geschah rein zufällig, nachdem er eines Tages aus bloßer Neugier in das Büro einer Zeitungsredaktion gegangen war. Als er später in Paris ankam, hatte er weder Geld noch Freunde, mußte lange durch die Straßen irren, um eine Unterkunft zu finden, ernährte sich von Croissants und Camembert und arbeitete als Laufbursche und Bürodiener. Nie hat er sich mit wissenschaftlichen Polizeimethoden befaßt. Seinen Maigret erfand er eines trüben Morgens am Ufer eines niederländischen Kanals, nachdem er den einen und den anderen Gin mit Bitterlikör getrunken hatte und allmählich «die massige und imposante Gestalt» eines lebensecht wirkenden *commissaire de police* aus dem Nebel auftauchen sah. Während des Zweiten Weltkriegs, als er im besetzten Frankreich lebte, gelangte ein ihn untersuchender Röntgenarzt zu einer völlig falschen Diagnose und redete ihm ein, er werde in zwei Jahren an einer Herzkrankheit sterben. Das waren einige der legendären Marksteine im Leben Simenons, die für gewöhnlich einen wahren Kern hatten, aber die näheren Umstände waren schmückende Zutaten.

Simenons Leben erstreckte sich über die zerstörerischsten nationalen Konflikte, die Europa bisher erfahren hat, doch als Belgier teils niederländischer, teils deutscher Herkunft war er immun gegen alles Nationalgefühl. Er liebte zwar Lüttich und *«le plat pays»* darum herum, aber in bezug auf Belgien sagte er einmal, sein Land sei «ständig besetzt» gewesen. Dennoch erfand Simenon, ein Mann ohne Heimatland, ein eigenes Land, das einer Leserschaft von Millionen Menschen vertraut wurde. Sie erkannten sein Land als einen Teil ihrer Welt und seine Vision als wahrhaftige und manchmal schreckliche Interpretation des Lebens in ihrem Jahrhundert. Simenons Kleinstadt, Simenons Hotelzimmer konnten zu furchterregenden Orten werden, wo ganz gewöhnliche Leute von oberflächlich banalen Ereignissen überwältigt wurden, wo jede Zuflucht sich als illusorisch erwies, wo Liebe in die falsche Richtung ging und zu Haß wurde, wo ältere Ehepartner einander zu vergiften suchten, wo Familienbande auf dem Erbe von Besitz beruhten, wo der eine Bruder den anderen seinen Mördern auslieferte, wo Leidenschaft nichts mit Zuneigung gemein hatte und Zuneigung sich oft als tödlich erwies.

Nachdem Georges Simenon ein gewisses Alter erreicht hatte, suchte er seine Spuren auch auf andere Art zu verwischen. Dieser gesellige Mann, der bekannt war für seinen Wohlstand, sein großes Haus, sein besessenes Interesse für den *«homme nu»* und sein heftiges Bedürfnis, sich mit Frauen zu umgeben, hatte bereits dreiundzwanzig Jahre vor seinem Tod damit begonnen, sich von der Welt zurückzuziehen. Die letzten sechzehn Jahre seines Lebens verbrachte er allein mit einer Gefährtin in einem kleinen Haus, gab nur noch selten Interviews und ließ sich selten im

Freundeskreis blicken. Dank seiner Gabe, die Farben und Gerüche, das Leben und Treiben in den Kneipen, auf Märkten und Straßen Frankreichs, Flanderns und Nordamerikas wachzurufen, war er reich geworden, und doch wählte er seinen Wohnsitz ausgerechnet in der sterilen Kulisse eines Landes, wo «nie jemand uneingeladen an seiner Tür klingelte». Sein ganzes Leben lang hatte er sich mit Büchern und Bildern umgeben und war stolz gewesen auf sein schriftstellerisches Können. Doch zum Schluß verlegte er seine Bibliothek in eine Wohnung am anderen Ende der Stadt, suchte sie aber nie auf, verwahrte seine Bilder in einem Banksafe und sagte, er sei «fast beschämt» ob all der Bücher, die er geschrieben habe, und wollte sie nie mehr sehen. Er ging auf das belgische Konsulat und ließ in seinem Paß die Berufsangabe «Romanschriftsteller» in «ohne Beruf» ändern. Die Zimmer, in denen er lebte, waren kahl und hatten Neonbeleuchtung wie die eines billigen Hotels. An den Wänden hingen keine Bilder, auf den Regalen standen nur wenige Gegenstände, es gab keine Büchergestelle und keine Teppiche. Sein Mobiliar bestand aus Stahl und Plastik – er war davon überzeugt, daß Holzmöbel Insekten anzogen –, und wenn er sich einmal in seinem Garten sehen ließ, geschah es nur aus Gefälligkeit für einen Pressefotografen. Von seinem früheren Haus hatte er einen herrlichen Ausblick auf den Genfer See gehabt, doch auch das gab er ohne Bedauern auf. Das neue Haus war fünfhundert Meter vom See entfernt und bot keine Aussicht. Simenon stammte aus einer großen Familie und hatte sich immer eine eigene große Familie gewünscht, doch wenn seine Kinder ihn in den letzten Jahren besuchen kamen, wohnten sie für gewöhnlich im Hotel, und er sagte ihnen, sie würden durch den Rundfunk von seinem Tod erfahren. Er hatte die Gewohnheiten eines Verfolgten angenommen.

Simenons Leben war eine Reihe von Fluchten und Verbannungen. Er verließ seine Geburtsstadt mit dem Gelöbnis, nichts in seiner Zukunft werde der Welt ähneln, welche die seiner Kindheit gewesen war. Dieses Versprechen hielt er. Doch in fast allem, was er schrieb, ist der Schatten dieser Kindheit sichtbar geblieben.

ERSTER TEIL

Der Tatort

«Ich wurde im Dunkel und im Regen geboren, und ich bin davongekommen. Die Verbrechen, über die ich schreibe, sind die Verbrechen, die ich begangen hätte, wenn ich nicht davongekommen wäre. Ich gehöre zu den Glücklichen. Was kann man über die Glücklichen sagen, außer daß sie davongekommen sind?»

Simenon in einem Interview für den *New Yorker* (1953)

I

Lüttich 1903: Präliminarien zum Tod eines Mannes ohne Beruf

> «Mein Vater nahm das Leben als eine vollkommen gerade Linie [...] meine Mutter kam aus einem geplagten Geschlecht.»
>
> Simenon, *Je me souviens* (1945)

In einer Februarnacht des Jahres 1903 stand ein Mann im Regen auf der Rue Léopold in Lüttich und blickte hinauf zu einem Fenster im zweiten Stock eines der stufenförmig angeordneten Häuser auf der gegenüberliegenden Straßenseite. Der Mann stand dort fünf Stunden lang. Trotz des Regens, entgegen den damals herrschenden Gebräuchen und obwohl er der Sohn eines Hutmachers war und einem Hutladen gegenüberstand, trug der Mann keinen Hut. Er war in solcher Eile aus seiner Wohnung gestürmt, daß er ganz vergessen hatte, den Hut mitzunehmen. Jedem, der ihn vom Fenster gegenüber gesehen hätte, wäre seine ungewöhnlich hohe Stirn aufgefallen, triefend und im Licht der Gaslaterne schimmernd. Der Mann war ohne jede Begleitung. Als er seine Nachtwache begonnen hatte, waren die letzten Ladenkunden und Büroangestellten über die Rue Léopold in Richtung des Outremeuse-Viertels heimgekehrt. Später war nur noch das gelegentliche Rasseln der Straßenbahn auf dem Weg zum Pont des Arches zu vernehmen, von wo andere Tramlinien in die östlichen Vorstädte fuhren. Einmal wurde der Mann von einem Polizisten angesprochen. An diesem Nachmittag war im Grand Bazaar, einem der größten Warenhäuser der Stadt, das ein paar Ecken weiter an der Rue Léopold lag, eine Bombe explodiert. 1903 wimmelte es in Lüttich von ausländischen Studenten, Anarchisten und marxistischen Gruppen, die sich auf die

Revolution vorbereiteten. Der Polizist war mit den Antworten zufrieden und ließ den Mann wieder allein inmitten der heruntergelassenen eisernen Rolläden und der menschenleeren Gehsteige.

Der Mann hieß Désiré Simenon und arbeitete als Buchhalter bei einer Versicherungsgesellschaft, und das Fenster, das er beobachtete, gehörte zu seiner Zweizimmerwohnung. Zweimal war er über die Straße gegangen und die Treppe hinter dem Hutladen bis zur Wohnungstür hinaufgestiegen, doch beide Male hatte er kehrtgemacht, ohne einzutreten, entmutigt von den Geräuschen, die von drinnen zu ihm drangen. Endlich, gegen Mitternacht, bewegte sich eine Lampe hinter dem Fenster, und das war das Signal, auf das er gewartet hatte. Als Désiré in die Wohnung trat, brach er in Tränen aus. Seine Frau hatte einen Sohn geboren. Die für diesen Fall bereits gewählten Namen waren Georges Joseph Christian.

Die Geburt Georges Simenons fand am Donnerstag, den 12. Februar, um 23.30 Uhr statt. Es kann aber auch am Freitag, den 13. Februar, zehn Minuten nach Mitternacht gewesen sein. Die Geburtsurkunde gibt das erstere Datum an, doch gemäß der Familientradition hat es sich anders abgespielt. Als Henriette Simenon, selber das jüngste von dreizehn Kindern, erfuhr, daß ihr Sohn um zehn Minuten an einem Freitag, dem dreizehnten, auf die Welt gekommen sei, brach sie in Tränen aus, beschwor die Hebamme, Stillschweigen zu bewahren, und befahl ihrem Mann, der noch am selben Tag um 14 Uhr die Geburt auf dem Standesamt melden sollte, ein falsches Datum anzugeben. Es ist daher nicht möglich, eine Biographie Georges Simenons auf die gewohnte Weise mit den Worten zu beginnen: «Er wurde am... geboren», ganz gleich, wie sehr man sich um Genauigkeit bemühen mag. Kurz nachdem Désiré Simenon seine falsche oder richtige Erklärung auf dem Standesamt abgegeben hatte, holte er seine Mutter, um ihr den Enkel zu zeigen.* «Mein Gott, Hen-

---

* Simenon behauptete später, es sei sein Vater gewesen, der ihm erzählt habe, daß er am Freitag, dem dreizehnten, geboren sei. Die Geschichte wird allerdings von manchen bezweifelt, zumal Désiré Simenon nicht der Mann gewesen zu sein scheint, der wegen einer Laune seiner Frau eine Geburtsurkunde gefälscht hätte.

riette», sagte Großmutter Simenon, «welch ein häßliches Baby.» Diese Bemerkung sollte Henriette schwerlich vergessen. Um das Maß voll zu machen, fügte ihre Schwiegermutter noch hinzu: «Er ist ganz grün.» Das stimmte. Der kleine Kerl war mit einer Bronchitis zur Welt gekommen. Zwei Tage nach seiner Geburt wurde er getauft, und der Arzt verschrieb ihm in der Folge *«lait de poule»*, ein Getränk aus in Milch geschlagenen rohen Eiern und Zucker, das in einem Glas verabreicht wurde. Das Kind entwikkelte bald eine Allergie gegen Milch, und das Rezept wurde in *«lait de poule à la bière»* umgeschrieben, in Bier geschlagene rohe Eier und Zucker, und während seiner ganzen Kindheit trank er jeden Morgen um elf ein Glas davon.

Um 1903 war Lüttich – gleich London – eine Stadt von größerer Bedeutung als heute. Über die Maas und den Albertkanal hatte es Wasserverbindung nach Antwerpen und zum Meer. Das Königreich Belgien besaß die größte Kolonie in Afrika, den Kongo, ein riesiges, niemals exakt vermessenes Gebiet, dessen Grenzen nie genau festgelegt worden waren. Viele Lütticher waren alte Kolonisten. Simenon wuchs in einer Straße auf, in der ein Nachbar an der Schlafkrankheit dahinsiechte; an sonnigen Tagen trug man diesen Mann in seinem Stuhl auf den Gehsteig hinaus, wo er in aller Öffentlichkeit dem Tod entgegendöste. Lüttich stand in regem Handelsverkehr mit Afrika und war auch ein bedeutendes Industriezentrum, besonders für Handfeuerwaffen, die Weltruhm genossen. Südöstlich der Stadt lagen die Kohlenbergwerke der Ardennen. Nach Südwesten hin boten Hochöfen entlang der Bahnlinie des Nachts eine Vision der Hölle. In *Orientexpreß* verglich Graham Greene «die großen Hochöfen von Lüttich» entlang den Bahngleisen mit «alten Burgen, die bei einem Grenzüberfall in Brand gesetzt wurden». Lüttich war ein Ort, der nicht nur in Belgien zählte, sondern auch in Europa und daher in der ganzen Welt. Als Simenon fünfzig Jahre später durch Birmingham kam, sagte er, die zweitgrößte Stadt des Vereinigten Königreichs habe ihn an das Lüttich seiner Jugend erinnert.

Auf den Straßen der Stadt wimmelte es von Nutztieren und neuen, oft gefährlichen Maschinen wie Straßenbahnen oder dampfgetriebenen Lastwagen. Lüttich hatte einen eigenen Dialekt, eine Mischung aus flämischen, deutschen und französischen Sprachelementen. Der Klang des Dialekts in den Rufen der Straßenhändler vor dem Haus war eine der frühesten Erinnerungen Georges Simenons. Muscheln, Garnelen, Kirschen, Nüsse und Süßigkeiten wurden auf diese Weise feilgeboten, und von den Händlern mit ihren Karren oder Bauchläden hatte ein jeder seinen besonderen Schrei. Da gab es einen Senf- und Essighändler, der zwei zugedeckte Holzfässer an einer Tragstange auf der Schulter balancierte und *«Mostade! Vinegue!»* rief. Wenn seine Kunden ihre Gläser brachten, füllte er diese aus einem Hahn unten am Faß. Dann war da der Ziegenmilchhändler, der seine Herde unter den Kastanienbäumen auf dem breiten Boulevard de la Constitution entlangtrieb und die Tiere direkt in die ihm gebrachten Krüge melkte. Noch viele Jahre später erinnerte sich Simenon an den Klang der kleinen Trompete, die der Gemüsehändler blies, und an den Ruf des Kartoffelverkäufers: *«Crompires à cinq cens li kilos...»* Der Kartoffelhändler kam mit einem Ochsenkarren und nicht mit einem Handwagen. Georges hatte einen flämischen Vetter, der manchmal von seinem Bauernhof im Limburgischen kam und in seinem Pferdewagen ganze Fässer mit hausgemachtem Branntwein in die Stadt brachte.

Ferner gab es den Zeitungsausträger, dessen Wägelchen von einem Hund gezogen wurde und der am Abend von Simenons Geburtstag die sensationelle Nachricht von der Entdeckung eines unterirdischen Gangs verkündet hatte, der vom königlichen Palast in Brüssel in das Haus der Baronin Vaughan, der Mätresse des Königs, führte. Des weiteren gab es den Mausefallenverkäufer, den Händler, der gekochte Erbsen und Knoblauch anpries, den Mann, der nur Schnürsenkel verkaufte, den Italiener, der mit religiösen und profanen Gipsfiguren handelte, und den Verkäufer eines in Paris hergestellten wunderwirkenden Putzpulvers, das alles blitzblank scheuerte. Selbst die Schuster kamen vor die Häuser, und anstelle von Schuhputzern gab es *«décrotteurs-brosseurs»*, die nur den Schmutz von den Schuhen bürsteten, ohne sie zu wichsen und zu polieren. Daß die Straßen sehr schmutzig waren, ist durch die Tatsache erwiesen, daß ein gewisser Mathieu Schroyen bis 1909 einen schwunghaften Handel mit seinen äußerst praktischen Rockhaltern trieb, einer hosenträgerähnlichen Vorrichtung aus Gummiband und Metallhaken, die es den Frauen ermöglichte, ihre langen Röcke auf den nassen Straßen trocken zu halten. Er bot seine Ware feil, indem er die Halter von der Krempe seines Hutes baumeln ließ, und war bekannt für seinen Werberuf «*Facile aheye!*» (Leicht anzuhaken). Aus einer Passage von Simenons autobiographischem Roman *Pedigree* erfahren wir, daß Georges' Mutter eine seiner Kundinnen gewesen ist, denn dort heißt es, «Elise» (Henriette Simenon) habe ihre Röcke hochschnallen müssen, als sie einen engen Durchgang als Abkürzung benutzte.

Von den vorbeiziehenden Lumpenhändlern – oft waren es Frauen – hatte jeder seine Spezialität; der eine sammelte nur zerbrochene Schrauben, der andere nur Glasscherben. Doch am absonderlichsten war zweifellos der Urinsammler. Er hatte ein Faß in seinem Karren, und in dieses entleerte er die Krüge mit dem Urin, den er im voraus zu bestellen pflegte und der bereits zwei Tage gestanden hatte. Er verkaufte seine Ware an Färber, und die inzwischen abgelagerte Phosphorschicht wurde regelmäßig aus dem Faß gekratzt, um an Streichholzfabrikanten geliefert zu werden. Wir können mit Sicherheit annehmen, daß niemand in der Familie Simenon mit ihm zu tun hatte, denn wäre das der Fall gewesen, hätte Simenon bestimmt nicht der Versuchung widerstanden, früher oder später davon zu erzählen.

Georges und seine Mutter besuchten täglich zu Fuß die Märkte in Outremeuse oder in der Innenstadt jenseits der Brücken. Bei einem dieser Ausflüge soll der kleine Junge einen in voller Eile auf der Straße dahinrennenden Mann gesehen haben, der den Henkel eines kleinen Korbes zwischen den Zähnen hielt. In dem Korb saß eine Brieftaube. Er hielt den Korb zwischen den Zähnen, um möglichst schnell rennen und so die Flugzeit des kostbaren Vogels ohne Verzug melden zu können, denn es ging darum, die Taube raschestens von dem Schlag, auf dem sie gelandet war, zum zentralen Registraturbüro der Stadt zu bringen. Der Brieftaubensport war ein beliebter Zeitvertreib. Ein erfolgreicher Züchter und Dresseur konnte zu Ruhm und Vermögen gelangen. Am unteren Ende der Rue Léopold befand sich eine vom Pont des Arches aus sichtbare Apotheke, die «Abführmittel für Tauben» als eine ihrer Spezialitäten anpries. Die Jahre vergingen, und die Boten rannten noch immer, allerdings ohne Korb – sie begnügten sich jetzt mit dem Ring, den sie vom Fuß des Vogels gestreift hatten. Dann wurde die Stechuhr erfunden, und von da an sah man keine rasenden Rennläufer mehr auf den Straßen.

Aber es gab immer noch eine Menge zu sehen. An einem guten Tag konnte man in der Ferne den Lärm einer Musikkapelle hören, und dann versammelte sich eine Menschenmenge, um den Zahnzieher, den *arracheur de dents*, zu begrüßen. Dieser unschätzbare Mann stand auf der Plattform eines großen Wagens und erbot sich, Zähne «kostenlos, schmerzlos und für nichts» zu ziehen. Seine in schmucke Uniformen gekleidete Kapelle saß auf dem Dach des Wagens, direkt über dem Operationstisch, und spielte beruhigende Weisen, bis ein Opfer der wachsenden Neugier der Menge und dem eigenen chronischen Schmerz nachgab, sich auf den Wagen hieven und festschnallen ließ. Jetzt spielte die Kapelle viel lauter, um die Schreie des Opfers zu übertönen. Alle Versuche, sich in letzter Minute zu wehren, waren nutzlos – der Zahnbrecher mit seiner großen Zange setzte sich durch. Schließlich spritzte das Blut, und der Zahn wurde im Triumph emporgehalten. Der Patient durfte gehen und sich anderswo heilen lassen, und der Zahnzieher begann seinen regen Handel mit Quacksalbermedizin.

Die Simenons wohnten schon seit Jahren in Outremeuse. Die Brülls hingegen waren noch nicht so lange in Lüttich; sie hatten zuvor in anderen Gegenden Belgiens gelebt und gearbeitet. Die Familien waren von verschiedenartiger Herkunft, obwohl sie beide aus dem Limburgischen stammten. Das Limburger Land ist die reich bewässerte Ebene nördlich von Lüttich – *«le plat pays»* –, eine fruchtbare, jedoch streckenweise einsame Gegend, die bis zum Jahr 1288 ein vereintes Herzogtum bildete und dann für mehr als fünfhundert Jahre Schlachtfeld war. Heute ist Limburg zwischen Belgien und den Niederlanden aufgeteilt. Die Bevölkerung ist entweder flämisch oder wallonisch. Allerdings gab es hier im 19. Jahrhundert auch viele Deutsche, die man «Preußen» nannte, weil die an Limburg angrenzenden deutschen Gebiete viele Jahre lang zum Königreich Preußen gehörten. In offiziellen belgischen Dokumenten werden die Flamen oft als «Holländer» bezeichnet. Die wallonische Bevölkerung wiederum nennt man gelegentlich «Franzosen», und unter Napoleon wurde ein großer Teil Limburgs von Frankreich annektiert. Die anhaltenden Kämpfe zwischen den Herrschern der Niederlande, Preußens, Frankreichs, Österreichs und sogar Englands um die Vormacht in dieser Gegend führten zu einem häufigen Wechsel der nationalen Identität der Bevölkerung, und bis um die letzte Jahrhundertwende waren die kommunalen Aufteilungen in und um Lüttich oft unklar. Aber die verschiedenen Bevölkerungsteile waren stolz auf ihre jeweilige Identität und verachteten sich gegenseitig.

Die Simenons, die, wie gesagt, aus dem Limburgischen nach Lüttich kamen, waren ursprünglich französischsprachige Wallonen gewesen, hatten sich aber im Lauf des 17. Jahrhunderts in Limburg assimiliert und waren in fünf Generationen allem Anschein nach Flamen geworden. Sie lebten in Vlijtingen, einem Dorf mit flämischem Namen; die Männer heirateten Mädchen aus flämischen Familien, und während fünf Generationen gaben die Simenons ihren Kindern flämische Vornamen. Zweihundert Jahre lang war das Flämische ihre Muttersprache. Ihre wallonische Identität gewann die Familie erst zurück, als Georges' Großvater, noch auf den Namen «Christiaan» getauft, Marie Catherine Moors ehelichte.

Die Moors' waren wie die Simenons eine Familie wallonischen Ursprungs und hatten seit dem 17. Jahrhundert in Vlijtingen gelebt, doch Maries Vater hatte ein aus dem wallonischen Dorf Alleur etwas nördlich von Lüttich stammendes Mädchen namens Marie Louise Leblanc geheiratet. Diese Marie Louise Leblanc ließ ihre Tochter auf den Namen «Marie Catherine» taufen und erzog sie in französischer Sprache. Als Marie Catherine Moors

Christiaan Simenon heiratete, war dieser ein ungebildeter Arbeiter wie schon sein Vater. Das junge Paar ließ sich in Alleur und nicht in Vlijtingen nieder; Christiaan gab seine Arbeit als Handlanger auf und machte eine Lehre als Strohhutmacher. 1870, ein Jahr nach ihrer Hochzeit, als das erste Kind geboren wurde, war Christiaan noch immer Analphabet und unfähig, die Geburtsurkunde zu unterzeichnen, doch ein Jahr später, bei der Geburt des zweiten Kindes, konnte er bereits seinen Namen schreiben, und im Jahr 1874 zog Christiaan (der sich jetzt «Chrétien» nannte und sich als gelernter Strohhutmacher bezeichnete) mit Marie Catherine nach Lüttich. Zwei Jahre darauf führte Chrétien sein eigenes Geschäft als Hutmachermeister. Um diese Zeit lebte das Paar in Outremeuse, manchmal auch «freie Republik Outremeuse» genannt, einem auf einer Maasinsel gelegenen Bezirk, dessen Bewohner, zumeist Handwerker und Kleinhändler, einen starken Unabhängigkeitswillen zeigten. In diesem Verwandlungsprozeß, der innerhalb von sieben Jahren aus dem des Lesens und Schreibens unkundigen flämischen Landarbeiter einen wallonischen Handwerksmeister gemacht hatte, scheint die Großmutter Marie Catherine Simenon eine entscheidende Rolle gespielt zu haben.

Im 19. Jahrhundert konnte das Leben selbst für Kleinhändler mit einigermaßen gutgehendem Geschäft mancherlei Unsicherheiten bergen, und die Überlebenden waren durch Erfahrung abgehärtet. Marie Catherine Moors hatte mit neunzehn geheiratet. In den folgenden siebzehn Jahren war sie elfmal niedergekommen, doch nur sieben ihrer Kinder überlebten das Säuglingsalter. Von diesen sieben wurde eines Ordensschwester, und sechs heirateten. Eines dieser sechs hatte nur vier Kinder, und obgleich Marie Catherine schließlich dreizehn Enkelkinder haben sollte, wurden nur zwei zu ihren Lebzeiten geboren.

In *Je me souviens* behauptete Simenon oft, am Tisch seiner Großmutter hätten dreizehn Kinder gesessen, doch in Wirklichkeit waren es zur Zeit seiner Geburt nur fünf. Onkel Lucien kam, wie Désiré, auch nach seiner Heirat täglich zu Besuch, und Onkel Arthur – der später *casquettier*, Mützenmacher, wurde –

wohnte immer noch zu Hause. Aber Marie-Jean Louise war Schwester Marie-Madeleine geworden, eine Ursulinerin (sie starb 1965 im Alter von einundneunzig Jahren), und Onkel Guillaume, der älteste Sohn, der auf seine Weise die Skala der kopfschützenden Familienberufe erweiterte, indem er Regenschirme herstellte, lebte in Brüssel und war mit seiner zweiten Frau aus dem Haus verbannt. Als Marie Catherine im Alter von vierundfünfzig Jahren starb, hatte ihre älteste Tochter in den elf Jahren ihrer Ehe nur ein einziges Kind geboren. Eine Frau, die im 19. Jahrhundert elf Entbindungen überlebt hatte, war wohl zu der Erwartung berechtigt, eine Nachkommenschaft zu haben, die ihr im Alter zum Trost gereichen würde; doch diese Belohnung war Marie Catherine Simenon versagt.

Jahre später erinnerte sich Georges Simenon, daß es zu den Charakteristiken großer Familien gehörte, ständig Trauer zu tragen – immer war irgendwer gestorben. Er erzählte, seine Großmutter habe nach dem Tod eines ihrer Kinder den Rest ihres Lebens in Trauer verbracht. In Wirklichkeit war folgendes geschehen: 1884, als Marie Catherine vierunddreißig war, hatte sie im Mai eine Totgeburt und verlor im Juni ihre an den Blattern erkrankte vierjährige Tochter. Das war nur das schlimmste Beispiel einer wiederholten Erfahrung. Die Gesamtanzahl ihrer Kinder steigerte sich von eins auf vier, ging zurück auf drei, wuchs wieder auf vier, sank abermals auf drei, dann wurden es nach und nach acht, dann sieben, sechs, dann wieder sieben. Désiré, der Vater des Schriftstellers, der als viertes Kind der Familie aufwuchs, war das dritte, das diesen Platz einnahm. Mit seiner Geburt endete die erste Pechsträhne seiner Mutter, was dazu beigetragen haben mag, daß er ihr Liebling war. Jedenfalls blieben die toten Kinder stets gegenwärtig in Marie Catherine Simenons Familie; das geht bereits aus der Art hervor, wie ihre Namen sich wiederholen. Marie Catherine brachte sechs Töchter zur Welt, die untereinander siebzehn Namen trugen, von denen sich aber nur acht voneinander unterschieden. Und die Namen einer jeden toten Tochter wurden der nächstgeborenen beigegeben. So wurde Marie-Josephines, die im Alter von einem

Monat gestorben war, bei der Taufe der drei Jahre später geborenen Marie-Josephine Céline gedacht. Und als Marie-Josephine Céline als Vierjährige starb, fand ihr Andenken zwei Jahre später bei der Taufe Marie-Anne Célines Ausdruck. Auf diese Weise wurde die Taufe zu einer rituellen Anrufung der verstorbenen Geschwister.

1893, als Désiré sechzehn war, fand Chrétien Simenon einen festen Standort für sein Geschäft in der Rue Puits-en-Sock 58. Der Hutmacherladen wurde im Vorderzimmer des Terrassenhauses eingerichtet, doch das Familienleben der Simenons spielte sich im Umkreis der Küche ab. Die Rue Puits-en-Sock war und ist eine enge Straße. Die Häuser sind klein, und das Leben war eine intime Angelegenheit; um zu wissen, was die Nachbarn zu Mittag gegessen hatten, brauchte man nur auf die Mündung des Abflußrohrs zu schauen. Es gab eine gemeinsame Toilette auf dem Hof, und im Haus roch es manchmal nach ungeleerten Nachttöpfen. Später wurde Georges allwöchentlich in der Küche in einen Waschkübel gesetzt, und danach bekam er ein sauberes Hemd und frische Socken. In diese geschlossene Gemeinschaft hatte Désiré eines Tages Henriette Brüll eingeführt, die als Hilfsverkäuferin im Warenhaus Innovation im Stadtzentrum arbeitete. Doch für die Wallonen von Outremeuse war sie eine Ausländerin. Die Brülls waren nicht einmal richtige Flamen, sondern halb Flamen und halb Deutsche, und als Désiré und Henriette ihre Verlobung bekanntgaben, zeigte sich Marie Catherine Simenon alles andere als begeistert. «Heirate, wenn du mußt», sagte sie zu Désiré. «Aber warte nur und paß auf, was du zu essen kriegen wirst.» Die Simenons hatten nicht lange gebraucht, um zu vergessen, daß sie selbst zweihundert Jahre lang Flamen gewesen waren.

Désiré und Henriette wurden am 22. April 1902 getraut. Sie lebten nacheinander in mehreren Mietwohnungen im Stadtzentrum; erst zwei Jahre nach Georges' Geburt zogen auch sie nach Outremeuse, in die Rue Pasteur – heute Rue Georges Simenon –, wo Georges seine ganze Jugend verbrachte, bis er die Stadt endgültig verließ. In *Je me souviens* und *Pedigree* behauptete Simenon, seine Mutter sei von Marie Catherine Simenon beherrscht und eingeschüchtert worden, von einer Großmutter, die «so kalt wie Stein» gewesen sei und ihn, als er klein war, nie geküßt habe. Was er dabei zu erwähnen unterließ, ist die Tatsache, daß seine Großmutter starb, als er zwei Jahre alt war, genau gesagt, eine Woche bevor Georges und seine Eltern den Fluß überquert hatten und in die Rue Pasteur gezogen waren. Demnach kann Henriette nur drei Jahre unter der Fuchtel ihrer Schwiegermutter gelebt haben (und zwar auf den Tag genau drei Jahre, da Marie Catherine ganz plötzlich an Henriettes drittem Hochzeitstag gestorben war). In dieser Hinsicht ist Simenons spätere Schilderung des Lebens bei Marie Catherine in der Rue Puits-en-Sock zwar irreführend, jedoch nicht ganz falsch. Die Hauptfigur war damals *«Vieux-Papa»*, der, 1823 geboren, sich noch an den Aufstand von 1830 erinnern konnte, in dessen Gefolge Belgien sich 1831 von den Niederlanden unabhängig machte. *«Vieux-Papa»* – *«une carcasse monstrueuse»* – ein ungeheuerliches Gerippe mit dem graublauen Teint des Grubenarbeiters, haarigen Armen, die bis zum Boden zu hängen schienen, auf den Schultern einen großen Kopf mit riesigem Mund und ebensolchen Ohren – verbrachte den größten Teil des Tages in einem Lehnstuhl. Manchmal aß er schmatzend seine Lieblingsspeise, eine rohe Zwiebel, so, wie andere in einen Apfel beißen würden. Alle zwei Monate rasierte ihn einer seiner Söhne in der Küche. Einmal, nachdem er sich über Zahnschmerzen beklagt hatte, zog *«Vieux-Papa»* eine Schau ab, die es mit allem aufnehmen konnte, was Georges auf der Straße gesehen hatte. Er befahl einem seiner Enkel, Georges' Onkel Arthur, ihm den Zahn auszureißen. *«Vieux-Papa»* hatte sich noch nie einen Zahn ziehen lassen, und Arthur, der das Ganze für einen Scherz hielt, holte die große Zange, mit der man normalerweise Nägel zog. Doch der alte Mann meinte es durchaus ernst, und Arthur sah sich gezwungen, das blutige Geschäft durchzuführen. *«Vieux-Papa»* zeigte sich ebenso stoisch und gelassen, als er eines Morgens beim Erwachen feststellte, daß er erblindet war. Er klagte nie und lernte, die Mitglieder seiner Familie an ihrem Gang zu erkennen. Als er schließlich im Alter von fünfundachtzig Jahren starb, hatte er seine Tochter um vier Jahre überlebt, und Georges, damals fünf, sah in der Nacht, da sein Urgroßvater starb, einen Lichtschimmer durch sein Schlafzimmer schweben und soll gesagt haben: «Schau, das ist *Vieux-Papa*.»

Der Schwiegersohn von *«Vieux-Papa»*, Chrétien, hatte laut Simenon eine lange Lehrzeit absolviert, bevor er sich als Hutmacher niederließ. Er soll bis nach London, Italien und Wien gereist sein, um die Kunst des Strohflechtens zu erlernen, so daß er seinem Angebot auch Panamahüte und «Kreissägen» hinzufügen konnte. Diese Behauptung, die Simenon in *Je me souviens* wiederholte, wurde seitdem in Zweifel gezogen, da solche Reisen damals bei den Lütticher Handwerkern nicht üblich waren. Morgens, wenn Georges seinen Großvater besuchte, pflegte der jüngere der beiden alten Männer in Simenons Leben dem Kleinen eine Münze und einen Kuß zu geben, der «nach dem Glas roch». Der Laden neben dem des Hutmachers war eine Puppenklinik, die einem älteren «gebürtigen Nürnberger namens Herr Krantz» gehörte (in Wirklichkeit hieß er Creutz und stammte aus dem rheinpreußischen, seit 1920 belgischen Grenzdorf Raeren bei Eupen). Jeden Morgen, ehe sie ihre Läden öffneten, tranken Herr Creutz und Monsieur Simenon ein Glas Schnaps miteinander. Das erzählte Simenon in *Je me souviens*, und er fügte hinzu, es sei das einzige alkoholische Getränk gewesen, das die beiden während des Tages angerührt hätten.

Marie Catherine war bis zu ihrem Todestag für gewöhnlich in der Küche anzutreffen, wo sie ihren bärenhaften Vater nicht aus den Augen ließ, um zu verhindern, daß er eine zweite rohe Zwiebel verspeiste, was katastrophale Folgen nach sich ziehen konnte. Auch nach seiner Heirat besuchte Désiré seine Mutter täglich auf dem Weg zur Arbeit, obwohl die Wohnung gar nicht an seinem Weg lag. Marie Catherine pflegte die Suppe aufs Feuer zu stellen, bevor die übrige Familie erwacht war, und um halb neun köchelte bereits etwas Herzhafteres wie etwa *bœuf à la mode* auf dem Herd. Der Schlachtruf der Simenons war stets *«J'ai faim!»* (Ich habe Hunger!) gewesen, und in diesem Bedürfnis, sich mit dem Essen über die Härten des Lebens hinwegzutrösten, bestätigten sie ihre flämische Abstammung. Ganz gleich, um welche Zeit Marie Catherines Kinder heimkamen – es gab immer etwas zu essen. Wenn Désiré mit vollem Magen erschien, nach einem flämischen Frühstück mit Enteneiern und Schmalz, und aus Treue zu Henriette nicht *«J'ai faim!»* rief, sagte seine Mutter stets: «Möchtest du nicht einen Teller Suppe?» – «Nein danke, Mutter.» – «Das heißt: ja.» Und so aß Désiré seine Suppe und dann noch ein Stück Kuchen, das am Vortag für ihn zurückgelegt worden war, und seine Mutter sah sich in ihrer Ansicht bestätigt, daß ihr Sohn von seiner Frau vernachlässigt wurde. *«J'ai faim!»* war nicht nur ein Schlachtruf, sondern auch ein Schrei nach Liebe. Er erfüllte Marie Catherine mit einer Lebensaufgabe und einem Machtgefühl und mag für sie ein Ausgleich für den Mangel an Enkelkindern gewesen sein.

Simenon faßte einmal den Gegensatz zwischen seinen Eltern kurz zusammen, als er schrieb, Désiré habe das Leben als «eine vollkommen gerade Linie» genommen, während Henriette aus «einem geplagten Geschlecht» gekommen sei. Der Grund für die Geplagtheit der Brülls war Simenon bis zum Ende seines Lebens nie klar gewesen. Er wußte nur, daß Henriette und ihre Familie in den amtlichen Lütticher Urkunden immer als «Ausländer» geführt wurden, weil der Vater, Wilhelm Brüll, in Preußen und die Mutter, Maria Loijens, in den Niederlanden geboren waren. Mathieu Rutten, der das Schicksal der Familie Brüll über sieben Generationen vor Henriettes Geburt zurückverfolgt hat, schrieb: «Vom beruflichen, sozialen und psychologischen Standpunkt aus gesehen, ist die Geschichte der Brülls eine ununterbrochene Folge von Problemen – häufigen Wohnungswechseln, Beschäftigungen von kurzer Dauer, Fehlstarts –, ein gefahrvolles, ja düsteres Schicksal.» Und Henriettes Generation war «eine Familie ohne Bindungen, abgeschnitten von ihrer Heimat, ohne festen Wohnsitz, ‹Ausländer› in den amtlichen Akten, wohin auch immer sie zogen».

Ein Teil des Problems war die Trunksucht, doch im Fall von Henriettes Vater läßt sich nicht mit Gewißheit feststellen, ob sie zu seinem Ruin geführt hat. Wilhelm Brüll wurde 1828 als Sohn eines Metzgers in Herzogenrath bei Aachen geboren und leistete zur gegebenen Zeit seinen Militärdienst im preußischen Heer ab. Laut Familienüberlieferung wurde er dort so roh behandelt – sein bester Freund ertrank, er selbst erlitt schwere Gesundheitsschäden, als man die Rekruten zwang, im Winter durch einen eisigen Fluß zu schwimmen –, daß er alles Preußische zu verabscheuen begann und in das niederländische Limburg auswanderte. Als Wilhelm anläßlich des Deutsch-Französischen Kriegs von 1870/71 erneut unter die preußischen Fahnen gerufen wurde, soll er in Belgien geblieben sein und den Dienst verweigert haben, worauf seine vier Brüder und seine vier Schwestern in Deutschland mit ihm brachen. Im niederländischen Limburg heiratete Wilhelm Brüll 1854 Maria Loijens, die aus einer der reichsten Familien im Limburgischen kam. Auf dem Trauschein steht die Berufsbezeichnung «Steward». Das junge Paar zog gleich darauf in die belgische Provinz Limburg, und Wilhelm wurde dank der Fürsprache seines Schwiegervaters zum «Deichmeister» einer wichtigen Bewässerungsanlage ernannt. Das imposante Bauernhaus der Eheleute am Ufer des Süd-Wilhelmskanals war der Schauplatz von Wilhelms legendärem Reichtum. Hier, im *«plat pays»*, gründeten Wilhelm und Maria ihre Familie, in der ihnen bis zum Jahr 1865 sechs Kinder geboren wurden. In *Je me souviens* schrieb Simenon: «Das ganze Land lag, so weit das Auge reichte, unter dem Meeresspiegel.» Die Dämme des Kanals ragten hoch über das Land empor, und die Kähne glitten in Augenhöhe vorüber, wenn man sich im ersten Stock des Hauses befand. Bis zum nächsten Dorf, ganz gleich, in welcher Richtung, mußte man eine Stunde gehen. «Vom Wasser im Kanal, von der Art, wie das Wasser verteilt wurde, von der Art, wie man es in die Zubringerkanäle fließen ließ und dann je nach Jahreszeit über das Land verteilte, hing das Wohl und Wehe eines jeden im Umkreis zahlloser Meilen ab. Und Brüll war der Meister des Wassers, der Gebieter des Reichtums.»

Doch 1866 war Wilhelm Brüll ruiniert. Er besaß fünf Kanalkähne, auf denen Holz von Limburg nach Lüttich befördert wurde und die von dort den Inhalt der Senkgruben nach Limburg heraufbrachten, wo er als Dünger verkauft wurde. 1866 brach die Cholera in der Stadt aus, und die niederländischen Behörden in Maastricht schlossen den Albertkanal für alle Kähne, die in Lüttich Kloakenmüll geladen hatten. Die beiden Senkgrubenunternehmer, mit denen Brüll in Lüttich zu tun hatte, brauchten dringend ein Darlehen, denn sie mußten eine Anzahl Wagen kaufen, um ihren Vertrag zu erfüllen, indem sie die Kunden auf dem Landweg bedienten, und die städtischen Behörden in Lüttich drängten sie, da der Unrat sich vor dem Quai Barbou in Outremeuse staute. Wilhelm Brüll erklärte sich bereit, einen Schuldschein über dreitausend Francs auszustellen. Doch beim Niederschreiben des Betrags war er nachlässig; seine Partner fügten eine Null hinzu und überließen es ihm, dreißigtausend Francs aufzubringen. Im Gefolge dieses Mißgeschicks gab Wilhelm seine einflußreiche Stellung als Deichmeister in Limburg auf, und die Familie zog zuerst in die Provinz Antwerpen, dann nach Brabant, wo Wilhelm bei den Behörden abwechselnd als «Aufseher» und als «Fleischer» eingetragen wurde. 1880 zogen die Brülls nach Lüttich; hier bezeichnete sich Wilhelm als «Lebensmittelgrossist». Im Juli dieses Jahres wurde Henriette geboren, das dreizehnte und letzte Kind des Ehepaars. Ein Jahr nach Henriettes Geburt war aus dem «Lebensmittelgrossisten» ein «Hausdiener» geworden, der eine Zeitlang in einem Aachener Restaurant arbeitete. Ein Jahr später war er wieder in Lüttich, diesmal als «Holzhändler» mit Frau und sieben Kindern. Und als Holz- und Kohlenhändler starb er 1885. Man hatte Simenon immer erzählt, sein Großvater sei aus Verzweiflung über seinen Ruin trunksüchtig geworden, doch der Enkel war überzeugt davon, daß Wilhelms Ruin die Folge der Trunksucht war, die wahrscheinlich auch seine Unachtsamkeit beim Ausschreiben des Schuldscheins verursacht hatte. Diese Schlußfolgerung wurde von Sylvie Wilsens-Brüll, einem anderen Enkelkind Wilhelm Brülls, aufs heftigste bestritten.

Nach Wilhelms Tod mußte seine Frau Maria allein weiterkämpfen. Ihr Leben war noch härter als das von Marie Catherine

Simenon. Mit achtzehn verheiratet, gebar die aus einer wohlhabenden Familie stammende Maria Brüll, deren Mann nach zwölf Ehejahren wirtschaftlich am Ende war, im Lauf von sechsundzwanzig Jahren dreizehn Kinder. Drei von ihnen starben vor ihrem Vater. Im März des Jahres 1885, das wohl das schlimmste ihres Lebens war, starb der Gatte. Dann, am 10. Mai, starben zwei Kinder, ein zweiundzwanzigjähriger Sohn und eine siebenjährige Tochter. Das darauffolgende Familienbegräbnis blieb den Leuten des Stadtviertels noch lange in Erinnerung. Doch während Marie Catherine Simenon nach dem doppelten Schicksalsschlag von 1884 sich für die restlichen einundzwanzig Jahre ihres Lebens hinter einem Schutzwall von Trauer verschanzen konnte, war Maria Brüll nach der dreifachen Tragödie ganz auf sich gestellt und mußte nach Kräften für ein Auskommen sorgen. Sie hatte noch drei Kinder zu Hause, und Henriette war erst vier Jahre alt. Und obwohl die Familie eine Niederlassungsbewilligung hatte, *«la petite naturalisation»*, galten die Brülls in Belgien immer noch als Ausländer. Maria sah keine andere Wahl, als den Holz- und Kohlenhandel ihres Mannes weiterzuführen, obgleich das Geschäft bereits sehr schlecht ging. Wie Henriette sich erinnerte, war die Familie um diese Zeit so arm, daß ihre Mutter Wasser in einer Bratpfanne auf dem Herd verdampfen ließ, damit die Nachbarn glaubten, sie koche eine warme Mahlzeit.

In den neun Jahren von 1892 bis 1901, als sie mit vierundsechzig starb, wechselte Maria Brüll in Lüttich siebenmal die Wohnung. 1896 wohnte sie sieben Monate in der Rue Puits-en-Sock 12. Damals war Henriette in einem Vorort nördlich der Stadt wohnhaft gemeldet. Sie war sechzehn Jahre alt und hatte zum erstenmal das Haus ihrer Mutter verlassen, um im Warenhaus Innovation zu arbeiten; doch zweifellos besuchte sie ihre Mutter regelmäßig in der Rue Puits-en-Sock. Désiré war zu dieser Zeit achtzehn und wohnte seit 1893 in der Rue Puits-en-Sock. Er hatte gerade seine Arbeit bei der Versicherungsgesellschaft begonnen und kam zweimal am Tag an der Tür des Hauses Nummer 12 vorbei. Simenon wußte nicht, daß seine Großmutter Brüll zeitweilig in der Rue Puits-en-Sock gewohnt hatte, und es war ihm stets ein

Rätsel geblieben, wie Désiré und Henriette sich kennengelernt hatten. Doch aller Wahrscheinlichkeit nach ist Désiré Henriette zum erstenmal während jener sieben Monate begegnet, als die Brülls und die Simenons zur selben Pfarrei gehörten und jeden Sonntag die Kirche Saint-Nicolas aufsuchten.

Die Erinnerung an die Armut ihrer Kindheit hat Henriettes ganzes restliches Leben beherrscht und auch das ihrer Kinder geprägt. Doch bei einigen ihrer Brüder und Schwestern hatte diese Vergangenheit noch auffälligere Spuren hinterlassen. 1881, auf dem Tiefpunkt seines Schicksals, war Wilhelm Brüll unter Hinterlassung von Frau und Kindern nach Deutschland zurückgekehrt und hatte ein geheimnisvolles Jahr lang als Diener in einem Restaurant gearbeitet. Der Alkoholismus war damals wie heute ein häufiges Problem für Kellner in Bars und Cafés. Vier Jahre später starb Wilhelm an der Trunksucht. Von seinen neun Kindern, die erwachsen wurden, haben drei bekanntermaßen im selben Beruf gearbeitet, und man weiß von dreien, daß sie Alkoholiker waren. Henriettes Schwester Louisa, die Simenon in *Je me souviens* «Tante Marthe» nannte, pflegte sich verstohlen in Schifferkneipen an den Kais der Maas zu schleichen, um angeblich *«pipi»* zu machen. Onkel Léopold, der, wie Simenon behauptete, eine Berechtigung zum Studium an der Universität Lüttich besaß, wurde Anstreicher und übte diesen Beruf aus, bis er nicht mehr aufrecht auf einer Leiter stehen konnte; dann begann er, auf offener Straße zu trinken und an die Hauswände zu pinkeln. Und Georges' hübsche und impulsive Tante Félicie, die als Halbwüchsige auf Braunbierdiät gesetzt worden war, weil sie an Blutarmut litt, heiratete zu ihrem Unglück einen Cafébesitzer. Sie saß hinter der Kasse in der Ecke der Bar und trank stets, wenn Georges und seine Mutter um sieben Uhr einkaufen gingen. *«Mon dieu, Félicie!»* rief Henriette ihr dann entsetzt zu; doch es war vergebens.

Als Kind war Georges gelegentlich Zeuge der dramatischeren Auswirkungen des Alkohols auf die Familie seiner Mutter. Nachdem Tante Louisa den wohlhabenden Ladenbesitzer und Bankdirektor Jean-Mathieu Schrooten geheiratet hatte, wurde sie zuweilen unlenkbar; sie drohte damit, sich oder ihren Mann zu erschießen, und mußte eingesperrt werden. Manchmal sperrte sie sich selbst ein, und wenn das geschah, wurde Henriette meistens zu Hilfe gerufen. Dann ließ man Georges mit Onkel Jean unten sitzen, und sie hörten gemeinsam die Schreie und das Schlagen schwerer Gegenstände an die Schlafzimmertür im ersten Stock. Nach einiger Zeit verstummten die Schreie, und wenig später kam Henriette wieder herunter, um Georges nach Hause zu bringen. Diese Anfälle ereigneten sich stets dann, wenn es Louisa gelungen war, sich an einen der für ihren Mann arbeitenden Ladenangestellten heranzumachen, denen es strikt verboten war, ihr Geld aus der Kasse zu geben. Die Familie bezeichnete ihren Zustand nach einem solchen Angriff auf die Kasse als «brindezingue».

Georges' Lieblingsonkel war Léopold, der Clochard der Familie. Léopold hatte als Zehnjähriger mit seiner Familie Limburg verlassen. Georges erinnerte sich, mit ihm in der Küche in der Rue Pasteur gesessen und seinen Erzählungen von den glorreichen Zeiten der Brülls im Haus am Kanal gelauscht zu haben, während Henriette Gemüse putzte. Der Untergang der Familie Brüll hatte vierzig Jahre vor Georges' Geburt stattgefunden, und als er vierzig Jahre nach seiner Geburt zum erstenmal in *Je me souviens* darüber schrieb, scheint er seinen Onkel Léopold irgendwie romantisiert zu haben. So schrieb er, Léopold sei dazu erzogen worden, mit dem Adel auf die Jagd zu gehen, und er habe eine glanzvolle Zukunft gehabt – bis zu jenem Tag, da er den Entschluß faßte, den enganliegenden Waffenrock der Lanciers zu tragen. Er hatte sich in eine Frau aus dem Gefolge seines Regiments verliebt und sie geheiratet; sie hieß Eugénie, war eine Schönheit und hatte spanisches Blut in den Adern. Die Folge dieses eigenwilligen Verhaltens war, daß die Familie Brüll (mit Ausnahme Henriettes) ihn bis an sein Lebensende mied. Léopold «hatte beschlossen, alles zu sehen [...] alles zu erleben [...] und schließlich erreichte er den Punkt, an dem er sich nicht mehr schämte, beim Pinkeln auf der Straße gesehen zu werden». Zuweilen verschwand er für Monate, und nicht einmal Eugénie wußte, wo er war; jedenfalls hätte keiner aus der Familie mit ihr gesprochen, wenn er ihr begegnet wäre. Dann erhielt Henriette eines Tages die Nachricht, daß Léopold im Bavière-Hospital, vierhundert Meter von ihrem Haus entfernt, im Sterben lag. Er hatte Krebs. Einige Wochen nach seinem Tod kam eine weitere Nachricht. Man hatte Eugénie in einer Dachkammer tot aufgefunden; außerstande, ohne Léopold weiterzuleben, war sie verhungert. Als Henriette nach der Identifizierung der Leiche heimgekehrt war, hatte sie berichtet: «Sie wog nicht mehr als ein zehnjähriges Kind. Sie war nur noch ein Gerippe.» Nachdem Simenon die Geschichte von Léopold und Eugénie in *Je me souviens* zu Ende erzählt hatte, war er zu der festen Überzeugung gelangt, daß ihre Liebesaffäre alles übertraf, was er sich je hatte vorstellen können. Das mag sein, doch er hat, wie wir sehen werden, nichtsdestoweniger viele Einzelheiten geändert.

Es ist unwahrscheinlich, daß Léopold je hoffen konnte, mit dem Adel zu verkehren, zumal sein Vater bereits ruiniert war, als er sein zehntes Lebensjahr vollendet hatte. Den enganliegenden Waffenrock des Lanciers hatte er nie getragen, denn er diente in einem Infanterieregiment, dem 2. Jägerregiment. Obgleich seine Frau in der Tat Eugénie hieß, kann sie kaum je eine herumziehende Frau im Gefolge des Regiments gewesen sein, da sie zur Zeit ihrer Eheschließung einen festen Wohnsitz in Mons hatte, wo sie als Köchin arbeitete. Die Möglichkeit ihres «spanischen Bluts» bleibt offen. Eugénie wurde jedoch in dem Dorf Wiheries, unmittelbar südlich von Mons, geboren, und ihr Mädchenname war Dubuisson. Es scheint der Wahrheit zu entsprechen, daß Henriette an Léopolds Totenbett gerufen wurde, da sie die Sterbeurkunde unterschrieben hat. Hingegen wurde Eugénie nicht einige Wochen nach Léopolds Tod in einer Dachkammer aufgefunden. Sie starb drei Jahre später im Valdor-Hospital.

Den dramatischsten Aspekt der in der Familie verbreiteten Trunksucht hatte Georges in der Person seiner hübschen Tante Félicie gefunden. Ihr Mann, der Barbesitzer, war Georges als Onkel Coucou bekannt. Ihm gehörte das Café des Cultivateurs am Quai-sur-Meuse, gegenüber Outremeuse am Pont des Arches.

Henriette hatte nach dem Tod ihrer Mutter im Januar 1901 und vor ihrer Heirat ein Jahr lang bei Coucou und Félicie über dem Café des Cultivateurs gewohnt. Doch im Jahr 1908, nach achtjähriger Ehe, wurde die vierunddreißigjährige Félicie von zwei Krankenwärtern in eine Zwangsjacke gesteckt und ins Irrenhaus gebracht. Drei Tage später starb sie im Sanatorium Sainte-Agathe an Delirium tremens. Georges, damals fünf, sah zu, wie Tante Félicie schreiend aus dem Haus geschleppt wurde, während Onkel Coucou schluchzend mit dem Kopf gegen die Korridorwand schlug. Die Familie Brüll verlangte eine polizeiliche Untersuchung, und Onkel Coucou wurde wegen schwerer Körperverletzung, begangen an seiner Frau, zu zwei Jahren Gefängnis verurteilt und in die Strafanstalt Saint-Léonard eingeliefert. Häufig war er vor Eifersucht in Raserei geraten und hatte Félicie verprügelt. Je mehr er sie schlug, desto mehr trank sie, und je mehr sie trank, desto mehr schlug er sie. Nach Félicies Tod wurde Georges ermahnt, nie mehr von Coucou als von seinem Onkel zu sprechen.

«Mon dieu, Françoise!» – «Mon dieu, Henriette!» – «Jésus, Marie!» – «In diesem Jammertal!» Das waren die immer wiederkehrenden Ausrufe in den Gesprächen der Damen Brüll, und laut *Je me souviens* und später *Destinées* hörte man sie für gewöhnlich auf flämisch. Simenon erinnerte sich, daß Henriette und ihre Schwestern stets flämisch sprachen, wenn sie beisammen waren, und daß auch Léopold mit Henriette flämisch sprach. Diese Gewohnheit der Brülls war einer der Gründe, warum Marie Catherine Simenon ihrer Schwiegertochter Henriette so mißtraut hatte. Doch 1975 verwies Simenons unerbittliche Kusine Sylvie Wilsens-Brüll die flämischen Kindheitserinnerungen ihres Vetters ins Reich der Erfindungen. In einem Brief an Mathieu Rutten schrieb sie, ihr Großvater Wilhelm, Henriettes Vater, habe «seine Kinder in Abscheu vor allem Preußischen erzogen und stets französisch mit ihnen gesprochen». Unter Berufung auf das Buch *Lettre à ma mère*, das Simenon damals gerade veröffentlicht hatte, fügte sie hinzu:

«Das Gemisch aus Flämisch und Deutsch bezieht sich vermutlich auf den Dialekt des Landes an der Maas, doch den sprachen nur die alten Leute. Tante Henriette konnte höchstens ein paar Worte plappern, und auch das nur mit starkem wallonischem Akzent. Das kleine Mädchen, das im Alter von fünf Jahren die Einkäufe für die Familie macht und kein Wort Französisch spricht, ist reine Erfindung.»

Diese Aussage wird von Denyse Simenon bestätigt, die sich erinnert, daß Henriette fließend französisch sprach, «aber auf wallonische Art, mit eingestreuten einheimischen Ausdrücken». Sollten also Denyse und Madame Wilsens-Brüll recht haben (und Madame Wilsens-Brüll war acht Jahre älter als ihr Vetter Georges, hatte demnach ihre Brüllschen Ahnen persönlich gekannt), dann hat Simenon den Charakter Henriettes in seiner ersten Autobiographie vermutlich bewußt falsch dargestellt.

Jedenfalls hat es ihm nicht an zuverlässigem Material gemangelt. Schon als kleines Kind scheint Georges seine Mutter mit einer unerbittlichen Detailbesessenheit beobachtet zu haben. Und folgendermaßen beschrieb er sie in *Je me souviens*, zwanzig Jahre nachdem er ihr Haus verlassen hatte und kurz nach der Geburt eines eigenen Sohnes, den er über die Hintergründe der Familie zu unterrichten wünschte: Henriette war eine sehr kleine Frau, deren Kopf viel zu groß für den Körper schien, wie bei gewissen Puppen. Sie war immer in Sorge, für ordinär gehalten zu werden, seit man sie als sechzehnjährige Aushilfsverkäuferin in einem Warenhaus wegen ihrer angeblichen Vulgarität gehänselt hatte. Ständig entschuldigte sie sich, selbst wenn sie nicht im Unrecht war. Peinliche Ereignisse vertuschte sie und gab vor, sie seien nie geschehen. Sie zählte ihre Pfennige und grämte sich jahrelang über den Verlust eines wertvollen Schmuckstücks. Als ihr Sohn klein war, pflegte sie ihn zu gutem Benehmen zu erpressen, indem sie behauptete, «man» werde sie abholen und im Krankenhaus operieren, falls er nicht aufhörte, seinen kleinen Bruder zu ärgern. Sie demütigte sich gunstbeflissen vor reichen Nachbarn.

Eine der unversöhnlichsten Schilderungen des Betragens seiner Mutter, die Simenon anführte, betraf einen großen Hund ohne Maulkorb, der in der Rue Pasteur lebte. Henriette mußte oft an diesem schrecklichen Tier vorbeigehen, das mitten auf der Straße unter dem Balkon seiner Besitzer lag. Dann lächelte sie den auf dem Balkon sitzenden Herrschaften zu und bückte sich sogar, um das Biest zu streicheln.

«Zum Beweis meiner Dankbarkeit, zum Beweis dafür, daß ich besser erzogen bin als unsere Nachbarn, habe ich euren großen Hund gestreichelt, obgleich ich mich vor ihm ängstige und er eines Tages eines meiner Kinder angreifen könnte. Ich danke euch sehr! Glaubt mir, ich weiß diese Gelegenheit zu schätzen.»

Auf der Straße mußte jederzeit der Schein gewahrt werden, und Simenons Unterbewußtsein nahm auch zur Kenntnis, wie leicht seine Mutter von einem Zank mit ihrem Mann zu einem höflichen und falschen Lächeln überging, wenn sie zufällig irgendwelchen Bekannten begegnete. Der kleine Simenon war Zeuge der Unaufrichtigkeit seiner Mutter, die ihren angeblichen Prinzipien zuwiderhandelte, als sie in der Straßenbahn bezüglich seines Alters log, um nicht den vollen Fahrpreis zu bezahlen. Für Henriette, so schrieb er, war *«le strict nécessaire»*, das «Lebensnotwendige», zu einer Besessenheit geworden, mit der sie alle zu leben hatten. Schuld daran waren, wie sie ständig betonte, einzig und allein Désirés starrköpfige Weigerung, eine Lebensversicherung abzuschließen, und der Umstand, daß er aus mangelndem Weitblick die Feuerversicherung gewählt habe anstatt der viel vorteilhafteren Lebensversicherung. Henriette «fand das Unglück, wo niemand sonst es vermutet hätte». Ihr Leben war eine Suche nach Sicherheit, und das bedeutete ein eigenes Haus, in dem man leben und sterben konnte. Eine Alkoholikerin war Henriette bestimmt nicht; nichts deutet darauf hin, daß sie je getrunken hat. Doch ihre Reaktion auf die Erfahrungen der Kindheit scheint ebenso tiefgreifend wie die Léopolds und Félicies gewesen zu sein und mag sogar – wie ihr ältester Sohn es schildert – noch mehr Schaden angerichtet haben.

Henriettes Mann hätte kaum einen schärferen Gegensatz zu ihrer Persönlichkeit abgeben können. Désiré strahlte Ruhe und Stärke aus, er war zuversichtlich und mit allem zufrieden, selbst mit seiner Wahl Henriettes als Gattin. Nach dem idealisierten Bild, das sein Sohn von ihm zeichnete, bewegte er sich mit langen, regelmäßigen Schritten, begab sich über den Fluß zur Arbeit, kehrte zu einem späten Mittagessen heim, ging am Nachmittag wieder fort, fand all sein Glück im bescheidenen Leben des *quartier* und der Familie: der zweiten Heimkehr am Abend, dem üblichen *«J'ai faim!»* im Blick auf das Essen, das auf dem Herd kochte; daß er anschließend die Kinder zu Bett bringen, seinen Georges liebevoll *«fiston»* nennen und sich zu guter Letzt in seinen Korbsessel am Kamin setzen und die Zeitung lesen durfte, während seine Frau nähte. Simenon sah Heldenmut in der Genügsamkeit seines Vaters, in seiner Geduld bei der Arbeit, seiner Zufriedenheit daheim und in seiner stillen Art, sich nie über seinen mangelnden Erfolg zu beklagen. Als dienstältesten Angestellten bei der Lütticher Filiale der Agences Générales und der Winterthur hatte man ihn vor die Wahl gestellt, entweder das traditionelle Geschäft der Feuerversicherung weiterzuführen oder auf die neue und erfolgversprechende Lebensversicherung umzusatteln. Um Lebensversicherungen zu verkaufen, mußte man ständig unterwegs sein und Hausbesuche machen. Die Feuerversicherung wurde vom Büro aus besorgt. Désiré zog die Ordnung und die Bequemlichkeit des Büros vor und verdiente deshalb nie mehr als hundertfünfzig Francs im Monat. Allein die monatliche Kommission seines ehrgeizigeren Kollegen überstieg das, sehr zum Ärger Henriettes, bei weitem. Doch es war Désiré, dem man die Schlüssel zum Safe des Büros anvertraute. Am glücklichsten war er jeden Tag, wenn sich die Räume in der Rue Sohet um die Mittagszeit leerten und er an seinem Schreibtisch, an dem er einmal sterben sollte, allein weiterarbeiten konnte. Das Büro, in dem er tätig war, ist inzwischen verschwunden, doch ganz in der Nähe, an der Rue des Guillemins, ist ein sehr ähnliches noch in Betrieb: eine kleine Privatbank mit Fliesenfußboden und einem hölzernen Ladentisch, den eine Trennwand in zwei Schalter teilt; hinter jedem dieser Schalter sitzt ein Angestellter. Die Stille, die Diskretion und die Förmlichkeit des Umgangs im Schalterraum stehen im Gegensatz zu der Redseligkeit und der kollegialen Atmosphäre, die sich jedesmal verbreiten, wenn ein Schalter geöffnet wird und einen Blick in die kleine Welt dahinter gestattet. Désiré gehörte zu jenen genügsamen Menschen, die nie mehr vom Leben verlangen als das, was es ihnen gibt. «Meinem Vater fehlte nichts, meiner Mutter fehlte alles, das war der Unterschied zwischen ihnen», schrieb Simenon in *Je me souviens*.

Henriette und Désiré waren beide katholisch, und zumindest Henriette mochte als fromm gelten. Die Simenons hatten feste Familienplätze in der Pfarrkirche Saint-Nicolas, und zwar in der Bank der Sankt-Rochus-Bruderschaft; aus ihr erhob sich jeden Sonntag bei der Messe Großvater Chrétien, um die Kollekte einzusammeln. Sonntag morgens begleitete Georges seinen Vater in die Kirche. Es fiel ihm auf, daß Désiré zu groß war, um auf der engen Familienbank zu knien, und daß er selbst im feierlichsten Augenblick der Messe nicht hinkniete, sondern nur den Kopf senkte.

Vor dem Ersten Weltkrieg fiel es einer Lütticher Mutter wie Henriette nicht schwer, sich der Frömmigkeit ihres Sohnes zu versichern. Kurz nach seiner Geburt wurde Georges der besonderen Obhut der Jungfrau Maria anempfohlen, und das bedeutete, daß er bei besonderen Anlässen in Blau und Weiß gekleidet sein mußte. Daraus ergaben sich Probleme, als sein großzügiger Onkel Guillaume, der Regenschirmhändler aus Brüssel, in einem eleganten, doch wegen seiner Kürze als «fliegender Furz» bekannten Mantel eines Tages überraschend zu Besuch kam, den Kleinen in die Stadt mitnahm und ihm einen schicken roten Anzug kaufte. Der rote Anzug mußte in den Laden zurückgebracht werden, was gar nicht so einfach war, da Georges bereits hineingepinkelt hatte. Bei der jährlichen Fronleichnamsprozession war der in Blau und Weiß gekleidete Georges unter den

Kindern, die Rosenblütenblätter auf den Weg streuten, auf dem der Priester mit der Monstranz einherschritt. Und am Ostermontag wurde Georges auf die traditionelle Wallfahrt zum Heiligtum Unserer Lieben Frau von Chèvremont mitgenommen. Dort schaute der kleine Junge den frommen Pilgern, die auf Knien den felsigen Hügel emporstiegen, und den vor der Marienstatue knienden Frauen zu. Noch Jahre später erinnerte er sich an die Wolkenbrüche, die stets auf dem langen Heimweg zu wüten schienen. Als Georges größer war, fühlte er sich irgendwann zum Priesteramt berufen. Die Familie hatte bereits mancherlei Verbindung mit der Kirche. Abgesehen von Tante Marie-Jean Louise, jetzt Schwester Marie-Madeleine, gab es die mit dem Küster der Kirche Saint-Louis verheiratete Tante Françoise, und wie Simenon behauptet, soll ein entfernter Vetter, der ebenfalls Georges hieß, einst Bischof von Lüttich gewesen sein. Immerhin gab es einen anderen entfernten Vetter, Monsignore Willem Simenon, der tatsächlich zum Generalvikar der Diözese ernannt wurde und 1951 starb, beladen mit allen kirchlichen Ehren. Simenons Behauptung, mit einem kirchlichen Würdenträger verwandt zu sein, den es nicht gab, der dann aber doch in Erscheinung trat, war ein frühes Beispiel seiner Fähigkeit, sowohl die Zukunft als auch die Vergangenheit zu erfinden.

Zu Désirés kirchlichen Pflichten gehörte auch die eines Wohlfahrtsinspektors, was bedeutete, daß er einmal jeden Monat die ärmsten Viertel von Lüttich aufsuchen mußte, wo die Familien oft zu zehnt oder zu zwölft in einem Zimmer schliefen, für gewöhnlich auf dem Fußboden. Diese Besuche machten Désiré keineswegs zu einem Sozialisten. Vielmehr bestärkten sie ihn nur in seinen Ansichten. Désiré war ein Vertreter jener Klasse, die man *«les petits gens»* nannte, Leute, «welche die Reichen haßten, aber deshalb die Armen noch lange nicht mochten». Désiré gehörte außerdem einer anderen freiwilligen Organisation an, der *garde civique*, deren Hauptaufgabe in der Niederschlagung von Unruhen bestand. In den Jahren vor dem Ersten Weltkrieg, als mehrere europäische Länder zu verschiedenen Zeiten am Rand der Revolution standen, gehörte Lüttich zu den am häufigsten von einem Generalstreik bedrohten Industriestädten, und die *garde civique* trat oft in Aktion. Auf das Signal eines durch die Straßen marschierenden Trommlers hin zog Désiré seine schmucke blaurote Uniform an, setzte sich die «Doppelmelone» mit Feder auf und griff sein langläufiges Mausergewehr, das für gewöhnlich auf dem Kleiderschrank im Schlafzimmer lag. Dann begab er sich unter den bewundernden Blicken des kleinen Georges zu seiner Einheit. Die Kleinbürger oder kleinen Leute, *«les petites gens»*, wie Simenon sie lieber nannte, standen immer auf der Seite der Obrigkeit, wenn es um Gesetz und Ordnung ging. Sie betrachteten die Fabrikarbeiter als nichtsnutziges, ungewaschenes, unordentliches und überbezahltes Gesindel. Die Arbeiter verdienten angeblich fast soviel wie Büroangestellte, vertranken jedoch ihren Lohn. Für ärztliche Betreuung und Erziehung sparten sie nicht, weil ihnen beides gratis zur Verfügung stand. Sie vernachlässigten ihre Kinder und ließen sie in Lumpen herumlaufen. Streikende Arbeiter waren eine ernsthafte Bedrohung für alles, was den kleinen Leuten erhaltenswert erschien. Bei einer Demonstration für die gewerkschaftlichen Rechte wurden zwei Streikende von der *garde civique* erschossen. Désiré war an jenem Tag im Dienst, aber der Zusammenstoß hatte sich in einem anderen Stadtteil abgespielt, und als er an diesem Abend heimkehrte, hatte er nur von einem wichtigen Ereignis zu berichten: daß die von einer Reihe berittener Polizisten blockierten Männer seiner Abteilung gezwungen worden waren, durch das Gitter der heruntergelassenen Läden eines eleganten Juweliergeschäfts zu pinkeln. Désirés Sektion scheint eher Dogberrys (eine Figur Shakespeares aus *Viel Lärmen um nichts*) als Rembrandts «Nachtwache» geähnelt zu haben. Und in der Erinnerung seines Sohnes wurde Désiré, der Mann in der autoritätsgebietenden Uniform, eins mit Léopold, dem betrunkenen, gegen Gesetz und Ordnung verstoßenden Clochard – einzig und allein weil beide sich die Freiheit genommen hatten, die Hosen aufzuknöpfen und sich auf offener Straße zu erleichtern.

Im übrigen verklärte Simenon das Bild seines Vaters mit einer Art Heiligenschein und behauptete später, er habe sich Désiré zum Vorbild einiger Charakterzüge Maigrets genommen – des gütigen, zuverlässigen, gerechten und mutigen Detektivs. Diese Einstellung zu seinem Vater war konsequent. Es begann mit der Liebe des kleinen Jungen zu den Äußerungen körperlicher Nähe: den langen, gemessenen Schritten beim Spaziergang, wobei Georges bei jedem Schritt seines Vaters deren drei machen mußte; der Kraft von Désirés Händen – «unmöglich zu sagen, ob der Sohn oder der Vater zuerst nach der Hand des anderen griff» – und der Art, wie Désiré sich das Haar bürstete, um seine «Dichterstirn» hervorzuheben. Später kam dann noch die bis zur Erschöpfung gehende Nachsicht des Vaters für die jugendlichen Missetaten des Sohnes hinzu. Schließlich fand Simenon nach Désirés Tod die väterliche Güte voll bestätigt. Als junger Angestellter einer Versicherungsgesellschaft hatte Désiré einen Antrag auf Lebensversicherung gestellt. Dazu mußte er sich wie üblich vom Arzt der Firma untersuchen lassen, und als dieser eine Herzerweiterung festgestellt hatte, wurde sein Antrag abgelehnt. Um Henriette nicht zu beunruhigen, sagte er nichts davon, und so kam es, daß seine Frau ihm während der ganzen Zeit ihrer Ehe vorgeworfen hatte, im Fall einer Katastrophe nicht für sie vorgesorgt zu haben. Er starb im Alter von vierundvierzig Jahren an Angina pectoris, nachdem er die letzten drei Lebensjahre infolge einer ersten Herzattacke als Halbinvalide verbracht hatte. Die Wahrheit über sein ursprüngliches Bemühen um eine Lebensversicherung und über sein heroisches Schweigen kam erst nach seinem Tod ans Licht und führte dazu, daß Simenon sein Leben lang eine solche Verachtung für die Macht der Bürokraten empfand. Doch die Sympathie, die Simenon seinem Vater so selbstverständlich entgegenzubringen vermochte, war seiner Mutter vorenthalten. Ihre chronischen Ängste und ihre von Selbstmitleid geprägte Panik störten Georges, und in seinen Erinnerungen schilderte er sie als eine Frau, die sich zu einer wahren Nervensäge entwickelte.

Die Beziehungen zwischen Georges und seiner Mutter hatten sich bereits 1906 nach der Geburt seines Bruders Christian zu trüben begonnen, als er drei Jahre alt war. Während Georges ständige Aufmerksamkeit beanspruchte – bevor er das Laufen gelernt hatte, wurde er in einen umgestülpten Stuhl gesperrt, um keinen Unfug anzustellen –, war Christian ein ziemlich ruhiges, dickes und friedliches Baby, das «wohlgenährt und selbstgefällig wie ein Domherr bei der Vesper» auf seinem Stuhl in der Küche saß. Allmählich reifte in Georges der Gedanke heran, seine Mutter ziehe Christian ihm vor. Vielleicht war es ein Fehler gewesen, Georges eine Woche vor der Geburt des neuen Babys in den Kindergarten zu schicken; vielleicht aber hatte Georges mit seiner Überzeugung nicht ganz unrecht. Jedenfalls war es eine Tatsache, an der Henriette nie etwas zu ändern vermochte, selbst wenn sie es gewollt hätte, und zu gegebener Zeit spiegelten sich die Differenzen zwischen Désiré und Henriette in den Beziehungen zwischen Georges und seinem kleinen Bruder wider. Henriette begann von Christian als von «meinem Sohn» und von Georges als *«le fils de Désiré»* zu sprechen, sagte «dein Sohn» zu Désiré, wenn sie Georges meinte, und umgekehrt war es das gleiche, wenn der Vater von Christian sprach. Diese Gewohnheit scheint stärker auf Georges eingewirkt zu haben als auf Christian. Christian, wie Georges und andere Zeugen berichten, blickte immer zu seinem Bruder auf und wandte sich an ihn, wenn er Rat oder Hilfe brauchte. Georges' Gefühle waren weniger herzlich. Wie vielen älteren Kindern war ihm die Ankunft des jüngeren gar nicht willkommen. In seinen Büchern ließ er sich geringschätzig über Christian aus oder ignorierte ihn einfach. In seinem ersten autobiographischen Werk, *Les trois crimes de mes amis*, erwähnte er ihn zweimal. Er erzählte, wie entsetzt der zwölfjährige Christian gewesen sei, als der betrunkene Georges um sechs Uhr früh heimgebracht wurde; und später erinnerte er sich, daß Christian während der Hungermonate der Besatzungszeit der einzige war, der sein knapp rationiertes Brot zwei oder drei Tage lang aufsparen konnte, um genug zu haben, wenn er wirklich hungrig war, und daß die übrige Familie wegzuschauen pflegte, wenn er es endlich verzehrte. 1932 besuchte Simenon seinen Bruder und dessen Frau in Belgisch-Kongo, wo Christian als Hafenmeister in

Matadi tätig war, und beschrieb die beiden in einem Zeitschriftenartikel als selbstsüchtige und bornierte Kolonialisten. Dann, als er 1940 *Je me souviens* schrieb, angeblich um seinen Sohn über die Familie zu informieren, stellte er das Kind Christian als einen passiven Konsumenten von Nahrung und Mutterliebe dar, als ein Kind, das keiner Missetat fähig war. In Wirklichkeit waren die Unterschiede zwischen den Brüdern als Kinder nicht gleich so offenbar. Gewiß, im Institut Saint-André und dann während des Jahres am Collège Saint-Louis war Georges ein hervorragender Schüler, doch Christian erwies sich später als ebenso gut. 1913 erreichte der sechsjährige Christian den ersten Platz beim *Prix d'Honneur* und beim *Prix en Réunion*.* 1916 erhielt Christian als Zehnjähriger die drittbeste Jahreszensur, und 1918, in dem Jahr, da Georges jäh die Schule verließ, wurde Christian im *Concours Général*, dem Nationalexamen bei den Schulbrüdern, mit der höchsten Auszeichnung, *«la plus grande distinction»*, geehrt. Es war genau die gleiche Auszeichnung, die Georges 1914 erhalten hatte.

In *Je me souviens* gab Georges zwar zu, Christian gehänselt zu haben, doch tut er es eigentlich nur, um Henriettes moralische Erpressungsversuche zu erwähnen, besonders ihre Drohungen, «man» werde sie abholen und operieren, falls er Christian nicht in Ruhe lasse. Später, in *Pedigree*, erzählte er wieder einmal die Geschichte, wie er als Elfjähriger Christian vor dem Ertrinken rettete, doch anstatt das in den Fluß gefallene Kind als seinen Bruder zu bezeichnen, erwähnte er nur einen Jungen, *«un gamin»*, wie um nicht zugeben zu müssen, daß er überhaupt einen Bruder hatte. Noch 1981, als er seine letzten Memoiren unter dem Titel *Destinées* auf Tonband diktierte, mied er das Thema. «Mein Bruder starb im Alter von vierzig oder vierundvierzig Jahren», schrieb er, als wisse er nicht einmal genau, ob der Tod Christians sich 1946 oder 1951 ereignet hatte. Tatsächlich fiel Christian Simenon am 31. Oktober 1947 als Unteroffizier der französischen

---

* Der Junge, der Georges bei allen Prüfungen schlug und immer erster wurde, hieß van Ham, und Simenon benutzte diesen Namen in einigen Büchern für unsympathische Personen.

Fremdenlegion im Kampf bei That-Khe im Gebiet von Khu-Tu-Tri östlich von Tongking und dem Roten Fluß nahe der chinesischen Grenze, und die Familie wurde sofort unter Angabe aller Einzelheiten benachrichtigt. Der letzte Schritt, der das In-Vergessenheit-Geraten des einen Bruders zugunsten des anderen besiegelte, folgte einige Zeit nach Christians Tod. Sein Geburtshaus Rue Pasteur 3 existiert nicht mehr. Es wurde 1978 umbenannt und heißt seitdem Rue Georges Simenon 25.

Das Gefühl, von der Mutter verstoßen und durch Christian ersetzt worden zu sein, entwickelte sich im Leben Simenons zu einer entscheidenden Kraft. Als Georges sich im Alter von vier Jahren mit diesem Problem konfrontiert sah, ergriff er die Initiative und gebärdete sich von nun an noch schwieriger und noch weniger liebenswert. Als kleiner Junge brachte er es fertig, sich ziemlich schwer zu verletzen, ohne zu weinen, und dann sah seine Mutter ihn an, als sei er nicht ganz normal. Eine weitere seiner Reaktionen war fast Henriettes würdig: Er begann zu schlafwandeln, besonders bei Vollmond, und diese Angewohnheit haftete ihm noch in seinem Erwachsenenleben an. In der Kindheit bestätigte sie eher Henriettes Verdacht, daß mit diesem Jungen etwas nicht stimme, als daß sie ihm tröstendes Mitgefühl eingebracht hätte. Später meinte ein Arzt, Georges Simenons psychologisches Profil sei das «eines kleinen Jungen an der Hand einer Mutter, die ihm stets ihre Anerkennung vorenthält». Und im Alter von achtundsiebzig Jahren, nach Henriettes Tod, schrieb Simenon in seinen *Mémoires intimes*: «Du glaubtest nie an mich, Mutter. Du warst immer in Sorge um mich und schienst zu erwarten, daß ich mich zu einem Versager entwickeln würde.»

Doch diese Probleme lagen in der Zukunft und überschatteten nicht Simenons glückliche Kindheit. Wichtiger waren die Elemente seiner Idealwelt, jener Welt, welche die häusliche Zufriedenheit des Kommissars Maigret inspirierte. Dazu gehörten die peinliche Ordnung und die Behaglichkeit in Großmutter Simenons Wohnung, der auf dem Herd summende Kochtopf, die massige und friedfertige Gestalt von *«Vieux-Papa»*, der Geruch der Märkte und das Leben auf den Straßen, die Gewißheit des

Heiligenkalenders und die Kraft Désirés. Dazu kam noch die Freude des kleinen Jungen über seine frühen Schulerfolge. Im September 1906, als Henriette mit Christian niederkam und Georges in die nahe gelegene Ecole Gardienne der Schulschwestern von Notre-Dame geschickt wurde, betreute ihn dort eine Nonne, die ihm in seinem späteren Leben noch lange als «so süß und breiig wie ein Leckerbissen» in Erinnerung bleiben sollte. Entgegen allen Regeln lehrte «Schwester Adonie» den kleinen Georges schon mit fünf Jahren das Lesen. In diesem Alter wurde er dann auf die Primarschule geschickt, auf das von den Schulbrüdern geführte Institut Saint-André, das ebenfalls nur eine Ecke entfernt von dem Haus in der Rue Pasteur lag. Hier hielt man sich an die Regeln und brachte ihm noch einmal von Grund auf das Lesen bei; folglich fand Georges es ziemlich leicht, einen der drei ersten Plätze der Klasse einzunehmen. Als die Familie später in die Rue de la Loi 53 umzog, direkt gegenüber der Schule, konnte Georges vom Vorderfenster der Wohnung aus auf den Hof, das Tor und den Glockenturm des Institut Saint-André sehen.

Einmal in der Woche ging Georges vor Schulbeginn mit Chrétien in die öffentliche Badeanstalt in der Rue des Pitteurs, wo der alte Hutmacher und sein Enkel in einem Schwimmbassin badeten, durch das die Maas floß. Im Sommer klopfte ein Polizist an alle Türen in Outremeuse und ermahnte die Bewohner, das Unkraut auf ihrer Straße zu jäten. Dann verbrachte jeder eine Stunde oder mehr auf allen vieren und kratzte Gras und Moos aus den Lücken der Pflastersteine. Für diese Arbeit benutzte Georges ein Küchenmesser, dessen scharfe Klinge besonders gut schabte. Er lebte in einer Welt, in der er sich auf seinen Vater verlassen konnte, der ihm vor dem Schlafengehen ein Kreuz auf die Stirn zeichnete, und auf seinen Onkel Léon, der jeden Sonntag zur Elf-Uhr-Messe mit seiner Schnurrbartbinde erschien, die er erst auf der Kirchentreppe abzunehmen pflegte. Das ganze Viertel mit seinen kleinen Gassen war damals wie heute von der Kirchturmspitze beherrscht, und es war auch die Kirche, die Georges' erste zwölf Lebensjahre beherrschte. Für Henriette und dementsprechend für Georges hatte alles Wichtige im Leben mit Saint-Nicolas zu tun. Die Priester und die Ordensschwestern der Pfarrei sorgten für Erziehung und Unterricht, und der Kirchenpatron selbst spendete Mandeln, Nüsse und Spielsachen, die man vor Weihnachten verteilte; die Kinder der Rue de la Loi, der Rue Pasteur und der Rue Puits-en-Sock waren besonders gesegnet, da sie in der Gemeinde von Saint-Nicolas lebten.

Falls Georges an einer ständig wiederkehrenden Angst litt, so wird es jeden Morgen um Viertel vor sechs gewesen sein, wenn er vor die Tür des Terrassenhauses an der Rue de la Loi gesetzt wurde und zur Kapelle des benachbarten Bavière-Hospitals marschieren mußte, wo er den Ministrantendienst bei der Frühmesse versah. Um zur Kapelle zu gelangen, mußte er die Rue Pasteur hinuntergehen, die Place du Congrès überqueren und dann in den Boulevard de la Constitution einbiegen. Im Winter war es um diese Zeit noch dunkel, und an manchen Tagen geriet er in Panik. Wenn er ein Geräusch hinter sich hörte, setzte er seinen Weg auf der Mitte des Fahrdamms fort, um die Schatten vor den Häusern zu meiden. Dann redete er laut zu sich selbst und begann zu laufen, rannte mit aller Kraft, bis er die Tür des Krankenhauses erreicht hatte. Vor ihm hing der Türklopfer. Erst wenn er diesen betätigt hatte, konnte er sich in Sicherheit fühlen. Der Messe wohnten nur die Krankenhausinsassen bei, denen es nicht allzu schlecht ging. Manche kamen auf Krücken, andere wurden auf Stühlen hereingetragen, und da es ein öffentliches Krankenhaus war, trugen viele Patienten die üblichen gestreiften Pyjamas. In den Augen eines Kindes bildeten sie eine erschreckende, gespenstische Gemeinde. Der kleine Ministrant wußte, daß viele von ihnen bald tot sein würden. Nach der Messe mußte er den Priester an die Betten jener begleiten, die nicht mehr aufstehen konnten und die Letzte Ölung erhielten. Seine Aufgabe bestand darin, dem Priester ein Kruzifix voranzutragen und das Versehglöcklein zu läuten. Für die Schwerkranken war er der Herold ihres nahenden Todes. Starb einer der Patienten, so wurde oft eine Totenmesse in der Kapelle gelesen, und auch dann hatte er Dienst. Für jede Totenmesse wurde er eigens bezahlt, so daß seine

Gebete an den Sterbelagern zwar respektvoll, aber nicht immer sehr inbrünstig gewesen sein mögen. Noch viele Jahre später war ihm die Erinnerung an die panische Flucht durch die dunklen Straßen der Umgebung seines Wohnhauses eine der deutlichsten aus seiner Kindheit.

Im Jahr 1911, als Georges acht Jahre alt war, fand so etwas wie eine Umwälzung im Leben der Familie statt. Wie sich herausstellte, war es jedoch eher eine amüsante Bereicherung. In jenem Jahr wimmelte es in Outremeuse von jungen Leuten aus Mittel- und Osteuropa, die an einer französischsprachigen Universität studieren wollten. Viele von ihnen waren politische Flüchtlinge, Juden auf der Flucht vor Verfolgung, Anarchisten oder Revolutionäre, die der Geheimpolizei des Zaren zu entkommen suchten. Lüttich war als Universitätsstadt besonders beliebt, weil die Studiengebühren und die Kosten für den Lebensunterhalt verhältnismäßig niedrig waren, und bei den osteuropäischen Studenten stand die Stadt in hohem Ansehen wegen ihrer starken, auf die Montanindustrie gestützten Gewerkschaftsbewegung und der Tatsache, daß hier in den Jahren 1891 und 1902 zwei Generalstreiks stattgefunden hatten. Outremeuse erfreute sich des besonderen Zuspruchs dieser Immigranten, weil es ein neuerbauter Stadtteil war, in dem es eine Menge billiger Unterkünfte gab. So versetzte der Zufall den achtjährigen Georges Simenon in den Mittelpunkt einer Gesellschaft, die ihn weit über die Grenzen seiner Stadt und seines Landes hinausführen sollte.

Henriette, stets auf der Suche nach Möglichkeiten, das Familieneinkommen zu verbessern, erkannte sofort den Vorteil eines Umzugs aus der Wohnung im zweiten Stock der Rue Pasteur 3 in die etwas düstere Rue de la Loi, wo sie direkt gegenüber Georges' Schule ein ganzes Haus mieten konnte. In dieses Haus mit der Nummer 53 kam eine Reihe von Personen, zumeist junge Frauen, die Georges zutiefst beeindrucken sollten. Besonders zwei, die 1910 eintrafen, finden wir später in einigen seiner Bücher wieder. Da war zunächst «Mademoiselle Frida», wie Henriette sie respektvoll anzureden pflegte, Frida Stawitzkaja aus Odessa,

Medizinstudentin und revolutionäre Nihilistin. Sodann war da «Mademoiselle Pauline», Pauline Feinstein aus Warschau, Studentin der Naturwissenschaften und der Mathematik. Ferner gab es Monsieur Saft, der mehr oder weniger aus derselben Richtung kam, und Monsieur Bogdanowski. Mademoiselle Fridas Vater lebte als «Politischer» in der Verbannung in Sibirien, und sie selbst sollte eines Tages Sowjetkommissarin werden. Georges, der vielleicht ein Gespür dafür hatte, bemerkte, daß Mademoiselle Frida sich nicht gern mit Kindern und deren Spielzeug abgab, dafür aber ständig in die Leichenhalle ging, um eine Leiche aufzuschneiden. Später behauptete Simenon, unter den gelegentlichen Besuchern, die sie empfangen habe, seien auch Trotzki und Lenin gewesen, was allerdings unwahrscheinlich ist. Andererseits stimmt es, daß Mademoiselle Pauline, deren Vater Altkleiderhändler im Warschauer Ghetto war, später als Professor für Mathematik an der Warschauer Universität lehrte. Auch «Mademoiselle Lola» war eine Realität, Lola Resnick, «die dicke Kaukasierin»; sie hatte eins der besten Zimmer des Hauses, das rosa Zimmer im ersten Stock mit Blick auf die Straße. Lola wurde für Simenon eine Art Symbol für gewisse Frauen. In mehreren seiner frühen Romane kommt eine Figur namens «Lola» oder «Lolita» vor, lächelnd und ein wenig schlaff, der man zuweilen auf der Treppe im Morgenrock begegnet, «fleischig weich wie eine exotische Frucht» und mit Augen, die ihr wollüstiges slawisches Innenleben verraten.

Mit dem Vordringen der Untermieter zog die Familie sich immer weiter zurück. Endlich hatte Henriette ein Mittel gefunden, den Zwängen des *«strict nécessaire»* zu entkommen; dafür opferte sie bereitwillig allen überflüssigen Luxus. Désiré wurde aus seinem Korbsessel am Herd vertrieben, mußte seine Mahlzeiten auf Stunden verlegen, die dem Zeitplan der Untermieter entsprachen, wurde aus seinem Schlafzimmer in das kleine Gästezimmer verwiesen und dann von dort in eine Kammer neben der Küche. Henriettes Gesundheitszustand verbesserte sich bemerkenswert rasch. Ihre Weinkrämpfe ließen nach, die Rückenschmerzen verschwanden, und die Reinemachefrau wurde entlassen, während das Haus Rue de la Loi 53 sich in eine *machine à sous* verwandelte, eine Geldmaschine. Um ein paar zusätzliche Sous zu verdienen, fand Henriette sich imstande, volle Kohleneimer die Treppen hinauf und in die Zimmer der Untermieter zu schleppen. Es scherte sie kaum, daß Désiré kein Plätzchen mehr hatte, wo er am Abend gemütlich sitzen und die Zeitung lesen konnte, daß er beim Abendessen nicht mehr der Familienrunde vorzusitzen vermochte und daß es auf dem Flur keine Haken mehr für die Mäntel der Familie gab und daß Georges und Christian oft draußen auf der kalten Straße spielen mußten, damit die Neuangekommenen nicht gestört wurden und in aller Ruhe ihrem Studium nachgehen konnten. Wichtig war allein der stets wachsende Bestand ihrer *«petites économies»*, ihrer kleinen Ersparnisse. Das Mobiliar der vermieteten Zimmer hatte sie aus früher Erspartem erworben, denn trotz ihrer ständigen Klagen über das *«strict nécessaire»* war es ihr anscheinend gelungen, ein hübsches Sümmchen auf die hohe Kante zu legen, und Désiré war klug genug, ihr das nicht vorzuhalten. Die unvermeidliche Folge wäre nämlich ein erneuter Tränenausbruch und die alte Litanei der Klagen gewesen: *«Mon dieu, Désiré!...»* Georges erinnerte sich später, daß sein Vater etwa um diese Zeit seinem Vokabular einen neuen Standardsatz hinzugefügt hatte: «Mach, wie es dir gefällt.»

In Simenons Bericht über seine Kindheit spielten die russischen, polnischen und jüdischen Untermieter in der Rue de la Loi eine malerische Rolle. Die Kinder fanden die Unannehmlichkeiten im Zusammenhang mit den Logiergästen bei weitem aufgewogen durch das Vergnügen, das diese ihnen bereiteten. Simenon behauptete später, sie hätten ihm erlaubt, sich ihre medizinischen Lehrbücher anzusehen, in denen zahlreiche hochinteressante Illustrationen enthalten waren, und sie hätten ihn mit den großen Schriftstellern der russischen Literatur bekannt gemacht, mit Puschkin, Tschechow und vor allem Gogol. Doch die ausländischen Studenten verließen Lüttich 1914, als Georges elf Jahre alt war, und es ist kaum anzunehmen, daß sie ihn vor ihrer Abreise zur Lektüre all dieser Autoren überredet hatten. Seine wahre

Bücherquelle war die von dem exzentrischen wallonischen Dichter Joseph Vriendts geleitete Zweigstelle der Stadtbibliothek, die er allerdings erst ab 1915 aufsuchte. Wenn er sich zuerst den russischen Autoren zuwandte, dann vielleicht aus Sehnsucht nach den verschwundenen Untermietern.

Am 30. Juli 1914 verließ Georges das Institut Saint-André in Ruhm und Ehren. Nachdem er fünf Jahre lang einer der drei besten Schüler seiner Klasse gewesen war, absolvierte er die staatlichen Prüfungen bei den Schulbrüdern als einer der drei Schüler, die neun von zehn Punkten erreichten, in der obersten Kategorie, «la plus grande distinction». Außerdem wurde er mit einer Tapferkeitsmedaille ausgezeichnet, weil er seinen Bruder vor dem Ertrinken gerettet hatte. Jahre später erinnerte er sich, daß der Schuldirektor, der ihm die Medaille überreichte, in seiner Ansprache den Unfallhergang falsch dargestellt hatte, weil er nicht zugeben wollte, daß gelegentlich Jungen aus seiner Schule mangels Aufsicht in den Fluß fielen. Immerhin gefiel es Georges damals ungemein, im Mittelpunkt der Aufmerksamkeit zu stehen, und die meisten anwesenden Mütter gaben ihm einen Kuß. Der Juli 1914 war in der Tat eine gute Zeit für einen Elfjährigen, eine Medaille zu gewinnen. Drei Tage danach schrieb Georges eine Postkarte an seine Tante, Schwester Marie-Madeleine bei den Ursulinerinnen in Ans, ein wenig außerhalb der Stadt. Die Postkarte war eine Fotografie von Georges im Kostüm eines Tambourmajors, denn als ein solcher hatte er im selben Jahr in einem Theaterstück in der Schule gespielt. Der Text war angemessen kriegerisch:

«Liebe kleine Tante, der Krieg ist erklärt! Das ist der Ruf, der durch die Straßen von Outremeuse hallt. Vater ist aufgefordert worden, sich zum Dienst zu melden. Onkel Arthur ist einberufen worden, Mutter legt Vorräte an, und ich bin dazu verurteilt, mit einem steifen Bein dazusitzen, weil ich gestürzt bin und Wasser im Knie habe. Wir vertrauen auf Gott, der unsere Väter aus dem Land Ägypten herausgeführt hat und der erneut mit seiner Macht die Augen unserer Feinde blenden wird. Wir hoffen, bald Nachricht von Dir zu erhalten. Dein liebender Neffe Georges.»

In den letzten beiden Friedenstagen waren die durch Lüttich fahrenden Züge in Richtung Köln voll von jungen Deutschen, die aus Paris zurückkehrten, um sich zu ihren Einheiten zu begeben. Während dieser beiden Tage konnte Georges bis zum Ende der Rue de la Loi humpeln, die geradewegs auf die größte Kavalleriekaserne der Stadt zuführte, und von dort aus die Vorbereitungen beobachten. Unter denen, die von dieser Kaserne ausritten, befand sich der Kavallerist Fonck, der wenig später als erster gefallener Soldat Berühmtheit erlangte. Am 4. August wurde der Krieg wirklich erklärt. Die Truppen ritten aus, Wimpel flatterten, Militärkapellen spielten, und das Hufgeklapper vieler hundert Pferde ließ den Boulevard de la Constitution in seiner ganzen Länge erbeben. Es war ein Anblick, der das Herz eines jeden Jungen höher schlagen lassen mußte. Zwölf Tage später, am 16. August, wurde die Verteidigungslinie durchbrochen, und die ersten verstreuten Überlebenden galoppierten in die Stadt zurück, gefolgt von den Ulanen, der Speerspitze der deutschen Invasionstruppen. Mit ihnen kamen Niederlage, Demütigung und Angst. Es war das Ende der unschuldigen Gewißheiten der Kindheit.

2

Der Tod einer Kindheit

> «Am Ende des Schulhofs eine gnadenlose Mauer – wie die Mauer eines Gefängnisses.»
> Simenon, *Pedigree* (1948)

Der Erste Weltkrieg übte eine beklagenswerte Wirkung auf Henriette Simenons kleinen Georges aus. Beim Ausbruch der Feindseligkeiten war er ein frommes Kind, das gelegentlich zu mystischen Anwandlungen neigte; er war Ministrant, Musterschüler, war fügsam und fühlte sich zum Priestertum berufen. Zu Beginn des neuen Schuljahrs im September 1914 sollte Georges zu den Jesuiten ins Collège Saint-Louis kommen, wo er dank seiner frühreifen Berufung als Halbstipendiat aufgenommen wurde. Als der Krieg vier Jahre später endete, war Georges zwar erst fünfzehn, doch er hatte seinen Glauben verloren, den Gedanken an das Priesteramt aufgegeben, die Schule verlassen, zu arbeiten begonnen, bereits zweimal die Stelle gewechselt und war davon überzeugt, ein Versager zu sein, obgleich er noch nicht einmal erwachsen war. Er hatte auch angefangen, Fühlung aufzunehmen mit jener Welt des Verbrechens, die ihn sein ganzes weiteres Leben lang so faszinieren sollte. Was diese Verwandlung bewirkte, war vor allem die deutsche Besetzung von Lüttich während des Krieges.

Die ersten Tage der Besetzung waren die schlimmsten. Das durch ein System von Festungen geschützte Lüttich hatte den viel stärkeren deutschen Streitkräften entschlossenen Widerstand geleistet und sollte nun dafür büßen. Désirés Einheit hatte Befehl, das städtische Schlachthaus zu verteidigen, doch bevor die Front durchbrochen wurde, schickte man die Leute heim und wies sie an, ihre Gewehre und ihre Munition in den Fluß zu werfen. Ein

Mieter aus der Rue de la Loi, der zu einer solchen Einheit gehörte, hatte Pech und wurde erschossen, bevor die Deutschen auch nur in die Vorstädte gedrungen waren, denn zwei belgische Bataillone gerieten im Dickicht der Wälder südlich von Lüttich aneinander, hielten sich irrtümlich für Feinde und kämpften erbittert bis zur Erschöpfung. Die erste Greueltat ereignete sich in Visé, einem Städtchen zwanzig Kilometer nördlich von Lüttich, das ein beliebtes Ziel für Sonntagsausflüge gewesen war. Visé lag an einer Brücke über die Maas, und die Bewohner setzten sich zur Wehr. Nachdem die Deutschen Visé genommen hatten, metzelten sie die Bevölkerung nieder und legten die Stadt in Schutt und Asche. Einige Zeit später kamen Georges und seine Mutter an den Ruinen von Visé vorbei, als sie das Land auf der Suche nach Nahrungsmitteln durchstreiften. In Outremeuse hatten die Deutschen am Tag der Niederlage die vier Kilometer entfernte Stadtbibliothek in der Rue des Pitteurs niedergebrannt, der Straße, an der Georges und sein Großvater zu baden pflegten. Dann hatten sie zweihundert Anwohner der Straße an die Wand gestellt und erschossen. An jenem Abend zog sich die Familie Simenon in den Keller des Hauses in der Rue de la Loi zurück, wo alle auf Matratzen schliefen. Zu ihnen gesellten sich einige Nachbarn, deren Häuser keinen solchen Schutz zu bieten hatten. Eine vergitterte Luke in der Kellermauer ließ etwas Licht aus dem Garten herein. Hier war es, wie Georges sich noch als Erwachsener erinnerte, stets «finster, drückend und schwül [...] brennendes Papier [von den Büchern der Bibliothek] schwebte in der Luft wie höllischer Schnee [...] nach der Bombardierung marschierten die Ulanen als erste in der Stadt ein, und wir blickten verängstigt zu ihnen [durch das Kellerfenster] hinaus, konnten aber nur ihre Stiefel sehen».

Nachdem die belgische Armee die Stadt aufgegeben und sich bis an die Küste zurückgezogen hatte, nahm das Leben allmählich wieder seinen den Umständen nach als normal geltenden Lauf. Vom deutschen Standpunkt aus war Lüttich ein wichtiger Eisenbahnknotenpunkt für Nachschub aus Köln und dem Ruhrgebiet nach Lille und an die Westfront. Arbeitsfähige Belgier konnten zur Zwangsarbeit im Bahnverkehr eingesetzt werden; Saboteure wurden erschossen, und wenn man ihrer nicht habhaft werden konnte, verhaftete man Geiseln und erschoß sie an ihrer Stelle. Anschläge auf deutsches Kriegspersonal zogen Vergeltungsmaßnahmen nach sich. Doch als aus den Monaten Jahre wurden, verbesserten sich die Beziehungen zwischen *occupants* und *occupés* ständig. Der deutsche Generalgouverneur in Brüssel, General von Bissing, hielt die landesweite und örtliche Presse unter Kontrolle, und jede Zeitung, die sich nicht in ein deutsches Propagandablatt verwandelte, mußte ihr Erscheinen einstellen. Es gab auch eine ernsthafte Nahrungsmittelkrise, doch sie wirkte sich auf die deutschen Soldaten und die belgische Zivilbevölkerung gleichermaßen aus und brachte schließlich beide Seiten einander näher. Anders als in Nordfrankreich brauchten die deutschen Behörden in Lüttich nicht alle benötigten Unterkünfte zu requirieren. Offiziere durften für ihre Quartiere bezahlen, falls man ihnen welche vermietete, und zu denen, die ihnen diesen Gefallen erwiesen, gehörte Henriette. Schließlich waren es Soldaten einer Armee, in der ihr Vater gedient hatte, und ein Zweig ihrer Familie, Vettern ersten Grades, lebte in Deutschland. Trotz Désirés heftiger Proteste ersetzte sie einige ihrer verschwundenen Studenten durch jene Leute, deren Ankunft sie ihrer normalen Einnahmequelle beraubt hatte. Die Deutschen kamen in Belgien viel besser mit der flämischen Bevölkerung als mit der wallonischen zurecht, und das bedeutete, daß die ersten *filles à boches*, wie man die mit Deutschen Umgang pflegenden Mädchen in Nordfrankreich und unter den wallonischen Patrioten nannte, für gewöhnlich Fläminnen waren. Doch mit der Zeit öffnete sich die ganze Stadt den Deutschen immer mehr. Zuerst waren es die Bordelle, dann die Salons, und schließlich nahmen sogar die Schlafzimmer des französischsprachigen Outremeuse-Viertels ihren Anteil an kräftigen und hungrigen Bayern oder Rheinländern auf. In manchen Fällen ersetzten diese jungen Leute ihre belgischen Altersgenossen, die sich 1914 mit ihren Einheiten zurückgezogen hatten, um der Gefangenschaft zu entgehen, und die bis zum Kriegsende in Frankreich oder England lebten, unter ihnen zwei Vettern von Georges aus der Familie Brüll. Die Besetzung war ein Prozeß schleichender Korrumpierung, der zum Verrat von Prinzipien und zu dubiosen Kompromissen führte; das konnte der Aufmerksamkeit eines intelligenten Jungen nicht entgehen.

Als Simenon viele Jahre später von Roger Stephane über diese Kriegsjahre befragt wurde, antwortete er, sie hätten ihm einige der glücklichsten Tage seines Lebens beschert. Er erinnerte sich an das «vollkommene Glück» der Nachmittage, an denen er las, rauchte und aß, manchmal alles zugleich. Gewiß, das Essen war eine Art hausgemachter Kuchen, den er aus seiner Brotration und etwas Kunsthonig zubereitet hatte, die Pfeife war mit «Kriegstabak» gestopft, einer Mischung von Ahorn- und Eichenblättern, doch die Bücher immerhin waren von höchster Qualität. Sein Interviewer fragte ihn, ob das alles sei, was er über die deutsche Besetzung Belgiens sagen könne, ob er sich in Gegenwart deutscher Soldaten in Lüttich nicht gedemütigt gefühlt habe. Simenon, sichtlich verdrossen ob dieser konventionellen Bemitleidung, erwiderte störrisch, Belgien sei ständig von der einen oder anderen Armee besetzt, und Besetzung sei alles, was die Geschichte Belgiens zu bieten habe. Er fügte hinzu, für ihn als Kind sei die Besetzung deshalb denkwürdig gewesen, «weil vor allem ein jeder schwindelte [...] mein Vater schwindelte, meine Mutter schwindelte, alle schwindelten».

Manchmal waren die Mogeleien geringfügig und amüsant. So zum Beispiel, als seine Mutter ihn lehrte, Gemüse zu schmuggeln. Henriette und Georges marschierten aufs Land, um Bohnen und Karotten zu kaufen, die man auf dem Markt in der Stadt schon längst nicht mehr bekam. Die Rationierung bezog sich auf alles, und da es streng verboten war, schwarz eingekaufte Eßwaren in die Stadt zu bringen, verbarg Henriette das Gemüse unter ihren Röcken. Um nach Lüttich zurückzukehren, mußte man über eine Brücke gehen, auf der ein deutscher Wachtposten aufpaßte, daß kein Gemüse eingeschmuggelt wurde. Wenn Henriette es für notwendig hielt, inszenierte sie kurz vor der Brücke ein kleines Ablenkungsmanöver. Dann mußte Georges Schwierigkeiten machen, als wolle er nicht nach Lüttich zurückkehren. Darauf gab Henriette ihm einen Klaps, und er brach in Tränen aus, worauf er prompt einen weiteren Klaps bekam, bis er ein solches Geschrei anstellte, daß der Wachsoldat nur noch daran dachte, das unausstehliche Kind so schnell wie möglich loszuwerden. Später wurden derartige Possen überflüssig. 1916 organisierte das amerikanisch-spanische Hilfskomitee für Belgien regelmäßige Lebensmittellieferungen, und es dauerte nicht lange, bis die Lütticher Hausfrauen und die deutschen Schildwachen einen leistungsfähigen Schwarzmarkt auf die Beine gestellt hatten, der zumindest für einige Zeit allen Beteiligten ausreichende Nahrung sicherte. Doch bevor es soweit war, hatte Georges eines Tages seinen Vater in flagranti ertappt, als er, eine strikte Familienregel verletzend, vor dem Verlassen der Wohnung ein hartgekochtes Ei mitnahm. Als man Simenon fragte, ob sein Vater nach diesem Vorfall nicht in seiner Achtung gefallen sei, sagte er, ganz im Gegenteil, er sei sogar stolz auf ihn gewesen, denn es habe ihm bestätigt, daß es «im Leben keine strikten, für alle Umstände geltenden Regeln» gebe.

Widerstand gegen die deutsche Besetzung Lüttichs im Ersten Weltkrieg beschränkte sich vornehmlich auf die heimliche Nachrichtenübermittlung an die Alliierten jenseits der Minenfelder an der niederländischen Grenze oder das Schmuggeln von Briefen belgischer Soldaten, die, ebenfalls in den Niederlanden, auf der anderen Seite der Front kämpften. Viele dieser Aktivitäten wurden von den Schulbrüdern des Institut Saint-André organisiert, die dabei ihr Leben riskierten. Ihre Tätigkeit war den Simenons bekannt, doch beteiligten diese sich nicht an der Verschwörung, sondern spielten eher die typische Rolle einer unter Besatzung lebenden Zivilbevölkerung, deren Hauptsorge das Überleben unter bestmöglichen Bedingungen ist. Meistens hatte man ohnehin keine Wahl. Innerhalb der Bevölkerung Lüttichs gab es keine klare Trennlinie zwischen «denen» und «uns». Anders als in Nordfrankreich waren die Zivilisten in Lüttich nicht gezwungen, die deutschen Soldaten zu grüßen. Von Bissings Strategie zielte darauf ab, sich die Sympathie der Flamen zu sichern und freundschaftliche Beziehungen mit den Leuten zu ermutigen, die, wie er annahm, ohnehin bald ebenso vom Reich assimiliert würden wie viereinhalb Jahrzehnte zuvor Elsässer und Lothringer. Obwohl ein Lütticher ausweichen mußte, wenn er einem deutschen Soldaten auf dem Gehsteig begegnete, und falls er es nicht tat, sofort auf die Kommandantur gebracht wurde, ist es schwer vorstellbar, daß diese Vorschrift auch in der Rue de la Loi angewandt wurde, wo die deutschen Soldaten, von denen viele dort wohnten, in bestem Einvernehmen mit den Familien ihrer Zimmerwirte standen. In der Folge hat Simenon wenig über diese neue Gruppe von Untermietern geschrieben, obwohl ihre Macht, einen kleinen Jungen zu beeindrucken, mindestens ebenso groß gewesen sein dürfte wie jene, die Mademoiselle Frida oder Mademoiselle Pauline ausstrahlten. Der einzige Kommentar, den er später über die deutschen Besatzungssoldaten von 1914 machte, zeugt von häuslicher Vertrautheit, denn er schrieb, es habe ihn überrascht, wie viele Offiziere Korsetts trugen.

Nichtsdestoweniger hinterließen die Erlebnisse der Niederlage und der Besetzung bei ihm Narben. Fast zwanzig Jahre später schrieb er in *Les trois crimes de mes amis*:

«Ich glaube, daß die Besetzung Lüttichs eine Generation junger Leute ebenso stark prägte wie die Nachkriegsinflation einige Jahre später eine Generation von Deutschen [...] Besetzung ist keine Kette von Ereignissen. Es ist eine Atmosphäre, ein Zustand, es ist Kasernengeruch auf der Straße, ein wandernder Fleck ungewohnter Uniformen, es sind Mark in der Tasche statt Francs und eine übermächtige, alle anderen Nöte beherrschende Sorge um das, was man essen wird. Es sind neue Worte, ungewohnte Musik und Feldküchen auf den Gehsteigen; es ist die unbewußte Gewohnheit des Auges, auf den Hauswänden nach einer neuen Bekanntmachung auszuschauen, um zu erfahren, wann die Sperrstunde beginnt oder um welche Zeit sich Männer ab achtzehn auf dem Hauptquartier melden müssen – es sei denn, die Bekanntmachung ist in roter Farbe gedruckt und enthält die Liste der am Vortag erschossenen

Zivilpersonen [...] Die Ängste eines Dreizehnjährigen unter der Besetzung sind dieselben wie jene in der Zeit davor, nur sind weitere hinzugekommen.»

Von diesen Ängsten müssen einige mit der Verbindung zwischen den für die Listen auf den rotgedruckten Bekanntmachungen Verantwortlichen und den jeden Abend in der Rue de la Loi bei Tisch sitzenden Männern zu tun gehabt haben.

Die Tatsache, daß Henriette sich bereit gefunden hatte, drei deutsche Offiziere in Pension zu nehmen, war auch für Désiré eine Qual, wie es in *Pedigree* geschildert wird:

«Désiré allein wollte mit seinen Gästen nichts zu tun haben. Er tat, als bemerkte er sie nicht, während ‹Elise› [Henriette] von früh bis spät mit ihnen in einem seltsamen, wortreichen Deutsch redete, das ihr aus der Kindheit wieder eingefallen war [...] ‹Ich kann dir versichern, Désiré, daß sie genauso wie alle anderen Leute sind. Es ist doch nur, weil du nicht verstehst, was sie sagen.›»

Eines Abends, als Désiré vom Büro heimkehrte, sah er einen auf deutsch geschriebenen Zettel an einem Fenster seines Hauses kleben, auf dem Wein zum Verkauf angeboten wurde. Es war das einzige Mal in ihrer Ehe, daß Henriette glaubte, ihr Mann werde sie schlagen. Sie erzählte ihm, ihr Schwager Jean-Mathieu Schrooten, der mit ihrer Schwester Louisa verheiratete reiche Lebensmittelhändler, habe den Zettel geschrieben und liefere ihr den Wein. Désiré zerriß den Zettel, und der Name Schrooten durfte lange Zeit im Haus nicht mehr erwähnt werden. Kurz nach diesem Vorfall verließen die Simenons die Rue de la Loi und zogen in ein leerstehendes Postamt in der Rue des Maraîchers. Von dort hatte Désiré einen längeren Weg zum Büro, und das zu einer Zeit, da er sich bereits krank fühlte; doch wenigstens war er jetzt sicher, keine deutschen Offiziere mehr im Haus zu haben.

Die unmittelbare Wirkung der deutschen Besetzung auf das Leben des kleinen Georges war eine Verlängerung der Sommerferien. Der Schulunterricht, der normalerweise im September begann, wurde 1914 aufgeschoben, und Georges konnte erst am 5. Oktober im Collège Saint-Louis angemeldet werden. Er hatte jetzt einen längeren Schulweg – er mußte Outremeuse verlassen und den Fluß überqueren. Unterwegs dürfte er am Hutladen seines Großvaters in der Rue Puits-en-Sock vorbeigekommen sein. In späteren Jahren pflegte Simenon zu sagen, alles Wichtige, was er auf der Schule gelernt habe, sei ihm von den Jesuiten beigebracht worden. Das Collège Saint-Louis war der Höhepunkt seiner Gymnasiallaufbahn, doch er blieb dort nur ein Jahr. Am Ende dieses Jahres erhielt Georges den Katechismuspreis und einen Preis für Rhetorik. Sein Französisch wurde als «sehr gut» befunden. Er errang zwar keine so hohe Kategorie wie am Institut Saint-André, und sein Rivale Joseph van Ham hatte ihn schon wieder, wie jedes Jahr seit 1911, auf den zweiten Platz verdrängt, doch es war trotzdem sehr zufriedenstellend. Seine Gewandtheit im Französischen war auf der Schule wohlbekannt. Laut seinem damaligen Klassenkameraden Nicolas Thioux war sie *«époustouflante»* (atemberaubend): «Simenon schrieb Seite um Seite mit lächerlicher Mühelosigkeit, und die anderen Schüler baten ihn, ihre Aufsätze für sie zu schreiben, was er dann auch mit dem größten Vergnügen tat.» Die Jesuiten ließen Simenon schließlich selbst die Themen seiner Aufsätze wählen. Während seines Jahres am Collège Saint-Louis begann Georges auch ausgiebig zu lesen. Da die Stadtbibliothek in der Rue des Pitteurs zerstört worden war, mußte er jetzt den Fluß überqueren und sich in der Bibliothek in der Rue des Chiroux einschreiben. Diese wurde geleitet von dem exzentrischen Dichter Joseph Vriendts, der sich für gewöhnlich nach Dichterart zu kleiden pflegte, mit breitkrempigem schwarzem Hut und üppig wallender Halsbinde, und oft wie geistesabwesend an den Flußkais entlangwanderte. Noch Jahre später erinnerte sich Vriendts an seinen jüngsten und eifrigsten Kunden sowie daran, «wie man die Intelligenz in seinen zusammengekniffenen Augen lesen konnte». Es gab strenge Vorschriften bezüglich der Anzahl der Bücher, die man sich von der Bibliothek ausleihen durfte, und jener Titel, die für Jugendliche verboten waren, doch Vriendts, der Kinder gern zum Lesen ermutigte, richtete es bald so ein, daß Georges zwei Bücher pro Tag nach Hause nehmen konnte, und zwar sowohl mit seinem eigenen Bibliotheksausweis als auch mit dem seiner Eltern, seines Bruders und, falls notwendig, dem der Untermieter. Die Bibliothekseintragungen zeigen, daß Georges sich bis zu zehn Bücher in der Woche auslieh. Nachdem er die Russen verschlungen hatte, las er Balzac, Dumas, Stendhal, Flaubert und Chateaubriand, dann Fenimore Cooper, Walter Scott, Dickens, Shakespeare, R. L. Stevenson und Joseph Conrad. Er behauptete, er habe an einem Tag drei Bücher lesen können, wenn er nicht in der Schule war, und das trotz der entmutigenden Vorhaltungen Henriettes, für die Bibliotheksbücher unhygienisch waren.

Im Juli 1915, sozusagen die Spitze auf diesem Höhepunkt seines bisherigen Lebens, verbrachte Georges die Sommerferien im Haus einer Freundin seiner Mutter, die an der Hauptstraße außerhalb des nahe bei Lüttich gelegenen Dorfs Embourg wohnte. Dort lernte er ein fünfzehnjähriges Mädchen kennen, das im selben Haus lebte. In *Pedigree* nannte er dieses Mädchen «Renée». Eines heißen Nachmittags gingen die beiden in den Wald oberhalb des Flusses Ourthe und fanden dort eine verborgene Quelle. Dann kletterte Georges auf eine Stechpalme, um Renée mit einem Beerenzweig zu beschenken. Er zerkratzte sich dabei ziemlich schlimm, holte aber die Beeren. Als er wieder auf dem Boden war, fand Renée, daß er besonderer körperlicher Pflege bedürfe, was einige Zeit in Anspruch nahm. Damit endete Georges' sexuelle Unschuld, und es war auch das Ende seines Interesses an der Religion.

In seiner letzten Nacht in Embourg kletterte Georges über das mit Zinkblech beschlagene Vordach, das den ersten Stock des Hauses umgab, und stieg bei Renée durchs Fenster ein. In dieser Nacht stellte sie ihn vor eine neue Aufgabe, die mehr Erfindungsgeist als das Pflücken von Stechpalmenbeeren erforderte. Sie meinte, es gäbe eine Möglichkeit, daß sie sich weiterhin treffen könnten, falls er die Schule wechselte. Das für das linke Maasufer zuständige Jesuitenkolleg Saint-Servais lag nur eine Straße von ihrer Klosterschule entfernt. Wenn er dort ankäme, könnten sie an den kalten Winterabenden gemeinsam durch den Park am Boulevard d'Avroy heimkehren. Georges hatte sich verliebt. Er war zwölf Jahre alt, und es blieben ihm zwei Wochen, um die nötigen Vorkehrungen zu treffen, während Renée den Rest ihrer Sommerferien mit den Eltern in Ostende verbrachte. Was er vor allem finden mußte, war ein plausibler Grund. Wie er feststellte, gab es zwischen den beiden Schulen nur einen einzigen Unterschied: die Jesuiten in Saint-Servais hatten einen naturwissenschaftlichen Kurs zu bieten, den es in Saint-Louis nicht gab. Doch als zukünftiger Priester befaßte man sich nicht mit Naturwissenschaften. Nun gut, dann würde er also auf das Priesteramt verzichten und seiner Mutter sagen, er wolle lieber Offizier werden. Sie müßte eigentlich dieser Alternative zustimmen, falls das Priesteramt für ihn nicht mehr in Frage käme. Offiziere hatten Titel. Und sie brauchten nicht auf der Universität zu studieren, was für seine Eltern viel zu teuer gewesen wäre. Das Problem war das Geld, denn wenn er nicht mehr Priester werden wollte, müßten seine Eltern das volle Schulgeld bezahlen, und das konnten sie sich nicht leisten. Dann fand Georges heraus, daß die Jesuiten manchmal auch andere Schüler als Halbstipendiaten aufnahmen. Außerdem hatte sein Vater das Collège Saint-Servais besucht und so gute Zensuren erzielt, daß er sofort als Buchhalter bei einer Versicherungsgesellschaft eintreten konnte.

Nachdem Henriette sich davon überzeugt hatte, daß Georges keine Berufung mehr verspürte und es wirklich möglich war, in Saint-Servais eine Schulgeldermäßigung zu bekommen, machte sie sich zur Fürsprecherin ihres Sohnes. Ihre Beharrlichkeit war von Erfolg gekrönt. Am 14. September 1915 wurde Georges in Saint-Louis abgemeldet und ins Schülerregister von Saint-Servais eingetragen. Er hatte seinen zweiten Stechpalmenbeerenzweig gepflückt, und das Wunder war geschehen. Er hatte seine beiden Eltern und zwei Schuldirektoren vom Verlust seiner Berufung und von seinem ernsthaften Interesse an einer militärischen Laufbahn zu überzeugen vermocht. Die Jesuiten gewährten Désiré eine Ermäßigung von einem Drittel des Schulgeldes statt der Hälfte. Jetzt brauchte Georges nur noch nach seinem ersten Schultag vor dem Tor der Ecole des Filles de la Croix auf Renée zu warten, die sich bestimmt schon freute, in seinen Armen zu sein. Das tat er auch. Es gelang ihm sogar, auf die Minute pünktlich zu sein, obgleich beide Schulen um sechzehn Uhr schlossen. Renée kam wie verabredet aus dem Tor. Sein Herz pochte. Er trat auf sie zu, sie trat auf ihn zu, und dann trat noch jemand auf sie zu, ein junger Mann, um einiges älter als Georges, vielleicht jemand, den sie in Ostende kennengelernt hatte. Renée und der junge Mann verschwanden Arm in Arm in einer Seitenstraße, und Georges blieb nichts anderes übrig, als zu seinem neuen Interesse an den Naturwissenschaften zurückzukehren. Der Weg in die Katastrophe lag vor ihm.

In späteren Jahren schrieb Simenon von den «Intrigen» der Familie seiner Mutter, die ihn unbedingt als Priester sehen wollte. Er behauptete auch, er habe das Priesteramt ebenso wie die Offizierslaufbahn nur deshalb in Betracht gezogen, weil sie die einzigen Berufe gewesen seien, die ihm die zum Schreiben nötigen Einkünfte und die dazu erforderliche Muße geboten hätten. Vielleicht hatte der elf-, zwölfjährige Simenon, ein gescheiter Kopf auf jungen Schultern, bereits hinsichtlich Einkommen und Muße eine Schriftstellerkarriere geplant; es gibt jedoch andere, einleuchtendere Erklärungen für sein Interesse an den beiden Berufen. Zumindest ist es amüsant, sich Simenon als Priester vorzustellen. Selbst wenn dieses Amt ihm die Möglichkeit zu schreiben geboten und sich demnach für ihn als zufriedenstellend erwiesen hätte, muß man sagen, daß die Kirche so besser davongekommen ist. Wäre er Priester geworden, hätte er wahrscheinlich zu jenem Typ gehört, der in einem seiner ersten Romane, *Jehan Pinaguet*, in der Person jenes Abbé Chaumont geschildert wird, eines gebildeten Wüstlings, der mehr oder weniger in Ungnade seines Amtes enthoben wurde. Jedenfalls blieb der Kirche ein weiterer abtrünniger Priester erspart, und die Romane, die der Abbé Simenon geschrieben hätte, wären kaum seltsamer oder packender als die von Georges verfaßten gewesen. Ein Interesse an der Religion gab er jedenfalls erst wieder zu, als er ein alter Mann war. Die Religion war bei ihm nur ein kindliches Interesse, das zu gegebener Zeit durch andere ersetzt wurde.

In seinen drei Jahren am Collège Saint-Servais erhielt Georges keine Preise. Seine Zensuren wurden immer schlechter, obgleich er sich weiterhin in Französisch auszeichnete und seine Lehrer ihm immer noch erlaubten, die Themen seiner Aufsätze selbst zu wählen. Er begann unter dem Pseudonym «Georges Sim» zu schreiben. Ansonsten verbrachte er immer mehr Zeit in der Stadt und nahm an den Vergnügungen teil, welche die Straße zu bieten hatte. In weniger als einem Jahr entwickelte sich der zwölfjährige Musterschüler zu einem dreizehnjährigen Schwänzer und kleinen Ganoven. Der gebieterische Impuls, der ihn zum Bruch mit seiner religiösen Überzeugung, seinen früheren Schulkameraden und seiner vorgezeichneten Zukunft geführt hatte, erlaubte ihm nicht, seine Phantasie in den engen Grenzen der Schulmauern zu halten. Von nun an war die Schule für ihn ein Gefängnis. In seinem Roman *La neige était sale* verglich er die Atmosphäre eines Gefängnisses mit der einer Schule, die dem Collège Saint-Servais auffallend ähnlich war. Er haßte den Anblick der Anstalt, den er als *«vulgaire»* beschrieb, was sich bis heute kaum geändert hat. An den Sommerabenden spielen Jungen und Mädchen gemeinsam Fußball auf dem großen, widerhallenden Hof und werden von den gleichen heftigen und romantischen Empfindungen der Jugend getrieben, die Georges' Schulkarriere über den Haufen warf. Seine Beziehungen zu den Lehrern, mit Ausnahme des Französischlehrers Pater Renchon, waren nicht gut. Georges veröffentlichte eine satirische Zeitschrift, ein hektographiertes Blatt, dessen zweite und letzte Nummer eine Karikatur des Studiendirektors enthielt. Daraufhin wurde Georges von dem für die Disziplin verantwortlichen Priester vorgeladen, der ihn an die besonderen Bedingungen erinnerte, unter denen er aufgenommen worden war, und ihm mit Schulverweisung drohte. Das Verhör mit Pater van Bambeke hinterließ einen bleibenden Eindruck. «‹Hast du die ehrliche Absicht, dich zu bessern?› – ‹Ja, Pater...› Welch ein schallendes Nein hätte das Zimmer erschüttert, wenn seine wahre Antwort hörbar gewesen wäre.» Um einen Hinauswurf zu vermeiden und seinen Vater nicht zu betrüben, war Georges noch einmal bereit, sich im Spiel der Erwachsenenwelt mit einer diplomatischen Lüge aus der Affäre zu ziehen. Doch er faßte eine tiefe Abneigung gegen Pater van Bambeke, einen ehemaligen Kavallerieoffizier, der als die gefürchtetste Person im Collège galt. Simenon hielt ihn für einen Snob, denn er hatte bemerkt, daß der Pater die reicheren Schüler, von denen einer hoch zu Roß und in Begleitung eines Stallburschen zur Schule kam, besser behandelte als die gesellschaftlich unbedeutenden Nullitäten wie seinesgleichen. Schließlich zahlte Simenon es diesem Priester gleich zweimal heim: zuerst in der satirischen Zeitschrift *Nanesse*, deren Mitarbeiter er zwei Jahre nach seinem Abgang von der Schule wurde, und später in seinem autobiographischen Roman *Pedigree*. Sowohl Pater «van Bambeck» *(Nanesse)* als auch Pater «van Bambeek» *(Pedigree)* sind ehemalige Kavallerieoffiziere, zeigen sich den reicheren Schülern gegenüber äußerst wohlgesonnen und behandeln die armen mit unerbittlicher Bosheit. Auch das Geld, über das einige seiner Mitschüler selbst in den Monaten der an Hungersnot grenzenden Knappheit verfügten, versetzte ihn in flammende Empörung. Er fühlte sich als Außenseiter. Um etwas zu essen zu bekommen, mußte er sich in der städtischen Volksküche anstellen, wo man nach langem Warten einen Napf mit einer Flüssigkeit ergatterte, auf der Fettaugen schwammen und die nach Waschpulver schmeckte. In dieser Zwangslage begann Georges Geld zu stehlen, um sich eine besser mundende Mahlzeit leisten zu können, doch es sollte drei Jahre dauern, bis er sich genug für die teure *pâtisserie* in der Bäckerei vor dem Schultor zusammengeklaut hatte.

Zuerst stahl er aus der Kasse im Laden seines Großvaters. Nachdem er einmal angefangen hatte, Geld zu entwenden, fand er, daß es recht amüsant wurde, den Ganoven zu spielen. Während der Unterrichtsstunden in einer Schule, in der er sich keine Freunde erwarb, faulenzte er im Klassenzimmer, las Dumas oder einen anderen seiner Lieblingsautoren unter dem Pult in der Deutsch- oder der Mathematikstunde, verzog sich dann, wann immer er konnte, und sah sich die Nachmittagsvorstellung in einem Varieté an. Zweimal am Tag durchquerte er die Stadt und fand außerhalb der von den Jesuiten kontrollierten Grenzen eine Welt voller Zerstreuungen. Darüber schrieb er in seinen *Mémoires intimes*:

> «Oft wanderte ich früh am Morgen oder spätabends durch die belebten Straßen oder über die nahe gelegenen grünen Hügel [...] Ich hatte Hunger, Hunger auf alles, den Widerschein der Sonne auf Häusern, Bäumen und Gesichtern, Hunger auf die Frauen, denen ich begegnete und deren wippende Hüften ein Anblick waren, der mir fast schmerzhafte Erektionen bereitete [...] Vor allem hatte ich Hunger auf das Leben.»

Falls der Einfluß der Schule abnahm, wurde er keineswegs durch einen Einfluß daheim wettgemacht. Mit dem Verlust seiner religiösen Berufung vollzog sich bei Georges auch ein wichtiger Schritt auf dem Weg der Entfremdung von seiner Mutter. In der Rue des Maraîchers war Henriette die Autoritätsperson, nicht Désiré, eine Situation, die ihr älterer Sohn gar nicht schätzte. Georges bemühte sich, seinen Vater vor einer Ehefrau zu verteidigen, die den ganzen Tag an allem herummeckerte. Er konnte einfach nicht verstehen, warum sein Vater sich weigerte, von sich aus Empörung zu zeigen. Der Krieg zwischen Georges und seiner Mutter wurde fast zu einem Dauerzustand. Er begann seine Mutter als einen Hausdrachen zu sehen, als eine Tyrannin, die seinen Vater und ihn mit ihren Gefühlen erpreßte und jeden Augenblick des Familienglücks mit der unversiegbaren Quelle ihrer privaten Leiden berieselte.

Von November 1914 an, als die Besetzung sich zu festigen begann und die Front sich auf einer Linie hundertsechzig Kilometer südwestlich von Lüttich stabilisiert hatte, erlaubte man der Bevölkerung, die Stadt zu verlassen und in die unmittelbare

Umgebung zu reisen. Man konnte ohne Schwierigkeiten den Sommer in Embourg verbringen und sogar an den Strand bei Ostende fahren, wenn auch der Reiseverkehr nach Frankreich gesperrt blieb und es sehr gefährlich war, sich der mit Minenfeldern abgeriegelten niederländischen Grenze zu nähern. Immerhin hatte Georges die Möglichkeit, das nur wenige hundert Meter von den Niederlanden entfernte ehemalige Haus der Brülls am Süd-Wilhelmskanal zu besuchen. Hier, an den Ufern des Kanals, lag das Gut, auf dem Wilhelm und Maria Brüll die ersten zwölf Jahre nach ihrer Heirat gelebt hatten. Henriette war dort nie wohnhaft gewesen, doch nachdem ihr Vater alles verloren hatte und weggezogen war, hatte die Schwester ihrer Mutter das Haus, die dazugehörigen bewässerten Ländereien und die Pflichten des Deichmeisters übernommen, die dem Besitz einen solchen Wert verliehen. 1971 behauptete Simenon in einer seltsamen Gedächtnisfehlleistung, das Haus als Sechsjähriger besucht zu haben, also 1909, und seinem dort wohnenden Großvater «Henry» begegnet zu sein. Sein Großvater, der in Wirklichkeit Wilhelm oder Guillaume hieß, hatte das Haus 1867 verlassen und war 1885 gestorben; die Geschichte kann also gar nicht stimmen. Mathieu Rutten hat das Datum des Besuchs, den Simenon mit seiner Mutter machte, auf Weihnachten 1915 oder Weihnachten 1916 eingegrenzt. Das Motiv der Reise war klar genug: Eßbares zu beschaffen; doch die Stimmung im Haus am Kanal war bedrückend und hinterließ einen lebenslangen Eindruck bei dem kleinen Vetter aus der großen Stadt, der damals zwölf oder dreizehn Jahre alt war. Hier lag das finsterste Limburg, das neblige, unheimliche, eingezäunte Land mit seinen eigenen Sitten und Bedürfnissen, aus dem die Familie seiner Mutter hervorgegangen war, mit ziemlich katastrophalen Auswirkungen. Hier lebten die Peeters, Vetter und Kusinen der Brülls in der natürlichen Heimat dieses «geplagten Geschlechts». Hier waren die Leute, zu denen auch er so leicht hätte gehören können.

Auf Georges' einzigen Besuch in *«la maison du canal»* folgte 1917 ein Gegenbesuch, den einer der Jungen aus den *wateringen* in Lüttich machte. Die beiden Vettern Georges Simenon und Alfred

Peeters fingen an, Schwarzmarktschnaps zu brauen, eine von der deutschen Militärbehörde streng verbotene Tätigkeit. Es war die Einführung Georges' in die Trunksucht. Ihr Fabrikat war eine Mischung aus echten Schnäpsen mit Wasser und unverdünntem Alkohol, und da man das Gebräu nicht erfinden konnte, ohne es auszuprobieren, war das Ergebnis verheerend. Es gab ein Bordell in der Rue des Casquettes, ganz in der Nähe der Schule, doch die Bedienung bestand aus jungen Mädchen vom Lande, und der Eintritt war deutschen Offizieren vorbehalten. So begnügten sich Vetter Alfred und Georges, deren Taschen vom Verkauf giftiger «Chartreuse» und aufgemöbelter Autobatterien voller Geld waren, mit dem Auflesen halbverhungerter Mädchen, die in normalen Zeiten noch auf der Schule gewesen wären, und diese armen Dinger führten sie in irgendeine dunkle Ecke, wo niemand sie störte. Ansonsten gab es die an den Fenstern zur Straße sitzenden Frauen, die friedlich strickten und auf ein Klopfen an der Tür warteten. Das Bild von einer dieser Frauen blieb Georges lange in Erinnerung:

> «Sie war in den Dreißigern, sehr schön, eine Brünette mit bleichem Teint, ihr Haar hing stets locker herab. Ich habe sie nie anders als halbangezogen gesehen, in ihrem blaßblauen seidenen Morgenrock, der nachlässig gerafft war, so daß man etwas von ihren Brüsten und ihren Schenkeln sehen konnte.»

Einmal saßen die beiden Vettern noch spätabends in einem Café und tranken mit einigen freundlichen deutschen Soldaten. Georges stellte sich vor, wie wütend sein Vater gewesen wäre, wenn er gewußt hätte, wo sein Sohn war. Die Mädchen, mit denen er seine Zeit verbrachte, erzählten manchmal von einem anderen ihrer Kunden, einem widerlichen Kerl, *«un vicieux»* mit seltsamen Neigungen, der einen deutschen Passierschein bei sich trug und behauptete, von der Militärbehörde zu gewissen medizinischen Untersuchungen ermächtigt zu sein. Sie sagten, er führe einen Buchladen, und Georges erkannte an der Beschreibung den Buchhändler Hyacinthe Danse, dem er seine Schulbücher zu verkaufen pflegte und der in einer hinteren Ecke des Ladens ein Regal mit «Flagellantenliteratur» stehen hatte. Danse sollte eines Tages Georges' Arbeitgeber werden und der zweite seiner Bekannten sein, die wegen Mordes verurteilt wurden.

Inzwischen stand es für Désiré und Henriette fest, daß Georges ihrem Einfluß entglitten war. An den meisten Abenden kam er spät nach Hause, müde von irgendeinem schmutzigen Abenteuer. Einmal fand er bei der Heimkehr eine ältere und gehässige Untermieterin zusammen mit seiner Mutter im Wohnzimmer vor. Er war schwer betrunken und begann der alten Dame die Meinung zu sagen; am Schluß rief er: «Wenn es eine Gerechtigkeit gäbe, würde man alte Dreckstücke wie Sie auf die Schlachtfelder schicken, um sie dort statt der Soldaten krepieren zu lassen.» Désiré, der krank oben in seinem Zimmer lag, war zu müde, um einzugreifen. Längst vergangen waren die Zeiten, da er nach einem anstrengenden Arbeitstag ins Haus getreten war und, noch immer voller Vitalität und Optimismus, fragte: «Hast du geweint, Henriette?» Wenn niemand im Haus war, um zwischen Georges und seiner Mutter zu vermitteln, konnten die Szenen in wilde Hysterie ausarten und zu Gewaltanwendung führen. Dann schrie Henriette ihrem Sohn zu, sie wünschte, er sei tot, und geriet in eine solche Wut und Verzweiflung, daß sie sich auf dem Boden wälzte. Einmal schlug sie Georges sogar nieder und trat ihn mit den Füßen.

Désiré, der von alldem nichts ahnte, pflegte am Abend immer noch «in Hemdsärmeln in seinem ständig knarrenden Korbsessel am Herd zu sitzen und seine Zeitung zu lesen, umgeben von einer Zigarettenrauchwolke». Wenn er auch nicht mehr die kraftvolle Heldenfigur von einst war, so versuchte er doch weiterhin seinen Sohn zu beschützen. Wenn Georges die Nacht außerhalb des Hauses verbrachte, stand Désiré früh auf, zerwühlte die Laken auf seinem Bett und erzählte Henriette, er habe ihn frühzeitig fortgehen hören, vielleicht zur Schule oder zur Messe. Da Georges ihn nicht mehr in der aktiven Rolle des Helden sehen konnte, entwickelte er eine andere Art der Bewunderung für den geliebten Vater, eine geheime Komplizenschaft. «Niemand hat je begriffen, was sich zwischen Vater und Sohn abspielte», schrieb er später. «Es hatte immer nur sie beide gegeben.»

Im Sommertrimester 1918 hatte Georges ernsthafte Probleme daheim und war sicher, von den Jesuiten relegiert zu werden. Dann, am Morgen des 20. Juni, erhielt er eine Nachricht in der Schule und wurde gebeten, auf dem Heimweg bei Dr. Léon Fischer, dem Arzt der Familie, vorzusprechen. Nachdem er sich dort gemeldet hatte, wurde ihm mitgeteilt, daß sein Vater einen Herzanfall erlitten habe, daß es Angina pectoris sei, damals eine unheilbare Krankheit, und daß er allerhöchstens noch ein paar Jahre zu leben habe. Simenon erzählte nachher, der Arzt habe ihm gesagt, er müsse sofort die Schule verlassen und sich eine Arbeit suchen, da er bald der einzige Ernährer der Familie sein würde, und das ist die Version, die in die Simenon-Legende eingegangen ist. Es widerspricht jedoch aller Wahrscheinlichkeit, daß ein Familienarzt in der Lage gewesen wäre, einen fünfzehnjährigen Jungen zum Verlassen der Schule aufzufordern, zumal Georges im nächsten Monat sein Schlußexamen machen sollte. Jeder Versuch, eine Arbeit zu finden, wäre erfolgreicher gewesen, wenn er wenigstens das laufende Schuljahr beendet hätte. Désirés Krankheit war bestimmt kein triftiger Grund für Georges, am Tag der Diagnose die Schule zu verlassen. Von allem anderen abgesehen, wäre das Schulgeld ohnehin bis zum Ende des Trimesters bezahlt gewesen. Wahrscheinlicher ist vielmehr, daß er mit Einwilligung der in Panik geratenen oder zerstreuten Henriette selber beschloß, auf der Stelle das Collège Saint-Servais zu verlassen. Für Georges war es endlich die Freiheit, das Ende eines jämmerlichen Lebens. Das Todesurteil über seinen Vater hatte ihn befreit, und indem es ihn zwang, der Familie aus der Not zu helfen, hatte es einen Mann aus ihm gemacht.

Leider war Georges' Hochstimmung nicht von langer Dauer. Schon bald fand Henriette für ihn eine Anstellung als Zuckerbäkker in Longdoz, jenem Viertel, wo seine letzte erfolgreiche Schulzeit, auf dem Collège Saint-Louis, stattgefunden hatte. Die erste Konsequenz dieser Anstellung war natürlich die wöchentliche Lohntüte, die, so klein sie auch sein mochte, nach dem knappen

Taschengeld und den Kleingelddiebstählen seiner Schulzeit für ihn Reichtum bedeutete. Doch trotz der Ermutigungen Henriettes – «Hast du je von einem armen Patissier gehört?» pflegte sie zu sagen – fand er die Aussicht auf ein der Herstellung von *pets de nonne*, Nonnenfürzchen, gewidmetes Leben nicht attraktiver als das Priesteramt. In *Je me souviens* geißelte er Henriettes Begeisterung für die Patisserie mit beißendem Spott:

«Ein sauberer kleiner Laden mit einer Klingel an der Tür. Du hörst sie von der Küche aus, wo du deine tägliche Arbeit verrichtest. Wunderbare Musik! Du wischst dir die Hände ab. Du vergewisserst dich, daß deine Schürze fleckenlos ist, du tätschelst fast unbewußt deinen *chignon*, und du trittst lächelnd an den Ladentisch. ‹Guten Tag, Madame Plezer... Schönes Wetter, nicht wahr? Was darf es denn heute sein?›»

Wahrscheinlich sah Georges, wie das Leben sich mit erschreckender Geschwindigkeit über ihm zu schließen anschickte, und nach zwei Wochen blieb er weg. Noch im hohen Alter behauptete er, er könne sich erinnern, wie man einen Saint-Honoré-Kuchen backt.

Nach einigen Wochen der Muße fand Georges wieder eine Arbeit, diesmal in einer Buchhandlung, der Librairie Georges in der Rue de la Cathédrale, die von einem älteren Mann namens L. George-Renkin geführt wurde. Zuerst schien die Arbeit interessanter, doch dann machte sich ein Nachteil bemerkbar. Anders als in der Patisserie waren die regelmäßigen Kunden meistens Leute, die Georges kannte. Abgesehen von seinen wohlhabenden Kusinen Sylvie und Berthe-Marie kamen ganze Scharen ehemaliger Schulkameraden, um sich Bücher auszuleihen, da dem Laden auch eine Leihbücherei angeschlossen war. Georges fühlte sich gedemütigt, blieb aber fest entschlossen, die Anstellung zu behalten. Doch selbst seine besten Absichten wurden bereits nach einem Monat vereitelt, als Monsieur L. George-Renkin ihm kündigte. Georges hatte das Unglück gehabt, seinem Arbeitgeber in Gegenwart eines Kunden zu widersprechen. Es ging darum, ob ein bestimmtes Buch von Alexandre Dumas war oder nicht.

Obwohl Georges, wie gegenüber Pater van Bambeke, durchaus zu schwören bereit war, daß er sich geirrt habe, wurde er fristlos entlassen. «Leben Sie wohl, Monsieur Simenon, ich wünsche Ihnen Glück und etwas mehr Respekt vor dem Alter.» Monsieur George-Renkin fand seine Würde wieder, doch Georges nahm vielfache Rache, indem er den Vorfall bei zahlreichen Gelegenheiten erzählte und den alten Mann schilderte, dessen zittrige Hände, «mit hervorstehenden Adern», ihm das letzte Gehalt auszahlten. Eins allerdings hatte er aus dieser Erfahrung gelernt: Es nutzte nichts, sich zu entschuldigen, wenn er nicht im Unrecht war. Es funktionierte nicht.

Georges war nun auf dem bisher tiefsten Punkt seines Lebens angelangt. Er war fünfzehn Jahre alt. Er hatte zwei Anstellungen verloren. Sein Vater war schwer krank. Er hatte weder Qualifikationen noch Geld. Die Beziehung zu seiner Mutter verschlechterte sich zusehends. Es tobte ein Weltkrieg, und er rückte immer näher. Am 30. September hatten britische und französische Streitkräfte die Hindenburglinie durchbrochen, und die Front war nur noch achtzig Kilometer von Lüttich entfernt. In der Stadt redete man überall von Niederlage und Chaos. Auf dem Boulevard de la Constitution standen die deutschen Truppen unter Kasernenarrest. Ihren Platz in den Straßen nahmen jetzt die befreiten russischen Kriegsgefangenen ein, von denen zwei sich bei Henriette einmieteten. Georges, mit flottem Hut, Flügelkragen und Uhrkette, die Zigarette im Jean-Gabin-Winkel Jahre vor Gabin, ließ sich mit einer Gruppe dieser Russen fotografieren. Auf dem Bild ist er wie ein Dandy gekleidet und drückt in seiner Erscheinung die ganze lässige Zuversicht der Jugend aus, doch hinter der Fassade dürfte er sich weniger selbstsicher gefühlt haben.

Eines Tages im November 1918 ging Georges mit den russischen Untermietern in das Varietétheater Palace. Es war eine Nachmittagsvorstellung – typisch für das ziellose Leben, das er führte. Hier, von der Bühne des «Palace», hörte er die erste Meldung über den Waffenstillstand. Darauf folgte einer der dramatischsten Abende seines Lebens. Eigentlich immer noch ein Junge, befand er sich plötzlich mitten in einer Stadt, die, vor Freude und Haß völlig wild geworden, sich allen nur möglichen Exzessen hingab. In *Pedigree* beschrieb er die Szene:

> «Trotz des Regens füllten sich die Straßen mit einer immer wilder werdenden Menschenmenge [...] plötzlich, wie ein Signal, ertönte das Klirren von splitterndem Glas. Es war das Schaufenster einer Schweinemetzgerei, deren Besitzer für die Deutschen gearbeitet hatte. Männer stürmten in den Laden und fingen an, Schinken und Würste hinauszuwerfen. Dann stiegen sie in die oberen Stockwerke und schleuderten Möbel aus den Fenstern, Kleiderschränke, Betten, einen Toilettentisch, ein Klavier. Die Polizei wußte nicht, was sie tun sollte, als es überall auf den Straßen von Plünderern wimmelte, die ihre Beute davontrugen. ‹Zerschlagt, was ihr wollt, aber nehmt nichts mit!› brüllte ein Wachtmeister.»

Früher, in *Les trois crimes de mes amis*, hatte er über dieselben Ereignisse geschrieben:

> «Auf der stillen Straße begannen die Leute plötzlich zu rennen und zu schreien, und ich sehe noch wie heute eine zerzauste Frau, welche vergeblich ihren Verfolgern zu entkommen versuchte, die sich buchstäblich auf sie warfen. Einige Minuten lang sah man nur verschwommene Bewegungen, ein Herumwirbeln, Gesten, die man aus der Entfernung nicht erkennen konnte. Dann trat eine fast respektvolle Stille ein, wie bei einer Hinrichtung, nur hier und da vom Schluchzen der Frau unterbrochen, die nicht mehr die Kraft hatte, sich zur Wehr zu setzen. Und dann erschien unter all den bekleideten Leuten der nackte Körper dieser Frau; er wirkte noch nackter im kalten Licht der Straße und auf dem harten grauen Pflaster [...] Eine andere Frau vom Markt, mit einer Schere bewaffnet, trat hinzu und schnitt ihr das Haar ab bis auf die Haut, und dann zwang man sie zu einem Marsch zwischen den Häusern, von Hunderten gefolgt. Damals fragte niemand, ob es eher komisch oder

eher tragisch war, und niemand versuchte, sich die Reaktionen des Soldaten vorzustellen, der in einem oder zwei Tagen von der Front heimkehren, seine Frau mit kahlgeschorenem Kopf antreffen und so entdecken würde, daß sie sich den Deutschen hingegeben hatte. Jede Woche fanden Paraden und patriotische Feiern statt, und auf jedem Bauernhof wurden die Schweine auf den Namen Wilhelm, wie der Kaiser, umgetauft.»

Wilhelm hatte auch Georges' Großvater geheißen. Georges war noch immer fünfzehn.

3

Der jugendliche Kolumnist

«Georges [...] könnt ihr vergessen. Er ist ein Selbstmordfall.»

Veröffentlichter Kommentar über Simenon (1921)

Mit dem Waffenstillstand kam das Ende der Pressezensur in Belgien. Lüttich hatte wieder sechs Tageszeitungen, doch nur wenige Journalisten. Den Redaktionen, die Ende November wieder zu arbeiten begonnen hatten, fehlte das qualifizierte Personal, da viele im Krieg gefallen oder noch nicht aus dem Heeresdienst entlassen waren; in den letzten fünf Jahren hatte es keine neuen Einstellungen gegeben. Eine der Zeitungen, die nun wieder erscheinen konnten, war die *Gazette de Liège*. Sie war seit 1910 von dem Rechtsanwalt Joseph Demarteau III. herausgegeben worden, der die Nachfolge seines Vaters, Joseph Demarteau II., angetreten hatte. Als Lüttich gefallen war, hatte die Redaktion der *Gazette* sich geweigert, die Zeitung unter Kontrolle der deutschen Militärverwaltung erscheinen zu lassen, da dies gemäß dem belgischen Strafgesetz «Zusammenarbeit mit der Besatzungsmacht» bedeutet hätte.

Über Georges Simenons Eintritt in diese Redaktion und den Beginn seiner Karriere, die den Rest seines Lebens bestimmen sollte, gibt es verschiedene Versionen. Nach der autorisierten Darstellung hat er kurz vor seinem sechzehnten Geburtstag, ohne etwas Besonderes im Sinn zu haben, die Place Verte überquert und zufällig an der Ecke der Rue Official das Firmenschild *Gazette de Liège* erblickt. Ohne zu wissen, warum, und ohne eine feste Vorstellung von dem, was er vorhatte, trat er in das Redaktionsbüro und bewarb sich um eine Arbeit. Einige Wochen vorher hatte er die Abenteuer von «Rouletabille» gelesen, jene Detektivgeschichten von Gaston Leroux, deren Held ein junger Kriminalreporter war und die sich damals großer Beliebtheit erfreuten. Später erzählte Simenon, er habe sich sogar wie Rouletabille gekleidet, mit einem verwegenen, schmalkrempigen Hut, einem Regenmantel und einer Pfeife im Mund. Bei anderen Gelegenheiten erzählte Simenon, er habe, als er sich um eine Reporterstelle bewarb, nicht einmal gewußt, worin die Arbeit eines Reporters bestand. In der Redaktion wurde er dann entweder vom Chefredakteur Joseph Demarteau III. oder von dessen Vertreter Désiré Drion empfangen, falls Demarteau an diesem Tag abwesend war. Bestätigungen gibt es für beide Versionen. Entweder wurde er eingeladen, sich im Redaktionsbüro vorzustellen, oder er erzwang sich den Eintritt unaufgefordert. Einmal drinnen, wurde er gebeten, einen kurzen Aufsatz zu schreiben, in dem er das Wort *bazar* fälschlich *bazard* schrieb, der aber trotzdem so gut war, daß man Georges auf der Stelle engagierte; laut der anderen Version sagte man ihm, er solle fortgehen, sich am folgenden Tag nach irgendeinem Ereignis umsehen und darüber berichten, als sei es für die Zeitung. Oft behauptete Simenon, er sei für die *Gazette* ein unbekannter Jüngling gewesen, der zufällig von der Straße hereingekommen sei; in Wirklichkeit jedoch saßen sein Onkel Jean-Mathieu Schrooten und Monsieur Demarteau im Aufsichtsrat derselben Bank, der Crédit Populaire Liègeois, und kannten einander gut. Was auch immer die Wahrheit über seinen Eintritt in die Redaktion der *Gazette* gewesen sein mag, jedenfalls hat Georges über den ersten seit dem Waffenstillstand in der Stadt abgehaltenen Pferdejahrmarkt berichtet, der am 6. Januar stattfand, und seine Arbeit wurde ordnungsgemäß veröffentlicht. Im Alter von fünfzehn Jahren hatte er die ideale Stellung gefunden.

Simenon hatte großes Glück mit seinem Chefredakteur Joseph Demarteau, der seine Begabung zu schätzen wußte und ihn ermutigte, das Beste daraus zu machen. Im Verhalten Demarteaus gegenüber Simenon gab es weder Neid noch Mißgunst; oft fand er sich mit einem Betragen ab, das normalerweise die Entlassung des undisziplinierten jungen Reporters gerechtfertigt hätte, das Demarteau aber, der durchaus streng sein konnte, doch stets fair und großzügig blieb, eher zu amüsieren schien. Simenon arbeitete vier Jahre lang für ihn. Es war die Chance seines Lebens, und er nutzte sie mit allem Eifer. Auf einmal eröffnete sich ihm das ganze Leben der Stadt, das hinter den Kulissen ebenso wie das auf den Straßen. Er war in der Lage, eine Menge über menschliches Verhalten zu lernen, und dazu erhielt er noch ein durchaus anständiges Gehalt. Vor allem wurde er ermutigt, seine eigentliche Begabung weiterzuentwickeln und zu schreiben. 1960 erklärte er in einem Interview, was ihm die Chance bedeutet hatte:

> «Ein Verkehrsunfall, der den Verlauf vieler Leben verändert, ein gewaltsames Drama, das eine Familie über den Haufen wirft, der Vagabund, der Rowdy, der Drogensüchtige, dem der Nachschub ausgegangen ist, der nach Wahlstimmen fischende Politiker, ein anständiger Mensch auf der Suche nach einer Medaille, einem Posten oder irgendeiner Form der Anerkennung, die es ihm ermöglichen könnte, sich aus dem Dreck zu ziehen [...] Ist es nicht fabelhaft für einen Jungen, bei alldem dabeizusein? Plötzlich stehen alle Türen offen [...] man kann die Geheimnisse des Lebens lesen. Mit dem Notizblock in der Hand rennt man hin zu der noch warmen Leiche, jagt den Polizeiwagen nach, kommt auf dem Korridor des Gerichtsgebäudes in Schulterberührung mit dem Mörder, der gerade in Handschellen abgeführt wird, mischt sich unter Streikende und Arbeitslose [...] Noch eine Minute zuvor war ich nur ein Schuljunge. Ich trat über eine Schwelle und stellte mich mit zitternder Stimme einem bärtigen Herrn mit schmutzigen Fingernägeln vor, einem Mann, der bei den Einheimischen als eine Art Orakel galt, und auf einmal gehörte mir die Welt.»

Zuerst arbeitete Georges als Bürogehilfe, während er lernte, wie man Zeitungsberichte schreibt; doch er lernte schnell. Der erste mit dem Namen «Georges Sim» gezeichnete Artikel – dieses Pseudonym seiner Schulaufsätze behielt er noch in den nächsten zwölf Jahren bei – erschien am 24. Januar; zwei Tage später folgte eine Buchkritik. Die *Gazette* war rechtskonservativ und katholisch, doch Simenon behauptete später, wenn sie liberal und antiklerikal gewesen wäre, hätte er den Unterschied nicht gemerkt. Die Stellung der *Gazette* in der Landespolitik war nie von Interesse für ihn gewesen. Daheim, als er noch ein Kind war, hatte sein Vater immer nur das Konkurrenzblatt *La Meuse* gelesen.

Der junge Reporter begann mit den Aufgaben, die seine beiden älteren Kollegen nicht übernehmen wollten. Sie bestanden zumeist in Berichten über die endlose Reihe vaterländischer Heldengedenkfeiern, die im Lauf des Jahres 1919 abgehalten wurden und deren Übermaß dem jungen Simenon zu seiner nüchternen Einstellung gegenüber öffentlich zur Schau getragenem Patriotismus verholfen haben mag. Zu seinen regulären Pflichten gehörte es, zweimal am Tag die Polizeireviere anzurufen, um sich nach Unfällen und Verbrechen zu erkundigen. Meistens radelte er zur Arbeit, und er hatte ein gutes Stück Weges, denn nach den zwei Jahren in der Rue des Maraîchers wohnte seine Familie jetzt wieder in Outremeuse. Die letzte Adresse war in der Rue de l'Enseignement, einer Verlängerung der Rue de la Loi, wo er den größten Teil seiner Kindheit verbracht hatte; um zur Redaktion zu gelangen, kam er an den Toren des Institut Saint-André vorbei, überquerte den unteren Teil des Boulevard de la Constitution, den er einst täglich auf dem Weg zur Frühmesse entlanggerannt war, fuhr dann auf dem Pont des Arches über die Maas und anschließend die Rue Léopold hinunter, wo er das Licht der Welt erblickt hatte. In der Redaktion der *Gazette* wurde er bald angewiesen, die Rubrik «Unfälle und Verbrechen» zu übernehmen, was bedeutete, daß er statt des täglichen Anrufs jeden Morgen auf dem Hauptkommissariat hinter dem Rathaus erscheinen mußte, wo er sich mit den anderen Reportern der Tageszeitungen zur täglichen Pressekonferenz traf. Gegen April zeigte sich Demarteau so zufrieden mit seiner Arbeit, daß er ihm eine eigene Kolumne anvertraute, und im November hieß diese «*Hors du Poulailler*» («Außerhalb des Hühnerstalls»), signiert von «M. le Coq». Der Titel sollte die Leser auf die Tatsache hinweisen, daß hier ein unorthodoxer Kommentator seine persönliche Meinung zum Ausdruck brachte.

Simenon mußte um zehn Uhr morgens bei der Arbeit und um elf Uhr auf dem Polizeikommissariat sein. So blieb ihm weniger als eine Stunde, um seine Kolumne von dreihundert Wörtern zu schreiben, doch konnte er sich immerhin seine Themen nach Belieben auswählen. Es war ein bedeutsamer Zeitplan, denn er bewahrte ihn vor der Neigung so vieler Journalisten, in Schwierigkeiten mit den auf die Minute berechneten Terminen zu geraten, und gewöhnte ihn daran, den wichtigsten Teil seiner Arbeit früh zu erledigen. Diese beiden Gewohnheiten sollten sich für ihn im Lauf seines ganzen Lebens als nützlich erweisen. Zuerst schrieb er mit Feder und Tinte, da die Schreibmaschine nur Spezialisten vorbehalten war, und machte seine Notizen in Langschrift; später entwickelte er eine eigene Stenographie. Damals – wie heute – stenographierten die belgischen und die französischen Reporter nur selten ihre Notizen (im Gegensatz zur übrigen europäischen Presse, woraus sich die reiche Vielfalt der zitierten Quellen, selbst in Prozeßberichten, erklärt). Und er fand rasch ein professionelles Vorbild für seine Arbeit. Die *Gazette de Liège* erhielt täglich Zeitungsexemplare aus den Niederlanden, England und Paris – allein in dieser Stadt erschienen damals mehr als vierzig Tageszeitungen. Es war die Nachkriegsblütezeit der französischen Dritten Republik, und kein ernsthafter Politiker in Paris konnte hoffen, ohne die Hilfe seiner eigenen Zeitung zu Erfolg zu gelangen. Unter den Pariser Zeitungen gab es das *Journal*, dessen Starkolumnist Clément Vautel aus Lüttich stammte. «Sein Ruhm beeindruckte mich», schrieb Simenon später, «[...] vielleicht um so mehr, als ich jeden Tag am Friseurladen seines Bruders vorbeiradelte. Wegen Clément Vautel zogen Dutzende junger Lütticher auf der Suche nach einer täglichen Zeitungskolumne sowie Ruhm und Reichtum nach Paris. Und das war ziemlich genau bei mir der Fall [...]» Die Wahl war klar. Entweder Ruhm oder der Laden an der Ecke.

Als Reporter für Unfälle und Verbrechen lernte Simenon die mit den Untersuchungen betrauten Magistratsbeamten der Stadt kennen und kam auf diese Weise in den Genuß einer der größten Errungenschaften des europäischen Journalismus: der Gepflogenheit, unter Verletzung des *«secret de l'instruction»* die Akten der Staatsanwaltschaft den Gerichtsreportern vor Beginn des Prozesses zugänglich zu machen. Dieses zwar illegale, doch in Frankreich, Italien und Belgien weitverbreitete Verfahren ist nach Ansicht der Untersuchungsbehörden schon deshalb gerechtfertigt, weil es das Sammeln neuer Beweise fördert und die Chancen einer Verurteilung durch Gefügigmachen der öffentlichen Meinung (einschließlich jener der Geschworenen) verbessert. Was auch immer die Folgen bezüglich eines fairen Prozesses sein mögen, es ist jedenfalls Manna vom Himmel für die Zeitungen, denen ein authentisches und faszinierendes Material geliefert wird, das sie ohne Angst vor juristischen Folgen veröffentlichen können. Das hat zu einem Reportagestil geführt, für den es in Großbritannien und den USA nichts Entsprechendes gibt; er ist dramatisch, straff und saftig und bietet selbst in der gehobenen Presse oft die beste Lektüre. Einer der ersten Fälle Simenons war ein doppelter Kindermord, bekannt als «die Affäre des Hauses am Quai de Maestricht». Simenon befragte die Nachbarn, beschrieb die Szene im Schlafzimmer der Frau, die zwei ihrer Kinder umgebracht hatte, und mischte sich unter die Menschenmenge vor dem Gefängnis, die «Tötet sie! Tötet sie!» schrie.

Für gewöhnlich bezeugte Simenon den ihm gefälligen Untersuchungsrichtern seine Dankbarkeit in Form eines lobenden Hinweises in seinem Artikel. Einer von ihnen trug den Namen Coméliau, den Simenon später dem wichtigtuerischen und pedantischen Untersuchungsrichter in den Maigret-Geschichten geben sollte. Einmal schrieb er über einen Untersuchungsrichter, bei dem eingebrochen wurde. Nachdem ein von «Georges Sim» verfaßter Beitrag auf der Titelseite über diesen gravierenden Vorfall berichtet hatte, las man im Innenteil dann die weniger verantwortliche Meinung des «M. le Coq», der sich über das Opfer dieses Einbruchs lustig machte und hinzufügte, es sei ein trauriges Zeichen der Zeit, wenn hohe, für die Verbrechensbekämpfung zuständige städtische Beamte zur Zielscheibe von

Einbrechern würden. Abschließend bemerkte er, es fehle jetzt nur noch ein Einbruch im Haus eines Polizisten. Und wie gerufen berichtete «Georges Sim» vier Tage später von einem solchen Einbruch – ein seltsamer Zufall, der einen argwöhnischen Polizisten hätte stutzig machen können.

In seinem späteren Leben bestritt Simenon, sich vor der Niederschrift seiner Maigret-Bücher je ernsthaft mit dem Studium von Polizeimethoden befaßt zu haben, ausgenommen einige Nachmittage mit Freunden von der Pariser Kriminalpolizei. Indes besuchte der junge Reporter in den Jahren 1920 und 1921 als Gaststudent an der Universität Lüttich tatsächlich eine Reihe von Vorlesungen über die neue Kriminaltechnik. In den großen Städten Europas hatte das Verbrechen infolge des Weltkriegs und der Heimkehr einer ganzen Armee von Arbeitslosen und moralisch geschädigten Überlebenden stark zugenommen. Die Behörden erwarteten eine Explosion der Kriminalität. Die Verbrecher bedienten sich der modernen Transport- und Kommunikationsmittel, tödliche Gewalt war an der Tagesordnung, und gegen all das hatte die Polizei nicht viel Neues aufzubieten.

In Lyon hatte Dr. Edmond Locard, einer der Väter der Kriminaltechnik, das erste Polizeilabor gegründet, und seine Ideen wurden auch bald in anderen Ländern übernommen. Der Ruhm des Laboratoire de la Police Scientifique war bis nach Lüttich gedrungen, und Locards Fingerabdruckverfahren hatte die früheren Karteien der neunzig verschiedenen Formen des menschlichen Ohrs ersetzt, die sein Vorgänger, Professor Lacassagne, klassifiziert hatte. In Lüttich wurden die Vorlesungen über Kriminaltechnik von einem Polizeichirurgen namens Dr. Stockiste abgehalten, dessen erstes Thema die *«dactyloscopie»* war, das Fingerabdruckverfahren mit seinen drei erstaunlichen Charakteristika: Fingerabdrücke können registriert werden, sie sind bei jedem Menschen anders, und sie bleiben von der Geburt bis zur Verwesung des Fleisches unverändert. In Belgien hatte man gerade damit begonnen, eine systematische Sammlung von Fingerabdrücken anzulegen, von denen die Polizei fünfzigtausend

Stück besaß. In Paris waren es bereits vier Millionen. Allerdings waren manche mit der neuen Technik noch nicht vertraut: Verbrecher, die immer noch ohne Handschuhe arbeiteten, und Polizisten, die es noch nicht gewohnt waren, die Suche nach Fingerabdrücken mit der nötigen Vorsicht durchzuführen. Dieses letztere Problem erwähnte Simenon in einem der beiden Artikel, die er für die *Gazette* über die *«police scientifique»* schrieb.

Für Simenon müssen diese Vorlesungen ein beeindruckendes Erlebnis gewesen sein. Sie sind der einzige Beweis dafür, daß er je die Gebäude der Lütticher Universität betreten hat, jener Institution, an der er zweifellos studiert hätte, wenn seine Eltern in der Lage gewesen wären, das Geld dafür aufzubringen, und wenn sein Vater nicht erkrankt wäre. An dieser Universität studierten übrigens auch einige seiner Vettern Brüll – für sie war es das Tor zu beruflichem Ansehen und Wohlstand, für ihn das Symbol all dessen, was er seit Ausbruch des Krieges verloren hatte. Auch Maigret war nicht auf die Universität gegangen (wo er Medizin studiert hätte), und wie Simenon hatte der frühzeitige Tod seines Vaters ihn daran gehindert. Der Besuch der Vorlesungen über Kriminaltechnik gestattete es Simenon, zumindest für kurze Zeit, besser informiert zu sein als so mancher Polizeibeamter. Daß er in der Folge nie zugab, auch nur einen Teil seiner kriminalistischen Kenntnisse an einer Universität erworben zu haben, deutet auf eine Mischung aus Ressentiment, Ausschließungsgefühlen und Stolz auf seine eigene Leistung hin, die gewiß nicht wenig zu seinem späteren Erfolg beigetragen hat.

Als er bei der *Gazette de Liège* begann, verdiente er fünfundvierzig Francs im Monat. Dieser Betrag wurde nach Maßgabe seiner wachsenden Verantwortlichkeit ständig erhöht. Es ist nicht überraschend, daß Simenon sich nicht an die genauen Zahlen erinnern konnte, als man ihn viele Jahre später danach fragte. Er erinnerte sich jedoch an die Gesamtsumme in seiner ersten Lohntüte, und er entsann sich auch, gegen Ende des ersten Jahres hundertachtzig Francs im Monat verdient zu haben, das gleiche wie sein Vater. Anderswo jedoch behauptete er, bereits gegen Ende seines dritten Monats ein Gehalt von zweihundertfünfzig

Francs im Monat bezogen zu haben. Bei anderen Gelegenheiten beteuerte er hingegen, die Journalisten der *Gazette de Liège* seien immer die am schlechtesten bezahlten der Stadt gewesen. Es kam ganz darauf an, von was er welchen Gesprächspartner gerade überzeugen wollte. Jedenfalls gestattete ihm das Geld, sich zum erstenmal in seinem Leben auf eigene Kosten einzukleiden, wenn er sich auch noch keine Maßanzüge leisten konnte, sondern nur Konfektionsware, die an den Schaufensterpuppen immer besser aussahen als an ihm. Reich machte ihn sein neues Gehalt freilich nicht. Trotz der Tatsache, daß er über mehr Geld als je zuvor verfügte, hatte er immer schon alles ausgegeben und mußte vor Monatsende zum Buchhalter gehen und ihn um einen Vorschuß bitten. War auch diese Quelle erschöpft, konnte er immer noch ins Büro seines Vaters gehen – zu Fuß waren es fünfzehn Minuten bis zur Rue Sohet – und ihn um ein kleines Darlehen bitten, das er dann auch stets bekam. Man kann ermessen, in welchem Grade Simenon das Leben genoß, wenn man bedenkt, daß der kranke Désiré mit dem gleichen Gehalt für den Unterhalt seiner Familie aufkommen, Christians Schulgeld bezahlen und Georges Geld leihen konnte, während bei letzterem der Lohn nicht einmal für die Monatsausgaben reichte.

Die erste seiner Vergnügungen war der Alkohol, und Simenons erstes Gewohnheitsgetränk war englisches Bier. Mit einem Angestellten der *Gazette* pflegte er das Gebäude gegen siebzehn Uhr zu verlassen. Die beiden gingen in ein Café in der Nähe und bestellten drei kleine Flaschen Bier: ein *pale ale*, ein *light ale* und ein Guinness. Das teilten sie sich, mischten es je nach Geschmack und redeten während etwa einer Stunde über Belangloses. «Er war nicht gerade schrecklich intelligent, dafür aber ein guter Gesellschafter», sagte Simenon später über seinen ersten Trinkgenossen. Am Abend ging es dann mit anderen Freunden weiter in einem Varieté oder einem Nachtlokal, und Georges verfiel bald in die Gewohnheit, nicht zum Abendessen nach Hause zu gehen, weil er, wie er sagte, noch für die Zeitung arbeiten müsse – was er manchmal auch tat. Einmal, als er über einen Vortrag des Jesuitenpaters Rénus berichten sollte, einen Vortrag, den er schon gehört hatte, schrieb er seinen Artikel aus dem Gedächtnis und verbrachte den Abend mit einem Mädchen. Doch leider war der Vortrag abgesagt worden, und er blickte ziemlich betroffen drein, als er am nächsten Morgen zur Arbeit kam und Pater Rénus im Vorzimmer der Redaktion begegnete. Eins der Lieblingslokale Simenons hieß «L'Ane Rouge», ein Ort, an den er sich gern erinnerte wegen der freundlichen Mädchen «mit nackten Schultern, die ihre Röcke schürzten, um ihre Strümpfe hochzuziehen». Der Junge, der einst soviel Interessantes und Amüsantes auf den Straßen entdeckt hatte, suchte weiterhin nach Abenteuern auf denselben Straßen, aber zu einer späteren Stunde. Er hatte noch immer nicht die Regeln des Trinkens gelernt. Schon mehrmals hatte er sich erbrochen, entweder über seine Kleider oder daheim im Bett. Manchmal übergab er sich zur Abwechslung auf den Dielenfußboden. Bei alldem reagierte seine Mutter, wie es vorauszusehen war, während sein Vater ihn weiterhin deckte. Oft, wenn er spät nach Hause kam, fand er einen Zettel auf dem Küchentisch: «In der Speisekammer ist noch etwas Schinken und im Schrank eine Scheibe Apfelkuchen. Gute Nacht, Vater.» Darauf beschränkten sich die Vorwürfe seines geliebten Vaters. Bei einer Gelegenheit, die er nachher bitter bereute, sah Georges, als er auf dem Weg zur Arbeit an einem Bordell am Boulevard de la Constitution vorüberging, eine prächtige Negerin am Fenster des Salons, wo sonst immer eine andere Frau zu sitzen pflegte. Von dem dringlichen Wunsch gepackt, mit der Negerin zu schlafen, jedoch ohne Geld in der Tasche, bezahlte er mit einer Uhr, die sein Vater ihm kurz zuvor geschenkt hatte. Vielleicht war es das einzige Mal, daß er bedauerte, für eine *passe* bezahlt zu haben. Es handelte sich um eine silberne Uhr mit eingraviertem belgischem Wappen, die sein Vater auf einem Scharfschützenwettbewerb gewonnen hatte. Simenon verzieh sich nie, sie weggegeben zu haben.

Bei einer anderen Gelegenheit kostete ihn die Trunkenheit beinah seine Stellung. Die *Gazette* hatte ihn als Berichterstatter zu einem offiziellen Festessen geschickt, wo er mit einigen älteren Kollegen von *La Meuse* und *Le Journal de Liège* am Pressetisch saß.

Von den Reden gelangweilt, ermutigten sie ihren jungen Gefährten zum Trinken. Als er das richtige Stadium der Berauschtheit erreicht hatte, flüsterte einer von ihnen, ein gewisser Ferdinand Deblauwe, ihm zu: «Wirklich stinklangweilig, findest du nicht? So eine Bande alter Trottel! Warum sagst du es ihnen nicht?» Sofort war Simenon aufgesprungen und brüllte: «Mein Gott, ist das langweilig! Ihr seid eine alte Trottelbande!» Augenblicke später war er draußen auf der Straße, flankiert von seinem hilfreichen Kollegen Deblauwe. Sie traten in ein Theater, wo gerade eine Vorstellung lief. Den Künstlereingang benutzend, torkelte Simenon hinter die Kulissen und begann die Tänzerinnen zu kitzeln. Dann schrie er: «Das ist die, die ich will!» und folgte einem Revuegirl mitten in der Vorstellung auf die Bühne. Nachdem er auch aus dem Theater hinausgeworfen worden war, fand er irgendwie den Weg zurück zu den Büros der *Gazette*, wo er sich ausgerechnet in dem Augenblick, da Monsieur Demarteau ankam, auf dem Flur übergab. Der besorgte Chefredakteur bot ihm eine Tasse schwarzen Kaffee an, worauf Simenon ihn beschimpfte und, wie er es in *Les trois crimes de mes amis* erzählte, zuerst ein Schwein *(un cochon)* nannte, dann den Kaffee auf den Boden schüttete und Demarteau anschrie, er sei «ein übertünchtes Grab mit einer Erdbeernase». Darauf legte er sich hin und schlief fest ein.

Am nächsten Tag, als Simenon sich im Büro meldete, erinnerte er sich nicht mehr an das, was er angestellt hatte, wurde jedoch das Gefühl nicht los, daß er Ärger haben würde. «Nun, mein kleiner Sim», sagte Demarteau, «Sie wissen doch wohl, was Ihr gestriges Benehmen bedeutet?» Simenon antwortete, er nehme an, daß man ihn feuern werde, und fügte dann, um dem Vorfall möglichst viel Spaß abzugewinnen, hinzu, da er sich überhaupt nicht mehr an den Abend erinnern könne und nur noch wisse, daß er eine Revuetänzerin während der Vorstellung bis auf die Bühne verfolgt habe, wäre er dankbar, wenn Monsieur Demarteau seinem Gedächtnis aufhelfen wolle. «Sie kleiner Heuchler!» fuhr Demarteau ihn an. «Und wie steht es mit dieser ekelhaften Erdbeere, die mir mitten im Gesicht sitzt? Ich verlange Ihre

Kündigung.» Doch nachdem Simenon sie ausgesprochen hatte, gab Demarteau nach. «Nun gut», sagte er, «wir werden es noch einmal versuchen. Aber keine Festessen mehr. Dafür sind Sie noch ein wenig zu jung.»

Jetzt war «M. le Coq» ein anerkanntes Mitglied jener bunten Gruppe von Reportern, deren Betragen er anläßlich eines großen Schwurgerichtsprozesses im Juni 1921 folgendermaßen beschrieb:

> «Hier sind die Journalisten genauso wie überall sonst, das heißt, sie fühlen sich wie zu Hause. Schon wenn sie nacheinander ankommen, verursachen sie ein großes Durcheinander. Sie betreten den Saal stets durch die Tür der Anwälte, begrüßen freundlich den diensthabenden Polizisten, werfen einen Blick auf die Publikumsbänke, drücken dem Hauptverteidiger herzlich die Hand und begeben sich schließlich auf die Pressebank. Dort drehen sie dem Richter den Rücken zu, begrüßen ihre Kollegen und tauschen die letzten Neuigkeiten aus, bevor sie im Gerichtssaal ihre Hüte und Mäntel ablegen [...] Sie bilden einen kleinen geschlossenen Kreis und fühlen sich darin sehr wohl. Da sitzen sie, spitzen ihre Bleistifte, essen Schokolade, witzeln miteinander, bis der Prozeß plötzlich eine interessante Wendung nimmt, und dann kritzeln sie eifrig [...] Ständig von Durst geplagt und weniger ehrerbietig gegenüber dem Gericht als die Geschworenen, legen sie oft zwischen den Urteilssprüchen Pausen ein und trinken aus mitgebrachten Flaschen direkt vor der Nase des Richters.»

Allerdings war Simenons Reporterdasein nicht immer so unseriös. Die *Gazette de Liège* erhielt von ihm auch ernsthafte Beiträge. Er interviewte den damaligen japanischen Kronprinzen, den späteren Kaiser Hirohito, und dann kam der stolzeste Augenblick seiner Reporterkarriere, das einzige Mal, daß er in Lüttich behaupten konnte, einen Knüller gelandet zu haben. Eines frühen Morgens im März 1920, gerade ein Jahr nachdem er für die Zeitung zu schreiben begonnen hatte, rief Monsieur Demarteau ihn als den einzigen verfügbaren Reporter an, um ihm zu sagen, Marschall Foch sei in Brüssel und vielleicht auf dem Weg nach Lüttich. «Fahren Sie sofort nach Brüssel und interviewen Sie ihn», befahl der Chefredakteur. In Simenons Erinnerung war Marschall Foch zu dieser Zeit für ihn nur eine Reiterstatue aus Bronze. «Aber was soll ich ihm für Fragen stellen?» wollte er wissen. «Fragen Sie ihn, ob er nach Warschau reisen wird», sagte Demarteau. Zweck dieser Frage war, was Simenon allerdings nicht wußte, herauszufinden, ob Frankreich der polnischen Regierung Hilfe anbieten würde oder nicht, zumal Polen bereits Gebiete an die neu gebildete Sowjetarmee verloren hatte und von einer russischen Invasion bedroht war. Tatsächlich wurde dann auch drei Monate später ein französisch-polnischer Bündnisvertrag abgeschlossen. Wie Jean-Christophe Camus bemerkt hat, gibt es zwei völlig verschiedene Berichte über dieses Interview mit Marschall Foch, und beide sind von Simenon.

In der ersten Version, die am 9. März 1920 in der *Gazette de Liège* veröffentlicht wurde, erzählte der unverzagte siebzehnjährige Reporter, wie er sich auf dem Bahnsteig bei der Ankunft des Sonderzugs durch die Reihen der wartenden Würdenträger gedrängt hatte und es ihm gelungen war, dem «Sieger der Marneschlacht» trotz der wütenden Gestikulationen des Bahnhofsvorstehers die Hand zu schütteln, ihn bis zu seinem Wagen zu begleiten und ihn zu fragen, ob er nach Warschau zu reisen beabsichtige, worauf er eine sehr weitschweifige Antwort erhielt. «Ich habe in der Tat beschlossen, nach Warschau zu fahren», sagte Foch zu Simenon. «Habe ich nicht eine Verpflichtung der polnischen Armee gegenüber, der einzigen alliierten Streitmacht, der ich noch nicht meinen Respekt gezollt habe. Über das Datum meiner Reise bin ich mir noch nicht ganz sicher.» Und so weiter.

Doch in *La main dans la main* schrieb Simenon 1987, es sei ihm auf dem Bahnhof nicht möglich gewesen, in die Nähe des Marschalls zu gelangen. Daher habe er gewartet, bis der Zug sich wieder in Bewegung setzte, sei den Bahnsteig entlanggerannt und auf das Trittbrett des für den Marschall reservierten Wagens gesprungen. Ein Adjutant habe ihn durchs Fenster gesehen, und als der Zug immer schneller gefahren sei, habe er Mitleid mit ihm gehabt und ihn eingelassen. Schließlich seien ihm «zwei Minuten» bewilligt worden, um den Marschall zu interviewen.

«Er musterte mich von Kopf bis Fuß. Sein Gesicht war so ausdruckslos wie auf seinen Fotos und seinen Standbildern. ‹Was wollen Sie?› [...] Ich stammelte die Frage meines Chefredakteurs. ‹*Monsieur le Maréchal*, werden Sie nach Warschau reisen?› Und nach einem Augenblick des Zögerns antwortete er mit einem einsilbigen ‹Ja›. Als ich nach Lüttich zurückkehrte, war ich nicht besonders stolz auf mich [...] Ich war überrascht von Monsieur Demarteaus Begeisterung; er sagte: ‹Das ist eine Sensation.› [...] Damals wußte ich es noch nicht, aber es war das erste Zeichen für Frankreichs bedingungslose Unterstützung Polens, der Ursprung der Redensart ‹für Danzig sterben› und der Beginn des Krieges von 1939.»

Fragte man den Biographen, welche dieser beiden Versionen die richtige sei, könnte die Antwort sehr gut «Keine» lauten. Das Problem mit der ersten liegt darin, daß das Zitat offensichtlich frei erfunden ist. Niemand würde so ausführlich auf eine unerwartete Frage antworten, die ein unbekannter Reporter auf dem Bahnsteig stellt. Eine Antwort dieser Art erteilt man eher bei einem offiziellen Anlaß, etwa einer Pressekonferenz; wenn jedoch eine solche stattgefunden hätte, wäre die Exklusivität der Veröffentlichung naturgemäß nicht der *Gazette* vorbehalten geblieben. Vermutlich wurde das Zitat von Monsieur Demarteau in seinem Büro erfunden. Doch wenn schon das Zitat nicht wahr klingt, so sind zumindest die zu seiner Beschaffung angewandten Mittel weniger unwahrscheinlich als die der zweiten Version. Auf fahrende Züge zu springen, um persönliche Gespräche mit großen Männern führen zu können, das gehört in den Bereich der Fiktion. Wenn *«le petit Sim»* tatsächlich ein solches Abenteuer überlebt hat und mit seinem einsilbigen Ja heimgekehrt ist, warum hat er es dann in seinem folgenden Bericht nicht erwähnt? Es wäre doch viel eindrucksvoller gewesen als der Umstand, einem Bahnhofsvorsteher Trotz geboten zu haben. Es gibt selbstverständlich noch eine dritte Möglichkeit, nämlich die, daß die Frage nie an den Marschall gestellt wurde, weil Simenon nicht in der Lage war, in seine Nähe zu gelangen, und weil er, schlauerweise die interessantere Antwort vorausahnend, diese pflichtgemäß mitlieferte. Wäre der junge Mann fähig gewesen, ein Interview mit Marschall Foch zu erfinden? Darauf können wir nur mit einem klaren «Ja» antworten. Es mag ungerecht sein, an Simenons Knüller, seinem sensationellen Gespräch mit Marschall Foch, herumzumäkeln, doch die sich widersprechenden Berichte laden zu Spekulationen geradezu ein.

Im folgenden Monat nahm Simenon, wie Jean-Christophe Camus entdeckt hat, die Gelegenheit wahr, sich über seinen eigenen «Knüller» lustig zu machen. So schrieb er in seiner Kolumne *«Hors du Poulailler»*:

> «Es scheint heutzutage der einzige Ehrgeiz vieler Journalisten zu sein, ein Interview mit irgendeiner betagten Persönlichkeit zu ergattern. Was die sogenannte Persönlichkeit zu sagen hat, ist von verhältnismäßig geringer Bedeutung. Hauptsache, sie sagt etwas [...] selbst wenn es nur ein Satz ist [...] Persönlichkeiten und Interviewer müssen etwas finden, was sie mit sich selber anfangen können.»

Einige Monate zuvor, im November 1919, war der erst sechzehnjährige «Sim» bereits nach zehn Monaten Arbeit bei der Zeitung für eine heikle Aufgabe ausgewählt worden. Die ersten Parlamentswahlen nach dem Krieg standen vor der Tür, und daraus ergab sich die Notwendigkeit, den von der *Gazette* unterstützten Kandidaten den Lesern vorzustellen. Er hieß Jules de Géradon und war sowohl Mitglied der klerikalen Partei als auch einer der Hauptaktionäre der *Gazette*. Doch er hatte keine politische Erfahrung, und es fehlte ihm an rednerischem Talent. Wenn er also gewählt werden sollte, brauchte er Hilfe. Simenon erklärte später, er sei für die Wahlkampagne der *Gazette* verantwortlich gewesen; es gibt jedoch nur einen veröffentlichten Artikel, in dem «Sim» behauptet, de Géradon am Ufer eines Kanals beim Angeln interviewt zu haben. Dank Nachfragen im Rathaus, einer seiner bevorzugten Ermittlungsmethoden, hatte Simenon herausgefunden, daß der Anglerklub der größte private Verein der Stadt war. Sein «Interview», das er völlig frei erfunden hatte, war nur ein möglicherweise erfolgreicher Versuch, die Stimmen der Angler zu gewinnen. Simenon beschrieb den Kandidaten und sich selbst als leidenschaftliche Angler und zeichnete das Porträt eines Mannes, den die Bewegungen seines Schwimmkorkens so faszinierten, daß er sich lediglich dazu bereit fand, die Hauptpunkte seines Programms zu wiederholen. Es war im Grunde eine frühe, jedoch raffinierte Form der Image-Gestaltung. Kurz danach erhielt Simenon ein Angebot der Konkurrenzzeitung *La Wallonie Socialiste*, in die Redaktion einzutreten, mit dem Versprechen, er könne, wenn er zwanzig sei, zum sozialistischen Kandidaten bei den Gemeinderats- und später bei den Parlamentswahlen ernannt werden. Obwohl er nie ernsthaft in Versuchung geriet, gestand er später, eine Weile darüber nachgedacht zu haben, ehe er den Vorschlag ablehnte. Gewiß hatten seine Bemühungen um Jules de Géradon ihre Wirkung getan, denn der klerikale Kandidat wurde tatsächlich gewählt, möglicherweise gefeiert von einigen tausend dankbaren Anglern, und 1922 wurde er Vorsitzender des Aufsichtsrates der *Gazette de Liège*.

Im Juli 1919 war Simenon Zeuge, wie eine Menschenmenge einen Hotelier zu lynchen versuchte. Ausgelöst wurde der Vorfall durch die Entlassung eines Kellners, eines ehemaligen Soldaten, der im Hotel Schiller die Gäste beschwindelt hatte. Später an diesem Tag kehrte er ins Hotel zurück, um dem *patron* gehörig die Meinung zu sagen. Der Sohn des Besitzers, der seinen Vater verteidigte, schlug den Kellner übel zusammen, und einige Soldaten, die an der Bar tranken, setzten es sich in den Kopf, daß hier ein Kriegsverwundeter von einem Zivilisten angegriffen werde. Sie fingen an, die Hoteleinrichtung zu demolieren. Es kam zu einem Straßenkrawall, Vater und Sohn eröffneten das Feuer auf die Menge, die Gendarmerie wurde gerufen, und eine Schießerei brach zwischen den Gesetzeshütern und den belagerten Hoteliers aus. Ferdinand Deblauwe, der bereits erwähnte Reporterkollege Simenons, bekam eine Kugel ab, das Hotel wurde geplündert und in Brand gesetzt, man rief die Feuerwehr und dann die Armee. Der Vater wurde schließlich außer Gefecht gesetzt und verhaftet, doch der Sohn war im Gebäude verschwunden, und der Pöbel jagte ihm nach. Der Aufruhr, der am frühen Nachmittag begonnen hatte, dauerte bis zum Abend an. Endlich erblickte die Menge den gehetzten Mann auf dem Dach eines Nachbarhauses, als er durch ein Lukenfenster zu flüchten versuchte. Während die Menge «Tötet ihn! Tötet ihn!» brüllte, kletterte ein Gendarm über das schräge Dach und redete dem Sohn des Hoteliers zu, sich gefangennehmen und in Sicherheit bringen zu lassen. 1963 äußerte Simenon gegenüber Roger Stephane, der Vorfall habe eine der unangenehmen Begleiterscheinungen von Kriegen deutlich gemacht: daß alle besiegten Länder eine Entschuldigung brauchen und deshalb, wenn sie einmal befreit sind, so besessen nach Verrätern jagen.

Allerdings zeigte er als junger Mann weniger tolerante Ansichten. Im April 1921 begann das Hauptverfahren gegen Lüttichs Kriegskollaborateure vor dem Schwurgericht, und Simenon berichtete darüber in der *Gazette*. Der Angeklagte hieß Douhard, und er wurde beschuldigt, den deutschen Streitkräften geholfen zu haben, Mitglieder des belgischen Widerstands aufzuspüren und zusammenzutreiben. Die Deutschen hatten ihm Polizeivollmacht übertragen, und er war so weit gegangen, daß er gefangene Widerständler ohne Gerichtsverfahren hinrichten ließ. Die Tatsache, daß Hunderte anderer Belgier bereit gewesen waren, ihm bei seiner Tätigkeit zu helfen, Leute, die die Seite gewechselt und sich rechtzeitig vor der deutschen Niederlage den Siegern zur Verfügung gestellt hatten, wurde während des Prozesses vertuscht, so daß Douhard als abschreckendes Einzelbeispiel für Verrat erschien und nicht als Extremfall der damaligen Neigung, sich bei der Besatzungsmacht anzubiedern. Für Belgien im Jahr 1921 war Douhard einer der übelsten Bösewichter; am lautesten beschuldigten ihn einige jener Männer, die nun eilends ihre früheren Meinungen unter der neuen Rechtgläubigkeit versteckten.

Doch dieser Aspekt der Sache entging dem normalerweise scharfsinnigen Simenon, dessen Mutter bekanntlich deutsche Untermieter aufgenommen hatte. Jedenfalls ist in seinem Prozeßbericht kein Zeichen einer Absicht zu erkennen, vom Geschmack der herrschenden Volksmeinung abzuweichen. Vielleicht fand er den Blutdurst des Pöbels zu überwältigend, um ihm zu widerstehen. Am Tag der Verkündung des Todesurteils amüsierte sich «M. le Coq» auf Kosten des Schuldiggesprochenen und schlug einen landesweiten Wettbewerb für die Fabrikanten von Insektenvertilgungsmitteln vor.

«Jeder von ihnen sollte sein Produkt an besagtem Douhard erproben. Zweifelsohne wäre das Pulver, das ihn zu vertilgen vermag, ein außergewöhnlich wirksames Insektizid [...] Dieser Wettbewerb würde zumindest gewährleisten, daß Douhard noch zu irgend etwas nütze ist.»

Das war allerdings einige Jahre bevor Simenon sich das Motto *«comprendre et ne pas juger»* («verstehen und nicht verurteilen») zu eigen machte.

Fünf Tage nach dem Douhard-Prozeß erschien der erste einer Reihe von siebzehn Artikeln über ein anderes vaterländisches Thema. Er trug den Titel *«Le péril juif»* («Die jüdische Gefahr»). Wie Jean-Christophe Camus unterstrichen hat, war es in gewissem Sinne die längste Artikelserie, die Simenon im Lauf seiner vier Jahre bei der *Gazette de Liège* einem Thema widmete. Die Texte entsprachen der typischen Haltung des intellektuellen Antisemitismus jener Zeit, des *«antisémitisme de l'esprit»*, wie er in Frankreich genannt wurde, im Gegensatz zum vulgären *«antisémitisme de peau»*. Unter Anführung der damals als maßgebend geltenden Quellen, einschließlich der gefälschten *Protokolle der Weisen von Zion*, identifizierte Simenon das Judentum mit den verschiedenen materialistischen Entwicklungen der zeitgenössischen Zivilisation und insbesondere mit dem Bolschewismus, was er mit dem Hinweis auf die hohe Anzahl der Sowjetkommissare und der deutschen Revolutionäre jüdischer Herkunft bekräftigte.

Er machte einen Unterschied zwischen den Deutschen und den deutschen Juden, weil letztere mit ihrem Patriotismus nur wirtschaftliche Ziele verfolgten, und fügte hinzu: «Die langsame politische Reaktion, die heute das Deutsche Reich erfaßt, ist von einer starken antisemitischen Strömung begleitet.»

1985 schrieb Camus an Simenon und bat ihn um eine Erklärung seiner in *«Le péril juif»* geäußerten Ansichten; er erhielt darauf folgende Antwort:

> «Diese Artikel entsprechen in keiner Weise meinen damaligen wie meinen jetzigen Meinungen. Ich hatte Anweisung, sie zu schreiben, und ich hatte keine Wahl. Zu jener Zeit waren von den russischen und polnischen Untermietern im Haus meiner Mutter mehr als die Hälfte jüdisch, und ich bin bestens mit ihnen ausgekommen. Mein ganzes Leben lang habe ich jüdische Freunde gehabt, unter ihnen den allerbesten, Pierre Lazareff. Deshalb bin ich nicht im geringsten antisemitisch, entgegen dem, was ein Leser dieser auf Bestellung geschriebenen Artikel glauben mag.»

Als politisch engagierte, rechtsorientierte und ultrakatholische Zeitung bezeichnete die *Gazette* die Juden als *«déicides»* («Gottesmörder») und betrachtete den Antisemitismus als eine ehrenhafte intellektuelle Haltung. Es dauerte nicht lange, bis Simenon in seinen schriftlichen Äußerungen auf unmißverständliche Weise spontanes und tiefes Mitgefühl für das Schicksal der europäischen Juden offenbarte, nicht etwa nur für die gutsituierten französischen und belgischen Juden, sondern für jüdische Flüchtlinge, deren Notlage zur Ausweisung oder zur Internierung führte. Zu der Zeit, als er *«Le péril juif»* schrieb, war er ein politisch unerfahrener und intellektuell naiver junger Mann, der die antisemitischen Ansichten seiner Arbeitgeber kritiklos übernahm und imstande war, pränazistische Theorien mit Geist und Überzeugung nachzuplappern.

«Sims» journalistischer Ruf in Lüttich beruhte auf seiner Kolumne *«Hors du Poulailler»*. Doch trotz seiner Unbeschwertheit sorgte sich Simenon zuweilen um seine Fähigkeit, eine Kolumne zu schreiben, und verglich seine Arbeit insgeheim mit der seines älteren Freundes Georges Rémy:

> «Er war sechs oder acht Jahre älter als ich, hatte die Sekundarschule mit dem klassischen ‹Bac› abgeschlossen, dann Philosophie studiert und einen akademischen Grad erlangt. Wir beide schrieben täglich einen Artikel. Seiner war zweifellos besser geschrieben als der meinige, gespickt mit intellektuellen Feinheiten, ausgeschmückt mit lateinischen und griechischen Zitaten und Bezugnahmen auf historische Persönlichkeiten, von denen ich nie gehört hatte und über die etwas herauszufinden ich sehr viel Zeit brauchte.»

Diesen Mangel an Selbstsicherheit ließ er sich allerdings in der Öffentlichkeit nie anmerken, zumal er sich von Anfang an eines ungewöhnlich ausgeklügelten Stils bediente. Einen Monat nachdem seine Kolumne zum erstenmal erschienen war, fühlte er sich bereits zuversichtlich genug, um zu schreiben: «Es versteht sich naturgemäß von selbst, nicht wahr, meine lieben Leser, daß wir in dieser Ecke diskret miteinander reden können.» Die Kolumne zeigte eine kräftig reaktionäre Tendenz. «Sim» griff den US-amerikanischen Einfluß auf die Filmkunst an – «Von Charlie Chaplin bis zu Douglas Fairbanks versuchen diese Typen uns beizubringen, wie Bürger der Neuen Welt zu denken und zu leben» – und machte sich über die Verbreitung des Telefons lustig, klagte über die Häufigkeit falscher Verbindungen und die Tatsache, daß die Gläubiger es jetzt viel leichter hätten, ihren Schuldnern nachzustellen. Doch ziemlich früh ließ Simenon auch erkennen, daß ihn seine Arbeit zu langweilen begann. Im November 1920, weniger als zwei Jahre nach seinem Debüt, verglich er die Arbeit eines Kolumnisten mit der «eines armen Teufels, der zu lebenslänglicher Zwangsarbeit verurteilt ist». 1920 hatte er immerhin 314 Kolumnen beigetragen, also eine für jeden Tag des Jahres, an dem die Zeitung erschienen war. Später äußerte er sich spöttisch über den Einfluß seiner Artikel, «ein paar in der Ecke einer Zeitung verlorene Zeilen, zwischen einer Reklame für ein Hautpflegemittel und einer dreizeiligen Nachrichtenmeldung». Doch bald fand er einen Weg, der Langeweile zu entkommen.

Ermutigt vom Erfolg seiner Kolumne *«Hors du Poulailler»*, entwickelte er den Ehrgeiz, ein humoristischer Schriftsteller zu werden. Seine ersten literarischen Versuche waren Kurzgeschichten, die im Mai 1920 in der *Gazette* erschienen. Drei von ihnen handelten von Vorfällen zwischen einem Ehemann und seiner herrschsüchtigen, zänkischen Frau. Sie waren seine ersten erfundenen Geschichten und auch der erste Beweis seiner Neigung, autobiographisches Material in seinen Erzählungen zu verwenden. Die Geschichte, die er am 24. Juni 1920 veröffentlichte, trug den Titel: «Ein Mann, der seine Frau umbrachte». Fast fünfzig Jahre später kehrte er in einem seiner letzten Romane zum selben Thema zurück. In einer anderen Geschichte erzählte er von einem imaginären Freund, der sich mit der Wiederverwertung von Kaugummi, den er von der Straße abkratzte, ein Vermögen verdiente.

Im Mai 1920 begann Simenon auch mit der Arbeit an seinem ersten Roman, den er im September beendete. Dieses ebenfalls humoristische Werk hieß *Au Pont des Arches* und erschien mit Illustrationen von vier Malerfreunden: Luc Lafnet, Jef Lambert, Joseph Coulon und Ernst Forguer. Das Buch hatte unter anderem eine Apotheke zum Schauplatz, die auf die Herstellung von Abführmitteln für Tauben spezialisiert war. Auf dem Weg zur Arbeit kam Simenon jeden Tag an diesem Laden, der Pharmacie Germain, vorbei. Sechs Monate lang suchte er nach einem Verleger für das Buch. Schließlich fand er einen Drucker, der sich bereit erklärte, die Aufgabe zu übernehmen, falls der siebzehnjährige Autor eine Liste von dreihundert Subskribenten zusammenstellen könne. *Au Pont des Arches* wurde mit Hilfe von Reklame an Anschlagbrettern verkauft, und Monsieur Demarteau, der zu den Subskribenten zählte, bemerkte mit seiner gewohnten Nachsicht, daß das Buch einen satirischen Angriff auf ihn enthielt.

Nach diesem erfolgreichen Erstling schrieb Simenon seinen zweiten Roman, *Jehan Pinaguet*, der, wie er später erklärte, sehr stark unter dem Einfluß von Rabelais stand. Doch diesmal brachte er es fertig, die Grenzen der Schicklichkeit zu überschreiten. Während er wieder nach einem Verleger suchte, zeigte er das Manuskript auch Demarteau, dem vielleicht schon Gerüchte über eine der handelnden Personen zu Ohren gekommen waren. Die Verlegersuche endete zwar erfolgreich, doch fand Demarteau, daß der Starjournalist der führenden katholischen Zeitung Lüttichs auf keinen Fall das in seinem Roman enthaltene Porträt eines wegen Ketzereiverdachts und Trunksucht entlassenen epikureischen Priesters veröffentlichen durfte, und das Buch wurde nie gedruckt. In *On dit que j'ai soixante-quinze ans* gibt Simenon das Gespräch wieder: «‹*Mon petit Sim*, Sie haben die Wahl. Entweder veröffentlichen Sie Ihr Buch und verlassen uns, oder Sie verzichten auf das Vorhaben und bleiben bei uns.› Da ich keinen anderen Beruf als den des Reporters kannte, verzichtete ich.» Eine der Szenen, die deshalb nie in die Literatur eingingen, war die Beschreibung eines Vorfalls, den Simenon in seiner Kindheit auf den Straßen der ärmeren Viertel Lüttichs gelegentlich miterlebt hatte: des heftigen Streits zweier Frauen.

> «Pinaguet genoß die Schau in vollen Zügen. Welch herrlich muskulöses Fleisch diese Marktfrau besaß. Durch einen offenen Schlitz in ihrem Kleid ließ sie zuweilen ihre schweißnassen Achselhöhlen sehen. Er war voller Bewunderung beim Anblick ihrer unter der Bluse wogenden schweren Brüste und ihrer im Licht der Sonne glänzenden weißen Zähne.»

Im Roman erscheint die Polizei noch rechtzeitig, um die Szene nicht in das ausarten zu lassen, was Simenon im wirklichen Leben beobachtet hatte, daß nämlich die beiden Streitenden, angefeuert von einer sensationslüsternen Menge, sich die Kleider vom Leib rissen und halbnackt aufeinander losgingen. Der Anblick einer halbnackten Marktfrau mußte den jungen Simenon um so stärker fasziniert haben, als er darin zwei Hauptinteressen seines Lebens vereint fand – Essen und Sex.

Auf *Jehan Pinaguet* folgte ein weiteres unveröffentlichtes und unvollendetes Werk, *Bouton de col*, das er in Zusammenarbeit mit seinem Freund H. J. (Henri) Moers schrieb und das eine Parodie auf die Detektivgeschichten à la Sherlock Holmes sein sollte. Simenons Detektiv, ebenfalls ein Engländer, hieß «Gom Gutt». Die Schreibmethode der beiden Verfasser bestand darin, das Manuskript abwechselnd zu verfassen, wobei jeder so viel tippen oder schreiben konnte, wie er wollte. Zwar machte diese chaotische Prozedur beiden einen Heidenspaß; ein Buch wurde jedoch nicht daraus. Als Simenon es viele Jahre später wiedergelesen hatte, fand er es so schlecht, daß er sagte, falls ihm je ein solches Manuskript mit der Post zugekommen wäre, hätte er dem Autor geraten, sich einen anderen Beruf zu wählen. Obgleich *Bouton de col* nie beendet wurde, bestätigte es Simenons Neigung zur Satire. Und es war auch der Ausgangspunkt zu etwas anderem. Zum erstenmal war der Held des Romans kein in Lüttich lebender junger Mann, sondern eine phantasievoll erdachte Person aus einer völlig imaginären Welt.

Im November 1920, kurz nachdem *Au Pont des Arches* beendet war, begann «Georges Sim» einer neuen Zeitschrift namens *Noss' Perron* von ihm signierte Artikel zuzusenden. Das Motto der Zeitschrift lautete: «Belgier zuerst, Wallonen auf immer», und Simenons Beiträge erschienen von der ersten Nummer an. In einem seiner frühen Artikel wies «Sim» eine in Lüttich wohnhafte Mutter zurecht, die eins ihrer Kinder versohlt hatte, weil es im wallonischen Dialekt und nicht in gutem Französisch redete. Er riet ihr dringlich, das Kind beide Sprachen lernen zu lassen. *Noss' Perron* war eine Zeitschrift, die sich für die wallonische Sache und den Ruhm Lüttichs einsetzte, und «Sim» bekannte sich voll und ganz zu seiner wallonischen Identität, indem er für sie schrieb. Doch ein Jahr später hatte er sich mit seinen Mitarbeitern entzweit, und an die Stelle der Freundschaft war bittere Feindseligkeit getreten. Im Juli 1921 hatte die belgische Regierung ein Gesetz erlassen, welches das Flämische als offizielle zweite Landessprache anerkannte und Belgien somit zweisprachig machte. Die frankophone Bevölkerung begrüßte diese Entwicklung nicht, und die wallonischen Aktivisten bezeichneten die Verfügung bald als «Von-Bissing-Gesetz», nach dem ehemaligen deutschen Generalgouverneur, der gleichfalls das Flämische begünstigt hatte. Der Streit war gewissermaßen eine weitere Folge der Besatzungszeit. *Noss' Perron* stand im Vorfeld des Kampfes gegen die Verbreitung der flämischen Sprache, doch in der *Gazette de Liège* schrieb «Sim» mehrere Artikel zugunsten der neuen Sprachenordnung. Das Ergebnis war sein Ausschluß aus dem Mitarbeiterstab von *Noss' Perron*. «Wir betrachteten Dich als einen von uns. Aber Dein Beitrag war nur befristet. Von jetzt an, ob es Dir paßt oder nicht, sind Dir die Seiten dieser Zeitschrift verschlossen», schrieb einer seiner ehemaligen Freunde. Er wurde noch einmal angegriffen, diesmal auf wallonisch. «Georges Sim könnt ihr vergessen. Er ist ein Selbstmordfall», bemerkte die Zeitschrift abschließend über ihren begabtesten Mitarbeiter. Simenon erwähnte dieses Urteil nie in seinen späteren Arbeiten, doch es ist anzunehmen, daß es ihn sehr verletzt hat. Er hatte sein flämisches Erbe verteidigt und dafür büßen müssen.

4

Der Tod eines Journalisten

> «Wir waren eine kleine Gruppe von Genies, die der Zufall zusammengebracht hatte.»
>
> Simenon, *Le pendu de Saint-Pholien*
> (1931)

Für seine Familie und seine Arbeitgeber war Simenon 1920 ein junger Zeitungskolumnist, der gerade angefangen hatte, Erzählungen und Romane zu schreiben. Es gab jedoch noch eine andere Seite in seinem Leben, an deren Bekanntwerden ihm weniger lag. Der Mann, der ihn dort einführte, war einer von jenen, denen er morgens im Polizeikommissariat begegnete, ein gewisser Henri Moers, Reporter bei der Zeitung *La Meuse*. In einem 1953 geschriebenen Artikel erinnerte sich Simenon daran:

«Dieser Sonntag [im Juni 1919] war vielleicht einer der wichtigsten Tage meiner Jugendzeit [...] Ich sehe mich noch, wie ich, die Hände in den Taschen meines Mantels vergraben, auf der Fußgängerbrücke die Maas überquere, dann an der Ecke Rue de la Régence und Rue de la Cathédrale links einbiege [...] Hätte Moers mich nicht an der Ecke der Rue Louvreux erwartet, hätte ich wohl nie den Mut aufgebracht, an der Tür des riesigen Privathauses zu klingeln, in dem Luc Lafnet mit seinen Eltern lebte [...] Lafnet stand im Mittelpunkt der Aufmerksamkeit eines jeden Ästheten, Schriftstellers und Dilettanten in Lüttich [...] Von diesem Tag an gehörte ich seiner Gruppe an, die sich ‹La Caque› nannte.»

«La Caque», ursprünglich «Le Cénacle», später «L'Aspic» genannt – die wechselnden Namen sind bezeichnend für die Entwicklung der Gruppe –, wurde zuerst von zwei kleineren Gruppen gebildet, die sich im «Ane-Rouge» zu treffen pflegten, einem Nachtlokal in der Rue sur-la-Fontaine. Es war nicht weit von der Académie des Beaux-Arts, nicht weit vom Zeitungsviertel und nicht weit von der Universität. «L'Ane-Rouge» war fast so etwas wie ein Montmartre für die Boheme, die Studenten und die jungen Künstler der Stadt, und Luc Lafnet wurde kraft seiner Leistungen und seiner Persönlichkeit zu ihrem Führer. Während andere erst zu arbeiten anfingen, hatte Lafnet bereits ein großes Haus voller Gemälde. Man widmete ihm Ausstellungen, die wahre Ausverkäufe waren, und zudem redete er ebenso überzeugend, wie er malte, da er ungewöhnlich belesen war. Unter dem Einfluß Lafnets begannen die beiden Gruppen «Les Rapins» (die Kleckser) und «Les Bohémiens» sich regelmäßig zu treffen. Zuerst kam man auf dem Dachboden eines Hauses in der Rue Basse-Sauvenière zusammen, das direkt zwischen «L'Ane Rouge» und der Académie des Beaux-Arts lag. Das war 1917. Die Zusammenkünfte waren zwanglos, folgten jedoch gewissen Regeln, wie Léon Koenig in seinem Werk *L'histoire de la peinture au pays de Liège* zu berichten weiß:

«Etwa um 1917 schien unter den jungen Leuten eine Art romantische Verzweiflung gegenüber den Ereignissen in Mode gekommen zu sein. Das war, als die Bruderschaft der Maler und Schriftsteller mit ihren Schlapphüten und ihren langen Krawatten aufkam. Sie versuchten ihre ‹überwältigende Erstarrung› mit endlosen Debatten über Ästhetik zu lösen oder mit Wanderungen durch die Wälder auf den Sart-Tilmann-Höhen (südlich der Stadt) oder mit psychischen Experimenten. Sie waren in der für diese unglückliche Zeit typischen Atmosphäre der Angst und der Verweigerung befangen.»

In *Au delà de ma porte-fenêtre* schrieb Simenon 1978:

«Worüber redeten wir die ganze Nacht hindurch so leidenschaftlich, als hinge das Schicksal der Welt davon ab? Über

Philosophie. Wir verschlangen die Werke der Philosophen. Ich erinnere mich, daß über den bekanntesten Satz des Sokrates, ‹Erkenne dich selbst›, eine ganze Nacht lang diskutiert wurde [...] Bei anderen Gelegenheiten brachte jeder einen Text oder einen Entwurf mit und reichte sie herum. Wir verglichen unsere Arbeiten mit denen Villons, Baudelaires oder Verlaines, Goyas oder Delacroix'.»

Als «Le Cénacle» zu «La Caque» degenerierte, benannt nach dem Heringsfaß, das so vollgestopft ist, daß nichts mehr hineinpaßt, degenerierten auch die Riten. Die Versammlungen fanden nun jenseits der Maas, in Outremeuse, statt, ebenfalls auf einem Dachboden, der über der Werkstatt eines Tischlers lag und über eine Passage und eine finstere Treppe zu erreichen war.

«Es gab kein elektrisches Licht, eine Öllampe erhellte die Szene, das einzige Mobiliar waren eine alte Matratze, ein oder zwei kaputte Stühle und ein wackliger Tisch. Jeder brachte eine Flasche Wein oder Schnaps, und irgend jemand steuerte noch ein bißchen trockenen Kuchen bei. Stundenlang diskutierten wir dann über die wesentlichen Fragen, Gott, die Philosophie, die Kunst [...] Leben und Tod und Michelangelo, Himmel und Hölle. Unsere Ansichten waren notgedrungen entweder düster oder verzweifelt [...]»

Später heißt es bei Simenon:

«Wir wandten uns dem *chiaroscuro* zu, Narrenkleid und Totenköpfen, um die Atmosphäre bedrohlicher zu machen, und wir tranken mehr, um sie wilder zu machen. Wir riefen Gott und den Satan auf ungezwungene Weise an, während wir ein Schaudern unterdrückten, und wir schliefen abwechselnd mit ‹Charlotte›, um uns davon zu überzeugen, daß der Liebesakt etwas Widerliches sei.»

Lafnet, das junge Genie, dessen Kopf ein Goya gezeichnet haben könnte, war in dieser Atmosphäre imstande, Zeilen wie die folgenden zu dichten:

> «Für dich sind diese Verse, Satan...
> Nun zeig mir deinen Hintern
> Und deine Hexerschenkel,
> Die Hexerschenkel, die bei Beelzebub liegen.
> Meine erotische Blasphemie sei eingesogen
> In den klebrigen Sumpf
> Ihrer steifen Glieder, und ich will
> Zu ihrem schlüpfrigen Rhythmus
> Das blaugrüne Sperma trinken.
> Also, Satan, zeig mir deinen Hintern.»

Das war 1919.

Um das Maß der Erregung und der Ausschweifung vollzumachen, fehlten eigentlich nur noch die Drogen auf dem Programm. Und auch das wurde mit der Hilfe eines Mannes möglich, den seine Bekannten im «Ane-Rouge» als den Fakir kannten. «Eines Tages», schrieb Simenon in seinen *Dictées*, «begegnete einer von uns einer Art Guru, den wir den Fakir nannten; er stammte aus ich weiß nicht welchem Land in Asien und steckte stets bis in die Augäpfel voller Morphium.» Laut Henri Moers fand diese Begegnung 1921 statt. Und laut Simenon in *Les trois crimes de mes amis* hatte Ferdinand Deblauwe ihn selber dem Fakir und dessen jungem Freund Joseph Kleine vorgestellt:

> «Der Fakir war fähig, die meisten von uns zu hypnotisieren, und er versetzte den jüngsten und schwächsten unter den Malern in einen Starrezustand. Es war kein Schwindel dabei. Wir legten unseren Freund Kleine mit dem Kopf auf den Rand eines Stuhls, während seine Hacken auf einem anderen ruhten. Sein über den leeren Zwischenraum ausgestreckter Körper war so steif, daß man darauf sitzen konnte.»

Der Fakir versorgte Kleine mit Kokain, und der kleine Maler, den die Armut zwang, sich seinen Lebensunterhalt als Anstreicher zu verdienen, wurde süchtig.

Abgesehen von der Poesie, dem Schnaps und den Drogen bot «La Caque» noch zwei weitere Vergnügungen. Die eine war natürlich Sex. Außer Charlotte gab es ein Mädchen namens Henriette, das mit den meisten jungen Männern der Gruppe schlief. (Simenon beklagte sich später, er habe seine Chancen bei ihr verpaßt, weil er spätabends für die *Gazette* arbeiten mußte.) Es gab zwar auch andere Mädchen, die zu der Gruppe gehörten, doch sie waren *«filles sérieuses»*, oft aus guten Familien, und es kam für sie nicht in Frage, sich gleichzeitig mit mehr als einem jungen Mann einzulassen, wie sehr sie auch die Anarchie, die Revolution und den Tod der Bourgeoisie herbeisehnen mochten. Eine von ihnen, Andrée Piéteur, die später den Maler Joseph Bonvoisin heiratete, ebenfalls Mitglied von «La Caque», erinnerte sich nach Simenons Tod an den Schriftsteller, wie er ihr damals erschienen war:

> «Wir waren [im Jahr 1920] beide siebzehn. Er war ein großer Junge mit blauen Augen und welligem Haar. Er hatte viel Charme [...] Ich ging mit Bonvoisin, aber Sim interessierte sich nicht für ernsthafte Mädchen. Er war nach etwas anderem aus. Im Grunde zog er Huren vor. In der Nähe der ‹Caque› gab es eine Gegend, in der sie arbeiteten, und wenn er von dort kam, erzählte er uns von seinen Abenteuern mit ihnen. Abends lasen wir uns immer eine Menge vor, Anatole France und Nietzsche. Dann redeten wir über das alles. Einige von uns waren pleite. Sie, mit ihren großen Hüten, ihren langen Pfeifen und ihren Ideen, waren die letzten Romantiker.»

Oder wie Simenon selbst es ausdrückte: «Wir waren eine Elite. Eine kleine Gruppe von Genies, die der Zufall zusammengebracht hatte.»

«La Caque» hatte ein Wahrzeichen, einen Skorpion, der sich selbst in den Schwanz beißt, was sowohl ein Symbol der Ewigkeit als auch ein Symbol des Selbstmordes sein kann. Und die Maler in der Gruppe hatten ein Thema, das fast zur Besessenheit wurde: den Gehenkten, der für gewöhnlich nicht am Galgen, sondern am Wasserspeier einer Kirche baumelt. Die früheste überlieferte Spur dieses Symbols ist ein erotisches und satanisches Gemälde von Luc Lafnet aus dem Jahr 1918, das den Titel «Das verwunschene Schloß» trägt. Es ist eigentlich ein Aquarell im Stil einer Illustration für ein mittelalterliches Märchen – doch nicht etwa für ein Märchen, das Henriette Simenon ihren Kindern vorgelesen hätte. Die zentrale Figur ist die Unschuld, ein wunderschönes junges Mädchen, das von einem Prinzen über einen Graben zum Tor einer ummauerten Stadt geführt wird. Diesem Paar schreitet der Tod voran, umgeben von Teufeln. Eine schwarze Katze folgt der Unschuld, vorbei an einer Ansammlung von Gebeinen, die in Wirklichkeit ein lebendes, von Schädeln umgebenes Gerippe ist. Der Prinz, an den sich das Mädchen so zutraulich schmiegt, hat einen Reptilienschwanz, der unter dem Saum seines Gewandes hervorschaut. Über der ganzen Szene hängt der Leib eines jungen Mannes an einem steinernen Wasserspeier.

Das Bild des Gehenkten beeindruckte einen anderen Maler aus dem Umfeld von «La Caque», Robert Crommelynck, so nachhaltig, daß er es in eine Sammlung aufnahm, die 1930 veröffentlicht wurde. Hier sind allerdings nur die Füße sichtbar, die mit einem Stück des Stricks vor einem gotischen Fenster mit Ausblick auf eine Flußlandschaft hängen. Das Bild heißt «Gestade». Im folgenden Jahr erschien das Bild wieder, diesmal auf dem Umschlag des zweiten Maigret-Romans, *Le pendu de Saint-Pholien*. Wieder hängt der Tote an einem Wasserspeier. In einem Selbstporträt aus dem Jahr 1919 variierte Lafnet das Thema, indem er eine Katze zeigte, die mit einem Strick um den Hals an einer Stange baumelt. Ein menschlicher Schädel, vielleicht sein eigener, glotzt von der Schulter des Künstlers. Simenon erwähnte die Kraft dieser Vision in *Le pendu de Saint-Pholien*:

«[Maigret] wurde von den Bildern verfolgt [...] von den Gehängten, die überall baumelten, am Kreuz der Kirche, an den Bäumen eines Waldes, an einem Nagel in einer Bodenkammer. Sie waren entweder grotesk oder unheimlich, purpurrot oder bleich, in Kleider aller möglichen Zeitalter gehüllt.»

Von Kleine hat, soweit bekannt, nur ein einziges Bild überlebt. Es zeigt keinen Gehenkten, sondern das Gesicht eines Bacchanten, der sich sehr wohl in Lafnets verwunschenem Schloß heimisch gefühlt haben könnte. Die Anwesenheit von «M. le Coq» bei diesen Versammlungen zeigt, daß der muntere Kolumnist eine zweite, weniger konventionelle Persönlichkeit zu entwickeln begonnen hatte.

Zu denen, die nur gelegentlich «La Caque» besuchten, gehörte auch Ferdinand Deblauwe, jener Journalist von *La Meuse*, der Simenon ermutigt hatte, einer Tänzerin bis auf die Bühne zu folgen, und der bei der Schießerei um das Hotel Schiller verletzt worden war. Eines Tages im Oktober 1920 erzählte er Simenon, er habe ihm etwas vorzuschlagen, was bestimmt lohnender sei, als in einer Dachkammer bei blödem Geschwätz und schlechtem Wein im Kerzenlicht herumzusitzen. Deblauwe stand im Begriff, eine satirische Zeitschrift herauszubringen. Ein wohlhabender Rumäne sollte sie finanzieren, und sie sollte unter dem Motto «Eine von Journalisten und nicht von Politikern oder Bankiers geschriebene Zeitung» erscheinen. «Sim» könne schreiben, was er wolle, ja er könne sogar die ganze Zeitung schreiben, wenn es ihm beliebe, denn er, Deblauwe, gedenke nichts zu schreiben. Simenon würde dafür das Doppelte dessen erhalten, was er bisher bei der *Gazette* verdient habe, und sein Name brauchte nicht im Impressum zu erscheinen.

Simenon war begeistert von dieser Chance, und er ergriff sofort die Gelegenheit, in der neuen Zeitschrift, die sie *Nanesse* nannten, einige Rechnungen zu begleichen, die er in der *Gazette* nicht hätte begleichen können. Einer der ersten, die er aufs Korn nahm, war Jules de Géradon, jener Großaktionär der *Gazette*, für dessen Wahl in die Abgeordnetenkammer er so viel getan hatte. «Bis zu den Wahlen», schrieb der anonyme Mitarbeiter von *Nanesse*, «genoß M. de Géradon die Vergnügen, die ihm sein Adelstitel, seine Tantiemen und sein Schmerbauch einbrachten. Dann beschloß er, zwei dieser Vergnügen, das erste und das dritte, seinen Mitbürgern zur Verfügung zu stellen. Was das zweite betrifft, so beabsichtigte er nur, es zu mehren.» Der Artikel enthielt noch einige Spötteleien über de Géradons Bemühungen, sich bei den Anglern beliebt zu machen, und schloß mit einer überaus freundlichen Bemerkung: «Alles in allem ist er durchaus kein schlechter Kerl, und er hat gewiß soviel Grips wie ein eingemachter Hering.»

Als Henriette Simenon die erste Nummer von *Nanesse* zu lesen bekam, soll sie gesagt haben: «Du solltest dich schämen, für so einen Wisch zu schreiben.» Doch die Zeitschrift erfreute sich eines sofortigen Erfolges in dieser Stadt, die ganz vergessen hatte, wie schön es sein kann, ein Skandalblatt zu haben und sich auf Kosten anderer zu amüsieren. *Nanesse* verschmähte es nicht, sich sowohl Freunde als auch Feinde zu machen. Als weitere Anzeichen der Mitarbeit «Sims» können das freundliche Porträt seines ersten Gönners gelten, des Bibliothekars und Dichters Joseph Vriendts, und ein Aufsatz, in dem – löbliche Ausnahme – die *Gazette de Liège* in Schutz genommen wird gegen die über sie verbreiteten Anschuldigungen, wonach die Direktion zu Beginn der Besetzung ihre Druckerei den Deutschen zur Verfügung gestellt habe, um das Erscheinen einer kollaborationistischen Zeitung zu ermöglichen. (In Wahrheit hatten die Deutschen die Druckerei und die Büros der *Gazette* beschlagnahmt, als diese ihr Erscheinen für die Dauer des Kriegs einstellte.) Indem «Sim» die *Gazette* gegen ihre Verleumder verteidigte, tat er es natürlich vor allem seinem Freund Demarteau, weniger dem neuen Aufsichtsratsvorsitzenden de Géradon zuliebe. Als er Jahre später bezüglich seiner Beiträge für *Nanesse* befragt wurde, behauptete Simenon zweimal, sich «nur vage» an diese Zeit zu erinnern. Während er für das Blatt schrieb und in Lüttich lebte, war seine Diskretion verständlich; alle späteren Diskretionen hingen wahrscheinlich damit zusammen, daß *Nanesse* sich ziemlich rasch zu einem «Erpresserblatt» entwickelte. Überdies zeichnete sich die Zeitschrift innerhalb der Presse in Europa, Nordamerika und anderwärts durch den ungewöhnlichen Umstand aus, daß zwei ihrer Chefredakteure später wegen Mordes verurteilt wurden.

Simenons Mitarbeit bei *Nanesse* dauerte nicht sehr lange. Es war wieder einmal Joseph Demarteau III., der dem Abenteuer ein Ende machte. Besorgt über die Angriffe auf de Géradon und die Tatsache, daß die Verbindung seines Starkolumnisten mit *Nanesse* allgemein bekannt wurde, veranlaßte er Simenon, seine Tätigkeit bei der Zeitschrift im November 1921 einzustellen. Um diese Zeit war der Rumäne verschwunden, und sein Geld war aufgebraucht. Er hatte die Zeitschrift gegründet, um eine Anzahl persönlicher Rechnungen zu begleichen. Um einen reichen Lütticher zu erpressen, hatte er einige anonyme Artikel mit Andeutungen über dessen Privatleben erscheinen lassen, war ausbezahlt worden, und nachdem er seine Investition hereingeholt und einen hübschen Gewinn erzielt hatte, war er außer Landes gegangen. Daraufhin hatte Deblauwe sein Amt als Herausgeber der Zeitschrift niedergelegt, und sein Nachfolger wurde Hyacinthe Danse, der während der Besatzungszeit bei den minderjährigen Prostituierten als «*vicieux*» so berüchtigte Buchhändler. Danse versuchte sein Glück mit demselben Trick wie der Rumäne. Und die Zeitschrift, die angetreten war, «die Augiasställe zu säubern», kam rasch in den Ruf, sie noch mehr zu verschmutzen. Beide Herausgeber waren recht bald gezwungen, das Land zu verlassen. Deblauwe gab den Journalismus auf und wurde Zuhälter. Er ging zuerst nach Paris und dann nach Spanien. Im Juli 1931, als sein Mädchen sich einem anderen Luden zuwandte, brachte Deblauwe seinen Rivalen in Paris um und floh nach Lüttich zurück. Deblauwe war ein Freund Simenons gewesen, nicht nur ein Kollege, und da sie beide aus Outremeuse kamen, waren sie oft gemeinsam zur Arbeit gegangen, zumal Simenons Weg an der Eisenwarenhandlung von Deblauwes' Eltern vorbeiführte. Die Freundschaft war offenbar schon zerbrochen, als Simenon Lüttich verließ, doch als Deblauwe schließlich verhaftet und 1933 in Paris vor Gericht gestellt wurde, verfolgte Simenon den Prozeß aufmerksam. Am 10. Oktober 1933 sprach das Schwurgericht des Departements Seine Ferdinand Paul Joseph Deblauwe des Mordes an dem Gigolo und Zuhälter Carlos de Tejada y Galbán schuldig und verurteilte ihn zu zwanzig Jahren Zwangsarbeit; «mildernde Umstände», das heißt Eifersucht, retteten ihn vor der Guillotine.

Nanesse ging 1925 ein, und 1926 wurde Danse wegen Erpressung und böswilliger Verleumdung zu zwei Jahren Haft verurteilt. Da er zur Zeit seines Prozesses auf der Flucht war, entging er dem Gefängnis. Um 1932 lebte er mit seiner Mätresse und seiner Mutter in Boullay-les-Trous, einem kleinen Dorf südlich von Paris, wo er sich unter dem Namen *«le Sage de Boullay»*, «der Weise von Boullay», als Experte für die schwarzen Künste ausgab. Hier ermordete er am 10. Mai 1933 seine Mutter und seine Mätresse. Als er sich nach vollbrachter Tat darüber klarzuwerden begann, daß man ihn bestimmt verhaften und köpfen werde, nahm er den Zug nach Lüttich, wo er am 12. Mai seinem ehemaligen Beichtvater aus dem Collège Saint-Servais, dem Jesuitenpater Hault, auflauerte und ihn ebenfalls umbrachte. Auf diese Weise erhoffte er sich, in Belgien vor Gericht gestellt zu werden, wo es keine Todesstrafe mehr gab. Und so geschah es auch. Er wurde im Dezember 1934 in Lüttich ordnungsgemäß wegen Mordes zum Tod verurteilt und dann zu lebenslänglichem Zuchthaus begnadigt, was bedeutete, daß man ihn zu seinen Lebzeiten nicht nach Frankreich ausliefern konnte.*

Diese beiden Menschen, sowohl Deblauwe als auch Danse, hätten beinahe eine entscheidende Rolle in Simenons Leben gespielt. Deblauwe hatte ihn in das Bordell eingeführt, wo das Mädchen arbeitete, das später von Deblauwe umgebracht wurde, und Deblauwe war auch für den katastrophalen Abend verantwortlich gewesen, an dem *«le petit Sim»* ein Revuegirl über die Bühne gejagt hatte. Simenon war mit Deblauwe zur Arbeit gegangen und hatte sich mit den Mädchen in denselben Puffs amüsiert. Deblauwe, der übrigens auch eine tägliche Kolumne schrieb, hatte als Journalist in Paris gearbeitet. Er war dreißig

---

* Simenon blieb mit Danse in Verbindung; noch 1954 schickte er ihm Geld ins Gefängnis.

Jahre alt, *«un beau garçon»*, gutaussehend, «mit zarten Zügen, einem gezwirbelten Schnurrbärtchen und leicht manierierten Allüren». Hätte Simenon sich in eine Prostituierte verliebt, wäre er leicht auf die gleiche Bahn wie Deblauwe und Danse geraten, die beide, wie er, aus «ehrbaren» Familien stammten. Auch Deblauwes Eltern waren *«petits gens»*, kleine Leute, aus Outremeuse. Danse hatte das Collège Saint-Servais besucht. Doch was sie wirklich miteinander verband, was zu der Faszination geführt hatte, die das Verbrechen auf sie ausübte, das war die gemeinsame Erfahrung der Besatzungszeit. Sie hatten sie durchlebt und waren von ihr geprägt worden. In *Les trois crimes de mes amis* erinnerte sich Simenon an schreckliche Begebenheiten. Man hatte eine ganze Schulklasse verhaftet, nachdem ein kleines Mädchen seinen inneren Verletzungen erlegen war, das sein Bruder «als Versuchskaninchen» für alle seine Kameraden in die Schule gebracht hatte. Es war eine Zeit, da Väter innerhalb weniger Tage ruiniert waren, da Selbstmorde zum Alltäglichen gehörten, da kleine Jungen, deren Väter weit weg an der Front waren, ihren Müttern zuschauten, wenn diese sich mit einem Deutschen einließen, um essen zu können. In jeder Familie wog man sehr genau seine Brotration, und Eltern wie Kinder paßten auf, daß niemand mogelte. «Wir zählten die Kartoffeln auf jedem Teller, und ich bastelte mir einen Zweitschlüssel zur Speisekammer meiner Eltern, um Zuckerwürfel stehlen zu können.» Und nach der Befreiung hatte die ganze Stadt mit ansehen müssen, daß keiner der Kriegsgewinnler verhaftet wurde, ja daß diese Leute ihren geschäftlichen Erfolg gefestigt hatten und samt ihren Familien zu Wohlstand gelangt waren.

«Als ich elf Jahre alt war, wurde ich eiligst in den Keller gebracht, weil man die Stadt bombardierte, und plötzlich hörten wir alle laute Schreie, denn einige hundert Meter weiter stellte man zweihundert aufs Geratewohl aufgegriffene Zivilisten an die Wand und erschoß sie vor unseren Häusern [...] Man lehrte uns, zu mogeln und zu betrügen und zu lügen [...] man lehrte uns, im Schatten zu leben und zu flüstern [...] und sie beauftragten uns Kinder, Briefe durch die Stadt zu tragen, die von der anderen Seite der Front kamen und für die ein Erwachsener, bei dem man sie gefunden hätte, auf der Stelle erschossen worden wäre.»

Weil Demarteau darauf bestand, verließ Simenon *Nanesse* gerade noch rechtzeitig, bevor das Blatt in ernsthafte Schwierigkeiten geriet. Doch die anderen beiden blieben und «stießen mit gesenkten Köpfen [...] in ein Verbrecherdasein vor». Ein Vergnügen, das er in der Gesellschaft Deblauwes kennengelernt hatte, genoß er indes weiterhin sein ganzes Leben lang, und das war die Vorliebe für den Umgang mit Prostituierten.

Doch nicht nur Joseph Demarteau III. rettete Simenon. Eines Abends im Dezember 1920, als er mit einigen Freunden von «La Caque» auf Trinktour war, trafen sie einen jungen Architekten, der sie zu einer Silvesterparty im Haus seiner Eltern einlud. Als Simenon in dem großen Haus an der Rue Louvrex ankam, derselben langen, bürgerlichen Straße, in der Lafnet wohnte, war er so bezecht, daß er nicht mehr stehen konnte. «Ich kroch auf Händen und Knien in die Ehe», schrieb er in *Un homme comme un autre*. An diesem Abend hatte er das neue Jahr früh zu feiern begonnen. Um einundzwanzig Uhr war er betrunken. Es gelang ihm, die ersten beiden Treppenabsätze im Haus des Architekten emporzutorkeln, doch den dritten schaffte er nur noch auf allen vieren. Oben im Haus traf er die Schwester des Architekten an, ein junges Mädchen, das sein Haar unter einem Stirnband trug und sich mit ihm, als er ein wenig nüchterner geworden war, über Kunst und Literatur unterhielt. Sie studierte an der Académie des Beaux-Arts Malerei und Grafik. Ihr Name war Régine; sie war drei Jahre älter als er, und sie erinnerte sich wie folgt an ihre Begegnung:

«Wir stammten beide aus Lüttich, und unsere Begegnung war reiner Zufall. Ich erinnere mich, daß wir an diesem Abend Freunde zu einer Silvesterparty in unserem Haus eingeladen hatten. Ich war zwanzig, er siebzehneinhalb. Er arbeitete als Journalist bei der *Gazette de Liège*, und ich stand im letzten Studienjahr. Immerhin hatte ich bereits eine erste Ausstellung gehabt, und die Leute redeten ein bißchen darüber. Aus der Inbrunst zu schließen, die er damals zeigte, war ich bestimmt seine erste Liebe!»

In ihrer Direktheit, ihrer Einfachheit und ihrer Überzeugtheit sind diese Sätze typisch für Régine Renchon, eine starke Persönlichkeit, die von Grund auf ehrlich und unkompliziert war, was man von ihrem Mann nicht sagen konnte. Man vergleiche sie mit Simenons diesbezüglichen Erinnerungen, die viele Jahre später niedergeschrieben wurden:

«War es die erste Liebe? Ich glaube es nicht. Ich glaube nicht einmal, daß ich wirklich in sie verliebt war, und ich bin mir dessen fast sicher. Es war kein Gefühl des Verliebtseins, aber ich suchte ihre Gesellschaft. Ich träumte von zwei Schatten, die sich hinter einer schwach beleuchteten Jalousie abhoben, und ich dachte mir, daß es gut wäre, mich mit ihr am Abend hinter einer solchen Jalousie einzufinden, einer dieser beiden Schatten zu sein.»

In einer anderen Passage seiner *Mémoires intimes* schien Simenon jedoch Régines Version der Ereignisse zu bestätigen. Während des Winters 1921/1922, als er seine erste Militärdienstzeit in der deutschen Grenzstadt Aachen verbrachte, schrieb er, wie er sich erinnerte, Régine jeden Morgen mit vor Kälte steifen Fingern einen langen Brief. «Sie [die Briefe] waren eine Art Hymne an die Liebe, weil mein Herz davon überfloß.»

Ziemlich bald nach seiner Begegnung mit Régine beschloß Simenon, ihren Namen zu ändern, weil er ihm nicht gefiel. Für ihn hieß sie von nun an «Tigy». Der Name blieb ihr, und unter ihm wurde Régine allgemein bekannt. Tigy war eine *«fille sérieuse»*, das erste anständige Mädchen, von dem Simenon sich angezogen fühlte, denn seine Erfahrungen mit Frauen waren damals entweder auf Prostituierte oder auf *«filles légères»* beschränkt, Mädchen mehr oder weniger seines Alters, manchmal auch aus seiner Verwandtschaft, die Sex für einen ebenso amüsanten Zeitvertreib hielten wie er. Da war Tigy von entschieden anderer Art. Es dauerte nicht lange – zwei oder drei Wochen, wie er später behauptete –, bis sie miteinander schliefen, doch er wollte mehr als nur das von ihr, und bald schmiedeten sie Pläne für ein gemeinsames Leben.

Im Februar 1921 feierte Simenon seinen achtzehnten Geburtstag, und damit begann eines der glücklichsten Jahre seines Lebens. Er hatte sich verliebt und plante bereits, Lüttich zu verlassen. Simenon, so erzählte Tigy später, «wollte nicht heiraten, bevor er seinen Militärdienst abgeleistet hatte. So gelang es ihm, diesen um ein Jahr vorverlegen zu lassen, und danach wollten wir nach Paris ziehen. Wissen Sie, wenn man jung ist, aus der Provinz oder aus Belgien kommt... wirkt Paris wie ein Magnet... *Paris consacre»*. Tigy hatte wesentlich klarere Ideen als Simenon. Sie war älter, und sie wurde der beherrschende Teil in ihrer frühen Partnerschaft. Er blickte zu ihr auf. Der Entschluß, nach Paris zu ziehen, stammte offensichtlich von ihr, und Simenon war es recht. In der Tat spielte die Flucht nach Paris in ihren Heiratsplänen eine entscheidende Rolle. Simenon behauptete sogar einmal, Tigy habe ihre Zustimmung zur Heirat davon abhängig gemacht, daß sie dort leben würden. Doch bei einer anderen Gelegenheit räumte er ein, daß auch er sich über den Plan gefreut habe. «Ich wäre allen Traditionen untreu gewesen, wenn ich nicht eine souveräne Verachtung für meine kleine Heimatstadt gezeigt und nicht beschlossen hätte, daß nur Paris meiner würdig sei», schrieb er in *Le Romancier*. «*Manger de la vache enragée»*, viel Widriges auf sich zu nehmen, um in Paris und vorzugsweise in Montmartre zu leben, galt als ebenso unerläßlich für einen zukünftigen Schriftsteller wie die Arbeit an der Schulzeitschrift und der erste Roman über Kindheit und Jugendjahre.

Simenon lernte Tigy am Silvesterabend kennen, und nachdem sie kurz danach ein Verhältnis eingegangen waren, betrachteten sie sich als inoffiziell verlobt. Die Verlobung wurde weniger inoffiziell, als Tigys Vater, ein bekannter Innenarchitekt namens Jules Renchon, einige recht eindeutige Briefe fand, die Simenon an Tigy geschrieben hatte, und den jungen Mann bezüglich seiner Absichten zur Rede stellte. Simenon schätzte diese Einmischung gar nicht. Er wollte Tigy ohnehin heiraten. Mit ihrer sanften Autorität und ihrem festigenden Einfluß hatte sie gewissermaßen den Platz Désirés eingenommen und schien fähig, ihn vor der Flasche oder noch Schlimmerem zu retten; er war ihr gerade zur rechten Zeit begegnet. Beide hatten den Wunsch, ihre Chance wahrzunehmen, doch sie einigten sich darauf, daß Tigy die ihre zuerst haben sollte. Schließlich durften zwei Genies nicht gemeinsam in einer Dachkammer verhungern; einer mußte den Camembert kaufen. Tigy war älter und besser vorbereitet. Wenn sie also erst einmal in Paris wären, könnte sie sich auf ihre Malerei konzentrieren, während er Mittel und Wege finden würde, den Lebensunterhalt zu bestreiten.

Wie er das anzustellen gedachte, hatte er bereits im Februar mit der Veröffentlichung seines Romans *Au Pont des Arches* gezeigt, und im Juni, zu ihrem einundzwanzigsten Geburtstag, überraschte er Tigy mit einem auf teurem Papier und in der Druckerei der *Gazette de Liège* hergestellten Pamphlet. Es hieß *Les ridicules* und war eine Satire auf vier seiner engsten Freunde, die auch Tigy gut kannte und die der «Caque» angehörten. Im Juli beendete er *Jehan Pinaguet*, und da dieses Buch nicht erscheinen durfte, rächte er sich für die Enttäuschung mit seinem unverschämten Angriff auf Jules de Géradon in *Nanesse*. Im September erklärte er *Noss' Perron* gegenüber seine Unabhängigkeit, machte sich in der *Gazette* über die Untersuchungsrichter der Stadt lustig und sagte ganz richtig voraus, daß Diebe bald auch in das Haus eines Polizisten einbrechen würden. Im Oktober beging er selbst einen Diebstahl, und im Lauf des darauf folgenden Prozesses wurde er zur meistdiskutierten Person der Stadt.

Zu dieser Zeit waren der Bürgermeister von Lüttich und sein Stellvertreter Sozialisten. Simenon beschloß, diese politischen Gegner in einer konservativen Zeitung lächerlich zu machen. Die Geschichte begann, als Simenon bei seinen häufigen Besuchen im

Rathaus drei schwere Metallkisten bemerkte, die bereits seit langer Zeit auf dem Korridor lagen. Erkundigungen ergaben, daß sie eine Sammlung aller während des Krieges in Frankreich erschienenen Zeitungen enthielten, die ein in Paris lebender Lütticher der Stadt vermacht hatte. Jetzt kam Simenons frühes Talent für Publizität zum Zuge. Er nahm den völlig uninteressanten Sachverhalt zum Vorwand, um einen Skandal daraus zu machen und den unglücklichen stellvertretenden Bürgermeister Louis Fraigneux, einen ziemlich beschäftigten Mann, der wahrscheinlich Pflichten von dringlicherer Wichtigkeit zu erfüllen hatte, der «empörenden Vernachlässigung wertvoller Dokumente» zu beschuldigen.

Mit der Erlaubnis Demarteaus, der ihm jedoch für den Fall des Mißlingens die alleinige Verantwortung zuwies, begab sich Simenon in Begleitung eines kräftigen Druckers in Arbeitskleidung und mit einem Schubkarren ins Rathaus. Gemeinsam luden sie eine der Kisten auf den Karren und verschwanden damit. Die Tat war um so frecher, als sie direkt vor dem Büro der städtischen Verkehrspolizei ausgeführt wurde, einer Dienststelle, die damals ein gewisser Kommissar Arnold Maigret leitete. Am nächsten Tag verkündete die *Gazette*, wertvolle Dokumente seien infolge einer behördlichen Unachtsamkeit aus dem Rathaus entwendet worden. Die Schlagzeile auf der Titelseite lautete: «Wie man um die Mittagszeit einen Panzerschrank aus dem Rathaus stiehlt.» «Zwei Jahre lang hatten diese Kisten auf einem Korridor herumgestanden», schrieb Georges Sim.

«Sie waren an den stellvertretenden Herrn Bürgermeister Fraigneux adressiert. Zweifellos glaubte der großzügige Spender, der persönlich sicherste Weg, der Stadt Lüttich ein Geschenk zukommen zu lassen, sei der, es einem unserer Repräsentanten anzuvertrauen [...] Dokumente wie diese erfreuen sich in der Universitätsbibliothek großer Nachfrage und sind äußerst schwer zu finden [...] Selbst heute noch fehlen viele Exemplare der wichtigsten Zeitschriften in der städtischen Sammlung. Befinden sich diese fehlenden Exemplare in den Monsieur

Fraigneux anvertrauten Kisten? Wir wissen es nicht. Monsieur Fraigneux weiß es nicht. Niemand weiß es! Die Kisten sind nicht einmal geöffnet worden, man hat sie auf dem Korridor stehenlassen, wo sie seit zwei Jahren verrosten und verschimmeln. Es ist ein Fall unverzeihlicher Nachlässigkeit. Da wir mit dem üblichen Einwand rechneten, es sei unmöglich, etwas aus unserem Rathaus zu stehlen, beschlossen wir, eine der Kisten eigenhändig zu entwenden. Heute ist sie an einem sicheren Ort, im Gebäude der Stadtbibliothek.»

Demarteau war über den Erfolg des Unternehmens so erfreut, daß er «Sim» eine Kiste mit fünfundzwanzig Zigarren schenkte. Doch das Beste sollte noch kommen. Am selben Nachmittag wurde Simenon von der Polizei vorgeladen, um bezüglich einer Anzeige wegen Diebstahls vernommen zu werden, die der stellvertretende Bürgermeister gegen ihn erstattet hatte. Die Geschichte schlug immer höhere Wellen. Zuerst brachte Simenon die gestohlene Kiste ins Rathaus zurück. Dann schrieb Fraigneux an eine mit der *Gazette* rivalisierende Zeitung, um sich zu verteidigen, indem er erklärte, die Sammlung sei der Stadt nur infolge seiner persönlichen Freundschaft mit dem Spender geschenkt worden. Daraufhin schrieb der Spender an die *Gazette de Liège*, drückte seine Enttäuschung über die Vernachlässigung seines Geschenks aus und dankte der Zeitung dafür, sich der Sache angenommen zu haben. Nun griff Simenon erneut an, diesmal anonym und (zum letztenmal) in *Nanesse*. Sein Spott galt dem stellvertretenden Bürgermeister und seinen Bemühungen, sich zu verteidigen. Dann erfuhr Simenon, daß Fraigneux, einer Anregung nachgebend, eine der Kisten geöffnet hatte und nun dabei war, deren Inhalt in seinem privaten Arbeitszimmer zu lesen. «Er hat es nicht nötig, die Dokumente auf diese Weise mit Beschlag zu belegen, selbst wenn man ihm für die Zeit nach seiner bevorstehenden Pensionierung einen einträglichen Posten bei der Stadtbibliothek versprochen hat», schrieb er.

Die Anzeige wegen Diebstahls mußte auf Anweisung des Bürgermeisters zurückgezogen werden, und etwa zwei Wochen lang war «Sims» Heldentat Stadtgespräch. Der zukünftige Romancier hatte eine unschätzbare Lehre in der Kunst der Selbstreklame erhalten. Und da das Verbrechen des Dokumentendiebstahls von Simenon sowohl begangen als auch aufgeklärt wurde, verschaffte es ihm die perfekte Möglichkeit, mit dem Hasen zu laufen und mit den Hunden zu jagen. Das befriedigte zwei wesentliche Interessen des jungen Reporters: das Gesetz zu brechen und es zu verteidigen. Vielleicht war es, auf niedriger Ebene, Simenons perfekte Nachrichtenstory. Und es hatte ihn für vierzehn Tage berühmt gemacht.

In dem Bestreben, aus «Sims» Ruhm Kapital zu schlagen, beauftragte Demarteau ihn gleich darauf mit einem Bericht über eine andere heikle Angelegenheit, den zwischen Belgien und Deutschland grassierenden Nachkriegsschmuggel, der zur Grundlage des Lütticher Schwarzmarkts geworden war. Zu den geschmuggelten Gütern gehörten neben Butter und Eiern auch Uhren und Lederwaren, die in Belgien fünfzig Prozent mehr kosteten. Simenon hatte in seiner Kindheit ausgiebige Erfahrungen im Schmuggeln und in Schwarzmarktgeschäften gesammelt, sei es auf eigene Faust, sei es bei den Hamstertouren mit seiner Mutter. Obgleich seine Leser es aus dem, was er schrieb, wahrscheinlich nicht erraten hätten, bezog er sich einmal, wenn auch indirekt, auf jene Tage. Während der Zug sich der Grenze nähere, so berichtete er, «werden kleine Pakete in Bündel schmutziger Wäsche gesteckt [...] und die Röcke einiger Frauen weisen geheimnisvolle Falten auf, die an die Silhouetten der Kartoffel- und Maisschmuggler der Kriegszeit erinnern». Er fand heraus, daß im Rathaus an einem bestimmten Wochentag 965 Pässe für Deutschland ausgestellt worden waren, was als ein Hinweis auf die weitverbreitete Beliebtheit des Schmuggels gelten konnte. «Abgesehen von den Verlusten, die dadurch dem legalen Handel entstehen», schrieb er, «steuert ein solches Betragen nichts zum Prestige Belgiens im Land der Besiegten bei [...] Möge der Staat seiner Verantwortung gerecht werden!» Diese Schlußfolgerung war ebenso beherzt und patriotisch wie seine Angriffe auf den unglücklichen stellvertretenden Bürgermeister, doch für viele seiner Leser wirkte sie weniger amüsant. Es mochte durchaus angehen, die Stadtverwaltung bloßzustellen; wenn «Sim» indes unsaubere Geschäfte brandmarkte, an denen täglich annähernd tausend seiner Mitbürger beteiligt waren, attackierte er den Mann auf der Straße und die Frau hinter ihrem Marktstand. Aber er scherte sich nicht mehr darum. Er fühlte sich über alles erhaben. Noch ein Jahr Militärdienst in Belgien, dann würde er nach Paris gehen.

Um seine Unabhängigkeit von allem zu beweisen, was mit Lüttich zu tun hatte, beschloß er, *Les ridicules* zu veröffentlichen. Am 26. November sandte er jedem seiner vier Freunde ein Exemplar. Sie waren alle so wütend auf ihn, daß sie ihre Exemplare vernichteten. Später, in *Jour et nuit*, schrieb Simenon: «In den Porträts, die ich von meinen Freunden zeichnete, war nichts Boshaftes.» Und er fuhr fort:

> «Ich beschrieb sie ohne Härte, so, wie ich sie sah, aber wahrscheinlich nicht so, wie sie selbst sich sahen. Dennoch warf ich mir nachher einige Monate lang vor, dieses kleine Buch verfaßt zu haben, und jedesmal wenn ich einem meiner Opfer begegnete, fühlte ich mich unbehaglich und schuldig.»

In dem Pamphlet wurden zwar nirgends die Namen des Autors und seiner Opfer erwähnt, doch ihr Aussehen und ihre Eigenheiten waren so gut beschrieben, daß man sofort wußte, wer gemeint war. Ein Maler wurde dem Spott preisgegeben, weil er seine Frau in den Wehen gemalt hatte. Zwei unzertrennlichen Freunden wurde gesagt, sie bildeten nur gemeinsam eine normale menschliche Persönlichkeit. Simenon machte sich auch über Lafnets vergeistigtes Vokabular lustig, und seine anfängliche Bewunderung für «diesen so belesenen Künstler» schlug um in das Porträt eines Mannes, der wie ein Papagei die Weisheiten seines letzten Buches nachplapperte und unfähig war, selbständig zu denken. Seine Opfer waren die Maler von «La Caque», die noch vor einem Jahr immerhin so großzügig gewesen waren, seinen Roman *Au Pont des Arches* zu illustrieren, und keiner von ihnen empfand es als

Trost, daß ihr Freund mit der Feststellung schloß, er selber sei der Lächerlichste von allen. Dieser Selbstbezichtigung fehlte der Stachel. *Les ridicules* war eine erbarmungslose Studie über vier Freunde Simenons, deren Begabungen nicht ihrem Ehrgeiz entsprachen; das einzige Exemplar, das erhalten blieb, war jenes, das er Tigy schenkte.

«Der wichtigste Tag im Leben eines Mannes ist der Todestag seines Vaters», schrieb Simenon 1956 in *Le fils*. Für ihn war es der 28. November 1921, ein Montag. Er hatte den Tag in Antwerpen verbracht, im Auftrag der *Gazette*, für die er einen Bericht schreiben sollte, doch einen großen Teil der Zeit hatte er mit einem entfernten Vetter in einem Stundenhotel verbracht. Bei seiner Rückkehr um neun Uhr abends auf dem Bahnhof Les Guillemins erwarteten ihn Tigy und ihr Vater am Ende des Bahnsteigs. «*Mon petit Georges*, du mußt jetzt tapfer sein.» Désiré war plötzlich in seinem Büro in der Rue Sohet gestorben, ganz in der Nähe des Bahnhofs. Man hatte die Leiche nach Hause in die Rue de l'Enseignement gebracht. Als sein Sohn ankam, war Désiré «bereits auf seinem Bett aufgebahrt, umgeben von Kerzen und all dem Plunder, den man für die Toten herbeischafft und der mich mit Entsetzen erfüllt». Sein Vater war ganz angezogen, die Hände fromm auf der Brust gekreuzt, und es kostete Simenon «einige Überwindung, seine kalte Stirn mit den Lippen zu berühren». Er hatte in Hochmut geschwelgt; dieses Unglück war seine Strafe. Das Jahr war ein einziger langer Triumph gewesen, von jenem Frühlingstag an, da er seinen ersten Roman veröffentlichte, bis zu dem Abend zwei Tage vor dem Tod seines Vaters, als er auf dem Grab seiner Freundschaft mit den Kameraden von «La Caque» getanzt hatte. Es war ihm gelungen, den Aufsichtsratsvorsitzenden seiner Zeitung ungestraft in *Nanesse* zu verspotten und einen öffentlichen Sieg über den stellvertretenden Bürgermeister der Stadt davonzutragen. Obwohl er mit Tigy verlobt war, hatte er sich seine sexuelle Freiheit bewahrt und sie noch an diesem Morgen ein weiteres Mal ausgekostet. Er muß den Eindruck gehabt haben, die ganze Welt gehöre ihm, und er sei unantastbar, seit er sich nicht mehr in der elenden Stellung befand, die er noch vor drei Jahren innegehabt hatte. Und dann ging er einen Bahnsteig entlang und erfuhr, daß er den Menschen verloren hatte, den er in seinem Leben am meisten liebte. «Niemand begriff jemals, was sich zwischen Vater und Sohn abspielte. Es gab keine Worte, die es beschreiben könnten. Es hatte immer nur sie beide gegeben.» Die Zeit trug wenig dazu bei, diese Wunde zu heilen, und noch am Ende seines Lebens konnte Simenon schreiben: «Seit dem Tod meines Vaters ist kaum ein Tag vergangen, an dem ich nicht an ihn gedacht habe.»

Als Désiré starb, befanden sich nur dreihundert Francs in seiner Brieftasche, und das war alles Bargeld, das der Familie zur Verfügung stand. Es reichte nicht einmal für die Begräbniskosten aus. Simenon sah sich unter diesen Umständen gezwungen, einige seiner wohlhabenden Onkel um ein Darlehen zu bitten. Alle schlugen es ihm aus. Die betreffenden Onkel waren Joseph Croissant, Besitzer einer Kolonialwarenhandlung am Quai Coronmeuse und verheiratet mit Simenons Tante Josephine, und Jean-Mathieu Schrooten, Lebensmittelgrossist und Ehemann seiner Tante Louisa, der Henriette mit dem Wein beliefert hatte, der an die deutschen Soldaten verkauft werden sollte. Ein dritter Onkel, Henri Brüll, lieh ihm nicht nur kein Geld, sondern ließ nach der Beerdigung wertvolle Möbel aus Henriettes Haus abholen und auf sein *chauteau* im Limburgischen bringen; als Ersatz gab es billigen Trödel. Angesichts dieser dreifachen Abfuhr wandte sich Simenon schließlich an Demarteau. «Wäre ich nicht fähig gewesen, mir etwas Geld von der *Gazette* zu leihen, um den Leichenbestatter zu bezahlen, läge mein Vater in einem Armengrab», schrieb er 1977 in *De la cave au grenier*. Noch sechsundfünfzig Jahre später also hatte er in seinem Lausanner Refugium alte Rechnungen mit den Brülls in Lüttich zu begleichen. In dem Trauerzug, der von der Rue de l'Enseignement aufbrach, befand sich auch Charles Coomans, sein Vetter ersten Grades von der Simenon-Seite, der sich erinnerte, daß Georges bei dieser Gelegenheit seine Uniform trug. Am 5. Dezember sollte er sich zum Militärdienst melden.

Der Kummer über den Tod seines Vaters machte Georges nicht blind; er sah sofort, was ihm drohte, wenn seine Mutter, wie es ihr zustand, die neue Rolle des Familienoberhauptes übernehmen würde. Er verlor keine Zeit; noch vor seiner Einberufung ging er zum Standesamt und beantragte seine «Mündigkeitserklärung», die *émancipation*. Er hatte sich seit über drei Jahren seinen Lebensunterhalt selber verdient, war verlobt und hatte freiwillig seinen Militärdienst um ein Jahr vorverlegen lassen; das alles sprach zu seinen Gunsten. Von nun an hatte Simenon alle Pflichten und Freiheiten eines Erwachsenen, wenn er auch einstweilen seine Wohnadresse in der Rue de l'Enseignement beibehielt.

Simenons Selbstdarstellung als Angehöriger des bescheidenen Standes der kleinen Leute stimmt nicht ganz mit der Geschichte seines Militärdienstes überein. Jahre später erinnerte er sich, dem Ruf der Armee am Morgen nach der Beerdigung seines Vaters gefolgt zu sein, doch in den Akten des belgischen Verteidigungsministeriums steht, daß der *«appel sous les armes»* für den Einberufungsjahrgang 1920 am Montag der auf Désirés Tod folgenden Woche stattfand. Simenon, der gelernt hatte, Harley-Davidson-Motorräder für die *Gazette de Liège* vorzuführen, bewarb sich um einen Einsatz in der motorisierten Infanterie, ohne zu bedenken, daß er, falls man seinem Gesuch stattgab, ins Ausland versetzt werden würde. Dem Umstand, daß er seinen Dienst vorverlegt hatte, verdankte er es schließlich, daß man ihm seinen Wunsch anstandslos erfüllte, doch aus seiner Liebe zu Motorrädern erwuchs keineswegs eine Liebe zum besetzten Deutschland. Der Winter war bitter kalt; es gab weder gutes Essen noch viel Benzin und Geld. Er schickte weiterhin Artikel an die *Gazette*, in denen er die Annehmlichkeiten der belgischen Armee im Vergleich zum Elend der deutschen Bevölkerung schilderte, doch nach einem Monat in der «Roten Kaserne» in Aachen hatte er genug, und sein Gesuch, als einzige Stütze einer vaterlosen Familie zum 2. Lanciersregiment in Lüttich zurückversetzt zu werden, wurde bewilligt. Die Beförderung mag nicht eine Folge persönlicher Beziehungen gewesen sein, doch was dann kam, war es zweifellos. Erleichtert darüber, daß er nicht mehr einer Besatzungsmacht angehörte, steuerte Simenon, stationiert in der Kavalleriekaserne am Boulevard de la Constitution, wo er Pferde abzurichten und zu reiten lernte, nunmehr wieder regelmäßig seine Artikel als «M. le Coq» bei. Im Februar interviewte er den französischen Staatspräsidenten Poincaré (den er im Hôtel de Suède im Schlafrock antraf, was wahrscheinlich interessanter war als das Einreiten von Pferden). Da das journalistische Material von «M. le Coq» aus dem Alltag in der Cavalier-Fonck-Kaserne stammte, bemerkten seine Vorgesetzten schließlich, daß einer aus dem 2. Lanciersregiment für die Zeitungen über Armeevorgänge schrieb. Sein befehlshabender Offizier lud ihn vor und drohte ihm zuerst mit Arrest wegen Verletzung der Vorschriften. Doch nachdem der Oberst – ein alter Freund Joseph Demarteaus – herausgefunden hatte, wer der «Reiter Simenon» war, gab er einem Gesuch der *Gazette* statt und befreite Simenon von seinen militärischen Pflichten, solange er weiterhin in der Kaserne schlief und keine Berichte mehr über das Leben in der Cavalier-Fonck-Kaserne verfaßte. Persönliche Beziehungen hatten sich wieder einmal glänzend bewährt. Da das Haus seiner Mutter in der Rue de l'Enseignement nur wenige Gehminuten von der Kaserne entfernt war und er sich jetzt täglich eher bei der *Gazette* als in der Kaserne zu melden hatte, dauerte es nicht lange, bis Simenon seine Uniform ablegte und den Adjutanten dahingehend instruierte, ihn anzurufen, falls man ihn brauche. Der offizielle Grund für seine Abwesenheit war Krankheit; er hatte kurze Zeit mit Fieber in dem Lazarett auf einem Hügel oberhalb des Collège Saint-Servais gelegen. Im September fühlte er sich eingedenk seines besonderen Status sicher genug, den Zorn des Obersten in Kauf zu nehmen und wieder über eine militärische Angelegenheit zu schreiben, diesmal über einen Doppelmord in der belgischen Besatzungsarmee in Deutschland. Doch bevor das geschah, gab es den Todesfall Kleine.

5

Der Tod Kleines

«Haben letzten Endes nicht wir ihn umgebracht?»
Simenon, *Les trois crimes de mes amis*
(1938)

Joseph Jean Kleine wurde als Sohn der ledigen Schneiderin Marie-Josephe Ciset am Weihnachtstag 1898 in einer Vorstadt Lüttichs geboren. Seine Geburtsurkunde trug die Unterschrift der Hebamme – mit anderen Worten: Der Vater war unbekannt.

Im Alter von fünf Jahren wurde das Kind durch die Heirat der Mutter mit einem vier Jahre jüngeren niederländischen Konditor namens Léonard Kleine für ehelich erklärt. So war Kleine, wie Simenons Mutter Henriette, ein halber Niederländer, ein *«étranger»*. Vom achten Lebensjahr an wohnte Kleine mit seinen Eltern in der Rue de Gueldre 4a, in derselben kleinen Querstraße der Rue Léopold, wo die Simenons zwei Jahre lang nach Georges' Geburt gelebt hatten. Doch im April 1905, als Georges zwei war, zogen die Simenons aus, und die Kleines kamen erst im Mai 1906, als *«le petit Kleine»* sieben war. Léonard starb im April 1910 mit neunundzwanzig Jahren, noch immer in der Rue de Gueldre wohnhaft.

Einige Jahre zuvor, von September 1907 bis September 1910, besuchte Kleine die staatliche Primarschule in der Rue de l'Enseignement. Zwei Jahre lang gingen Simenon und Kleine auf benachbarte Schulen in Outremeuse, der eine im katholischen Schulwesen, dem *réseau libre*, der andere im staatlichen Schulsystem, dem *réseau communal*, was bedeutete, daß sie zwei feindlichen Lagern angehört hätten, wenn sie sich damals begegnet wären. Kleine wohnte zu dieser Zeit wahrscheinlich bei seiner

Tante in der Rue Curtius*; das ist die einzige bekannte Adresse der Familie Kleine in Outremeuse. Es ist durchaus möglich, daß *«le petit Kleine»* Mitglied einer der Banden halbwüchsiger Rowdys war, die während Simenons Kindheit plündernd die Place du Congrès heimsuchten, was den kleinen Georges damals in Schrecken und Entzücken versetzt hatte. Man kann sich vorstellen, daß ihre Wege sich am frühen Morgen kreuzten, wenn Georges in der Dunkelheit von der Rue de la Loi den Boulevard de la Constitution entlang zum Bavière-Hospital rannte und ganz nahe an der Rue Curtius vorbeikam, bevor er durch die Kirchentür schlüpfte und sich in Sicherheit brachte, während Joseph Jean Kleine wahrscheinlich von der Rue Curtius zur Kirche Saint-Nicolas eilte, um sich dort auch als Ministrant ein Taschengeld zu verdienen. Damals ahnte keiner der beiden Jungen, daß einer von ihnen, mit seinem Schal am Türklopfer einer dritten Kirche am selben Boulevard de la Constitution hängend, sein Leben beenden und der andere sein Taschengeld aufbessern würde, indem er dreimal darüber schrieb. Die Muster, welche die Zeit in den Straßen von Outremeuse aus den Leben dieser beiden Kinder zu weben sich anschickte, waren damals gnädigerweise noch nicht erkennbar.

Nach der Primarschule ging Kleine auf die Mittelschule am Boulevard Saucy, immer noch in Outremeuse, anschließend auf das Athénée Royal de Liège am gegenüberliegenden Flußufer. Dann wechselte er auf die Académie des Beaux-Arts über, wo er einem Mädchen namens Régine Renchon um ein Jahr voraus war. Kleine und Régine Renchon gehörten beide der als «Les Rapins» bekannten selbsternannten Elite der Kunsthochschule an. Doch nur Kleine war Mitbegründer der «Caque».

Die Nacht, in der Kleine starb, war eine kalte Nacht im Spätwinter, die erste Märznacht, ein Mittwoch. Kleine wohnte

---

* Seltsamer Zufall: Als ich 1991 das Haus Nummer 5 in der Rue Curtius aufsuchte, bemerkte ich an dem Haus nebenan, Nummer 9, ein Schild mit der Aufschrift: «Firma Luc Simenon – Asphaltbelag und transparenter Zement». Ich zog die Klingel, doch niemand rührte sich.

nicht mehr bei seiner einzigen noch lebenden Verwandten, seiner Tante in der Rue Curtius 5, sondern war zu seinem engsten Freund gezogen, dem Geiger, Maler und Mitglied der «Caque», Jean Lebeau. Dessen Wohnung war in der Rue Chaussée-des-Prés 11, nahe der Ecke, wo die Straße zur Rue Puits-en-Sock wurde. Doch an diesem Tag und bereits einige Tage zuvor hatte man Kleine weder in Lebeaus Wohnung noch bei seiner Tante gesehen. Er schien eine dritte Absteige zu haben, eine ganz für sich, in einem schäbigen Viertel nahebei.

Es war 1922. Kleine war ein kleiner Kerl und erst dreiundzwanzig. Er hatte sein Studium beendet und befand sich bereits auf dem Abstieg. Er hatte die Kunst an den Nagel gehängt und arbeitete als Anstreicher. Er war kokainsüchtig und nahm regelmäßig auch andere Aufputschmittel wie Morphium und Äther, ebenso Alkohol, und zwar entschieden zuviel. Sein schmaler Wuchs entsprach seinen zarten Zügen. Sein Haar war hell, leicht gewellt, und er trug es lang. Auf zwei noch vorhandenen Fotos hat sein Gesicht denselben Ausdruck: Geistesabwesenheit. Er lächelt nicht. Er schaut leicht unsicher drein. Er ist das Opfer eines Mannes von stärkerer Persönlichkeit geworden, eines Drogendealers mit Beziehungen zum «Milieu». Dieser Mann, der Fakir genannt, benutzt Kleine, um seine hypnotische Macht zur Schau zu stellen. Kleine ist Waise. Als er klein war, mußte er häufig mit ansehen, wie seine Mutter von einem Säufer verprügelt wurde, und der Fakir zieht ihn oft wegen seiner Mutter auf, wenn er ihn hypnotisiert. Seine Freunde, die ihn vor diesen Qualen hätten beschützen können, tun nichts dergleichen. Sie sehen zu, wie er zugrunde geht. Einen Selbstmordversuch hat er bereits gemacht. Er ist das lebende Beispiel für das, was für seine Freunde nur Theorien sind: über den Tod, die Nutzlosigkeit des Lebens, die Selbstzerstörung, die Verlassenheit. Gegenüber anderen, wie Deblauwe, der alle Mitglieder der «Caque» auf diesem Gebiet für blutige Laien hält, können sie auf Kleine hinweisen. Er ist zumindest kein Möchtegern. Er ist echt. Er übt sich in verschiedenen interessanten und originellen Sterbemethoden. Während die anderen herumsitzen, über Nietzsche und Platon und Epikur diskutieren, sich betrinken und die flackernden Kerzen nicht ausgehen lassen, verlischt Kleine still und leise in seiner Ecke, manchmal aber auch mit viel Lärm. Kleine ist ansprechbar, er steht ihnen zur Verfügung; das ist das Geniale an ihm. Er ist nicht mehr im Besitz seiner selbst, und das gibt ihren Zusammenkünften einen gewissen zusätzlichen Reiz.

So kam es, daß «La Caque» sich in der fraglichen Nacht versammelte und zu trinken begann. *Ils se mettent à boire.* Es war ein Ritual, ein Augenblick der Weihe. Kleine schloß sich ihnen an. Das bedeutete, daß der Abend interessant zu werden versprach. Exzesse waren zu erwarten. Man konnte sie beobachten oder, im Fall Kleines, sich ihnen hingeben. Exzesse konnten sogar an Kleine begangen werden, wenn sich kein anderes Opfer fand und man gerade in der Stimmung war. Irgendwann, nicht sehr früh und nicht sehr spät, vielleicht um Mitternacht, hatte Kleine nicht mehr die Kraft, auf seinen Füßen zu stehen.

«Wir hatten einen Freund, dessen Herkunft uns allen ein Rätsel war [...] Er war zwanzig Jahre alt. Er war sehr blond, fast weißhaarig, sehr mager und hatte fiebrige Augen [...] Er war bereits betrunken. Wir tranken noch ein paar Gläser zusammen, und irgendwann konnte der junge Mann mit dem sehr blonden Haar nicht mehr gehen. Es regnete. Ich hievte ihn mir auf die Schultern. Ich fragte meine Freunde nach seiner Adresse [...] Einer hatte ihn aus einem baufälligen Haus kommen sehen. Wir klingelten an mehreren Türen. Der Junge hing bewußtlos auf meinen Schultern, und er war ganz durchnäßt, da er den Tag und einen guten Teil des Abends auf der Straße verbracht hatte. Schließlich zeigte uns eine Frau einen dunklen Korridor, und wir gingen ihn hinunter. Als wir die Tür aufstießen, standen wir in einem Raum, den man kaum als Zimmer bezeichnen konnte. Es war eine Kammer mit einem schmalen Fenster, einer Staffelei, einigen Malerleinwänden und einer Strohmatratze am Boden. Kein Wasserhahn auf dem Treppenflur, nicht die geringste Wohneinrichtung. Wir ließen unseren Freund auf der Matratze, und ich habe keine Ahnung mehr, wie wir den Rest der Nacht verbrachten. Am Morgen fand man den unglücklichen Maler erhängt am Tor der Kirche Saint-Pholien.»

Um Viertel vor sechs Uhr des folgenden Tags stieg der Küster von Saint-Pholien, am anderen Ende des Boulevard de la Constitution, wie gewöhnlich die Stufen der Treppe vor dem Kirchenportal empor, um das Tor für die Sechs-Uhr-Messe zu öffnen. Er war von seinem Sohn begleitet. Es war ein sehr dunkler Morgen, und als der Küster, Joseph Geilenkirchen, sich der Tür näherte, gewahrte er in der Finsternis vor sich eine gedrungene Gestalt. Im Glauben, es sei ein Stadtstreicher, der unter dem Torbogen Schutz gesucht habe, beugte er sich vor, stieß den Mann an und sagte: «Los, nun komm schon. Hier kannst du nicht schlafen.» Er erhielt keine Antwort, doch die Gestalt schwang ihm langsam entgegen, und Geilenkirchen wurde plötzlich inne, daß er den Körper eines Mannes berührt hatte, der mit einem Schal am Türklopfer des Kirchentors hing. Der Mann schien tot zu sein, aber der Körper war noch warm. Geilenkirchen löste den Schal und legte die Leiche in der Vorhalle nieder. Rundherum stellte er Kerzen auf, teils aus Respekt vor dem Toten, teils um zu verhindern, daß die Gläubigen, die zur Messe kamen, über ihn stolperten. Einer von ihnen, ein Arzt, bestätigte den Tod, und die Polizei identifizierte den Toten sehr bald als Joseph Jean Kleine.

Die Polizei vermutete, daß es sich entweder um Selbstmord handelte oder um einen Mord durch Strangulation, der einen Selbstmord vortäuschen sollte. Hätte Kleine sich selbst umgebracht, müßte er trotz der Tatsache, daß er spät in der Nacht bewußtlos und gehunfähig zurückgelassen worden war, noch in der Lage gewesen sein, irgendwie bis zur Kirche zu gelangen und sich dort vor halb sechs Uhr mit seinem eigenen Schal am Türklopfer des Portals zu erhängen. Kein Stuhl, kein Fallbrett wurde benutzt. Kleines Wollschal war offenbar fest genug, um das Gewicht des Körpers zu tragen. Selbst in seinem betrunkenen Zustand müßte Kleine es fertiggebracht haben, die Knoten zu schlingen, was gar nicht so einfach war, und sich mit Hilfe seines

Wollschals an dem Türklopfer hochzuziehen. Entweder hatte er das getan, oder es war ihm gelungen, sich im Stehen zu erhängen – eine bemerkenswerte Leistung. Nach Aussage Geilenkirchens und seines vierzehnjährigen Sohnes, der bei ihm war, pendelte Kleines Körper, als der Küster ihn berührt hatte. Demnach mußte er über dem Boden gehangen haben. Zwei andere Zeugen behaupteten dagegen, die Füße hätten den Boden berührt. Eine oder mehrere Personen, die während der Nacht am Kirchentor vorbeigekommen waren, erzählten dem Reporter von *La Meuse*, sie hätten Kleine vor der Tür gesehen und angenommen, er sitze auf der Stufe davor. Diese Leute mögen Kleine tatsächlich auf der Treppenstufe sitzend gesehen haben, bevor er sich erhängt hatte, doch ein weiterer Zeuge erzählte dem Reporter der *Gazette de Liège*, der Körper habe «eingesunken, halb vornübergebeugt auf den Steinstufen gelegen, mit baumelnden Armen und verzerrtem Gesicht». Und es gibt noch einen Widerspruch zwischen der Aussage des Küsters und den Zeitungsberichten. Laut den Journalisten hatte der Polizeiarzt erklärt, Kleine sei bereits seit mehreren Stunden tot gewesen. Doch Joseph Geilenkirchen erinnerte sich, daß der Körper noch warm war.

Die Probleme um Kleines «Selbstmord» waren dreifacher Art. Erstens gab es die erwähnten physikalischen Schwierigkeiten. Kleine konnte nicht gehen; der Schal war nicht stark genug; er konnte die Knoten nicht knüpfen; der Türklopfer war nicht hoch genug, um sich daran zu erhängen; er hatte nichts zum Hinunterspringen. Zweitens gab es die widersprüchlichen Zeugenaussagen. Der Körper war noch warm oder seit mehreren Stunden tot; der Körper hing an dem Türklopfer oder lag halb vornübergebeugt auf den Steinstufen; der Polizeibeamte sagte, die Lage, in der die Leiche gefunden wurde, habe auf einen Selbstmord hingewiesen, während das Gegenteil wahr zu sein schien; die Nacht war so dunkel, daß der Küster den Körper berühren mußte, bevor er sehen konnte, daß er hing, während andere Zeugen behaupteten, sie hätten die Körperumrisse von der Straße aus gesehen, als sie an der Kirche vorübergingen. Drittens gab es den Verdacht, der sich unter Kleines Freunden alsbald verbreitete, es habe sich um Mord gehandelt. Die ersten Ermittlungen der Polizei hatten einen als Selbstmord getarnten Mord nicht ausgeschlossen. Gegen die Mordtheorie stand allerdings die gewählte, allzu öffentliche Methode. Und ein Erhängter am Tor einer Kirche war ein ziemlich klarer Hinweis auf «La Caque». Falls Kleine ermordet worden war, warum hatte man es ausgerechnet auf diese Weise getan?

Merkwürdig an dieser Geschichte ist auch die Rolle, die Simenon dabei spielte. Obgleich er, wie er selbst zugibt, der letzte war, der Kleine noch lebendig gesehen hatte, erwähnte er in seinen zahlreichen Darstellungen des Ereignisses nicht ein einziges Mal, von der Polizei verhört worden zu sein oder gar vor der Polizei ausgesagt zu haben, daß er mit dem Toten in der vorangegangenen Nacht zusammengewesen war. Und wie konnten sich am folgenden Morgen alle Zeitungen Lüttichs so sicher sein, daß es sich um einen Selbstmord handelte? Gewiß, es gab einen deutlichen Hinweis auf diese Möglichkeit, denn Kleine war sehr niedergeschlagen gewesen, und sein Zustand hatte sich infolge der Drogenabhängigkeit noch verschlimmert. Aber wäre es in diesem Fall nicht trotzdem naheliegend erschienen, zumindest den Fakir zu vernehmen? Und dann stellt sich die Frage, warum die Kirche Saint-Pholien ausgewählt wurde. Erzählte niemand der Polizei, wie besessen die Mitglieder der «Caque» von der Symbolik des Gehenkten waren? Vernahm die Polizei überhaupt die Mitglieder der Gruppe? Falls Kleine von einem Drogendealer ermordet worden war, wie einige seiner Freunde vermuteten, wäre der einzige, der es auf diese Weise getan haben könnte, der Fakir gewesen, der Beziehungen zu «La Caque» unterhielt und vielleicht beabsichtigte, anderen Mitgliedern der Gruppe zu verstehen zu geben, daß ihnen das gleiche passieren könne, wenn sie nicht pünktlich bezahlten. Denn Kleine war bestimmt nicht der einzige in «La Caque», der Drogen nahm.

Über dem nicht signierten Bericht in der Morgenausgabe der *Gazette* stand die Schlagzeile: «Verzweifelter erhängt sich an Kirchentür – Ein Opfer der Droge.» Und in dem Artikel hieß es, der Tote sei «seit einigen Tagen an seinem Wohnsitz in der Rue

Curtius als vermißt gemeldet» gewesen. Doch als diese Geschichte geschrieben wurde, waren die polizeilichen Ermittlungen noch im Anfangsstadium, und man hatte noch keinen Totenschein ausgestellt. Und die Leser der *Gazette* hätten vielleicht mit Interesse zur Kenntnis genommen, daß es sich bei dem ungenannten Reporter, der ihnen zu berichten wußte, daß Kleine «seit einigen Tagen als vermißt gemeldet» gewesen war, um denselben Mann handelte, der Kleine nach Hause getragen und zu Bett gebracht hatte, wenige Stunden bevor man ihn am Türklopfer des Kirchentors erhängt fand, wenn auch der mit dem Fall betraute Polizeibeamte, der stellvertretende Kommissar Pirard, am Ende zu den gleichen Schlüssen gelangt war wie der Berichterstatter der *Gazette*.

Die Geschichte von Kleines Tod hat Simenon stets fasziniert. Doch es vergingen viele Jahre, bis er zugab, der Autor jenes Zeitungsberichtes gewesen zu sein, der lange vor Abschluß der polizeilichen Ermittlungen eine so befriedigende Erklärung des Rätsels geliefert hatte. Noch 1989 erwähnte Michel Lemoine in *Liège dans l'œuvre de Simenon*, einer vom Centre d'Etudes Georges Simenon geförderten Arbeit, Mathieu Ruttens Vermutung, Simenon habe den Bericht in der *Gazette* geschrieben, betonte jedoch, dies sei eine Spekulation. Es blieb Jean-Christophe Camus vorbehalten, Ruttens Verdacht mit dem Hinweis zu bestätigen, er habe 1984 einen Brief von Simenon erhalten, in dem der Schriftsteller zugab, persönlich am Schauplatz des Dramas gewesen zu sein und in der Tat den Bericht in der *Gazette* geschrieben zu haben.

Kleines Tod beschleunigte die Auflösung der «Caque». Luc Lafnet stand im Begriff, nach Paris zu ziehen, und der Fakir begann, seinen ehemaligen Freunden aus dem Weg zu gehen. «Ich betrachte uns als nicht schuldig», schrieb Simenon später. «Zumindest handelten wir ohne Vorsatz [...] Wir kannten den wahren Zustand des ‹petit Kleine› nicht. Aber haben letzten Endes nicht wir ihn umgebracht?»

Es lohnt sich, hier daran zu erinnern, daß Simenon, der mit Kleine die Nacht durchgezecht hatte und in der Folge seiner täglichen Routine nachgegangen war, zuerst im Redaktionsbüro, dann am Tatort, im März 1922 eigentlich noch immer im Militärdienst stand. Nach dem Tod seines Vaters hatte er vorzeitig seine Mündigkeit erlangt, die ihm zusagende Einheit in der Armee gewählt, die Einheit gewechselt und es erreicht, daß er aus dem Ausland zurückgerufen und in die Kaserne ganz in der Nähe des Hauses seiner Mutter versetzt wurde, Armeevorschriften bezüglich journalistischer Tätigkeit straflos verletzt, faktisch eine Dauerbeurlaubung vom Militärdienst erwirkt, die Uniform abgelegt und sein früheres Zivilistenleben wiederaufgenommen. Wenn der befehlshabende Oberst des 2. Lanciersregiments ihm nicht zu widerstehen vermochte, was konnte dann der stellvertretende Kommissar Pirard von der 6. Polizeiabteilung tun? Der Mann, der den Skandal um die Metallkisten im Rathaus und die Affäre um die Schmugglerpässe aufgedeckt hatte, war offenbar fähig, ein sehr viel peinlicheres Ärgernis, das ihn selbst betraf, ohne Schwierigkeit zu vertuschen.

Der Tod Kleines fiel in die Zeit in Simenons Leben, da er der Welt des Verbrechens am nächsten kam. Es war jedoch nicht die einzige Gelegenheit. Das Verbrechen gehörte zu dem bestimmenden Hintergrund seiner Kindheit. Es begann 1914, als er elf war und die wachsende Kriminalität in einer wohlanständigen, eher konventionellen Umgebung unter dem Druck des Krieges und der Besetzung mit ansehen mußte. Die wirkliche Welt der *«petits gens»*, der Hutmacher, der Weg zur Arbeit, das Büro der Versicherungsgesellschaften – das alles endete plötzlich im August 1914. Von da an war die gesetzliche Autorität der Wehrlosigkeit ausgesetzt, denn eine fremde Macht hatte die Stadtbibliothek in dem Viertel niedergebrannt, die Bewohner einer ganzen Straße erschossen, einer Straße wie die Rue Puits-en-Sock, und der Stadt ihre Herrschaft aufgezwungen. Eltern wurden zu Dieben, und halbwüchsige Kinder konnten frei herumlaufen. Ihre Eltern lehrten sie, «zu mogeln und zu betrügen und zu lügen», und Deblauwe und Danse «stießen mit gesenkten Köpfen, zuerst gemeinsam, dann getrennt, in die Verderbtheit und in ein Verbrecherdasein vor». Kirche, Familie und Staat, die inneren und äußeren Kräfte von Gesetz und Ordnung, wurden umgestürzt, und der Sex war eine andere Form des Verbrechens.

Die Wirkungen auf Simenon sind im Verlauf seines ganzen weiteren Lebens erkennbar. Wenn er sich einer persönlichen Herausforderung gegenübersah, war er wiederholt drauf und dran, auf kriminelle Art zu reagieren: einmal, als er einem Mann auf die Spur gekommen war, der unerlaubte Nachdrucke seiner Bücher gemacht und ihm einen kleinen Teil seines Eigentums entwendet hatte; einmal, als er bei einem Ehekrach die Pistole hervorholte; einmal, als ein Buch veröffentlicht werden sollte, das die Privatsphäre seiner Familie verletzte, und er gestohlene Fahnenexemplare erhielt. Bei jeder dieser Gelegenheiten versuchte er oder traf Vorbereitungen, unter Umgehung des Gesetzes eigenmächtig zu handeln. Schon bei seinen frühesten journalistischen Versuchen zeigte er sich fasziniert von dem Verbotenen. Als er eine Metallkiste aus dem Rathaus entwendete, war das mehr als ein bloßer Reklametrick; es sollte ein Schritt zu weit sein. Die korrekte Voraussage eines Einbruchs im Haus eines Polizeibeamten war gleichfalls ein riskanter Scherz, der zu unangenehmen Folgen hätte führen können. Später in seinem Leben behauptete Simenon, er habe alles in seiner Macht Stehende getan, um seine Kinder nicht zu «anständigen Menschen» zu erziehen.

Die vielleicht dauerhafteste Prägung, welche die Besetzung Lüttichs bei Simenon hinterließ, war eine ambivalente Einstellung zu herkömmlichen Begriffen von Recht und Unrecht. Das wurde zu einem der Hauptthemen der Maigret-Romane; man könnte es fast die «Botschaft» der Maigret-Saga nennen. Im großen und ganzen ist Kriminalität für Kommissar Maigret leicht zu verstehen, und er nimmt gegenüber vielen seiner Klienten eine offen sympathisierende Haltung ein. Seine erste Frage ist nicht: «Wer hat dieses Verbrechen begangen?», sondern: «Warum wurde dieses Verbrechen begangen?», und um sich diese Frage zu beantworten, muß er zuerst die Person verstehen, die es begangen hat. In Maigrets Welt sind die Verbrecher oft weniger schuldig als ihre Opfer. Das trifft schon auf die frühesten

Maigret-Bände zu. In *Le chien jaune* – der sechste Maigret, der aber als vierter erschien – wird eine Gruppe ortsbekannter Persönlichkeiten von einem schattenhaften Feind terrorisiert, der sich zum Schluß als ein armer Kerl erweist, dem sie alle Unrecht angetan haben. Dasselbe Thema durchzieht einen anderen Roman – kein Maigret –, *Le destin des Malou*. Hier geht es um einen Jungen, der erfährt, daß sein Vater ein Verbrecher und demnach ein Held war. Das mag für Kinder aus dem «Milieu» keine außergewöhnliche Schlußfolgerung sein, doch Alain, der Held dieses Romans, ist ein tugendhafter Jüngling, der mit der verbrecherischen Welt, in der sein Vater lebte, nie in Berührung gekommen ist. Um das Paradox auffälliger zu machen, läßt Simenon den Jungen, nachdem er die wahren Aktivitäten seines Vaters entdeckt hat, zu der Eingebung gelangen, eine großmütige Tat zu begehen.

Im ersten Kapitel wird Alains Vater auf der Straße von einem wohlhabenden und angesehenen Mitbürger ermordet. Alain findet heraus, daß der Mann, der seinen Vater erschoß, behauptet, von diesem erpreßt worden zu sein. Am Ende seiner Nachforschungen fragt Alain einen Freund und gelegentlichen Komplizen seines Vaters: «War mein Vater unehrlich?» und erhält zur Antwort: «Dein Vater war ein Mann. Und das, glaub mir, ist seltener, als daß einer ehrlich ist. Eines Tages wirst du das für dich selber herausfinden.» Alain erfährt, daß sein Vater aus einer sehr armen Familie kam, daß seine Großmutter geistesgestört gewesen war und sein Großvater in einer elenden Hütte am Rand eines Dorfes gelebt und Krähen gegessen hatte. Sein Vater war über all das hinweggekommen und hatte sich als erfolgreicher Geschäftsmann einen Namen gemacht. «Wenn du so weit unten bist», meint der einstige Komplize seines Vaters, «dann reicht dir keiner mehr die Hand. Die Leute gehen vorbei, wohlgenährt, gut gekleidet, die Taschen voller Geld, und keiner denkt daran stehenzubleiben.» Die Methode Vater Malous, sie dazu zu überreden, doch «stehenzubleiben», bestand darin, daß er eine Journalistenlaufbahn einschlug. Wenn er an vertrauliche Informationen gelangte, wonach eine Firma Bestechungsgelder an Beamte gezahlt hatte, schrieb er nicht darüber, sondern benutzte die

Information, um sich eine Stelle bei der Firma zu verschaffen. Unter gewissen Umständen, so bekam Alain zu hören, könne selbst Erpressung einen Mann kennzeichnen. Die Tugend sei weitgehend relativ; für gewöhnlich gebe es mildernde Umstände, und das wahre Laster existiere nur dort, wo es keine mildernden Umstände gebe, was meistens in den «anständigen» Kreisen der Fall sei.

Am 4. Dezember 1922 endete Simenons Militärdienstjahr. Zehn Tage später nahm er den Zug nach Paris. Er sollte in drei Monaten noch einmal nach Lüttich zurückkehren, um Tigy zu heiraten. Danach wurden seine Besuche immer spärlicher und kürzer. Doch wenn er auch nur noch selten nach Lüttich kam, blieben die Geographie von Outremeuse und die Leute, denen er auf der verzauberten Insel seiner Kindheit begegnet war, seine ständigen Begleiter. Der Taubensprinter und der Zahnzieher, der Onkel, der mit einer Schnurrbartbinde besonderer Art zur Kirche ging; seine Angst, wenn er durch die dunklen Straßen zum Tor der Krankenhauskapelle rannte; die Gerüche auf dem Markt, die Muskeln der Marktfrauen, die hypnotisierende Wirkung des Sonnenlichts an der Wand eines stillen Schlafzimmers, die prächtige Uniform Désirés; das in der Maas versenkte lange Mauser-Gewehr seines Vaters, die magische Welt, die von den Ulanen zerstört und niedergebrannt wurde, die darauf folgenden Jahre der Angst, des Hungers und der Elendsprostitution – das alles kam im Lauf seines Lebens immer und immer wieder auf ihn zurück.

In den letzten sechs Monaten bei der *Gazette de Liège* sah Simenon große Zukunftschancen für Kriminalromane und sagte ihnen voraus, daß sie binnen kurzem als angesehenes literarisches Genre gelten würden. Er fügte hinzu, sie könnten die Literatur «mit Hilfe des Kinos sogar zu dominieren beginnen». Seinen Abschied von Belgien feierte er in einem Artikel, der am 15. Dezember 1922, also am Morgen nach seiner Abreise, in der Zeitschrift *Revue Sincère* in Brüssel erschien und in dem er seine letzte Mahlzeit im Haus seiner Mutter schilderte. Er hatte ihr zu erklären versucht, daß er ein eigenes Leben beginnen und ein eigenes Heim haben müsse, wie sie es einst getan hatte, doch seine

Mutter, die in der Küche Silber putzte und Marmelade kochte, verstand ihn nicht. Mütter verstanden ja nie. Warum ein neues Leben beginnen, wenn man es zu Hause so gut hatte und dort seit fast zwanzig Jahren glücklich gewesen war, sagten sie. Aber die Bande waren gerissen, die Mutter weinte, und er verließ sie trotzdem. Alles in dem vertrauten Zimmer warf ihm vor, sie unglücklich gemacht zu haben. Das waren die letzten liebevollen Worte, die er über Henriette schrieb, und als sie fast fünfzig Jahre später starb, war er selber bereits ein alternder Mann.

Im Nachtzug nach Paris sah er wieder einmal die Hochöfen vor der Stadt draußen, mit ihren halbnackten und schwitzenden Arbeitern, die im Licht der höllischen Flammen schufteten, und er muß an seinen Vater gedacht haben, der gerade vor gut einem Jahr gestorben war. Fünfundzwanzig Jahre später beschwor er die Erinnerung daran, als er in *Le destin des Malou* den jungen Alain Malou beschrieb, der seine Provinzstadt verläßt und nach Paris reist, um ein neues Leben zu beginnen, nachdem er das Rätsel des wahren Charakters seines toten Vaters gelöst hat:

«Das Stuckern der Räder wiegte ihn ein, und allmählich versank er darin, ohne ganz einzuschlafen; noch war ihm bewußt, daß hier Alain Malou in einem Abteil zweiter Klasse ausgestreckt auf der Bank lag und daß Alain Malou nach Paris seinem Schicksal entgegenfuhr. Er würde irgendeine Arbeit machen, Platzanweiser in einem Kino, Cafékellner, alles, was man verlangte. Er würde eine Prüfung nach der anderen bestehen [...] Warum sollte er nicht Arzt werden? [...] Er hatte jetzt Zeit. Er hatte sogar Zeit genug zu schlafen. Der Zug pfiff, während er durch das reifbedeckte Land eilte, unbekannte kleine Bahnhöfe versanken nacheinander in Vergessenheit, auch das Haus an dem Platz mit dem Springbrunnen war so versunken, und so viele Dinge, so viele Menschen mit ihm! Es blieb ein schlafender Malou, der bald zu einem neuen Leben erwachen würde und im Schlaf bisweilen die Lippen bewegte. Ein Malou, der alle seine Möglichkeiten ausschöpfen würde, alle seine Möglichkeiten als Mensch und als Mann.»

ZWEITER TEIL

Das Idiotengenie

«Gott erschuf Dich zum Schreiben, wie er meinen Vater zum Malen erschuf, und deshalb macht Ihr es beide so gut.»

        Jean Renoir in einem Brief an Simenon

6

«Manger et faire l'amour»

> «Es ist ohne Zweifel der berühmteste Popo der Welt [...] er ist überall [...] auf Plakaten an allen Hauswänden der Stadt, denn es ist der einzige Popo, der lacht!»
>
> Simenon über Josephine Baker
> (1927)

Die siebzehn Jahre von 1923 bis 1939, die Simenon in Frankreich verlebte, waren im großen und ganzen eine glückliche Zeit. Er hatte seine Karriere als Autor von Groschenromanen begonnen, und binnen fünf Jahren hatte er sich einen Namen gemacht und eine Menge Geld verdient. Dann folgte die Erschaffung des Kommissars Maigret, seiner berühmtesten Figur, des Helden von sechsundsiebzig Romanen, die Simenon weltberühmt machten. Mit seinem Wechsel von Lüttich nach Paris war Simenon dem klassischen Plan des ehrgeizigen Provinzlers gefolgt. Er war geflohen vor der erstickenden Enge des Familienlebens, vor der Erfahrung, daß «ständig jemand im Sterben lag», und vor dem Gefühl, überwacht zu werden und sich rechtfertigen zu müssen. In Paris gab es schon deshalb nicht viele Fragen, die man ihm stellen würde, weil niemand sich für die Antworten interessierte. In Lüttich fragte man nur dann nicht, wenn man die Antworten bereits kannte, was noch schlimmer war. Paris in den zwanziger Jahren war eine ideale Stadt, schön, sinnlich und äußerst lohnend für die kleine Bande von Außenseitern, deren Talent sie anzuerkennen bereit war.

Zu den Legenden, die sich um die Ankunft Simenons in Paris gebildet haben, gehört die von dem mittellosen und einsamen jungen Mann ohne Freunde, ohne Obdach und ohne Beziehungen, der gezwungen war, in der Bodenkammer eines schäbigen

Hotels zu schlafen, sich von Croissants und Camembert zu ernähren, tagsüber die Straßen auf der Suche nach Arbeit zu durchwandern und sich abends die Nase an den Fenstern der *brasseries* plattzudrücken, den Blick starr auf die leckeren Speisen gerichtet, die er sich nicht leisten konnte. Doch in Wirklichkeit hatte er, als sein Zug an einem Dezembermorgen 1922 in der Gare du Nord einlief, Geld in der Tasche, ein Empfehlungsschreiben an seinen neuen Arbeitgeber und einen Freund, Luc Lafnet, der ihn am Bahnhof abholte und in das Hotel Bertha hinter dem Boulevard des Batignolles brachte. Simenon trug immer noch den breitkrempigen schwarzen Hut und die schwarze Krawatte, wie sie in der «Caque» üblich waren. Im Hotel Bertha entdeckte er sehr bald, daß eins der Zimmermädchen die Nichte eines Goncourt-Preisträgers war, und in der Hoffnung, seine literarische Karriere zu fördern, nahm er sie eines Morgens auf dem Hotelflur, als sie am Boden kniete und Schuhe putzte.

Die Arbeit war eine Enttäuschung. Er hatte erwartet, die Stelle eines Privatsekretärs bei dem Schriftsteller Binet-Valmer einzunehmen, wurde dann aber nur als eine Art Laufbursche im Hauptquartier einer politischen Gruppe beschäftigt, der «Ligue des Chefs de Sections et des Anciens Combattants», die Binet-Valmer leitete. Der einzige Vorteil war, daß zu seinen Aufgaben auch Botengänge gehörten; so hatte er Gelegenheit, die fünfundvierzig Zeitungsredaktionen kennenzulernen, die Paris im Jahr 1923 zählte und die Binet-Valmer mit Flugblättern und Handzetteln seiner rechtsextremen Organisation überschwemmte.

Weihnachten 1922 war der Tiefpunkt seines neuen Abenteuers. Seine täglichen Briefe an Tigy aus dieser Zeit zeigen ihn in Tränen, in verzweifelter Abhängigkeit von ihren Ermutigungen und sterblich verliebt in sie. Manchmal schrieb er ihr viermal am Tag. In einem Brief teilte er ihr mit: «Ich verstehe jetzt, was man alles zu tun hat, um in Paris zu Erfolg zu gelangen. Und ich werde es tun. Aber ich bin entsetzt über das, was ich zu tun haben werde.» Immerhin hatte er von der Woche seiner Ankunft an Artikel an die *Revue Sincère* in Brüssel geschickt, die ihn zu ihrem Pariser Korrespondenten ernannt hatte; es waren unter anderem

Porträts prominenter Pariser Persönlichkeiten wie Léon Daudet, Claude Farrère und Paul Fort. Und es dauerte nicht lange, bis er seine ersten Kurzgeschichten schrieb. Innerhalb weniger Monate hatte er für sie in den Zeitschriften *Frou-Frou, Plaisir* und *Paris-Flirt*, die ihm hundert Francs pro Stück bezahlten, einen Markt gefunden.

Am 23. März 1923 kehrte Simenon nach Lüttich zurück, um Tigy zu heiraten. Sowohl die zivile als auch die kirchliche Trauung sollten am folgenden Tag stattfinden. Zur kirchlichen Trauung hatten sich die beiden nur bereit erklärt, um Henriette einen Gefallen zu tun, die nach der ersten Begegnung mit Tigy bemerkt hatte: «Mein Gott, ist sie häßlich!», der gleiche Kommentar, den ihre längst verstorbene Schwiegermutter über Georges als Baby gemacht hatte. Tigy, die atheistisch erzogen worden war, hatte monatelang Religionsunterricht genommen, und Simenon war gezwungen, sich bei einem seiner Freunde einen gebrauchten Smoking zu kaufen. Er verbrachte eine Nacht unter dem Dach seiner Mutter in der Rue Villette. Henriette hatte es endlich geschafft, ein Haus in der Rue de l'Enseignement zu erwerben, war aber noch nicht eingezogen. Auf dem Weg zur Kirche erzählte Simenon seiner Mutter, wie verschiedenartig man in Paris Kartoffeln fritierte, um sie von den jederzeit und trotz des für sie so schmeichelhaften sozialen Aufstiegs ihres Sohnes drohenden Tränenausbrüchen abzulenken. Eine kirchliche Hochzeit war zwar kein Fest für die Boheme, doch die Braut hatte getan, was sie konnte, indem sie ein langes schwarzes Tüllkleid, einen schwarzen Seidenmantel und einen breiten, mit Paradiesvogelfedern geschmückten Hut trug. In dieser Aufmachung begab sie sich vom Haus ihres Vaters, das in der nahen Rue Fabry lag, in die Kirche Sainte-Véronique. Bei der Zeremonie im Rathaus ging es lustiger zu. *«Le petit Sim»* erfreute sich in Lüttich noch immer großer Beliebtheit. All seine Freunde von der Presse waren da, und das Paar wurde vom stellvertretenden Bürgermeister getraut; es war jedoch nicht der unglückliche Monsieur Fraigneux. Lüttich hatte jetzt seinen ersten kommunistischen Vizebürgermeister, und dieser feierte den Anlaß mit einer langen und wirren

Rede auf wallonisch; kurz danach wurde er seines Amtes enthoben und in ein Irrenhaus eingeliefert. Die frischangetraute Gattin war ganz das, was Simenon wollte. Jahre später sagte er: «Ich wußte, daß ich zu jeder Dummheit fähig war. Ich brauchte eine Fußfessel.» Noch am selben Abend fuhren die beiden nach Paris, wo sie eine Wohnung in der Rue Saint-Honoré nahe beim Parc Monceau bezogen, die Simenon gegen die am Boulevard des Batignolles eingetauscht hatte, weil sie ihm geeigneter schien, ein eheliches Leben zu beginnen. Am nächsten Morgen wurden sie vom Hauswirt geweckt, einem älteren Homosexuellen, der im Nachthemd mit seinem Freund auf Zehenspitzen durch ihr Schlafzimmer zum einzigen Badezimmer des Hauses schlich. (Tigy hatte sich gewünscht, das Eheleben in zwei Wohnungen zu beginnen, so daß jeder von ihnen sich zurückziehen könnte, wenn es ihm gefiel – ein Vorschlag, den Simenon als *«assez original»* bezeichnete.)

Mit Tigys Ankunft in Paris waren Simenons schwerste Tage vorbei. Bisher hatte er nur mit Lafnet und dessen Frau verkehrt, die in der Rue du Mont-Cenis wohnten, in der Nähe der Kirche Sacré-Cœur. Jetzt hatte er soviel Gesellschaft, wie er wollte, und dazu noch seine Kurzgeschichten. Während Tigy malte und ihre Bilder zu verkaufen versuchte, bestritt er die Kosten des gemeinsamen Haushalts, indem er Geschichten für Zeitungen und kleine Zeitschriften schrieb, ferner Abenteuerromane in Fortsetzungen sowie Romane für sechs verschiedene Verleger, die unter vierundzwanzig eingetragenen Pseudonymen erschienen, von denen die bekanntesten «Georges Sim» und «Christian Brulls» waren. Diese Bücher nannte er seine *«romans alimentaires»*, seine Brotromane. Seine Hoffnungen halfen ihm über die langweiligen Stunden im Hauptquartier der «Ligue» hinweg, wo er ausländische Briefmarken aussortieren und Umschläge kleben mußte. Seine Bürokollegen hatten einen «Fluchkasten» aufgestellt, in den er jedesmal zehn Centimes werfen mußte, wenn er einen typisch belgischen Ausdruck benutzte, etwa *«n'est-ce pas»*.

Binet-Valmer hieß in Wirklichkeit Jean Binet, und unter diesem Namen hatte er sich 1910 mit dem Roman *Lucien*, dessen

Held ein Homosexueller war, zweifelhaften Ruhm erworben. Er war ein prominentes Mitglied der «Action Française», und das Büro geriet in größte Aufregung, wenn die Nachricht über einen Streik in der Industrie eintraf, denn dann wurden die *«anciens combattants»* der «Ligue» kurzfristig als Streikbrecher mobilisiert. Das Büro lag in einer dunklen Sackgasse, der Avenue Beaucour, die den einzigen Vorteil hatte, nur fünf Minuten zu Fuß von der Wohnung entfernt zu sein. Simenon muß sich manchmal gefragt haben, ob Georges Plumier, der Lütticher Freund seines Vaters, dem er die Empfehlung an Binet-Valmer verdankte, wirklich beabsichtigt hatte, ihm einen Gefallen zu erweisen.

Zu dieser Zeit verdiente Simenon 600 Francs im Monat, von denen er 250 an seine Mutter schickte. Trotz der gelegentlichen Einkünfte aus seiner literarischen Tätigkeit begann er an Geldmangel zu leiden, und er mag versucht gewesen sein, sich unerlaubte Vorschüsse aus der Portokasse zu nehmen; das jedenfalls tat eine seiner späteren Romanfiguren, ein Mann, der ebenfalls im Hauptquartier einer patriotischen Liga arbeitete, in *Les noces de Poitiers*. Vermutlich wollte Binet-Valmer, der Simenons Artikel in der *Gazette* gelesen hatte, ihm einen Denkzettel erteilen. Was ist schon ein zwanzigjähriger Journalist mit vier Jahren Erfahrung und all seinem in einer belgischen Provinzstadt erworbenen Ruhm in Paris wert? Doch allerhöchstens eine sofortige Anstellung als Bürogehilfe. Simenon hatte die Frechheit, Binet-Valmer an seine ursprünglichen Erwartungen zu erinnern, indem er zwei Romane seines Arbeitgebers in der *Revue Sincère* rezensierte; er war jedoch vernünftig genug, sie nicht zu verreißen.

Einer der wichtigsten Förderer der «Ligue» war Raymond de Tracy, ein reicher Weiberfeind und Aristokrat. Anläßlich eines Besuches bei Binet-Valmer bemerkte der Marquis de Tracy den frustrierten jungen Mann in der Ecke des Zimmers und erkundigte sich, wer er sei. Der Marquis suchte einen Privatsekretär, und da Binet-Valmer, der ohnehin keine Romane mehr schrieb, nicht recht wußte, was er mit dem *«petit Sim»* anfangen sollte, wurde man sich schnell einig. Binet-Valmer fragte Simenon, ob es ihm gefallen würde, Privatsekretär eines der reichsten Männer

Frankreichs zu werden. Er war erst seit sechs Monaten Bürogehilfe. Sein neuer Arbeitgeber nannte ihn «Sim», und unter diesem Namen war er in den nächsten zehn Jahren bestens bekannt. Seine Arbeit bestand darin, mit dem Marquis in ganz Frankreich herumzureisen, denn dieser besaß fünf Schlösser und Güter; sein Hauptwohnsitz war Paray-le-Frésil bei Moulins im Departement Allier. Außerdem gehörten ihm Liegenschaften in Italien und Tunesien. Da der Marquis keinen verheirateten Privatsekretär wünschte, mußte Sim Tigy zurücklassen. Damit hatte sich Tigys Plan verwirklicht: Ihr Mann war neun Monate im Jahr abwesend. Trotzdem stellte sie fest, daß sie ihn vermißte, und sie begann, ihm auf seinen Reisen zu folgen, indem sie sich zuerst ein Hotelzimmer in einer Nachbarstadt nahm. De Tracy kam bald dahinter, doch es amüsierte ihn, und er schlug vor, daß die Frau seines Privatsekretärs ein Zimmer im Dorf mietete. Dank dieser neuen Abmachung konnte Tigy ihren Sim im Auge behalten. Später beklagte er sich, sie sei furchtbar eifersüchtig gewesen, obgleich sie im Bett nicht viel Eifer gezeigt habe, und sie habe gedroht, sich das Leben zu nehmen, falls er ihr je untreu würde.

Zu dieser Zeit trug Sim sein blondes Haar lang, weil er sich als Künstler betrachtete. Eines Tages trat der Marquis hinter seinen Stuhl, hob die goldenen Locken an und murmelte: «*Mon petit Sim...*», womit er sagen wollte: «Brauchst du das wirklich?» Alsbald ließ sich *«le petit Sim»* das Haar schneiden. Er hatte eine neue Vaterfigur gefunden, einen Mann, der ihn wie einen Freund behandelte und hinter die Kulissen einer Welt führte, die er sonst nie betreten hätte. Der Marquis hatte einen Verwalter namens Pierre Tardivon, der Sim so beeindruckte, daß er ihn später als Vorlage für den Vater Maigrets benutzte. Ein großer Vorteil der Sekretärsarbeit war, daß sie Sim viel Zeit zum Schreiben ließ. Er hatte inzwischen einen florierenden Markt für seine *contes galants* gefunden, wollte sein Gebiet jedoch weiter ausbreiten und dachte besonders an die vielgelesene Tageszeitung *Le Matin*. Dort herrschte folgendes System: Fünf bekannte Schriftsteller schrieben abwechselnd je eine Geschichte für jeden Tag, doch der Freitag war frei. Sim bewarb sich mit einigen Dutzenden anderer

Anwärter um die Freitagslücke. Um sich keine Chance entgehen zu lassen, paßte er seine Geschichten inhaltlich und stilistisch den in der Zeitung bereits veröffentlichten an und sandte sie an die Literaturredakteurin Colette, die auch zu den regelmäßigen Mitarbeitern gehörte und drei Jahre zuvor mit ihrem Roman *Chéri* zu Ruhm gelangt war. Einige Wochen später erhielt Sim die Nachricht, daß sie ihn zu sprechen wünsche. Sie sagte ihm, er befinde sich auf dem richtigen Weg, solle aber «die Literatur» fallenlassen. *«Pas de littérature!»* sagte sie. *«Supprimez toute la littérature, et ça ira!»* Sim war zutiefst beeindruckt von der in ihrem Redaktionssessel sitzenden Colette; ihr Rat verblüffte ihn jedoch. Er nahm an, es bedeute, daß er seine Beschreibungen vereinfachen, seinen Wortschatz auf ein Mindestmaß beschränken und es auf jedes einzelne Wort ankommen lassen müsse. Das tat er dann auch, und noch einmal wurde seine Arbeit von der kraushaarigen, verschmitzt lächelnden und mit den Augen funkelnden winzigen Dame hinter dem riesigen Schreibtisch abgelehnt. Doch nachdem er seinen Stil noch mehr vereinfacht hatte, wurden seine Geschichten angenommen und veröffentlicht. Das war im September 1923. Im Februar des folgenden Jahres nahm Colette ihn in die auserlesene Gruppe der festen Mitarbeiter auf. Nach fünfzehn Monaten in Frankreich hatte er es geschafft. Das stimmte ihn so zuversichtlich, daß er einen Monat später seine Stellung bei de Tracy kündigte. Die Arbeit hatte ihm gefallen, und er war um viele Kenntnisse reicher geworden (besonders was Weine betraf), doch der Marquis verbrachte zuviel Zeit auf dem Lande, und Sim wollte nach Paris zurückkehren. Sie trennten sich als gute Freunde.

Als Sim den Dienst beim Marquis quittierte, zog er mit Tigy in die Rue des Dames nahe dem Boulevard des Batignolles und dem Hotel, in dem er seine erste Pariser Nacht verbracht hatte. Sie waren der Sackgasse in der Nachbarschaft von Binet-Valmers Büro müde geworden. Allerdings blieben sie nur drei Monate in der Rue des Dames, denn bei einem Spaziergang durch die Stadt hatte Sim ein Schild gesehen, auf dem eine Mietwohnung an der Place des Vosges angeboten wurde. Es waren zwar nur zwei

Zimmer, aber er griff sofort zu. Die Wohnung lag im Erdgeschoß zu einem Hof hin, an dessen anderem Ende sich die Laboratorien der Firma Hoffmann-Laroche befanden. Das Gebäude hatte einst Richelieu als *hôtel particulier* gedient. Die Place des Vosges, einer der berühmtesten historischen Plätze der Stadt, umgeben vom Marais, der zu den ältesten Vierteln von Paris gehört, war damals ein buntes Durcheinander von Läden, Handwerkerateliers, baufälligen Palais und dubiosen Gassen. Von aller Büroarbeit befreit, konnte Sim jetzt seine Zeit ausschließlich dem Schreiben und Herumwandern widmen, während Tigy den ganzen Tag mit Malen verbrachte; am Abend gingen sie zusammen aus, um sich zu amüsieren. Tigy malte alles, Stilleben, Landschaften, Interieurs und Porträts, begann sich jedoch zunehmend für Akte zu interessieren, besonders für den weiblichen Akt, und es war Sims Aufgabe, ihr Amateurmodelle zu beschaffen, das heißt Mädchen, die so dringend Geld brauchten, daß sie billig zu haben waren. Für gewöhnlich fand er sie in Bars, vor allem in Montparnasse. Wie er es später schilderte, ging er dabei folgendermaßen vor: Zuerst schaute er an der Bar nach einem in Frage kommenden Mädchen aus, und dann fragte er, ob sie interessiert sei, für seine Frau Modell zu sitzen. Sagte sie ja, forderte er sie auf, ihr Kleid aufzuknöpfen. Schien alles in Ordnung, betastete er ihre Brust, und der Handel war abgeschlossen. Aus ganz Europa kamen Mädchen nach Paris in der Hoffnung, sich als Künstlermodelle Ruhm und vielleicht auch ein Vermögen zu erwerben. Eine von ihnen hieß Alice Prin, und sie kam aus einer kleinen Stadt im Burgund. Sie war sechzehn, als sie zum erstenmal das Café La Rotonde betrat, nachdem ihre Mutter sie am Tag zuvor aus dem Haus geworfen hatte. Sie wurde entdeckt, jedoch nicht von Sim, der fast täglich das Café besuchte, sondern von dem Maler Moïse Kisling, der später zu Sims besten Freunden gehören sollte. Sie war frisch und hübsch und saß gelassen vor einem *café au lait*. «*Tiens*», sagte Kisling, «wer ist denn die neue Nutte?» Alice Prin fand das gar nicht komisch und sagte es ihm äußerst unverblümt. Kisling war entzückt und bot ihr an, ihm Modell zu stehen. Dann wollten Modigliani, Foujita und Picasso sie malen, und bald war sie das bekannteste Modell in Paris. Sie wurde als «Kiki von Montparnasse» berühmt und hatte eine lange und leidenschaftliche Liebesaffäre mit dem amerikanischen Fotografen und Maler Man Ray, der ihr zu noch größerem Ruhm verhalf. Sie posierte unter anderem 1924 für sein Bild «Violon d'Ingres». Kiki erzählte später, sie sei ein *«modèle triste»* gewesen, und Kisling habe, um sie zum Lachen zu bringen, Wahnsinnsschreie ausgestoßen, während er sie malte. Kisling selbst hingegen hatte sie als lustiges Modell in Erinnerung, das ihn oft mit Imitationen von Operndivas unterhalten habe. So kam sie auf die Idee, in der Öffentlichkeit zu singen, und man fand sie oft im Café Le Jockey, wo sie sich mit einer fast wie ein Bariton klingenden Stimme mit Chansons über Huren und Luden produzierte und nach der Vorstellung mit dem Hut eines Gastes sammeln ging. Bei vielen anderen Gelegenheiten hatte Kiki die nette Idee, sich vor dem Publikum auszuziehen, meistens während sie tanzte. Ihre Bewunderer sagten: «Ihr Rock ging rauf und runter wie ein Theatervorhang.» Kisling war ein geselliger Künstler. Er fand, daß Konversation seine Arbeit inspirierte, und sein Atelier war oft voller Freunde, zu denen auch Tigy und Sim gehörten, der von Kiki höchst beeindruckt war.

Für Kiki war es die beste Zeit ihres Lebens. Sie blieb in Montparnasse, nachdem die meisten Maler in den frühen dreißiger Jahren Paris verlassen hatten, doch sie war keine Königin mehr. Ziemlich bald hörte sie auf, sich zu entkleiden, dann verlor sie die Stimme, und sie endete als drogensüchtige Alkoholikerin, die den Gästen in der «Coupole» aus der Hand las, während die an den Wänden hängenden Fotografien und Gemälde, die sie unsterblich gemacht hatten, für immer mehr Millionen die Besitzer wechselten. Der Fotograf Brassaï schrieb über sie: «Die meisten Opfer dieser Wahnsinnsjahre gingen fort, um zu sterben. Kiki blieb an Deck und versank mit dem Schiff.» Als sie 1953 mit über fünfzig Jahren starb, folgten Abordnungen aller führenden Cafés und *brasseries* von Montparnasse dem Trauerzug mit Bannern: «La Coupole», «Le Dôme», «Le Jockey» und natürlich «La Rotonde». Doch der einzige Maler, der ihren Sarg bis zum Friedhof begleitete, war Foujita.

Ein anderes Lokal, in dem Sim sich oft und gern aufhielt, war «Le Sphinx», ein ungewöhnliches Bordell am Boulevard Edgar-Quinet, das wie ein elegantes Café aussah, in das viele Ehemänner ihre Frauen und Kinder mitbrachten und das auch Kisling auf seiner ewigen Suche nach Modellen häufig besuchte. Die sechzig Mädchen, die im «Sphinx» arbeiteten, waren nicht gezwungen, sich zu prostituieren; wenn sie es jedoch taten, durften sie ihre Kunden gegen ein kleines Entgelt zu sich nach Hause nehmen, falls ihnen das lieber war. Viele dieser Mädchen waren Tänzerinnen der Folies-Bergère, die nur kamen, um Bekanntschaften zu machen und sich gelegentlich ein wenig Taschengeld als Hostessen zu verdienen. Dank dieser neuartigen Hausordnung hatte «Le Sphinx» einen riesigen Erfolg. Journalisten begannen die Bar als ihr Büro zu benutzen und ihre Berichte von dort aus telefonisch durchzugeben. Die elegante Innendekoration war mit Bankkrediten bezahlt, und die Besitzerin, Marthe Lemestre, bekannt als »Martoune», machte keinen Hehl daraus, daß sie mit dem Polizeipräfekten der Stadt und dem Innenminister Albert Sarraut im besten Einvernehmen stand.

Sim hatte reichlich Zeit für Amüsements dieser Art aufgrund seiner phänomenalen Fähigkeit, schnell zu schreiben. Die Leichtigkeit, mit der er bei der *Gazette de Liège* jeden Morgen als erstes seine Kolumne fertiggestellt hatte, verdankte er dem Medium der populären Kurzgeschichten; schon bald war er imstande, täglich achtzig Seiten zu tippen, was vier bis sieben Geschichten gleichkam. Ein anderes nützliches Prinzip, an das er sich zeit seines Lebens hielt, war die Regel, nie gegen Vorschuß zu arbeiten; er betrachtete das als eine «gefährliche Angewohnheit», die leicht zur Verschuldung führen konnte. Zwar war er stets bereit, Verträge abzuschließen, die ihn verpflichteten, soundsoviel Titel im Jahr zu produzieren, doch er kassierte sein Geld nur aus den fälligen Honoraren und war deshalb auch in der Lage, höhere Honorarsätze zu fordern. 1924 allerdings waren Sims Honorare noch Zukunftsmusik. Seine billigen Kurzgeschichten wurden zu einem Festpreis verkauft und meistens nie wieder aufgelegt. Binnen kurzem fühlte er sich bereit, sein Arbeitsfeld zu erweitern.

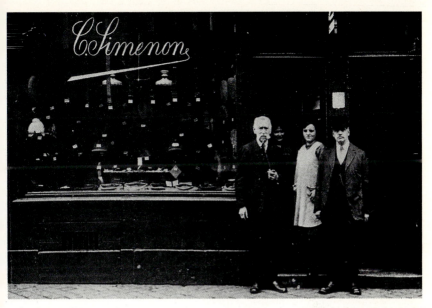

1 Großvater Chrétien Simenon (links) vor seinem Hutladen Rue Puits-en-Sock 58 in Outremeuse, Lüttich.

2 Die Simenons in Outremeuse am 4.9.1900 vor der feierlichen Profeß von Georges Simenons Tante Louise (Schwester Marie-Madeleine) als Ursulinerin. Hintere Reihe: Jean Charles Coomans, dessen Frau Françoise Simenon, Lucien Simenon, Simenons Vater Désiré Simenon, Onkel Arthur Simenon, Onkel Guillaume Simenon, Tante Céline Simenon. Großvater und Großmutter Simenon sitzen zu beiden Seiten Tante Louises.

3/4 Die «germanische» Seite der Familie: Großvater Wilhelm (Guillaume) Brüll aus Herzogenrath und Großmutter Marie Brüll aus Niederländisch-Limburg. «Mein Vater nahm das Leben als eine vollkommen gerade Linie [...] meine Mutter kam aus einem geplagten Geschlecht» – so Simenon über seine elterlichen Erbteile.

5 Désiré und Henriette Simenon mit Christian und Georges im Jahr 1910. Simenon vergötterte seinen Vater. «Niemand hat je begriffen, was sich zwischen Vater und Sohn abspielte.»

6 Theateraufführung im Institut Saint-André der Schulbrüder in Lüttich, April 1914. Georges Simenon (elf) steht als Tambourmajor in der Mitte.

7 Straßenszene in Lüttich um die Jahrhundertwende: Markt auf der Place Cockerill. Henriette Simenon und ihr Sohn Georges kamen allwöchentlich auf einer Fußgängerbrücke über die Maas zum Einkaufen hierher.

8 Drei Meßdiener aus der Kapelle des Bavière-Hospitals. Georges (Mitte) mußte im Winter frühmorgens durch die dunklen Straßen von Outremeuse rennen, um rechtzeitig zur 6-Uhr-Frühmesse dazusein.

9/10 Die Simenons vermieteten Zimmer an Studenten: Lola Resnick, «die dicke Kaukasierin, fleischig weich wie eine exotische Frucht». Frida Stawitzkaja aus Odessa, Medizinstudentin mit einer starken Neigung zur Anatomie, später Sowjetkommissarin *(rechts)*.

11 *Oben links:* Der fünfzehnjährige Georges Simenon, der vorzeitig die Schule verlassen hatte, schlug sich zu dieser Zeit, November 1918, mit Schwarzmarktgeschäften durch.

12 *Oben rechts:* Der Mann, der ihm eine Chance gab, war Joseph Demarteau III., Rechtsanwalt und Herausgeber der *Gazette de Liège*.

13 Das direkt gegenüber der Schule gelegene Wohnhaus der Simenons in der Rue de la Loi.

14 «Wir waren eine kleine Gruppe von Genies, die der Zufall zusammengebracht hatte.» Mitglieder von «La Caque» im Jahr 1919; im Kreis der *«petit Kleine»*, der im März 1922, am Türklopfer einer Kirchentür baumelnd, tot aufgefunden wurde.

15 Die in «La Caque» organisierte junge Lütticher Boheme hielt ihre Zusammenkünfte, an denen auch Simenon teilnahm, in diesem heruntergekommenen Viertel ab; Joseph Kleine wurde dabei unter Drogen gesetzt und hypnotisiert. Simenon schrieb einen Zeitungsbericht über seinen Tod; er deutete ihn als Selbstmord und verschwieg, daß er die Nacht zuvor mit Kleine verbracht hatte.

16 Im Dezember 1922 verließ der neunzehnjährige Georges Simenon, der sich damals mit Vorliebe im Dichtergewand zeigte, mit breitkrempigem schwarzem Hut und schwarzer Krawatte, seine Heimatstadt und nahm den Nachtzug nach Paris. Seine erste Beschäftigung dort war die eines Laufburschen.

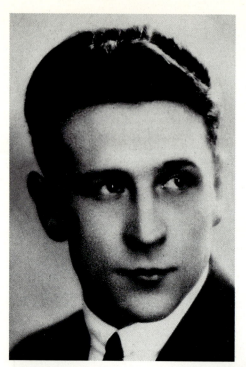

17 *Links:* Fünf Jahre nach seiner Ankunft in Paris war Georges Simenon alias «Georges Sim» einer der produktivsten und beliebtesten Schriftsteller in Frankreich geworden; in seinem Rekordjahr, 1928, schrieb er vierundvierzig Unterhaltungsromane.

18 *Unten:* Eine Tischrunde in der «Coupole» in Montparnasse; von links nach rechts: «Madame Georges Sim» (Tigy), Simenon, die Tänzerin und Sängerin Josephine Baker, Pepito Abatino (Manager der Künstlerin), ein Fan. Simenon hatte eine heftige Affäre mit der Baker, Inhaberin des «einzigen Popos, der lacht».

19 *Rechte Seite:* Henriette Liberge, genannt «Boule», Tochter eines Fischers aus Bénouville in der Normandie, die mit achtzehn Tigys Dienstmädchen und in der Folge Simenons Geliebte wurde; hier in Schiffsjungenkluft.

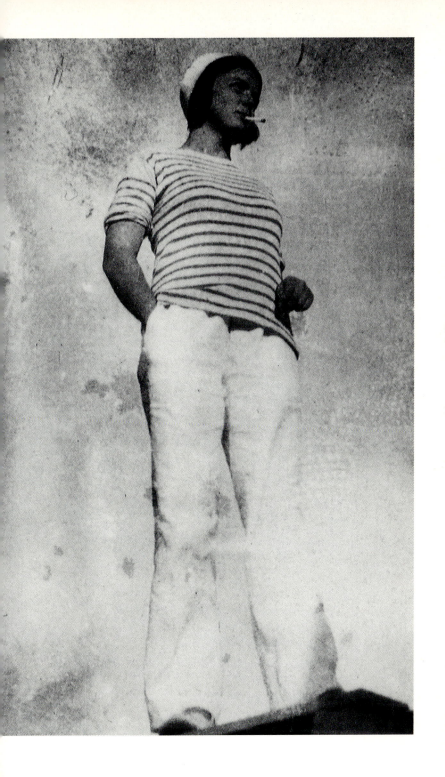

21 Simenon an Bord der «Ostrogoth» vor der Abfahrt von Paris im März 1929. Die einjährige Bootsreise ging nordwärts und führte über Wasserstraßen Frankreichs, Belgiens und der Niederlande bis nach Wilhelmshaven; unterwegs ersann Simenon seine berühmteste Romanfigur, Kommissar Maigret.

20 *Linke Seite:* Georges Simenon, gemalt von Tigy, seiner Frau, im Sommer 1927 auf der Insel Aix bei La Rochelle, wohin er sich geflüchtet hatte, um von Josephine Baker loszukommen.

22 La Richardière, der Landsitz bei La Rochelle, wo Simenon und Tigy von April 1932 an zwei Jahre lebten.

23 Christian Simenon 1932 in Belgisch-Kongo mit seinem Söhnchen Georget, benannt nach dem Schriftsteller-Onkel; Simenon klagte später, er habe deshalb keinem seiner Söhne den eigenen Vornamen vererben können.

4 Tigy mit Olaf, der dänischen Dogge, am Atlantikstrand im Departement Vendée. «In der Gegend von La Rochelle fand ich genau das Licht der Niederlande wieder, das Leuchten, das man in den Himmeln Vermeers findet.»

25 Um 1935 hatte Simenon Maigret in den Ruhestand geschickt und konnte es sich leisten, mit Tigy zu einer Weltreise aufzubrechen, die über acht Monate dauerte.

26 *Unten:* Auf Tahiti, in das er sich regelrecht verliebte, traf er «Mamata», die sich hier am Strand rekelt, vom Fuß eines Freundes gekitzelt; der Fotograf war kein anderer als Simenon, dessen sonnenhutbewehrter Kopf seinen Schatten ins Bild wirft.

Als Tigy und Sim in Paris angekommen waren, hatten sie sich weitgehend der Obhut Luc Lafnets anvertraut. Lafnet fand ein trauriges Ende. Zuerst starb seine kleine Tochter, und kurz danach starb er selber an Leberzirrhose. Wie viele andere Mitglieder der «Caque» war er ein Versager, doch 1922 lebte er in Montmartre in der Rue du Mont-Cenis, und er führte Tigy in den Kreis der jungen Maler ein, die jeden Monat ihre Bilder auf der Place Constantin-Pecqueur ausstellten. Das Ereignis war als «La Foire aux Croûtes» bekannt. Eines Sommermorgens im Jahr 1924, kurz nachdem sie an die Place des Vosges umgezogen waren, trafen Tigy und Sim Vorbereitungen für eine Ausstellung. Tigy malte die Bilder, Sim machte die Rahmen, doch an diesem Tag fand Tigy seine Hilfe störend. Er war zu unruhig, und sie meinte, er werde nur die Kunden verscheuchen. So ging Sim in ein nahes Café, möglicherweise in der Rue Caulaincourt, setzte sich an einen Tisch und beschloß, diesmal eine längere Geschichte zu schreiben, so etwas wie einen Roman. Er war mit seiner Geschichte fast fertig, als er, noch immer auf der Kaffeeterrasse sitzend, sich ein spätes Mittagessen bestellte, und er nannte die Geschichte *Le roman d'une dactylo*, da sie von einem Schreibfräulein handelte und dem Markt entsprach, den er im Sinn hatte. Dann ging er mit seinem Manuskript zu J. Ferenczi, der in seinem Verlag Le Petit Livre Groschenromane publizierte. Ferenczi nahm es sofort an und bezahlte ihm dafür den Gegenwert von drei Kurzgeschichten. Gegen Ende des Jahres hatte er unter den beiden Pseudonymen «Jean du Perry» und «Georges Simm» (sic!) zwei weitere kurze Romane geschrieben, die Ferenczi ebenfalls veröffentlichte.

Von 1925 bis 1927 genossen Sim und Tigy das Leben an der Place des Vosges und in Montparnasse in vollen Zügen. Um vom einen Ort zum anderen zu gelangen, mußten sie zuerst über die Ile de la Cité, dann den Boulevard Saint-Michel hinauf und schließlich durch den Jardin du Luxembourg. Später konnten sie sich Taxis leisten. Nicht lange danach kaufte Sim einen Wagen und mietete sich einen Chauffeur, den er, wie er später behauptete, in eine Marineuniform steckte, um Probleme mit der

Polizei zu vermeiden. Aus alledem läßt sich ersehen, daß die Romangestalt, die Georges Sim schließlich zu Ruhm und Reichtum verhalf, nicht das Werk eines inspirierten Morgens, sondern Frucht einer sechsjährigen Lehrzeit war, einer Zeit, in der Sim systematisch sein Handwerk lernte. Im Gegensatz zu vielen anderen Schriftstellerlehrlingen hungerte er indes nicht in einer Bodenkammer, während er sein erstes Meisterwerk schuf. Er besuchte weder einen «Kurs für schöpferisches Schreiben», noch bemühte er sich um einen akademischen Grad. Ein Universitätsstudium war ihm verwehrt, und er verfügte auch nicht über ein Privatvermögen. Er mußte sich seinen Lebensunterhalt verdienen, und da er ohnehin schreiben wollte, versuchte er natürlich, die Schriftstellerei gleich zu seinem Broterwerb zu machen, was bedeutete, daß er nicht schreiben konnte, was er wollte, sondern schreiben mußte, was die Leute lesen wollten und wofür Verleger zu bezahlen bereit waren.

Sim gab nie zu, daß er für seine Karriere ein Vorbild hatte, doch die Gemeinsamkeiten zwischen seinem Leben und dem Balzacs sind auffällig. Balzac schrieb einundneunzig Romane, die zusammengenommen seine *Comédie humaine* bilden. Balzac begann volkstümliche oder Groschenromane zu schreiben, die er unter verschiedenen Pseudonymen veröffentlichte, bis er im Alter von achtundzwanzig Jahren den Roman *Les Chouans* schrieb, den er für gut genug hielt, unter seinem wahren Namen zu erscheinen. Gleich darauf fing er an, Romane in sehr rascher Folge zu schreiben; seine *Comédie humaine* entstand innerhalb von neunzehn Jahren, und während dieser Zeit arbeitete er viel als Journalist, um seine Schulden zu bezahlen. Im Gegensatz zu Sim litt Balzac ständig an Geldmangel, weil er dem Glücksspiel frönte und spekulierte. Im Gegensatz zu Sim legte Balzac Werke vor, die sich den Kritikern empfahlen, weil er sie als Teile eines künstlerischen Ganzen ersonnen hatte. Die zweitausend einmal oder wiederholt auftretenden Romanfiguren bilden ein Spektrum menschlicher Schwächen, und dieser chaotischen und lebensnahen Welt zwang er eine genügend rigorose Struktur auf, um behaupten zu können, es handle sich um ein einziges Werk. Das war *«sérieux»*. Sim schaffte nie dergleichen, und wahrscheinlich erstrebte er es nicht einmal, obgleich auch er viele einander ähnelnde Figuren benutzte und seine Romane sehr wohl als Teile eines Ganzen hätten gelten können, wenn er solches beabsichtigt hätte. Andererseits ging Sim beim Schreiben mit wunderbarer Sparsamkeit und Ordentlichkeit zu Werke, sehr im Gegensatz zu der Konfusion, die Balzacs Leben beherrschte, und Sim besaß weitaus mehr Geschäftssinn.

Von 1924 bis 1928 wuchs die Anzahl der von Sim alljährlich veröffentlichten *«romans populaires»* von drei auf vierundvierzig. Gleichzeitig absolvierte er seine Lehrzeit auf andere Weise. Damals wie heute arbeiteten viele französische Schriftsteller in Halbtagsstellungen bei den Verlagen, die ihre Bücher veröffentlichten; Sim fiel aus dem Rahmen, weil er nie in einem Verlag arbeitete. Trotzdem erwarb er sich bis ins einzelne gehende Kenntnisse über Verlagsverträge und Verlagsfinanzen. Er hatte nie einen Agenten und führte alle Verhandlungen selbst, doch er wußte genau, welche Gewinne ein Verleger von einem bestimmten Titel erwartete, und während seiner Zeit als Groschenromanautor hatte er mit sechs verschiedenen Verlegern und mehreren Dutzend Zeitschriftenredaktionen zu tun. Vom Beginn seiner Karriere an bewies Sim ein seltenes Talent für das Marketing. Bereits 1925 gelang es ihm, einen namhaften Reporter der Zeitung *Paris-Soir* dazu zu überreden, einen Titelblattartikel über seine ungewöhnlichen Arbeitsmethoden zu schreiben. Der Artikel erschien am 5. Juni und berichtete von der Leichtigkeit und der Geschwindigkeit, mit der dieser junge Mann seine Schriftstellerarbeit bewältigte. Laut *Paris-Soir* stand der zweiundzwanzigjährige Georges Sim jeden Morgen um neun Uhr neben seiner Schreibkraft und diktierte ihr bis um zwölf Uhr drei Kurzgeschichten. Nachmittags brachte er die Geschichten zu den Verlegern, und am Abend arbeitete er an zwei längeren Geschichten von je etwa zehntausend Wörtern, die eine Woche später abgeliefert wurden. Sim war bereits einer der beliebtesten Kurzgeschichtenschreiber von *Le Matin*. Er produzierte jeden Monat sechzig Geschichten zu je tausend Wörtern sowie drei längere Geschichten zu je zwanzigtausend Wörtern. Der Artikel vermittelte das herkömmliche Bild eines ehrgeizigen jungen Provinzlers, der es eilig hat, doch hieß es dann: »An dem Tag, an dem er sich das Recht auf ein bißchen Muße verdient haben wird, wird er große Dinge vollbringen.«

Das war der erste Artikel über Sim in der Pariser Presse. Er erschien zwei Jahre, nachdem Colette seine ersten Kurzgeschichten für *Le Matin* akzeptiert hatte, und ein Jahr nach der Veröffentlichung des *Roman d'une dactylo*. Die Erwähnung der Schreibkraft, die das Diktat aufnahm, ist merkwürdig; es ist der einzige Hinweis darauf, daß Sim sich je dieser Methode bediente. Wahrscheinlich wollte man damit andeuten, daß er eine Schreibkraft verwenden mußte, um ein solches Produktionspensum zu bewältigen. Dieser junge Autor schrieb so schnell, daß eine ausgebildete Stenotypistin die Worte für ihn zu Papier zu bringen hatte. Vielleicht sieht man hier bereits die Simsche Masche, das exotische Detail, das dem Interview auf die Titelseite verhalf. Schließlich hätte es nicht viel gekostet, eine Schreibkraft für einen Vormittag zu mieten und ihr drei seiner unveröffentlichten Geschichten zu diktieren.

Im Sommer 1924 machten Tigy und Sim keine Ferien. Sie waren beide zu sehr mit ihrer Arbeit beschäftigt, hatten einen großen Teil der letzten zwölf Monate mit dem Marquis de Tracy außerhalb von Paris verbracht und hatten ohnedies kein Geld. Doch 1925 hatten sie Zeit und genug Geld für einen Ferienaufenthalt in einem Haus in der Normandie, das ein Freund, der Bilder restaurierte, ihnen zur Verfügung stellte. Es lag in der Nähe von Etretat, dem für seine Klippen und seinen Kieselstrand berühmten Dorf. Die Ferien waren bedeutungsvoll, denn hier machten sie die Bekanntschaft Henriette Liberges, der achtzehnjährigen Tochter eines ortsansässigen Fischers, eines Mädchens, das mit einer Gruppe von Kindern durch das Fenster des Ferienhauses lugte und beobachtete, wie sie sich liebten. Henriette, das älteste von elf Kindern, war im Dorf Bénouville geboren und aufgewachsen. Ihr Großvater war auf See geblieben. Ihr Vater, Henri

Liberge, hatte ein kleines Boot, das ihm gerade genug einbrachte, um seine Familie zu ernähren. Ihre Mutter, Berthe Cornu, pflegte abwechselnd eins ihrer Kinder auf einen benachbarten Bauernhof zu schicken, damit es um «*quarante sous de crème*» als Zusatz für die Familiensuppe bitte, doch mußten sie darauf achten, daß sie nicht zweimal nacheinander denselben Hof besuchten. Sie hatten keine Verwandten, die auf dem Lande arbeiteten, denn die Kinder der Fischer heirateten keine *paysans*, wie Henriette sich noch jetzt erinnert; «im Vergleich zu uns waren sie so gut wie Adlige», erzählte sie, «sie besaßen so viele Dinge, und wir hatten nur ein kleines Boot».

Henriettes Vater war ein guter Koch, und es machte Spaß, in einer so großen Familie aufzuwachsen. Die schlimmste Strafe für die Kinder war, wenn sie sich vor die große Standuhr knien mußten, während die anderen zu Abend aßen, und dann hungrig zu Bett geschickt wurden. Wenn das geschah, brachte die Mutter meistens heimlich noch einen kleinen Imbiß auf das Zimmer, in dem sie alle schliefen. Henriettes Vater war sehr darauf aus, daß seine Älteste sich ihren eigenen Lebensunterhalt verdiente, und er zögerte nicht lange, als Tigy am Ende der Ferien vorschlug, Henriette als Dienstmädchen nach Paris mitzunehmen, wo sie mit ihnen in ihrer Zweizimmerwohnung an der Place des Vosges leben könne. Mademoiselle Liberge hatte runde Augen und einen sahnigen, hellen normannischen Teint, und Sim – dem dies bereits zur Gewohnheit wurde – änderte ihren Namen und nannte sie «Boule», und so hieß sie von jetzt an. Sie wurde zu einem Teil der Familie und erinnerte sich später, daß sie Sims häufige Erfolge bei Tigys Modellen mißbilligte und diese Mädchen eifersüchtig mit dem Besen aus der Wohnung jagte. Sim mochte Boule sehr gern und las ihr manchmal seine Romane vor, um zu sehen, wie ein nichtintellektuelles Publikum darauf reagierte – «*en tant de public ordinaire*», wie sie es heute nennt. Er wußte, daß ihre Kommentare vielleicht etwas kurz sein würden, aber dafür direkt und ehrlich. Damals ahnte Sim nicht, welche Rolle Boule in seinem Leben und dem der Familie noch spielen sollte, doch für Tigy war die ihr zugedachte Rolle klar. Da Sims

Arbeit umfangreicher geworden war, hatten auch Tigys Haushaltspflichten zugenommen. Jetzt, da Boule ihr diese Arbeit abnahm, würde sie wieder genügend Zeit zum Malen finden. Gegen Ende des Jahres 1925 wären die ersten drei gemeinsamen Jahre in Paris vorüber; damit wäre auch die Zeit um, die Tigy in ihrer ursprünglichen Abmachung zugestanden worden war. Auf der Kunstschule galt sie als ausgezeichnete Porträt- und Personenmalerin, und im Sommer 1926 stellte sie wieder auf der «Foire aux Croûtes» aus und verkaufte diesmal einen großen Akt. Sie hatte tausend Francs für das Bild verlangt, war sich aber sicher, daß der Kunde den Kopf schütteln und fortgehen würde. Doch zu ihrer freudigen Überraschung bezahlte er und kaufte sogar noch ein kleineres Gemälde für achthundert Francs. Es waren die ersten Bilder, die Tigy in über drei Jahren verkauft hatte. Sie beschlossen, das Geld für Sommerferien auf einer Mittelmeerinsel zu verjubeln, fanden den Namen «Porquerolles» im *Larousse* und bestiegen den Zug mit Boule und ihrem Hund, einer dänischen Dogge namens Olaf.

In jenen Tagen war Porquerolles noch ein unverdorbenes Fischerdorf. Es gab nur zwei Hotels. Nachdem sie von Toulon aus auf der Insel eingetroffen waren, mieteten sie sich ein Zweizimmerhäuschen mit einer Bambusveranda. Die Veranda wurde Sims Arbeitsraum. Er schrieb im Freien, trug nur Shorts, und wenn er fertig war, lernte er das Fischen, «vollgestopft von Sonnenschein und Hitze» und begeistert von dem Licht und dem klaren Wasser. Es war ein Ort, an den sie immer wieder zurückkehren sollten.

Nach den auf Porquerolles verbrachten Wochen stürzten sich Tigy und Sim in einen rasenden Wirbel von Einladungen und Ausflügen, der zehn Monate lang anhielt und bei dem sie schließlich allen Geschmack an Paris verloren. Es war der Höhepunkt der tollen Jahre, jener *«années folles»*, die dem großen Krach von Wall Street vorausgingen. Sim schrieb bis zu achtzig Seiten am Tag für sechs verschiedene Verleger, und damals begegnete er einem wichtigen neuen Gönner, dem politisch linksstehenden Schieber und Verleger Eugène Merle, der, in Marseille geboren, sich vor dem Ersten Weltkrieg als Pazifist und Anarchist betätigt hatte und von der Regierung ins Gefängnis gesteckt worden war. 1919 hatte Merle dann eine satirische Zeitschrift gegründet, *Le Merle Blanc*, die ihre «empörende Voreingenommenheit, ihre unfairen Beschimpfungen und ihre stinkbösen Absichten» anpries und sich anheischig machte, die wohletablierte politisch-satirische Zeitschrift *Le Canard Enchaîné* zu übertreffen. Simenon beschrieb Merle später als «Erpresser», dessen Opfer jedoch nicht Personen waren, sondern Banken. Sobald er irgendeine Unregelmäßigkeit entdeckte, benutzte er die Information, um sich großzügige Kredite zu verschaffen. Merle scheint Alain Malous Vater in Simenons *Le destin des Malou* als Vorbild gedient zu haben. Er baute eine Kette von Publikationen auf, die früher oder später eingingen, und war Spezialist für geplatzte Schecks, hatte aber auch ein ausgesprochenes Talent dafür, neue Gelder aufzutreiben, mit denen er seine alten Gläubiger zufriedenstellte, während er die neuen mit ungedeckten Schecks hinhielt. Es war ein bemerkenswertes System von «Debetkontrolle», wie man es nennen könnte, und zum Glück für Merle war die «Kreditkontrolle» noch ein Beruf der Zukunft. Einmal in der Woche stellte Sim sich in der Schlange verärgerter Mitarbeiter Merles vor dem Büro des Kassierers an. Mit ihm warteten Pierre Lazareff, Marcel Achard, Robert Desnos, Pierre Mac Orlan und Jean Cocteau, doch für gewöhnlich war es der unter so vielen Pseudonymen schreibende Sim, dem Merle am meisten Geld schuldete und der folglich auch in die größte Wut geriet. Eines Tages trat er aus der Schlange und machte sich auf die Suche nach dem Verleger. Als er Merle endlich gefunden hatte, war er so nervös, daß er die Beherrschung verlor und ausfällig wurde, worauf Merle sagte: «Ach, vielen Dank. Was für eine gute Idee! Da lassen Sie all die anderen Schlange stehen wie die Idioten, kommen hier herein und schlagen Krach. Und was überrascht Sie denn so sehr an den Schecks? Ich unterschreibe täglich so viele Schecks, daß einige notgedrungen platzen müssen!»

Danach wurden sie gute Freunde und blieben es einige Jahre lang. Sonntags lud der stets auf politischen Klatsch für seine neue

Abendzeitung *Paris-Soir* erpichte Merle alle Welt in sein Landhaus in Avrainville bei Paris ein. Er kochte selbst, und er ermutigte Politiker und Journalisten zu indiskreten Tischgesprächen. Dort fand Sim heraus, daß Leute wie der Ministerpräsident Edouard Herriot sich ganz anders benahmen, wenn sie nicht im Rampenlicht standen, und daß ihre sonntäglichen Äußerungen sich sehr von den Reden und Presseverlautbarungen unterschieden, die sie montags zum besten gaben. Er war gleichzeitig fasziniert und angeekelt. Von Merle lernte Sim auch die Bedeutung der Reklame einzuschätzen. *Paris-Soir* erreichte sehr schnell die höchste Auflage in Frankreich. Es war Merle, der einen Roman seines Mitarbeiters Joseph Kessel mit Plakaten von zehn Quadratmetern Größe lancierte. Und es war Merle, der Henri Béraud zum gefürchtetsten Bühnenkritiker in Paris machte mit der Titulierung, er sei «der einzige Mann, der die Wahrheit über neue Theaterstücke sagt». Und 1927 kam Merle auf die Idee, *«le petit Sim»* als Magneten für seine neueste Tageszeitung einzusetzen, die *Paris-Matinal* heißen sollte. Es war ein so erfolgreicher Reklametrick, daß er berühmt wurde, obwohl er niemals zum Zuge kam.

Am 14. Januar 1927 unterzeichnete Georges Sim, *«Homme de Lettres»*, einen Vertrag mit Eugène Merle, in dem er sich dazu verpflichtete, sich in einem Glaskäfig einschließen zu lassen und dort einen Fortsetzungsroman für die neue Zeitung zu schreiben. Das Thema, der Titel und die Figuren des Romans sollten durch Volksentscheid bestimmt und dem Schriftsteller von einem Gerichtsbeamten in dem Käfig mitgeteilt werden, in welchem Sim die nächsten sieben Tage verbringen sollte, um seine Aufgabe zu bewältigen. Er sollte dafür 50000 Francs bei Vertragsabschluß und weitere 50000 Francs nach Vollendung der Arbeit erhalten. Im übrigen wurde er mit einer großzügigen Tantieme an den Nebenrechten beteiligt. Kurz danach kam *Paris-Matinal* auf den Markt, doch das Unternehmen brach zusammen, bevor man Sim in seinen Glaskäfig sperren konnte. Immerhin behielt er die ihm vertragsgemäß zustehende Anzahlung von 50000 Francs, und die Vorauswerbung war so wirksam, daß er noch Jahre später von

Leuten angesprochen wurde, die behaupteten, in der großen Menschenmenge vor dem Glaskäfig gewesen zu sein und ihm bei der Arbeit zugeschaut zu haben. Mit der Zeit griff die Legende vom Glaskäfig immer weiter um sich. Von 1933 bis 1958 hieß es verschiedentlich, der Glaskäfig habe auf der Place des Vosges, in der Eingangshalle des Redaktionsgebäudes der Tageszeitung *L'Œuvre*, im Vestibül eines anderen Blattes gestanden. Sim erklärte, der Glaskäfig sei tatsächlich von einer führenden Glaserwerkstatt in der Rue de Paradis gebaut, jedoch nie vor dem Moulin Rouge aufgestellt worden, wo das Ereignis ursprünglich habe stattfinden sollen. Wenn Sim nicht im Lauf vieler Jahre immer wieder beteuert hätte, daß das Glaskäfigprojekt nie zustande gekommen war, wäre es zweifellos ein historisches Ereignis mit Augenzeugen und allem Drum und Dran geblieben. Die Vorausreklame hatte die Illusion geschaffen. «Eine sensationelle Leistung», stand auf den ankündigenden Plakaten zu lesen; weiter hieß es: «Einer der besten Schriftsteller der jungen Generation wird einen Roman schreiben, der alle Rekorde bricht, den Geschwindigkeitsrekord, den Rekord in Ausdauer und, geben wir es ruhig zu, auch den Rekord in Begabung, und all das in einem verschlossenen Glaskäfig, unter ständiger Überwachung durch das Publikum. Monsieur Eugène Merle, der Besitzer von *Paris-Matinal*, hat mit seinem Georges Sim zugestandenen Vertrag über 300 000 Francs jede andere Zeitung überboten.» Es erübrigt sich zu erwähnen, daß Merle Simenons Honorar aus Reklamegründen verdreifacht hatte.

Während dieser Monate des Jahres 1927 hielt Sims gesellschaftliches Leben mit seinem neu erworbenen Wohlstand und seinem schriftstellerischen Erfolg Schritt. Er richtete sich in einer Ecke des Vorderzimmers der Wohnung an der Place des Vosges eine Bar ein, die, wie er später behauptete, die erste in Paris gebaute Privatbar war, und dort veranstalteten er und Tigy Partys, die berühmt wurden. Sim lernte das Mixen von Cocktails, und er animierte seine Gäste zum Trinken, um ihr Verhalten beobachten zu können. Das Ergebnis waren Feste, die er «Halborgien» nannte. Das Zimmer füllte sich mit liegenden, jedoch beileibe nicht regungslosen Leibern, einige hinter den schwarzen Vorhängen, die der als hochmodern geltende Innenarchitekt Dim hingehängt hatte, andere nicht hinter den Vorhängen, andere wieder draußen auf dem Treppenflur, was am nächsten Morgen zu Wutausbrüchen der Concierge führte. Doch da saß Sim schon an der Arbeit. Boule hatte Anweisung, ihn um vier Uhr früh mit einer Tasse Kaffee zu wecken; danach setzte er sich an seinen Schreibtisch in der Ecke des Zimmers und begann zu tippen. Oft war seine Tagesarbeit bereits getan, wenn die Gäste sich verabschiedeten oder zum Frühstück aufwachten. Auf einem Foto, das bei einer dieser Partys aufgenommen wurde, sieht man Tigy neben ihren Freunden auf einem Barhocker sitzen, während Sim, den Cocktailshaker in der Hand, hinter der Bar steht und sie beobachtet. Man könnte ihn für den perfekten, höflichen und diskreten Barmann halten, hätte er nicht die Pfeife im Mund. Hinter seinem Rücken und über dem Regal mit Whisky und Pastis hängt das Bild der Sängerin, Tänzerin und Kabarettkünstlerin Josephine Baker, in die er sich gerade verliebt hatte.

Josephine Baker war in den Jahren 1925 bis 1928 so ungefähr die berühmteste Frau in Paris. Sie war aus Saint Louis gekommen, war neunzehn Jahre alt und lebte in einer Wohnung am Parc Monceau. 1925 war sie der Star der «Revue Nègre» im Théâtre des Champs-Elysées gewesen, einer Show, welche die Leute entweder nach der zweiten Nummer verließen oder zu der sie immer wieder zurückkehrten. Ein Kritiker schrieb darüber:

«Ihre Lippen waren schwarz geschminkt, ihre Haut hatte die Farbe einer Banane, ihr kurzes Haar war glattgebürstet und schimmerte matt wie Kaviar, ihre Stimme klang schrill, ihr Körper bewegte sich unter ständigem Zittern und unablässigen Verrenkungen. Sie schnitt Grimassen, wand sich in Knoten, humpelte, machte Spagat und verließ die Bühne schließlich auf allen vieren, mit steifen Beinen, den Hintern höher als der Kopf, wie eine Giraffe im Greisenalter. War sie entsetzlich, köstlich, schwarz, weiß? Sie bewegte sich so schnell, daß niemand darüber entscheiden konnte [...] Ihr Finale war ein barbarischer Tanz [...] ein Triumph der Unzucht, eine Rückkehr zu prähistorischer Moral.»

Ein anderer Kritiker sah sie 1926 in den Folies-Bergère, als sie ihren berühmten Bananengürtel trug:

«Ein vergoldeter Körper mit gleich einer Galionsfigur vorgestreckten Brüsten, der sich in wollüstigen Zuckungen bewegt [...] Lange Beine, ein wie rasend auf und ab wippender Popo, die langen und schmalen Finger starr ausgestreckt oder ihren Leib streichelnd, dazu ein außergewöhnlich ausdrucksvolles und lebhaftes Gesicht [...] Ihre Darbietung, die zum Teil karikatural wirkte, war eine gewaltige Herausforderung an die Zivilisation im Namen des primitiven Instinkts [...] In ihr vereinigten sich ein wenig Haß, ein Hauch von Rachsucht und der berechtigte Stolz reiner Animalität. Sie war voll von Spott, Triebhaftigkeit und sinnlichem Ungestüm.»

Und alles bewegte sich. Sie war obszön und göttlich, wenn sie ihr Publikum in Erregung versetzte, es verhöhnte und dann zurückwies. Zu ihrer Begleitung spielte eine Negerjazzband, und bald eröffnete sie ihr eigenes Nachtlokal in der Rue Fontaine in Montmartre, zu dessen Stammkunden Sim gehörte. In ihrem Privatleben war Josephine Baker nicht viel anders als auf der Bühne: Sie liebte all die Aufmerksamkeiten, die ihr zuteil wurden, und sie liebte den Sex, dem sie mit allen möglichen Leuten und mit großem Überschwang frönte. Zu ihren Liebhabern zählte auch *«le petit Sim»*, der, ohne daß Tigy es wußte, bald einer ihrer begeistertsten und regelmäßigsten Bewunderer war. Sie liebten sich mit einer heftigen Energie, die Sim überwältigend fand. In seinen *Mémoires intimes* schrieb er: «Ich hätte sie geheiratet, wenn ich, ein obskurer Schriftsteller, der ich damals war, nicht Angst gehabt hätte, als Monsieur Josephine Baker bekannt zu werden.» Immerhin arbeitete er dann für sie als Teilzeitsekretär, was ihm Tigy gegenüber als Erklärung dafür diente, warum er soviel Zeit mit ihr verbrachte, und er redigierte auch *Josephine Baker's Maga-*

zine. Gleichzeitig bestritt er für Merle die Redaktion eines anderen Magazins, *La Merle Rose*, einer Zeitschrift für Lesbierinnen. Sims Beschreibung von Josephine Baker, die in *La Merle Rose* und nicht in ihrem Fan-Magazin erschien, war dann auch überaus begeistert. Eine lange Betrachtung über ihren Körper endete mit den Worten: «Es ist ohne Zweifel der berühmteste Popo der Welt. Es muß der einzige Popo sein, der zum Mittelpunkt eines Kults geworden ist. Und er ist überall, auf Notenblättern, auf Zeitschriftentitelseiten, auf Plakaten an allen Hauswänden der Stadt, denn es ist der einzige Popo, der lacht!»

1927 war das spannendste, das aufregendste, das gefährlichste Jahr für Sim und Tigy, doch es entsprach dann schließlich doch nicht seinen Erwartungen, und er hatte sich genug klaren Verstand bewahrt, um das zu erkennen. Infolge seiner zeitraubenden Affäre mit Josephine Baker schrieb und veröffentlichte er 1927 nur eine Sammlung von Kurzgeschichten und elf *«romans populaires»*, Volksromane; im Jahr davor waren sechzehn Romane von ihm erschienen, und 1928 sollten es vierundvierzig werden. In jeder Gruppe von Vergnügungssüchtigen und Wüstlingen gibt es die Überzeugungstäter und die Schwindler. Sim war ein Schwindler. Und überall, wo begabte Leute sich amüsieren und sich einem Leben hingeben, in dem nur das Vergnügen zählt, gibt es zwei oder drei, die heimlich schwer arbeiten. Tigy und Sim gehörten einem Freundeskreis in Paris an, zu dem inzwischen auch Jean Renoir, Kisling und Vlaminck zählten. Alle ihre Freunde, deren Namen berühmt werden sollten, waren Schwindler. Sie hatten nicht nur Talent – sie arbeiteten. Im Sommer 1927 stellte Sim fest, daß auch er ein Mitglied dieses Geheimbundes war. Zusammen mit Tigy verließ er Paris, um auf der Insel Aix bei La Rochelle Ferien zu machen. Sim erzählte später, er sei vor Josephine Baker geflohen, da seine Zuneigung zu ihr seine Ehe gefährdet habe; es dürfte jedoch ebenso eine Flucht vor den Lebensgewohnheiten der letzten Monate gewesen sein, vor jener Schnellebigkeit, die seine Arbeit bedrohte. Eben erst hatte er begonnen, Karriere zu machen; jetzt durfte ihn nichts mehr aufhalten. Die beiden blieben fast den ganzen Sommer fort und waren abgereist, ohne sich zu verabschieden. Bei La Rochelle, in der Vendée und dem Departement Charente-Maritime verbrachten sie später noch viele Jahre. Es war der Teil Frankreichs, der Simenon am besten gefiel. Was ihn dort anzog, waren zum Teil die Menschen, die sich von den Früchten des Landes wie des Meeres ernährten. «Zwischen La Rochelle und der Vendée», schrieb er, «wohnt ein ganz besonderer Menschenschlag. Man könnte sagen, sie seien gleichzeitig Landbauern und Seebauern. Sie besitzen sowohl Ländereien und Kühe als auch Muschel- und Austernbänke.» Im Herbst kehrten sie nach Paris zurück, wo Josephine Baker und all ihre Freunde immer noch wie zuvor lebten. Für andere nahmen die Dinge wieder ihren gewohnten Lauf; für Sim indes war der Zauber gebrochen, und er begann ein neues Leben.

Tigy und Sim brachen nicht sofort mit Paris, doch nach ihrer Rückkehr gaben sie weniger Einladungen und verbrachten mehr Zeit in Montparnasse, vor allem in der «Coupole», der großen *brasserie*, wo täglich bis zu dreizehnhundert Gäste speisten und ein ungewöhnlich gemischtes Publikum von Künstlern und Schaulustigen verkehrte. Bisher war Sim abends häufig mit Tigy, Boule und einer jungen Bretonin namens Madeleine ausgegangen. Sie pflegten in einem *bal musette* an einem Tisch zu sitzen, und Sim tanzte abwechselnd mit seinen drei Frauen. In diesem Winter begann er seine Nächte jedoch immer öfter allein und auf einsamen Streifzügen durch Paris zu verbringen. Die Place des Vosges lag in der Nähe einiger der verrufensten Gegenden der Stadt wie der Rue de Lappe, einer gefährlichen kleinen Straße bei der Place de la Bastille und der Gare de l'Arsenal, von wo Simenon dem abgelegenen und von der Polizei nicht bewachten Canal Saint-Martin folgte, vorbei an vertäuten Schleppkähnen und Stadtstreichern. Hier schaute er nach Prostituierten und schmutzigen Abenteuern aus und suchte Stoff für seine Romane. Auf einer dieser einsamen Wanderungen fand er das Material, das er neun Jahre später für *L'homme qui regardait passer les trains* verwendete. Die unverblümten Gespräche der Prostituierten, die schäbigen Hotelzimmer an der Gare du Nord oder in Pigalle, die alltäglichen Polizeirazzien, bei denen jede Schlafkammer nach Leuten ohne Ausweis durchsucht wurde, das alles bereicherte seine Erfahrung aus erster Hand. Zuweilen fand er indes auch lustigere Gesellschaft, etwa die der «Môme Crevette» Spinelly, einer Gelegenheitssängerin und -tänzerin, die nie Schlüpfer trug, weil, wie sie sagte, «ich in der Zeit, die ich zum Ausziehen brauche, eine Gelegenheit verpassen könnte», eine Bemerkung, die Sim später Romanfiguren wie Angèle und Nelly in Le chat in den Mund legte, zwei Mädchen, die stets mit Begeisterung Liebe machten und manchmal auf dem Höhepunkt der Lust ausriefen: «Wer hat diesen Trick erfunden? Dem sollte man ein Denkmal errichten!»

Simenon hatte allmählich genug von seinen *«contes galants»* und jener Art von Liebesgeschichten, die «Dienstmädchen und Concierges gefielen». Er war damit sehr erfolgreich gewesen, doch schließlich hatte er Josephine Baker verloren, weil er, wie er es nannte, ein Niemand war. Es genügte ihm nicht mehr, eine Menge Geld mit journalistischer Arbeit und Groschenromanen zu verdienen und sich in Vergnügungen zu ergehen. *«Manger et faire l'amour»* war nun nicht mehr sein Motto. Er hatte sehr viel über die Technik des Romanschreibens gelernt, doch er brauchte jetzt etwas, worüber er schreiben konnte. Und in einem der tieferen Züge seines Wesens suchend, fand er sich sofort von jener Seite des Lebens angezogen, die er schon immer als die anregendste und anschaulichste empfunden hatte: der Welt des Verbrechens.

Außerdem sagte ihm das Leben in Paris überhaupt nichts mehr. Er begann es langweilig zu finden und hatte keine Lust, wieder in den Sog des hektischen Reigens zurückzukehren, der vom Geld Eugène Merles profitierte und sich auf den Kreis oberflächlicher Freunde beschränkte. Er fand die Lösung im Frühjahr 1928 in Gestalt eines Bootes, das er kaufte und (natürlich) auf den Namen «Ginette» umtaufte und auf dem er sich mit Tigy, Boule und der dänischen Dogge Olaf für eine sechs Monate lange Entdeckungsreise durch Frankreich einschiffte. Was er suchte, war «ein unbekanntes Frankreich, eine unbekannte Welt und ein unbekanntes Leben». All das fand er, und er beschrieb es als «eine meiner erstaunlichsten Entdeckungen». Das vier Meter lange Boot hatte zweitausend Francs gekostet und die Ausrüstung, zu der auch ein Außenbordmotor gehörte, noch einmal doppelt soviel. Sie begannen die Reise im April, und ihr Weg führte sie von Paris über Epernay, Chaumont, Chalon-sur-Saône, Lyon, Marseille, Sète, Carcassonne, Toulouse, Bordeaux, Montluçon und Orléans zurück nach Paris. Außer der kurzen Seefahrt von Marseille nach Sète blieben sie auf Flüssen und Kanälen. Ein kleineres Boot mit dem größten Teil der Ausrüstung, samt einem Zelt, folgte ihnen im Schlepptau. Tigy und Sim schliefen im größeren Boot unter einer Plane, während Boule und Olaf im Zelt übernachteten, was bedeutete, daß sie jede Nacht irgendwo anlegen mußten. Boule erwachte als erste, machte den Kaffee und weckte dann um sechs Uhr Sim, der anschließend seine Schreibmaschine auspackte und zu arbeiten begann. Gegen zehn Uhr hatte Sim sein Pensum geschrieben, und Boule war zum nächsten Marktflecken gelaufen und hatte die Trinkwasserkanister aufgefüllt. Dann brachen sie das Lager ab und fuhren weiter. Tagsüber legten sie etwa zehn Kilometer in der Stunde zurück, und manchmal hielten sie bei einem Dorf oder einer Stadt. Nachdem sie am Flußufer zu Abend gegessen hatten, bauten sie das Zelt auf. Sim blieb in Verbindung mit seinen Verlegern, schickte ihnen Manuskripte und ließ sich Aufträge und die lebensnotwendigen Schecks *poste restante* zusenden. Während der Seefahrt bauten sie Boules Zelt jeweils am Strand auf, und morgens wurde sie mit einem Trompetensignal gerufen. Dann watete sie mit dem Kaffee in die See hinaus, wobei ihr das Wasser bis an die Brust reichte. Die beiden größten Schwierigkeiten der Reise waren die Fahrt rhôneabwärts von Lyon nach Marseille, für die ein kleines Boot wie das ihre als zu klein galt, um durchzukommen, und der neun Kilometer lange Tunnel unter dem Plateau von Langres, in dem es kein Licht gab und den sie in völliger Finsternis mit nur einer roten Notlampe durchqueren mußten.

«Wir verbrachten fast sechs Monate auf dem Wasser und trugen für gewöhnlich nicht mehr als einen Badeanzug. Wir kamen durch tausend Schleusen, von denen wir die meisten selbst bedienen mußten. Am Schluß hatten wir schwielige Hände, gebrochene Fingernägel, eine geröstete Haut und gebleichtes Haar, und noch einen Monat nachdem wir wieder in Paris waren, sahen wir in unseren Stadtkleidern wie tolpatschige Bauern im Sonntagsstaat aus.»

Sim hatte den Zauber einer neuen Welt entdeckt, die Anblicke, die Gerüche und das Leben des wahren Frankreich, der *«France profonde»*; es war eine Kenntnis, für die er bald eine gute Verwendung zu finden gedachte; er wußte nur noch nicht, wie.

Im Winter 1928 wohnten Sim und Tigy wieder an der Place des Vosges, doch es stand fest, daß zumindest er das Interesse an ihrem Pariser Leben verloren hatte. Seine anhaltende Arbeit während der sechs Monate an Bord der «Ginette» hatte es ihm erlaubt, die Anzahl seiner jährlich veröffentlichten Bücher auf vierundvierzig zu bringen, die höchste Quote, die er je in seinem Leben erreichen sollte. Jetzt hatte er genügend Geld, um sich ein geräumigeres Boot zu kaufen, denn er beabsichtigte, den größten Teil der nächsten drei Jahre auf dem Wasser zu verbringen. Das Boot, auf das seine Wahl fiel, war ein normannischer Fischkutter, klein genug, um sich auf Kanälen und seichten Flüssen zu bewähren, aber auch solide genug für Fahrten in den Küstengewässern. Es wurde in dem kleinen Hafen von Fécamp gebaut, ganz in der Nähe von Boules Heimatort Etretat. Im folgenden Frühjahr, als das Boot vom Stapel laufen sollte, waren Sim und Boule, ohne daß Tigy es wußte, ein Liebesverhältnis eingegangen. «Ich hatte mich gleich in ihn verliebt», erzählte sie 1991. «Es beeindruckte mich sehr, daß er ein Schriftsteller war, und ich hatte keine Ahnung, was es bedeutete, ein Schriftsteller zu sein. Ich dachte, sie lebten in Schlössern und liefen den ganzen Tag in seidenen Schlafröcken herum. Ich wußte nicht, daß sie ebenso schwer arbeiten mußten wie andere Leute.» Boule blieb hinsichtlich ihrer Beziehung zu Simenon diskret, doch vielleicht war es ein ähnliches Verhältnis wie das in seinem Roman *Le chat* beschriebene, das der unglücklich verheiratete Emile mit der leichtlebigen Nelly hatte. Nelly war «stets bereit zur Liebe und gab sich rasch und häufig im Stehen hinter der Küchentür hin, auf Unterbrechungen gefaßt. Dann machte sie sich wieder an die Arbeit, an die Zubereitung eines ‹*plat peuple*›, vielleicht von ‹*saucisses de Toulouse*›, dick und saftig, angerichtet mit Rotkohl und umweht von einem angenehmen Hauch von Knoblauch». Boule blieb länger mit Sim zusammen als alle anderen Frauen in seinem Leben.

7
Eine gewisse Idee von Frankreich

> «Vergessen Sie nicht, daß der Polizist oft in derselben Straße geboren war wie der Verbrecher, die gleiche Kindheit verbrachte, im selben Süßwarenladen Bonbons stahl [...] Im Grunde seines Herzens versteht der Polizist den Verbrecher, weil er selber sehr leicht einer hätte werden können. Sie leben in derselben Unterwelt.»
>
> Simenon in einem Interview (1963)

Georges Sim beehrt sich, Sie zur Taufe seines Bootes ‹Ostrogoth› einzuladen, die der hochwürdige Herr Pfarrer von Notre-Dame am kommenden Dienstag auf der Place du Vert-Galant vollziehen wird.»

Die Werft in Fécamp hatte nicht lange für den Bau des Fischkutters gebraucht. Wie sich später herausstellen sollte, war sie dabei auch ziemlich nachlässig vorgegangen. Immerhin überstand die «Ostrogoth» die kurze Seefahrt nach Le Havre und fuhr die Seine bis zur Ile de la Cité hinauf, wo sie im Frühjahr 1929 festmachte. Sim und Tigy luden alle ihre Freunde zur Taufe ein. Nur Josephine Baker war nicht da, weil sie im August 1928 eine zweijährige Welttournee angetreten hatte, kurz vor der Rückkehr der «Ginette»; in ihrem Tagebuch hatte sie betrübt vermerkt: «Georges verschwand eines Tages ebenso plötzlich, wie er gekommen war. Er ist verheiratet.» Ansonsten aber war *tout Paris* anwesend, und auf die Taufe (die einzige religiöse Zeremonie außer der seiner ersten Trauung, die Simenon je bestellt hat) folgte eine Party, die drei Tage dauerte. Denn es galt nicht nur die Ankunft der «Ostrogoth» zu feiern, sondern auch den Abschied von Tigy und Sim. Das Boot wurde ihr Heim für die nächsten drei

Jahre, und sie ließen über zwölf Monate verstreichen, bis sie wieder in Paris anlegten.

Mit dem Leben auf dem Wasser hatte Sim die ideale Lösung für eine Reihe von Problemen gefunden. Die Disziplin und die Regelmäßigkeit, welche die Fluß- und Kanalschifferei erforderte, boten ihm zugleich den idealen Rahmen für seine tägliche Arbeit und einen ständigen Wechsel. Tigy konnte weiter malen; sie mußte nur auf ihre Porträts verzichten. Immerhin hatte ihre Arbeit sechs Jahre lang Vorrang gehabt, nicht drei, wie ursprünglich abgemacht, und sie war jetzt bereit, hinter Sim zurückzustehen. Die Pariser Zerstreuungen gehörten nun der Vergangenheit an, doch das Leben auf dem Wasser bot viele neue Möglichkeiten. Sim war tatsächlich gesonnen, endlich «ernsthaft» zu schreiben. Es fehlte ihm nur noch die angemessene Form. Die «Ostrogoth» hatte er nach seinen angeblichen Vorfahren benannt, denn er identifizierte sich nunmehr mit den Flamen, und es war bezeichnend, daß er auf der Suche nach dem lebenswichtigen Element, das er finden mußte, um mit seiner «ernsthaften» Schriftstellerei zu beginnen, das Boot nordwärts lenkte, hin zu dem nebligen Flachland Belgiens und der Niederlande und weg vom Sonnenschein und von dem angenehmen Leben des Südens, dem Leben auf Porquerolles und der Reise an Bord der «Ginette».

Auf dem Weg nach Norden kamen Tigy und Sim, wieder mit Boule und Dogge Olaf, auch nach Lüttich, blieben jedoch nicht lange. Sim wollte den alten Freunden sein neues Boot zeigen, und er stattete seiner Mutter einen kurzen Besuch ab. Wahrscheinlich wäre sie mit ihm die lange Liste ihrer *misères* durchgegangen und hätte ihm etwa von ihren neuen Freunden erzählt, dem pensionierten Eisenbahner Joseph André und seiner Frau, die ebenfalls Henriette hieß; sie lag im Sterben, und Madame Simenon half sie pflegen. Madame André starb im Juni, und auf den Tag genau vier Monate später heiratete Henriette Simenon Joseph André.

Vor seiner Abreise hatte Sim dreizehn Geschichten für die neue, von Joseph Kessel gegründete Zeitschrift *Détective* geschrieben. Von der ersten Auflage wurden bereits 350 000 Exemplare verkauft, und die als Kriminalgeschichten angekündigten Erzählungen waren eigentlich klassische Detektivgeschichten im englischen Stil, ein Genre, an dem Sim bald das Interesse verlor. Doch diese Kriminalgeschichten bezeichneten eine neue Richtung in seiner Schriftstellerei.

1929 brach Sim zwar nicht seinen Produktionsrekord vom vorigen Jahr; es erschienen jedoch immerhin vierunddreißig Romane von ihm, viele davon bei Fayard, einem führenden Verlagshaus, das inzwischen sein wichtigster Abnehmer geworden war. Die Keime dessen, was folgen sollte, finden sich in mehreren dieser letzten *«romans populaires»*, denn in drei von ihnen kommt ein Polizeiinspektor namens Maigret vor.

Simenon berichtete genauestens über die Entstehung seines Helden Jules Amédée François Maigret, und dieser Bericht blieb viele Jahre lang unangefochten.

«Eines Morgens an Bord meines Bootes, der ‹Ostrogoth›, die im Hafen von Delfzijl ankerte, versuchte ich wieder einmal einen Detektivroman zu schreiben. Es war so etwas wie eine Stufe auf der Leiter zur ‹Literatur›, sosehr ich dieses Wort hasse. Eigentlich ist nichts leichter als das Schreiben eines Detektivromans. Zuerst gibt es mindestens eine Leiche, in amerikanischen Detektivromanen mehrere. Dann gibt es einen Inspektor oder einen Polizeidirektor, der die Ermittlungen führt und das Recht hat, das vergangene und das gegenwärtige Leben aller Personen der Handlung nachzuprüfen. Und schließlich gibt es die Verdächtigen, in unterschiedlicher Anzahl und verschiedenartiger Tarnung, je nachdem, was nach Ansicht des Autors am besten geeignet ist, die Lösung des Rätsels herbeizuführen [...] Als ich in Delfzijl, im Norden der Niederlande, meinen ersten Detektivroman schrieb, ahnte ich ganz und gar nicht, daß ihm viele andere mit größtenteils denselben Personen folgen sollten. Sogar die Umrisse Maigrets begannen sich abzuzeichnen. Er war ein großer, kräftiger Mann, der viel aß, eine Menge trank, den Verdächtigen geduldig nachspürte und schließlich die Wahrheit herausfand. Die meisten meiner Volksromane waren bei Fayard erschienen, und deshalb schickte ich meine Manuskripte dorthin [...] Inzwischen wartete ich in Delfzijl, wo ich jeden Morgen das Eis rund um mein Boot loshacken mußte, weil es mitten im Winter war. Ich brauchte nicht lange zu warten. Ein Telegramm rief mich nach Paris zurück, und als ich ankam, sah ich mein Manuskript auf dem Schreibtisch des Verlegers.»

Das schrieb er 1979 in *Je suis resté un enfant de chœur*. 1966 hatte er in dem Essay *La naissance de Maigret* geschrieben:

«Ich sehe mich wieder an einem sonnigen Morgen in einem Café, das, glaube ich, Le Pavillon hieß und wo der *patron* jeden Morgen mehrere Stunden lang seine Holztische mit Leinsamenöl zu polieren pflegte. In meinem ganzen Leben habe ich nie wieder so blitzblanke Tische gesehen. Um diese Stunde saß niemand am großen Tisch in der Mitte dieses so typisch niederländischen Cafés, wo die behutsam um die Messinghalter gefalteten Zeitungen auf die Stammgäste warteten. Hatte ich ein oder zwei oder gar drei Gläschen Schnaps und Bitter getrunken? Jedenfalls fühlte ich mich nach einer Stunde ziemlich schläfrig, als ich die massige und imposante Gestalt eines Mannes vor mir auftauchen sah, der, wie mir schien, als Polizeiinspektor eine gute Figur abgeben würde. Im Lauf des Tages stattete ich diesen Mann mit einigen weiteren Details aus: einer Pfeife, einer Melone, einem schweren Überzieher mit Samtkragen. Und da eine feuchte Kälte durch meinen verlassenen Kahn zog, stiftete ich ihm einen gußeisernen Ofen für sein Büro [...] Gegen Mittag des nächsten Tages war das erste Kapitel von *Pietr-le-Letton* geschrieben.»

Bis vor kurzem wurden diese beiden Berichte als die endgültige Version der Entstehung Maigrets akzeptiert: *Pietr-le-Letton*, in Delfzijl geschrieben und 1931 bei Fayard erschienen, war nicht nur «der erste Maigret», sondern auch der erste Roman, der laut Simenon unter dessen wahrem Namen veröffentlicht worden war.

In Wirklichkeit jedoch war *Pietr-le-Letton* weder der erste veröffentlichte «Maigret» noch der erste Roman, der unter Simenons wahrem Namen erschien, war weder in Delfzijl geschrieben worden, noch war es der erste Roman, in dem Kommissar Maigret auftritt. Ein gelehrter Streit über all diese Punkte hat sich über Jahre hingezogen und schließlich folgendes ergeben: Obgleich *Pietr-le-Letton* der erste eigentliche «Maigret» war, wahrscheinlich im Sommer 1930 in Paris geschrieben, und als solcher veröffentlicht wurde, tritt ein massiger, Pfeife rauchender Detektiv zuallererst in dem 1929 geschriebenen und bei Arthème Fayard erschienenen Roman *L'amant sans nom* von «Christian Brulls» auf. Der Detektiv hieß N. 49. Im folgenden Jahr veröffentlichte Fayard *Train de nuit* (auch 1929 geschrieben), in dem ein der Marseiller *brigade mobile* angehörender «Kommissar Maigret» auftaucht, ein ruhiger Mann, der Verbrechern Verständnis entgegenbringt. Dies war das im September 1929 in Delfzijl geschriebene Buch; zu der Zeit lag die «Ostrogoth» (infolge der Hast ihrer Erbauer) zur Abdichtung auf Trockendock. Aber der Roman ist nicht mitten im Winter entstanden und auch nicht auf der «Ostrogoth», sondern auf einem verlassenen Kahn nahebei, wo Sim eine große Kiste als Tisch für seine Schreibmaschine, eine kleinere als Stuhl und zwei noch kleinere für seine Füße benutzte. Das nächstemal trat Maigret in *La femme rousse* in Erscheinung, direkt nach *Train de nuit* geschrieben, zu einer Zeit, als die «Ostrogoth» in Wilhelmshaven angekommen war; hier indes spielte Maigret gegenüber seinem Assistenten Torrence, der bereits in *Train de nuit* vorkam, eine untergeordnete Rolle.* Doch *La femme rousse* von «G. Sim» wurde von Fayard abgelehnt und erst 1933 bei Tallandier veröffentlicht. Dann kam der erste wirkliche Maigret-Roman, in dem der Kommissar die Hauptrolle und Torrence nur die eines Assistenten spielte. Maigret war von gewaltiger Statur, hatte eine Pfeife, eine Melone, einen schweren Überzieher und einen Ofen, arbeitete mit dem Richter Coméliau

---

* Torrence war, zusammen mit Kommissar Lucas, erstmals aufgetaucht in *L'inconnue* von Christian Brulls alias Georges Simenon (Fayard, 1930).

zusammen, war verheiratet, wohnte am Boulevard Richard-Lenoir und hatte wohlwollendes Verständnis für ein junges Mädchen, das in ein Verbrechen geraten war. Dieses Buch mit dem Titel *La maison de l'inquiétude* entstand ebenfalls in der bitteren Kälte des nordischen Winters, jedoch in Stavoren in Friesland, nicht in Delfzijl, und wurde in der Tat an Fayard geschickt, der es wieder ablehnte. So sandte Simenon es an die Zeitschrift *L'Œuvre*, die es ab 1. März 1930 in Fortsetzungen vor *Train de nuit* und *La femme rousse* veröffentlichte.

All diese Romane wurden zuerst abgelehnt. Sie waren allesamt Experimente auf dem Gebiet des *roman populaire* und noch keine echten «Maigrets», doch an Qualität übertrafen sie alles, was Sim bisher geschrieben hatte. Nach ihrem Aufenthalt in Stavoren fuhren Tigy und Sim auf einem Passagierschiff nach Nordnorwegen und Lappland, kehrten dann im April 1930 an Bord der «Ostrogoth» nach Paris zurück, ein Jahr nachdem sie es verlassen hatten. Wahrscheinlich schrieb Sim *Pietr-le-Letton* hier und nicht in Stavoren, zumal der Roman Material aus Lappland zu enthalten scheint. Fayard sagte zu und veröffentlichte ihn am 26. Mai 1930; ferner erschien er von Juli bis Oktober 1930 in Fortsetzungen in dem Wochenblatt *Ric et Rac*.

Pietr-le-Letton war der erste «Maigret» im vollen Sinne, und das nicht nur in bezug auf die Hauptfigur, sondern auch dem Stil nach. Unter diesen Umständen ist es nicht weiter erstaunlich, daß Simenon stets behauptete, es sei der erste «Maigret» gewesen. Indem er erzählte, wie er Maigret erfand, schönte er die Geschichte freilich auf seine übliche Art; er erinnerte sich an einige amüsante Umstände der Jungfernfahrt der «Ostrogoth», als er Maigret-Skizzen schrieb, und verband diese Vorfälle mit einem Buch, das er erst nach seiner Rückkehr nach Paris vollendete.

Im April 1930, als die «Ostrogoth» wieder in Paris anlegte, befand sich Sim in einer merkwürdigen Lage. Als Autor von hundertzweiundzwanzig erfolgreichen Groschenromanen, die gegen ein Pauschalhonorar zum Sofortverkauf bestimmt waren und unter Pseudonymen erschienen, schickte er sich an, während des laufenden Jahres weitere fünfundzwanzig ähnliche Werke zu produzieren, diesmal jedoch überzeugt davon, daß er bereit war, unter seinem eigenen Namen zu schreiben, und endlich die Form und vor allem die Figur gefunden hatte, mit der er die nächste Phase seiner Karriere beginnen konnte. Seine Verleger teilten allerdings nicht diese Ansicht. Sie waren bestürzt und zeigten sich ablehnend gegenüber seiner Überzeugung, daß dieser unwahrscheinlich wirkende *commissaire de police*, der weder Indizien folgte noch logische Schlüsse zog und auch nicht die Bekämpfung des Verbrechens im Sinn zu haben schien, je eine große Leserschaft finden würde. Immer wieder wurden Sims erste «Maigrets» abgelehnt, und Fayard, seine größte Hoffnung, zeigte sich am wenigsten begeistert. Arthème Fayard sah in Sim einen äußerst zufriedenstellenden Produzenten hoher Geldsummen für Verleger und Autor, und eine Störung dieser Übereinkunft war das letzte, was er sich wünschte. Simenon brauchte fast ein Jahr, um ihn umzustimmen. «Mein Gott, es war eine Schlacht, Maigret durchzusetzen», erinnerte sich Simenon in seinem Interview mit Roger Stephane. «Es war die einzige Zeit in meinem Leben, in der ich mich so eingehend mit dem geschäftlichen Aspekt einer Romanveröffentlichung befaßte [...] Ich wußte, daß es meine große Chance war, und es mußte sofort klappen, wenn es nicht noch zehn Jahre dauern sollte.»

Obwohl Georges Simenon ein Meister der Eigenreklame war, kannten sehr wenige Leute seinen tatsächlichen Namen, sogar im Privatleben, und als Arthème Fayard endlich beschloß, die «Maigrets» zu veröffentlichen, jedoch unter einem anderen Namen als bei den vorhergegangenen Groschenromanen, und zwar unter seinem wirklichen, mußte er ihn fragen, wie dieser lautete. Die meisten glaubten, er heiße Georges Sim; für einige, wie Colette, war er immer noch *«le petit Sim»*, und als in Italien die ersten «Maigrets» in Übersetzungen erschienen, schrieb ein Rezensent, Simenon sei der *nom de plume* des viel besser bekannten Georges Sim. So beschloß Simenon, unbekannt, wie er war, daß es zunächst einmal einer massiven Reklameinvestition bedurfte. Das Ergebnis war der Ball vom 20. Februar 1931, mit dem die Reihe der Maigret-Romane eröffnet wurde. Er fand in «La Boule

Blanche» statt, einem Nachtlokal in der Rue Vavin in Montparnasse. Nach der polizeilichen Bezeichnung für die Dienststelle, in der Verdächtige nackt ausgezogen, vermessen und fotografiert wurden, hieß die Veranstaltung *«bal anthropométrique»*. Die Gäste trugen Kostüme; alles, was an die Welt des Verbrechens oder der Polizei gemahnte, kam zu Ehren, und viele waren als Ganoven verkleidet. Man sah bemalte Gesichter, komische Hüte, Papierwimpel, ein jeder mußte sich an der Tür die Fingerabdrücke abnehmen lassen, und die Einladungen glichen polizeilichen Vorladungen. Nach dem Börsenkrach der Wall Street im Oktober 1929 hatte Montparnasse viel von seiner einstigen Betriebsamkeit verloren. Simenons Ball war ein Versuch, den Geist der guten alten Zeit zu beschwören. Zu den vierhundert geladenen Gästen, angeführt von Kiki von Montparnasse, gesellten sich annähernd doppelt so viele ungebetene, so daß von der «Coupole» nebenan mehr Whisky und Champagner herbeigeschafft werden mußte. Die Kosten überstiegen bei weitem Fayards Reklamebudget, und der Autor hatte die Differenz aus seinen noch nicht verdienten Honoraren zu begleichen. Doch der Ball war ein großer Erfolg und wurde in allen Zeitungen Frankreichs gewürdigt. Selbst der Polizeipräfekt soll dabeigewesen sein. Simenon und Maigret wurden wohlbekannte Namen, und Simenon signierte Exemplare der ersten beiden Titel, *M. Gallet, décédé* und *Le pendu de Saint-Pholien*, auf deren Schutzumschlägen zum erstenmal sein voller Name prangte. (Erst später, nicht hier, signierte er mit den Worten: «Der erste Roman von Simenon seit acht Tagen», eine Anspielung auf eine Reklamekampagne für Joseph Kessel, in der es prahlerisch geheißen hatte: «Der erste Roman von Kessel seit drei Jahren.»)

Die ersten Kritiken für Maigret waren gut. Viele Rezensenten vertraten die Ansicht, es sei ein Versuch, das Niveau des Detektivromans zu heben. Diese Detektivgeschichten, so hieß es sofort, seien besser als der Durchschnitt. Andere Kritiker allerdings versäumten nicht zu erwähnen, was ihnen schon immer höchst verdächtig erschienen war, nämlich die Geschwindigkeit, mit der dieser Autor produzierte, und *Le Canard Enchaîné*, damals bereits so bissig wie heute, schrieb: «Georges Simenon möchte um jeden Preis berühmt werden. Sollte er mit seinem ‹bal anthropométrique› keinen Ruhm erlangen, beabsichtigt er, im Handstand um den Teich im Tuileriengarten zu wandern – und dabei einen Roman zu schreiben.» Der Ball, der in mehreren Zeitungen als «eine Nacht des Wahnsinns» beschrieben wurde, war die letzte von Simenons berühmten Partys. Kurz danach gaben er und Tigy ihre Wohnung an der Place des Vosges auf.

In den ersten neunzehn Maigret-Romanen verließ Simenon sich hinsichtlich der Schauplätze vorwiegend auf seine letzten Reisen durch Frankreich. Nicht einer von ihnen spielt ganz in Paris, neun überhaupt nicht. Da sie die Arbeit eines Kommissars der Pariser Polizei betreffen, ist es klar, daß Simenon sich Freiheiten bezüglich der Wirklichkeit herausnahm. Es ist eine Tatsache, die ein ausländischer Leser jedoch leicht übersieht, daß Simenon Frankreich immer mit den Augen eines Ausländers sah. Er hatte sich eine gewisse Idee von Frankreich erworben und daraus eine universelle Idee von Frankreich gemacht, soweit die Ansicht eines einzelnen Schriftstellers überhaupt als universell gelten kann. Das Frankreich Maigrets ist ein scharf duftendes, farbenreiches Land, in dem sich das Leben vornehmlich in der Öffentlichkeit abspielt, in Bars, auf Märkten und Straßen. Es ist weniger ein Land intimer Wohnstuben oder privater Familiendiskussionen in Bauernküchen, vertraulicher Gespräche bei Kabinettssitzungen oder banaler Übergangsriten wie Hochzeiten oder Erstkommunionfeiern. Das einzige Leben zwischen vier Wänden, das fast immer geschildert wird, ist das des Pariser Hauptquartiers der *police judiciaire*, auch «la maison» genannt, der Ermittlungsabteilung der Kriminalpolizei am Quai des Orfèvres, jenes hohen grauen Gebäudes auf der Ile de la Cité mit Ausblick hinüber zum linken Seineufer und zum Quartier Latin. Das restliche Frankreich, wie es in der ersten Folge von neunzehn «Maigrets» beschrieben wird, ist großenteils ein Frankreich aus der Sicht eines Mannes von außerhalb der Stadt, in diesem Fall des untersuchenden Kommissars beziehungsweise des Schriftstellers auf der Suche nach einer wirklichen Landschaft für seine imaginäre Welt. Zwei dieser Bücher spielen auf französischen Kanälen, drei an den Ufern französischer Flüsse; in einem anderen versucht ein Verdächtiger, Maigret in der reißenden Strömung der Marne zu ertränken, und im letzten der Reihe zieht sich Maigret in ein kleines Haus am Ufer der Loire zurück; drei haben Hafenstädte an der Kanalküste zum Schauplatz, in zwei anderen sind es niederländische oder flämische Städte, die Simenon an Bord der «Ostrogoth» besucht hatte; Lüttich bietet den Rahmen für zwei weitere Romane, wobei Simenon sich abermals von der Wirklichkeit entfernte, indem er einen französischen Polizeibeamten für fast ein Viertel seiner ersten neunzehn Ermittlungen ins Ausland schickt. Daß Arthème Fayard bestürzt war, ist durchaus verständlich.

Ein weiterer ungewöhnlicher Umstand bezüglich der frühen «Maigrets» ist das Ausmaß, in dem der Autor sie von Anfang an aus seinem Unterbewußtsein vorgeplant hat. Betrachtet man den ersten, *Pietr-le-Letton*, so ist es auffällig, wie vielen darin berührten Themen man in den nachfolgenden fünfundsiebzig Romanen und neunundvierzig Kurzgeschichten wiederbegegnet. Abgesehen von der unmittelbaren Wichtigkeit der Topographie und der Atmosphäre gibt es da die Vorliebe für Hotelschauplätze, billige Herbergen ebenso wie Luxushotels, die Macht politischen Einflusses auf die Justiz, die Macht des gesellschaftlichen Snobismus, die gelegentliche sexuelle Note und die stark an den Film gemahnenden Schilderungen des Stadtlebens im allgemeinen und von Hafenszenen im besonderen.

«In diese Richtung begann er zu rennen. Einmal am Fischdampfer vorbei, sah er keine Seele mehr. Die Nacht war durchbrochen von den grünen und roten Lichtern der Hafeneinfahrt. Dann erhellte der Leuchtturm auf den Felsen alle fünfzehn Sekunden einen großen Ausschnitt des Meeres, schleuderte seine Strahlen für die Dauer eines Blitzes über die Klippe unter ihm, die wie ein Gespenst erschien und verschwand.»

In *Pietr-le-Letton* heißt der Untersuchungsrichter schon Coméliau, und er steht schon in schlechtem Einvernehmen mit Maigret. Madame Maigret wartet schon zu Hause, bereit, ihrem Mann bei der Heimkehr einen Kuß zu geben und keine Fragen zu stellen; sie rührt schon in ihren Kochtöpfen, um *«quelque ragoût odorant»* zuzubereiten. Wir wissen schon, daß sie Elsässerin ist und mit ihrem trockenen Humor auf Maigrets Schweigen zu reagieren pflegt. Und Maigret selbst, obwohl noch nicht voll entwickelt, ist kein anderer als Maigret – wachsam, mürrisch, groß, unerschütterlich und mit seiner schrecklichen Geduld gewappnet. Wenn er einen Mann festnehmen will, jedoch keinen Grund dafür hat, beschließt er, seinem Opfer nötigenfalls durch ganz Frankreich zu folgen. Diese Ermittlungsmethode ist ermüdend und gefährlich. Übel beschimpft von einem scharfzüngigen Weib in einem Hotel, muß Maigret den Mund halten. In der Halle des Hotels Majestic muß er stundenlang warten, und er fühlt sich unbehaglich angesichts der Feindseligkeit des Personals und der Gäste. Maigret ist ein empfindsamer Mensch, und er leidet, wenn er ein Unbehagen verspürt. Doch wenn er zu handeln beschließt, ist er erbarmungslos wie einer, der sich um nichts schert. Er bestellt ein Gedeck im Speisesaal des «Majestic» am Tisch seines Opfers. Die entsetzten Proteste des Oberkellners ignoriert er, sein Gegner sagt nichts, und sie essen schweigend. Dann spricht Maigret plötzlich ohne Vorwarnung: «Ihr Schnurrbart klebt nicht mehr richtig.» Und als das Buch endet, sitzen Jäger und Gejagter wieder beisammen, diesmal in einem billigen Strandhotel. Während der Festnahme sind sie beide ins Wasser gefallen. Jetzt verschnaufen sie in dem kleinen Zimmer, frösteln in den vom Hotelier geliehenen Bademänteln. Pietr der Lette ist klein und elegant und gut eingemummt. Maigret trägt eine Kluft, die ihm nicht einmal über die Knie reicht und seine kräftigen, behaarten Waden sehen läßt. Maigret bestellt zwei Grogs, entspannt sich in der Intimität des Schlafzimmers und hört sich die Lebensgeschichte seines Mannes an.

So weigert sich Maigret von Anfang an, die Verbrecher, denen er nachspürt, zu verurteilen; in den meisten Fällen zieht er es vor, sie zu verstehen. Er versenkt sich in das Leben derer, die er jagt. Er bedient sich unorthodoxer Ermittlungsmethoden und zögert nicht, wenn nötig, gegen das Strafgesetz zu verstoßen. Durchaus fähig, auf persönliche Beleidigungen zu reagieren, ist er empfindlich für Rückschläge; er besitzt jedoch eine natürliche Keckheit und eine gewisse Brutalität, deren er sich zumeist ganz unerwartet bedient, um einen Zeugen aus der Fassung zu bringen. Die Handlung eines Maigret-Romans ist wie das Leben selbst, voller Absurditäten und ziemlich unheroisch. Und das Leben ist von Anfang an ein bißchen das des Autors. Wir begegnen Maigret am Anfang von *Pietr-le-Letton* an einem Winterabend in seinem Büro. «Als er den Kopf hob, hatte er den Eindruck, daß das Knistern des eisernen Ofens, der in der Mitte des Zimmers stand und durch ein dickes schwarzes Rohr mit der Decke verbunden war, immer leiser wurde.» Und als er einige Minuten später zum erstenmal den Quai des Orfèvres hinunterschlendert, das braune Haar bereits mit grauen Strähnen durchsetzt, geht er zur Gare du Nord, um dort auf einen Zug aus Belgien zu warten. Er beginnt seine Ermittlungen auf demselben Bahnsteig, auf dem Simenon sieben Jahre früher die seinen begonnen hatte.

Als Fayard sich endlich dazu durchgerungen hatte, Maigret zu veröffentlichen, nachdem Simenon im Frühjahr 1930 *Pietr-le-Letton* vollendet hatte, geschah dies unter der Bedingung, daß mehrere Titel gleichzeitig erschienen. So fand sich Simenon wieder in Frankreich auf der «Ostrogoth», legte in Morsang außerhalb von Paris an und schrieb die nächsten drei »Maigrets«. Der erste davon, *M. Gallet, décédé*, hat Sancerre, die Ile-de-France und Paris zum Schauplatz, und die Handlung spielt im Kreis der französischen Royalisten, deren Bekanntschaft Simenon gleich nach seiner Ankunft aus Lüttich gemacht hatte. Dann, in *Le pendu de Saint-Pholien*, beschäftigt sich Maigret mit einem Fall, der ihn nach Lüttich führt. Der private Freundeskreis, mit dem er es dort zu tun hat, ist «La Caque» nachempfunden, und der Schlüssel zu dem Verbrechen, das er ermittelt, ist der Selbstmord des *«petit Kleine»*.

In *Le pendu de Saint-Pholien* macht Simenon die wahre Geschichte zur Fiktion, indem er unterstellt, daß Klein, wie er im Roman heißt, sich aus Reue über einen Mord umbrachte. Diesen hatte er einige Zeit vorher während einer Zusammenkunft der «Compagnons de l'Apocalypse», einer erfundenen Version von «La Caque», begangen, als «die zufällig zusammengewürfelte kleine Gruppe von Genies» so gelangweilt war, daß sie unbedingt etwas Interessantes zu tun finden mußte, ganz gleich, was, am besten vielleicht einen Mord, ein wenigstens neues Experiment. Die Atmosphäre der «Caque» ist genau so geschildert, wie sie wirklich war, auch wenn es, soweit bekannt, nie zu einem Mord kam. Simenon jedoch spielte mit der Idee, es sei dazu gekommen, und er schilderte das Schuldbewußtsein derer, die an einem so beiläufig und gleichgültig begangenen Verbrechen teilgenommen hatten, mit überzeugenden Einzelheiten.

Das Buch bestätigt Maigrets Absonderlichkeit. Es beginnt mit einem Vorfall in einem Hotel in Bremen, bei dem der große Detektiv aus reiner Neugierde den Selbstmord eines Mannes verursacht, der nichts weiter getan hat, als sich verdächtig zu benehmen. Zum Schluß stellt sich heraus, daß dieser Mann der einzige Zeuge des von Klein begangenen Mordes war und daß er nie darüber hinwegkommen konnte. Jeden Tag seines Lebens verfolgte ihn die schreckliche Szene. Die Reue hatte ihn jedoch nicht wie Klein in den Selbstmord getrieben, sondern ihn zum Erpresser gemacht. Die anderen ehemaligen Mitglieder der «Compagnons», die inzwischen alle wohlhabende oder erfolgreiche Bürger geworden waren, mußten ihm sein Schweigen teuer bezahlen, doch wenn dieser von seinem Alptraum verfolgte Mann dann das Geld erhielt, verbrannte er es jedesmal.

Le pendu de Saint-Pholien ist ein seltsames Buch, der erste vieler weiterer Romane, in denen Simenon seine Kindheit und sein Leben in Lüttich erkundete. Es enthält eine weinerliche Mutter und einen liebevollen Vater, der seinem kriminellen Sohn viel Geduld und Großzügigkeit entgegenbringt. Und es dreht sich um die Tatsache, daß der in Lüttich während einer Zusammenkunft der «Compagnons» verübte Mord bald straffrei ausgehen könnte, da nach zehn Jahren auch für ein solches Verbrechen die «Verjährung» einträte. Interessanterweise schrieb Simenon diese Geschichte genau acht Jahre nach dem Tod des wirklichen Kleine, und sie wurde ein Jahr später veröffentlicht. Falls es in Lüttich noch irgendwelche Leute gab, die ein schlechtes Gewissen hatten, so mußten die letzten zwölf Monate eine schwierige Zeit für sie gewesen sein.

Ein Satz, der für die Reihe der Maigret-Romane besonders charakteristisch ist, lautet: *«Il s'est mis à boire»* (Er begann zu trinken). Die Rolle des Alkohols in Simenons imaginärer Welt kann nicht genug betont werden. In *Les vacances de Maigret* verbringt Maigret, der mit seiner Frau in Les Sables d'Olonne Ferien macht, viel Zeit allein, weil Madame Maigret sich einer dringenden Blinddarmoperation unterziehen muß. Als er das von Ordensfrauen geführte Genesungsheim besucht, wendet er den Kopf ab, wenn er mit den Nonnen spricht, weil er nach dem Mittagessen täglich seinen Calvados trinkt und eine Fahne hat. Zu Abend ißt er allein im Speisesaal des Hotels, und wenn jemand nach Monsieur Léonard, dem Hotelbesitzer, fragt, geschieht es, daß dieser «aus seinem Weinkeller hervorstürzt», obwohl er für gewöhnlich «mehr oder weniger nüchtern» ist. Jeden Morgen lädt der *patron* Maigret zu einem Glas Weißwein ein, dem ersten am Tag, *«le coup de blanc du patron»*. Maigret streift durch die Stadt, weil er nicht mit Müttern und Kindern am Strand sitzen will. Auf dem Markt bleibt er vor dem Stand des Meeresfrüchtehändlers stehen und bietet, um sich von der Frische der Ware zu überzeugen, einem Hummer ein Streichholz an, das dieser sofort mit einer seiner Scheren packt. Wieder ein Glas Weißwein. Dann geht er in ein Café mit Meeresblickterrasse und setzt sich an einen Tisch, immer an denselben, *seinen* Tisch. Was wird er trinken? Ein Glas Weißwein. Und als er zum Mittagessen ins Hotel zurückkehrt, erinnert sich die Kellnerin, daß er nach seiner ersten Mahlzeit einen Calvados bestellt hatte, und vermutet, daß er immer Calvados trinkt, und «er traute sich nicht, nein zu sagen».

Im neunzehnten Buch, ganz einfach *Maigret* betitelt, dem Buch, das eigentlich den Abschied des Kommissars bringen sollte, wird Maigret, ziemlich gealtert und inzwischen im Ruhestand, nach Paris zurückgerufen, um die Ehre der Familie zu verteidigen. Sein untüchtiger Neffe, der sich als schlechter Polizist erweist, hat einen Fall verpatzt, und Maigret muß die Sache als Privatdetektiv übernehmen. Zwölf Stunden lang sitzt er in einer Bar in Pigalle, in der Rue Fontaine, trinkt Bier und Calvados, sagt kein Wort, hält die Augen offen und läßt sich von der Bande anpöbeln, die er schließlich festnehmen wird. Die übrige Zeit sitzt er meistens in der Chope du Pont-Neuf, der Polizistenbar gegenüber dem Quai des Orfèvres, trinkt noch mehr Bier und beobachtet die leitenden Beamten, die an seine Stelle getreten sind und seinen untauglichen Neffen festgenommen haben.* In *La nuit du carrefour* dringen Maigret und ein Kollege des Nachts mit vorgehaltener Pistole in ein Haus und betreten ein Zimmer, in dem eine eiligst verlassene Mahlzeit noch auf dem Tisch steht. Dazu gehört eine Karaffe Weißwein, die Maigret prompt ergreift und in einem Zug leert. «*Il s'est mis à boire.*» Es ist wie ein Refrain, und die Fernsehserie der BBC in den sechziger Jahren war diesem Aspekt der Maigret-Romane so treu, daß eine protestierende Temperenzlergruppe die von dem Kommissar in jeder Episode vereinnahmten alkoholischen Getränke zu zählen begann und ein anglikanischer Bischof die Produzenten anflehte, das Maß zu verringern. Wein, Bier, Cognac oder Calvados sind – wie Simenon es darstellt – ein Trost, eine Medizin, ein Treibstoff, ein Fest. Für die Ganoven ist es meistens *pastis*, der Pariser Aperitif, das Männergetränk. Aber für Maigret ist der lebenswichtige Treibstoff Alkohol vor allem Bier. Maigret war, wie wir wissen, unweit der Loire geboren, einer Gegend, die ausgezeichnete *«petits blancs»* hervorbringt, und er arbeitete in Paris, wo die Männer *pastis* oder Beaujolais trinken. Warum also trank er Bier, das Getränk Nordfrankreichs, das Getränk Belgiens?

---

* Maigrets gewöhnliches Stammlokal war die Brasserie Dauphine, im wirklichen Leben das «Trois Marchés» an der Ecke der Rue de Harley, das inzwischen verschwunden ist. Dadurch ist eine Lücke entstanden, die, soweit es die Touristen betrifft, für gewöhnlich mit dem Restaurant Paul an der Place Dauphine ausgefüllt wird.

In einem unveröffentlichten Gespräch, das 1953 in Connecticut stattfand, beantwortete Simenon diese Frage wie folgt:

«Es ist ein Irrtum zu glauben, daß ein Autor einfach beschließt, eine Romanfigur so oder so zu gestalten und sie mit dieser oder jener Vorliebe auszustatten. Die Erschaffung einer Romanfigur ist ein mehr oder weniger mysteriöser Vorgang, der sich zum großen Teil im Unterbewußtsein abspielt. Wenn ich ganz offen sein sollte, könnte ich sagen: ‹Maigret trinkt Bier, weil er nichts anderes trinken kann.› Warum haben *Sie* eine lange Nase, und warum essen *Sie* Kartoffelchips zu den meisten Ihrer Mahlzeiten?»

Dann erzählte er, wie er jüngst auf einer Belgienreise neuerlich in drei Lokale eingekehrt war, in denen er als junger Mann Bier getrunken hatte, und er erklärte genau die Unterschiede zwischen den drei Bars, die Art von Gläsern, aus denen man trank, die Biersorte, die serviert wurde, wie das Bier schmeckte und wie verschiedenartig die Männer und Frauen, die es einschenkten, sich verhielten. «Warum trinkt Maigret Bier?» schloß er. «Ich glaube, ich habe diese Frage beantwortet [...] für mich bleibt der köstliche Duft frischen Faßbiers der Geruch Belgiens.» Später fügte Simenon hinzu, er habe Maigret auch deshalb soviel trinken lassen, weil er selbst beim Schreiben der ersten «Maigrets» eine Menge getrunken habe.

Falls Maigrets Trinkgewohnheiten zu Simenons «gewisser Idee von Frankreich» gehörten, so traf das noch mehr auf Maigrets Eßgepflogenheiten zu. Als Maigret zum erstenmal nach Paris kam, war er zu arm, um sich ein anständiges Essen leisten zu können; so verbrachte er Stunden vor den Schaufenstern der Feinkostläden. Wie Simenon zogen ihn die Märkte an. In seinen freien Stunden verweilte er gern an den Verkaufsständen. Sein gesellschaftliches Leben beschränkte sich auf die zwei Abende im Monat, an denen er mit seinen Freunden Dr. Pardon und dessen Frau Francine tafelte. Die Diners fanden abwechselnd in den jeweiligen Wohnungen statt, und bevor sie zusammenkamen, führten Maigret und Pardon lange Telefongespräche während der Bürostunden, um in allen Einzelheiten über das Essen zu reden. Nie war ein Kriminalfall oder ein Krankheitsfall so dringlich, daß sie auf die regelmäßigen Diskussionen hinsichtlich des Menüs verzichtet hätten. Madame Maigret war natürlich eine ausgezeichnete Köchin und Hausfrau. Da sie nie wußte, wann ihr Gatte heimkehren würde oder ob überhaupt, mußte sie Speisen zubereiten, die man wegstellen und wieder aufwärmen konnte, also Gerichte, die der bäuerlichen Tradition entsprachen und insbesondere dem, was Simenon *«le plat peuple»* nannte, einfache Kost nach Hausmacherart. Maigret «liebte Ragout». *Fricandeau à l'oseille* (in Sauerampfer gedämpfte Kalbsroulade), auch eine seiner Lieblingsspeisen, war für Simenon *«un plat de concierge»*, ein leise vor sich hin siedender, köstlich duftender Eintopf, den man riecht, wenn man nach Hause kommt und an der Pförtnerloge vorübergeht, das Gericht, das einem den Mut gibt, den kaputten Fahrstuhl zu ignorieren und die vier Treppen zur Wohnungstür hinaufzueilen, um zu erfahren, was Madame Maigret ihrerseits heute auf dem Markt gefunden hat.

In *Le fou de Bergerac* (1932) wird Maigret im ersten Kapitel durch eine Kugel am Arm verletzt, als er in einem Fall in einer südwestfranzösischen Kleinstadt ermittelt, und muß von da an im besten Hotel von Bergerac das Bett hüten. Sein Zimmer liegt direkt über dem Speisesaal, und er ist in der Lage, dank seinem Geruchssinn das tägliche Menü zu erraten. Madame Maigret eilt herbei, um ihn zu pflegen, und verschafft sich bald Gastrecht in der Hotelküche. Kurz darauf bereitet sie eine *crème au citron*, die ganz einfach ein Meisterstück ist. Doch Maigrets Vergnügen an dieser Speise wird vom Geruch der Trüffeln gestört, der zu ihm heraufdringt. Am Ende der Ermittlungen, die zum Teil dank Madame Maigrets kluger und energischer Beinarbeit zum Erfolg führen, ist Maigret genesen und kann endlich die Küche dieser gastronomischen Gegend genießen. Als er zum letztenmal den Hauptplatz der Stadt überquert, scheint ihm dieser im Sonnenlicht «sanft vor sich hin zu sieden». Dann bestellt er sich eine Mahlzeit aus Trüffeln und dem örtlichen *foie gras*. Schließlich verläßt er Bergerac und kehrt nach Paris zurück, wo er bestimmt nicht hungern wird. Denn in Paris findet man immer noch die Spezialitäten der Provinzen, einen *jambon à la crème*, einen *bœuf bourguignon*, eine *omelette aux peaux de canard, cassoulet, andouillette, cochonnaille, coq au vin.* Und in Paris gibt es Märkte, auf denen ein großer und hungriger Mann an das Mittagessen denken kann, während er von Stand zu Stand geht und auf die Auslagen starrt wie ein kleiner Junge vor dem Schaufenster eines Spielzeugladens – oder wie ein junger Mann, der soeben aus Lüttich gekommen ist und, vorsichtig sein Geld zählend, zum erstenmal in die Fenster bei «Fouquet's» auf den Champs-Elysées schaut.

Ein anderes Markenzeichen der Maigret-Romane sind der einfache Stil und das beschränkte Vokabular, in denen die Geschichten erzählt werden. Einige Wörter kommen immer wieder vor, wie der Bittruf einer Litanei: *machinalement* (automatisch), *fatalement* (zwangsläufig), *balbutier* (stammeln), *broncher* (straucheln), *pudeur* (Scham), *hallucinant* (verblüffend), *lancinant* (stechend), *narquois* (spöttisch), *appétissante* (reizend, meistens in bezug auf eine mollige Frau) und natürlich *«il s'est mis à boire».* Roberts *Dictionnaire des synonymes* enthält dreizehn Definitionen für *machinal*, fünfzehn für *pudeur* und immerhin sechs für *lancinant.* Nur wenn vom Kochen die Rede ist, benutzt Simenon manchmal zwei Wörter, wo eins genügt hätte. Für gewöhnlich wird ein Gericht *mitonne* (geschmort), zuweilen aber auch *mijoté* (geschmort). Es ist immer das eine oder das andere. Simenon hat seinen Wortschatz absichtlich klein gehalten. Seiner Schätzung nach bediente er sich eines Vokabulars von lediglich zweitausend Wörtern. Zum Teil tat er dies aufgrund der Gewohnheit, die er beim Schreiben seiner *«romans populaires»* angenommen hatte, zum Teil in der Absicht, die zahlreiche Leserschaft nicht zu verlieren, die er sich mit den *«romans populaires»* erworben hatte, zum Teil deshalb, weil er sein Werk von der «Literatur» zu unterscheiden gedachte, und zum Teil in bewußter Selbstdarstellung, betrachtete er sich doch als einen, der zu den *«petites gens»* gehörte und für alle schrieb. Das letzte, was er einem Leser gewünscht hätte, wäre gewesen, ihn zum Wörterbuch greifen zu lassen. Das wäre ihm abschreckend erschienen. Sosehr die Maigret-Romane als ein Schritt in Richtung Literatur geplant waren, sollten sie doch eine breite Leserschicht ansprechen, was einer der Gründe dafür ist, warum sie so kurz sind. Simenon hatte sehr kommerzielle Vorstellungen von den Lesegewohnheiten der meisten Leute, und er fand, daß ein Buch «in einem Zug» zu lesen sein sollte, etwa in einer Nacht oder einem halben Tag. «Ein Buch», sagte er, «sollte wie ein Theaterstück sein. Ein Theaterstück sieht man sich nicht eine ganze Woche lang jeden Abend an; mit einem Buch ist es das gleiche.»

Vielleicht war er sich auch eines anderen Vorteils kurzgefaßter Bücher bewußt, eines Vorteils, auf den die umsatzbestrebten Verleger ihn hingewiesen haben könnten. Ein Leser, der Freude an einem Kurzroman gefunden hat, fühlt sich unbefriedigt und will mehr – noch einen Roman. Der Leser hingegen, der einen Roman im großen und ganzen genossen hat, ihn aber zu lang fand, hat keine Lust, noch einmal soviel Geld auszugeben, um in die imaginäre Welt des Autors einzutreten. Mit anderen Worten: Ein guter Roman kann nie zu kurz sein. Und es mag noch einen weiteren Grund für die Sparsamkeit des Simenonschen Vokabulars geben. Wir wissen aus Simenons veröffentlichtem Tagebuch *Quand j'étais vieux*, daß er einen Horror davor hatte, von seinem Schreibtisch aufzustehen, wenn er beim Schreiben war. Er schrieb so schnell, daß er keine Form physischer Unterbrechung duldete. Indem er sich auf zweitausend Wörter beschränkte, hatte er absolut keine Veranlassung, irgendwann ein Wörterbuch, einen Thesaurus oder ein grammatisches Handbuch zu benutzen.

Die Frage, ob es ein Vorbild für den Kommissar Maigret gegeben hat, ist unterschiedlich beantwortet worden. Selbst der Ursprung des Namens ist ungewiß. Nach Tigys klarer Erinnerung hatte Simenon den Namen der außen an der Pförtnerloge hängenden Mieterliste im Haus an der Place des Vosges entnommen. Wenn dem so war, muß es ein Zufall gewesen sein; immerhin gab es jenen Lütticher Polizeibeamten Arnold Maigret, der im Rathaus Dienst tat, als Simenon, damals Reporter bei der

Gazette de Liège, dort fast täglich ein und aus ging*. Zu den wirklichen Polizisten, die Simenon gekannt hatte, gehörte ein Freund seines Großvaters, ein Inspektor im Ruhestand, der in das Haus in der Rue Puits-en-Sock zu kommen pflegte, um eine Pfeife zu rauchen und ein Gläschen Schnaps zu trinken. Es gab auch zahlreiche leitende Beamte der Lütticher Polizei, die nicht Maigret hießen, die Simenon jedoch bestimmt gut kannte. Doch die Polizisten, denen man allgemein eine gewisse Ähnlichkeit mit Maigret zuschrieb, lebten in Paris; zu nennen wäre insbesondere der Kommissar Guillaume, Leiter der Spezialbrigade der Pariser *police judiciaire*. Wenn auch die Figur Maigrets aus der Phantasie und der Vergangenheit Simenons stammt, so scheinen viele von Maigrets Methoden auf den Strategien Guillaumes zu beruhen.

Die ersten «Maigrets» waren offenbar ein solcher Erfolg, daß sogar Xavier Guichard, der Leiter der Pariser Kriminalpolizei, sie las. Er ließ Simenon später zu sich kommen und erklärte ihm, ein Schriftsteller, der sich so um den realistischen Aspekt seiner Bücher bemühe, müsse gesagt bekommen, wie er so fundamentale Fehler vermeiden könne. Darauf wurde Simenon dem Kommissar Guillaume vorgestellt und erhielt die Erlaubnis, sich hinter den Kulissen des Quai des Orfèvres zu tummeln und sogar Zeugenvernehmungen beizuwohnen. Dort sah er, wie Verdächtige nach vierundzwanzig- oder achtundvierzigstündigem Verhör vor einem Team von sechs oder sieben Polizisten zusammenbrachen, und er sagte, nach seiner Überzeugung würde ein Mann wie Guillaume bei einem Verhör nie Gewalt angewandt haben, allein schon deshalb, weil er es nicht nötig gehabt hätte. Er sah auch zu, als ein Verdächtiger nackt ausgezogen und in Anwesenheit einer Menge voll angekleideter Polizisten verhört wurde. «Ich versichere Ihnen, daß nichts einen Menschen so sehr aus der Fassung bringt, wie völlig nackt dazustehen, ohne Taschen, ohne alles. Es ist sehr schwer, in diesem Zustand lange zu lügen», meinte er.

---

* Der wahre Kommissar Maigret wurde während des Zweiten Weltkriegs aus Lüttich deportiert und starb in einem Konzentrationslager.

In *Pietr-le-Letton* hatte Maigret, wie wir gesehen haben, schon den gußeisernen Ofen in seinem Büro, ein authentisches Detail der Inneneinrichtung am Quai des Orfèvres. In *Le pendu de Saint-Pholien* ist klar zu erkennen, daß Simenon bereits mit den polizeilichen Arbeitsweisen in den städtischen Leichenschauhäusern von Paris und Bremen vertraut war. Das eine der beiden Bücher enthält Hinweise auf Polizeimethoden wie das Standardkartenverzeichnis der Interpol und Professor Lacassagnes Ohrenidentifizierungskartei, das andere beschreibt die eingehende kriminaltechnische Untersuchung des Anzugs eines Toten. Die einführenden Worte in *La nuit du carrefour* beziehen sich auf ein Verhör *«à la chansonnette»*, das siebzehn Stunden gedauert hatte; sie wurden im April 1931 geschrieben, kaum zwei Monate nach dem *«bal anthropométrique»*. Es scheint klar, daß Simenon, bevor Xavier Guichard ihn in sein Büro am Quai des Orfèvres bestellte, als erfahrener Reporter bereits Nachforschungen unternommen hatte, um die 1920 und 1921 in einer Reihe von Vorlesungen an der Universität Lüttich erworbenen Kenntnisse aufzufrischen und neu zu beleben. Dennoch bestritt Simenon immer wieder, vor der Erschaffung des Kommissars Maigret irgend etwas unternommen zu haben, um sich über Polizeimethoden zu informieren. «Als ich die ersten sechs oder sieben ‹Maigrets› schrieb», erklärte er 1963, «hatte ich den Quai des Orfèvres noch nie betreten. Ich war den Quai entlanggewandert, weil ich gern an den Ufern der Seine spazierenging, aber ich wußte absolut nichts von der Organisation der Polizei.»

Simenons Empfindsamkeit mochte zum Teil daher rühren, daß er immer bestrebt war, die imaginären Aspekte seiner bekanntesten Schöpfung gegenüber dem realistischen Charakter der Romane zu betonen. Jedenfalls sind die wahren Ursprünge Maigrets weit entfernt vom Quai des Orfèvres und von den Inspektoren der 1. Division in Lüttich, Männern wie Oscar Neujean, Joseph Mignon und Alphonse Manaerts. Auf der Suche nach seinen wahren Ursprüngen müssen wir auf die imposante Gestalt von *«Vieux-Papa»* schauen, die den Lehnstuhl in der bergenden Wärme des Familienherdes in der Rue Puits-en-Sock ausfüllt, ferner auf die Autorität Chrétien Simenons mit seiner Pfeife und seinem Schnaps, schließlich auf das wohlwollende Interesse von Simenons Vater Désiré, der sich stets weigerte, jemanden zu verurteilen. Die wahren Ursprünge Maigrets finden wir in der letzten Zuflucht des verstörten Kindes, dem Vater, der einen in Schwierigkeiten geratenen Jungen nicht abwies, sondern versuchte, die Dinge wieder ins Lot zu bringen, dem ersten Menschen in Simenons Leben, der ihm zeigte, daß man «verstehen und nicht urteilen» muß. Maigret, der gute Polizist, war ein Echo des guten Vaters, des Mannes, der einen zurechtweist, aber auch versteht. In *Quand j'étais vieux* erklärte Simenon sogar: «Dreißig Jahre lang habe ich verständlich zu machen versucht, daß es keine Verbrecher gibt.» Maigret war der *redresseur des destins*, der Wiedergutmacher der Schicksale; in dieser Rolle finden wir ihn bereits in viel früheren Büchern, zum Beispiel in *Train de nuit* von «Christian Brulls», wo ein in Marseille arbeitender Inspektor namens Maigret der Schwester eines Mörders so viel Verständnis entgegenbringt, daß er sie mit ihrem Teil der gestohlenen Beute in einen Zug nach Paris setzt. In vielen der folgenden Geschichten tat Maigret oft alles, was er konnte, um es nicht zu einer Anklage kommen zu lassen oder zumindest deren Schwere zu mindern. Natürlich arbeitete er im Lauf seiner ganzen Karriere im Schatten der Guillotine. Gemäß den Rechtsbegriffen war Mord immer noch ein Verbrechen, das die schwerste Strafe nach sich zog; das verlieh Maigrets Ermittlungen und seinen von barmherzigem Verständnis geprägten Taten eine besondere Bedeutung, denn es stand oft in seiner Macht, über Leben und Tod zu entscheiden.

Die Antworten auf die Frage, ob etwas von Simenon in Maigret steckt, sind widersprüchlich. Simenon hat sich, wie Maigret, immer gewünscht, ein *redresseur des destins* zu sein, und der Beruf des Romanschriftstellers war einer der wenigen, die es ihm erlaubten, diesen Ehrgeiz zu stillen, zumal die Kirche ihm nichts sagte und die Umstände es ihm, wie Maigret, verwehrt hatten, Arzt zu werden. 1963 erklärte er Roger Stephane: «Die Behauptung, ich identifizierte mich mit Maigret, ist eine weitere Legende. Ich habe mir nie eingebildet, Maigret zu ähneln.» 1976 indessen erzählte er seinem schweizerischen Verleger Francis Lacassin, Maigret sei «eine der wenigen von mir geschaffenen Figuren» gewesen, «mit denen ich einiges gemein hatte». Was die beiden gemein hatten, war Verständnis für den Verbrecher und demnach für das Verbrechen. Wie Maigret war Simenon auf denselben Straßen wie die Verbrecher aufgewachsen, hatte er dieselben Ladenkassen geplündert. Wie Maigret hätte Simenon sehr leicht ein Verbrecher werden können. Wie Maigret hätte Simenon – wenn er ein Verbrecher geworden wäre – seinen Verfolgern das Leben verdammt schwergemacht. Einmal sagte er, er hätte wahrscheinlich auch gemordet, wenn er in einem Großstadtghetto aufgewachsen wäre. Hat Simenon das Zeug zu einem Verbrecher gehabt, war er ein verhinderter Verbrecher? Seine zweite Frau Denyse glaubt es nicht, «denn ihm fehlte der Mut, ein Verbrecher zu sein». Wäre er aber einer geworden, so könnte vielleicht einer der frühen «Maigrets», *La tête d'un homme*, als Musterbeispiel für seine kriminelle Veranlagung gelten. In diesem Buch hat Maigret es mit einem Verbrecher zu tun, der sich in menschlichen Schwächen und Motivationen so gut auskennt wie er selbst. Radek ist Tscheche, ein verkrachter Medizinstudent und Stammgast in der «Coupole» in Montparnasse. Er ermordet eine reiche alte Dame und schickt einen Einbrecher in ihre Wohnung, damit es so aussieht, als habe dieser den Mord begangen. Radeks Motiv ist Haß auf die Gesellschaft, die seine Begabung nicht zu würdigen wußte. Er wird zum Verbrecher, um der Welt zu zeigen, wie sehr sie sich geirrt hat. Maigret erweist sich schließlich als der Stärkere und liefert ihn an die Guillotine. *La tête d'un homme* war der fünfte «Maigret», jedoch der erste, in dem der Mörder hingerichtet wird. Es gab keine mildernden Umstände für einen Mörder wie Radek, einen «auf die schiefe Bahn geratenen» Maigret, wie Simenon erkennen ließ, indem er so erbarmungslos mit ihm verfuhr.

Offenbar war etwas an Maigret, was Simenon zu sein erstrebte, wenn es ihm vielleicht auch nie gelang. Doch das will keinesfalls heißen, daß Maigret nicht gleichzeitig eine rein fiktive Figur war, einer seiner am wenigsten autobiographischen Helden. Schließlich war Simenon kein Polizist, sondern ein Schriftsteller. Aber Maigret vielleicht auch.

Mit der Erschaffung des Kommissars Maigret betrat Simenon eine fiktive Welt, die ihm ein Vermögen einbringen sollte. Diese Gestalt, die ihm, wie er später behauptete, in einer Wolke von Winternebel und Schnaps erschienen war, führte zu fünfhundert Millionen verkauften Büchern und machte ihn zum meistgelesenen Autor der Welt. Die Erfindung Maigrets war jedoch auch deshalb von entscheidender Bedeutung für Simenon, weil sie ihn von der Produktionsbürde befreite, die er sich beim Schreiben seiner Groschenromane aufgezwungen hatte. Wohl schrieb er seine Romane weiterhin so schnell wie bisher, doch brauchte er jetzt nur noch vier bis sechs anstatt fünfundzwanzig bis vierzig Bücher im Jahr zu produzieren. Mit jedem «Maigret» verdiente er bald ebenso viel Geld wie mit fünf *«romans populaires»*. Die gewonnene Zeit gab ihm die Muße, sich der von ihm als notwendig erachteten enormen Anstrengung zu widmen, diese neuen, «wirklichen» Charaktere zu schaffen. Seine Unfähigkeit, die Anstrengung lange durchzuhalten, beeinträchtigte zwar nicht die Produktions*geschwindigkeit*, doch die nachfolgende Erschöpfung der Phantasie führte zur Verringerung der Produktions*rate*.

Um sich ungefähr vorzustellen, welche Mühe es Simenon kostete, von der Trivialliteratur zu den «Maigrets» und den sonstigen Romanen überzugehen, genügt es, den Wechsel seiner Produktionsrate in der Zeit von 1924 bis 1939 in Betracht zu ziehen. Wie wir gesehen haben, erschienen seine drei ersten Groschenromane 1924. In der Folge belief sich sein jährliches Pensum an Titeln bis 1928 auf vierzehn, dann auf sechzehn, dann auf elf, dann auf vierundzwanzig. «Es klingt blöde, aber ich pflegte automatisch zu zählen: achtzig Seiten am Tag für Trivialromane, vierzig für Detektivgeschichten, und das in zwei Sitzungen», schrieb er später. «Und ich sagte mir immer, wenn ich erst einmal soweit wäre, nur noch zwanzig Seiten am Tag schreiben zu müssen, wäre ich ein König, ein Hausbesitzer, der von seinen Mieten lebt. Und tatsächlich brauchte ich nach den ersten ‹Maigrets› nur noch zwanzig Seiten am Tag zu tippen, und das an höchstens sechzig Tagen im Jahr.» 1930 schrieb Simenon vier weitere «Maigrets» und unterzeichnete einen Vertrag für nochmals fünf Maigret-Romane, so daß Maigret im folgenden Jahr mit zehn Büchern lanciert werden konnte. 1931 schrieb er acht «Maigrets» und seinen ersten «gewöhnlichen» Roman, und in diesen drei Übergangsjahren sank seine Produktion von Trivialromanen von vierunddreißig im Jahr 1929 auf dreizehn 1931. Den letzten seiner hundertachtundachtzig Groschenromane schrieb er 1933.

Obgleich die «Maigrets» ein sofortiger Erfolg waren, betrachtete Simenon den Kommissar ursprünglich als die Figur einer Übergangsphase, als ein Sprungbrett für die wahre Literatur. «Ich brauchte noch ein Sicherheitsnetz. Ich war noch nicht fähig, einen Roman zu schreiben, in dem sich alle Figuren frei bewegen konnten [...] Für mich waren die ‹Maigrets› halbliterarische Romane», erinnerte er sich später. 1932 schrieb er vier «Maigrets», 1933 zwei und dann fünf Jahre lang keinen. Diese erste Reihe von neunzehn Romanen endete mit dem Band *Maigret*, in dem Simenon sich von seinem Helden zu verabschieden gedachte, weshalb er den Kommissar in den Ruhestand versetzte. *Maigret* schrieb er im Juni 1933, kaum zwei Jahre nachdem die Reihe gestartet worden war, und vier Monate später unterzeichnete er einen Vertrag mit Gallimard, Frankreichs angesehenstem Verlag. Bis dahin hatte er vierzehn Romane geschrieben, die er *«romans littéraires»* oder *«romans durs»* nannte. Obwohl erst sechs davon erschienen waren, fühlte er sich bereit, die Hauptphase seiner Karriere zu beginnen.

In seiner neuen Rolle als Verfasser ernsthafter Romane blieb Simenon nicht minder produktiv, als er es in bezug auf die «Maigrets» gewesen war. Sieben Romane wurden 1932 geschrieben, 1933 waren es sechs, 1934 vier, 1935 drei, 1936 vier, 1937 acht, 1938 vier und 1939 sechs. Im Lauf der folgenden sechs Kriegsjahre produzierte Simenon zwölf weitere *«romans durs»*. Solange er die Anstrengungen seiner Phantasie den «Maigrets» widmete, gab es kaum Probleme. Maigret war ein guter Mann und hatte einen wohltuenden Einfluß auf Simenons Unterbewußtsein. Es ist bezeichnend, daß der Kommissar nie von sexuellem Verlangen überwältigt wurde. Einmal, in *Maigret*, ging er mit einer jungen Prostituierten ins Bett, aber nur deshalb, um mit ihr ins Gespräch zu kommen.

8

Tod eines Playboys

«Ich habe 349 Romane geschrieben, aber alles das zählt nicht. Die Arbeit, die mir wirklich am Herzen liegt, habe ich noch nicht begonnen [...] Wenn ich vierzig bin, werde ich meinen ersten wirklichen Roman veröffentlichen, und wenn ich fünfundvierzig bin, werde ich den Nobelpreis erhalten haben [...] Alles andere, was ich bisher vorausgesagt habe, ist eingetreten. So werde ich 1947 den Nobelpreis erhalten.»

Simenon als Vierunddreißigjähriger
(Dezember 1937)

Die Tatsache, daß Simenon zum erstenmal seinen großen Alkoholkonsum zugab, als er die frühen «Maigrets» schrieb, war kein Zufall. Maigret erschien ihm zum erstenmal, als er vom Schnaps benebelt war. Neun der ersten zwölf «Maigrets» wurden geschrieben, während Simenon an Bord der «Ostrogoth» lebte, und Boote führen bekanntlich zu starkem Trinken, entweder weil man unterwegs ist, was eine durstfördernde Arbeit ist, oder weil man irgendwo ankert und sich langweilt. Simenon trank jedoch vor allem infolge der Anstrengung, die seine neue Arbeitsmethode erforderte. Daß er während der Arbeit trank, war wohlbekannt, und es wurde zum Thema einer satirischen Glosse in der Zeitschrift *Père Ubu*. Er hatte begonnen, sich in das Wesen seiner Hauptfigur zu vertiefen; der Weg zum literarischen Erfolg ging über eine Inbesitznahme, die Inbesitznahme der Figur durch Simenon und allmählich auch die Inbesitznahme Simenons durch seine Figur. Simenon schuf Maigret, indem er ihn erlebte; er schuf den Detektiv auf dieselbe Weise, wie er den ermittelnden Detektiv im allerersten Roman, *Pietr-le-Letton*, beschrieb. Maigret heftet sich an seine Verdächtigen, «er treibt sich herum, er wartet, er lauert auf die ‹fissure› [den Riß] – das erste Zeichen des Menschen hinter dem Gegner». Diese Tätigkeit des Sichvertiefens und des Sichherumtreibens war ermüdend für Simenon. Von Frühjahr 1930 bis Ende 1931 schrieb er dreizehn Maigret-Romane, durchschnittlich einen alle sieben Wochen, und diese Arbeit kostete ihn viel mehr Energie als die Massenproduktion von hundertsiebenundvierzig Trivialromanen in sieben Jahren, durchschnittlich einem alle zweieinhalb Wochen. Gegen Ende 1931 war Simenon erschöpft. Er fand es an der Zeit, einen grundlegenden Wechsel herbeizuführen. Paris hatte er bereits aufgegeben, um an Bord der «Ostrogoth» zu leben. Nun verkaufte er schweren Herzens die «Ostrogoth» und sah sich nach einem Haus auf dem Lande um. Er hatte eine Menge Geld verdient und wollte eine Pause machen. 1932 schrieb er nur noch vier «Maigrets», einen in ungefähr dreizehn Wochen, halb soviel wie zuvor. Er fühlte sich dazu bereit, etwas anderes zu schreiben, brauchte jedoch einen Stoff, über den er schreiben konnte. Das provinzielle Frankreich und das nordeuropäische Kanalsystem hatten ihm Maigret beschert; jetzt benötigte er etwas weniger Vertrautes.

Im April 1932 war die Haussuche vorüber, und er zog mit Tigy in die *gentilhommière* La Richardière, ein herrschaftliches Landhaus aus dem 16. Jahrhundert in der Nähe von La Rochelle an der Atlantikküste im Departement Charente-Maritime. Dieser Landsitz sollte ihr Stützpunkt im Krieg und im Frieden der nächsten dreizehn Jahre sein, faktisch für die ganze restliche Zeit, die Simenon in Frankreich verbrachte. 1966 (als er sehr unglücklich war) schrieb Simenon in das Gästebuch des Café de la Paix in La Rochelle: «In Erinnerung an die glücklichsten Tage meines Lebens.»

Nachdem sie die «Ostrogoth» verkauft hatten, waren Simenon und Tigy zuerst, im Dezember 1931, in eine Villa in Cap-d'Antibes gezogen, hatten sich dort jedoch nicht niedergelassen, weil Simenon zu der Ansicht gelangte, falls er schon nicht gleichzeitig im Norden und im Süden leben könne, sollte er wenigstens ein bißchen von beidem haben. Was er sich laut Boule am meisten wünschte, als er in Antibes wohnte, war «Nebel». Simenon ließ deutlich andere Vorlieben erkennen; vor allem das Licht habe ihn nach La Rochelle gezogen, sagte er. «In der Gegend von La Rochelle fand ich genau das Licht der Niederlande wieder, das Leuchten, das man in den Himmeln Vermeers findet.»

Das Haus, das sie fanden, war zu vermieten, nicht zu verkaufen; dabei war es von allen Häusern, in denen er lebte, vielleicht dasjenige, welches er am liebsten besessen hätte. La Richardière hatte einen Turm, Stallungen und einen Gutshof. Das Grundstück erstreckte sich bis zum Meer. Es gab einen kleinen See, der sich bei Springflut mit Meerwasser füllte. Ferner gab es einen ummauerten Gemüsegarten und einen Wald. Simenon und Tigy hatten angrenzende Zimmer im ersten Stock, wo er schreiben und sie malen konnte.

In dieser Phase seiner Karriere verließ sich Simenon weitgehend auf Tigys Unterstützung und Kritik. Plante er ein Buch, dann machten sie lange gemeinsame Spaziergänge, und am Ende eines Arbeitstages gab er ihr die getippten Seiten zu lesen. Viele Jahre später sagte er, seine besten Bücher seien jene, die er in den Jahren geschrieben habe, als Tigy seine Kritikerin war. Wenn er schrieb, stand er um sechs Uhr auf, und dann mußte es absolut still im Haus sein. Laut Tigy schrieb er wie in Trance. Sie malte viel in La Richardière und signierte ihre Bilder mit «Régine Sim», aus Treue zu dem *nom de plume*, den ihr Mann bereits aufgegeben hatte.

In den Stallungen waren fünf Pferde untergebracht, auf dem See lebten vierhundert Enten, und es gab Kaninchen, Puter, Gänse und Hühner, außerdem Fasanen in den Wäldern. Nach einer Weile kamen zwei Wölfe aus der Türkei hinzu, die in einem Käfig gehalten wurden. Schließlich gab es noch einen zahmen Mungo, der auf der Domäne frei umherstreifte, bis er eines Tages in den Wald vorstieß, wo er von einem vorüberziehenden Jäger abgeschossen wurde.

Simenon war inzwischen ein wohlbekannter Mann. In La Rochelle wurde er so etwas wie eine Berühmtheit. Er ritt auf seinem arabischen Vollbluthengst in die Stadt, um den Fischmarkt zu besuchen oder im Café de la Paix Bridge zu spielen. Wenn er am Kartentisch saß, gab er einem Jungen Geld, damit er den Zaum des Pferdes hielt; nach einer gewissen Zeit ließ der Bürgermeister einen Ring an der Mauer des Cafés befestigen, so daß der Junge nicht mehr benötigt wurde. Auf dem Fischmarkt kaufte Simenon Dutzende frischer Sardinen, die er gern roh verspeiste. Das bedeutete, daß Boule sie filetieren mußte, während sie noch lebten, und sie dann für einige Stunden im Eisschrank verwahrte. Boule fand diese Arbeit nicht gerade angenehm, und es kam zu lautstarken Auftritten, wenn Simenon auf seinem Pferd, das er ohne Sattel ritt, mit einem Korb voller Sardinen heimkehrte. Simenon kochte gern und spezialisierte sich auf belgische Gerichte, besonders Suppen. Einer ihrer Pariser Freunde, der sie oft in La Rochelle besuchte, war der Maler Vlaminck. Er genoß seine Besuche, betrachtete Simenon jedoch mit arglosem Blick. Später schrieb er:

«Ich bin bei Georges Simenon zum Mittagessen gewesen. Simenon liebt den Luxus und die Behaglichkeit; schöne Autos, schöne Stoffe, teure Dinge. Er hat einen ausgeprägten Geschmack für alles, was einen reichen Mann vom *premier venu* unterscheidet. Wenn er reist, steigt er in prächtigen Palästen ab und ißt in den berühmtesten Restaurants. Doch wenn er schreibt, verlegt er seine Geschichten in schäbige Hotels, in denen es von Flöhen wimmelt, in anrüchige Kneipen und schmutzige Nachtlokale. Seine Helden sind die Armen und die Hungernden, Menschen, die das Elend erniedrigt hat und die zu Mördern oder Selbstmördern werden.»

La Rochelle war gewiß nicht der Ort, wo Simenon die Vorbilder für solche Helden finden würde.

Im Juni 1932, zwei Monate nach dem Umzug in das neue Haus, überließen Simenon und Tigy La Richardière der Obhut Boules und begaben sich auf eine Reise quer durch Afrika. Simenon hatte inzwischen mit Maigret so viel Geld verdient, daß er sich komfortable Reisen in entlegene Weltgegenden leisten konnte*. Er gedachte jedoch nicht sein eigenes Geld auszugeben. Die Reisekosten wurden aus journalistischer Arbeit bestritten.

Simenon und Tigy fuhren mit dem Schiff von Marseille nach Alexandria und flogen dann mit einer Maschine der Imperial Airways von Kairo über Wadi Halfa in den südlichen Sudan und bis an die Grenze von Belgisch-Kongo. Es war das erstemal, daß Simenon Europa verlassen hatte. Im Sudan kauften sie einen alten Fiat und fuhren auf unsicheren Straßen bis nach Stanleyville. Dann begann eine lange Reise auf dem Kongo, die sie bis zum Hafen von Matadi führte, wo Georges' Bruder Christian einen hohen Posten bei der Hafenbehörde bekleidete. Christian war zu dieser Zeit mit einem Mädchen aus Lüttich verheiratet, Blanche Binet. Gleich nach ihrer Hochzeit 1928 hatten sie sich im Kongo niedergelassen, und im Februar 1932, sieben Monate vor Tigys und Simenons Ankunft in Matadi, hatte Blanche einen Sohn geboren, der nach seinem Onkel Georges genannt wurde.

Das ungesunde Klima in Westafrika hatte Christian und Blanche dazu bewogen, den Kleinen kurz zuvor nach Lüttich zu schicken, wo er von seiner Großmutter, die ihn abgöttisch liebte, aufgezogen wurde.

Etwa um dieselbe Zeit hatten die Citroën-Werke eine Afrika-Rallye organisiert und darüber einen Werbefilm drehen lassen mit dem Titel *L'Afrique vous parle* (Afrika spricht zu Ihnen). Als Simenon zurückkehrte, gab er seiner Artikelserie für das Wochenblatt *Voila!* den Untertitel «*L'Afrique vous parle: elle vous dit merde*»

---

* Nach dem «*bal anthropométrique*» im Februar 1931 hatte Fayard bis zum Ende des Jahres insgesamt elf «Maigrets» veröffentlicht. Vor seiner Abreise lieferte Simenon weitere sechs Titel ab. Die «Maigrets» waren ein solcher Riesenerfolg, daß sie bereits verfilmt wurden. Jean Renoir war Simenon durch ganz Frankreich gefolgt, um mit ihm einen ersten Vertrag für die Verfilmung des Romans *La nuit du carrefour* abzuschließen, und hatte ihn schließlich im Oktober 1931 erreicht, als die «Ostrogoth» im Hafen von Ouistreham lag. Simenon selbst hatte versucht, seinen Roman *La tête d'un homme* im Kellergeschoß des Hotels Carlton auf den Champs-Elysées zu verfilmen, diesen Plan jedoch kurz vor seiner Afrikareise plötzlich aufgegeben.

(Afrika spricht zu Ihnen und sagt Ihnen Scheiße). In späteren Jahren erzählte er noch oft, wie er den Kolonialismus durchschaut habe und bereits vor seiner Afrikareise ein entschiedener Gegner davon gewesen sei.

Was er damals für *Voila!* und in den auf seinen einschlägigen Erfahrungen beruhenden Romanen tatsächlich schrieb, ist sowohl komplizierter als auch origineller. Er berechnete die Kosten einer kolonialen Eisenbahn mit «einem toten Schwarzen je Schwelle und einem toten Weißen je Kilometer». Er begegnete selber einem dieser Schwarzen, der zwar noch lebte, aber dem Tod geweiht war. Er hatte in einer Baukolonne an der sudanesisch-kongolesischen Grenze gearbeitet, und an diesem Tag hatte ihm ein riesiger Felsblock das Bein zermalmt. Der nächste Arzt war zweihundert Kilometer entfernt, und es gab keine Möglichkeit, Hilfe herbeizuholen. Der Schwarze war dazu verurteilt, am Wundstarrkrampf zu sterben, ehe etwas für ihn getan werden konnte, und so schickten seine Freunde sich an, ihm den Rest zu geben und ihn am Abend aufzuessen.

Schrecknisse dieser Art schienen Simenon nicht aus dem Lot zu bringen. Was ihn besonders irritierte, war die angebliche «Exotik» Afrikas, denn er fand, daß die Leute dort nicht viel anders als überall sonst auf der Welt waren. Von Vermutungen, wonach Menschen sich unterschiedlich entwickeln, weil sie eine andere Geschichte, eine andere Sprache, eine andere Kultur haben und in einem anderen Klima leben, wollte er nichts wissen. Ihn interessierten mehr die Gemeinsamkeiten der Völker. Es war ein wesentlicher Teil seiner persönlichen Philosophie, daß der Mensch an sich, *«l'homme nu»*, immer der gleiche ist. In bezug auf Afrika zog er den Schluß, daß der Kolonialismus ein Schwindel war und daß man besser daran getan hätte, die Afrikaner in Ruhe zu lassen, anstatt zu versuchen, ihnen Schulunterricht, medizinische Pflege oder eine demokratische Regierung aufzuzwingen. Die Zivilisation war für Afrika ein Mißgriff. Den Bau der kolonialen Eisenbahn beschrieb er als Tragikomödie, deren letzter Bestimmungszweck ein Rätsel war, und er schloß:

«Die Baumwollernte war ausgeblieben, der Kaffee wurde mit Verlust verkauft, niemand wollte Gummi kaufen, die Touristen fanden nichts Sehenswertes, und die Afrikaner hatten kein Geld für eine Eisenbahnfahrkarte. Danach blieb nur noch Afrika selbst, und es krümmte sich vor Lachen, als es die menschlichen Insekten beobachtete, die im Kreis herumliefen, bis sie tot umfielen [...]»

Als er aus Afrika zurückkehrte, schrieb er, er hasse es:

«Wenn man dort ist, schwitzt man, stöhnt man, schleppt man sich herum und haßt am Ende jeden, sich selber eingeschlossen. Man schwört, nie wieder zurückzukehren, und dann, sobald man in Frankreich angekommen ist, schleicht sich wieder die Sehnsucht ein.»

Was den Kolonialismus betrifft, so verurteilte ihn Simenon damals vor allem wegen der Wirkung, die er auf die weißen Kolonialisten ausübte. Er verachtete das leichte Leben, das sie führten, und die Allüren, die sie sich gaben. Seinen Bruder Christian nahm er nicht aus, dessen afrikanischen Spitznamen – «der weiße Mann mit der lauten Stimme» – er doppeldeutig fand. Georges war nicht beeindruckt, als Christian ihm stolz erzählte, er könne seine leeren Konservendosen für denselben Preis verkaufen, den er bezahlt hatte, als sie voller *petits pois* waren, weil die Eingeborenen das Metall für die Anfertigung von Touristenandenken brauchten. Zuweilen lesen sich Simenons afrikanische Zeitungsberichte und Romane wie ein Versuch, Christian in die Schranken zu weisen. Es scheint, als wolle er sagen, sein Bruder habe mit seinem Entschluß, in den Kongo zu gehen, nur sich selbst einen Gefallen getan, aber so sei nun einmal sein Leben. So zumindest muß Henriette daheim in Lüttich es verstanden haben.

Simenons und Tigys Afrikareise dauerte drei Monate. Auf dem Rückweg fuhren sie mit dem Schiff von Matadi aus die afrikanische Westküste entlang. Es war ein französischer Dampfer, der nach Bordeaux fuhr und unterwegs in französischen Kolonialhäfen wie Port-Gentil und Libreville anlegte. In einem Hotel in Libreville fand Simenon schließlich das Material für seinen ersten «exotischen» Roman, *Le coup de lune*.

Nach Frankreich zurückgekehrt, installierte er in La Richardière einen Sandsack; möglicherweise fand Simenon, daß er, wie die Fotos aus dieser Zeit nahelegen, Fett angesetzt habe. Die dreißiger Jahre waren die einzige Zeit in seinem Leben, in der er an Gewicht zunahm. Er aß gut, stieg in teuren Hotels ab und umgab sich mit mancherlei Luxus. Es war eine Zeit, da die Erinnerungen an die Kindheit und den Schlachtruf *«J'ai faim!»* ein wenig verblaßten und dem Motto «Ich bin voll» wichen, sprich: «Ich bin glücklich.» Eine weitere Neuheit, die er nach seiner Rückkehr aus Afrika einzuführen gedachte, war eine Schilfhütte im Park von La Richardière. Er wollte eine echt afrikanische Hütte, und deshalb bestellte er im besten Kolonialstil einen Trupp eingeborener Soldaten eines Kolonialregiments zur Arbeit nach La Richardière, wo sie Schilf zuschneiden sowie Holz zerkleinern und mit Draht zusammenbinden sollten. Die Männer hatten fast vergessen, wie man eine Hütte baut, und da Simenon sich in der Rolle des Kolonialherrn nicht wohl fühlte, bat er Boule, den Soldaten Getränke zu bringen (es war ein heißer Tag), dann noch mehr Getränke. Es dauerte nicht lange, bis die Soldaten so betrunken waren, daß sie nicht mehr arbeiten konnten. Sie kippten um oder gerieten außer Rand und Band, so daß man eine zweite Abteilung Kolonialtruppen rufen mußte, um die erste zu überwältigen und in die Kaserne zurückzubringen. Die Hütte wurde nie vollendet.

Simenons Eindrücke von Afrika, wie er sie in *Voila!* und seinen folgenden Büchern schilderte, wurden in offiziellen Kreisen mißbilligt, und als er 1936 abermals die französischen Kolonien besuchen wollte, verweigerte man ihm das Visum. 1976 beschrieb er diese Ablehnung mit dramatischen Akzenten und erzählte, er habe eines Abends mit Freunden im Café Maurice in Porquerolles gesessen und über seine bevorstehende Abreise gesprochen; plötzlich habe eine Stimme hinter ihm ein Verbot gebrüllt, und als er sich umgedreht habe, sei ihm ein Mann in Hemdsärmeln entgegengetreten, der sich als der Innenminister Pierre Cot ausgewiesen habe. Pierre Cot war zwar damals Staatssekretär im Luftfahrtministerium, doch an der Verweigerung des Visums war nicht zu rütteln.

Während Simenon in La Richardière lebte, machte er noch eine andere lange Reise. 1933 fuhren er und Tigy quer durch Europa, und zwar wieder zum Teil auf Kosten von Zeitschriften. Zuerst begaben sie sich nach Berlin, wo sie im Hotel Adlon abstiegen und wo Simenon Hitler im Fahrstuhl begegnete. Dann sah er Hitler in freundlichem Gespräch mit der Kaiserin Hermine, der zweiten Gemahlin Kaiser Wilhelms II. Dabei fiel ihm auf, daß Hitler ein gewöhnlich aussehender kleiner Mann war und viel weniger beeindruckend wirkte als die verwöhnten preußischen Offiziere, die er auf den Straßen in Lüttich gesehen hatte. Während dieses Aufenthalts nahmen die Kommunisten mit Simenon Fühlung auf; sie erzählten ihm, es sei ihnen gelungen, das Nazi-Hauptquartier zu verwanzen, und sie wüßten, daß die Nazis eine politische Schandtat planten, nur sei ihnen nicht bekannt, um was genau es sich handle. Er kabelte einen Bericht über den drohenden *«coup de force»* an die Auslandsredaktion von *Paris-Soir*, doch die Redaktion sperrte ihn. Achtundvierzig Stunden später setzten die Nazis das Reichstagsgebäude in Brand und schafften es, die Schuld an diesem empörenden Ereignis den Kommunisten zuzuschieben. Vier Wochen später bekam Hitler mit dem Ermächtigungsgesetz freie Hand für die Verwirklichung seiner politischen Ziele.

Simenon und Tigy fuhren anschließend weiter nach Polen, in die Tschechoslowakei, nach Ungarn und Rumänien. In Wilna suchte Simenon eine ehemalige Untermieterin seiner Mutter auf und stellte amüsiert fest, daß sie ihren Sohn Christian genannt hatte, möglicherweise nach seinem Bruder. Er betitelte seine Artikelserie für *Le Jour* über Osteuropa *«Peuples qui ont faim»*. Nachdem er durch die Tschechoslowakei, Ungarn und Rumänien gereist war, zog Simenon den in seinem ominösen Titel anklingenden Schluß, daß Europa schwere Zeiten bevorstünden.

Doch die journalistische Glanzleistung dieser Reise war ein Interview mit einem Mann, der ein Spezialist für Unruhen in Europa war und im allgemeinen keine Interviews gab. Im Juni kamen die Simenons in Istanbul an, und der Sonderkorrespondent von *Paris-Soir* bat um einen Gesprächstermin bei Trotzki.

1933 war es äußerst schwer, den ehemaligen Sowjetführer zu erreichen, der aus der Sowjetunion verbannt worden war und um sein Leben fürchten mußte. Er wohnte auf der Prinzeninsel Büyük Ada, vormals Prinkipo, im Marmarameer, als Simenon ihm schrieb und die Genehmigung erhielt, ihn aufzusuchen. Es war ein echter journalistischer «Knüller». An einem heißen Nachmittag nahm Simenon das Schiff nach Büyük Ada. Nachdem er die Polizeisperre passiert und das ummauerte Grundstück der Trotzkischen Villa betreten hatte, wurde er von Trotzkis Sekretär begrüßt. «Der Sekretär war kein Russe. Es war ein junger Mann aus dem Norden, strotzend vor Gesundheit, rotwangig und helläugig, und er sprach französisch wie ein gebürtiger Pariser.» Der fragliche junge Mann, den Simenon in seinem Artikel für *Paris-Soir* ungenannt ließ, hieß Rudolph Klément.

Klément war 1910 in Hamburg geboren. Er war sprachbegabt, gehörte seit 1932 der trotzkistischen Bewegung an und diente dem verbannten Politiker auf dessen Wunsch als Leibwächter und Sekretär. Innerhalb von sechs Monaten hatte er Russisch gelernt; Deutsch und Französisch sprach er bereits fließend. Im April 1933, vier Wochen vor Simenons Brief, war er auf Büyük Ada eingetroffen. Daß Simenon das Interview gewährt wurde, während so viele andere abgeblitzt waren, hatte zweierlei Gründe (die er damals allerdings noch nicht kannte). Zum einen bedeutete die Ankunft Kléments, daß Simenons Fragen und Trotzkis Antworten sofort auf französisch getippt werden konnten, und zum anderen wollte Trotzki, der vor kurzem einen streng geheimen Antrag für ein französisches Einreisevisum gestellt hatte, sich der französischen Presse in einem möglichst günstigen Licht zeigen. Büyük Ada war zu abgelegen und zu nahe an der Sowjetunion. Die türkischen Behörden waren nicht in der Lage, Trotzki die von ihm benötigte absolute Sicherheit zu garantieren, und seine Anwesenheit auf der Insel hatte sich weit und breit herumgesprochen. Es war an der Zeit, den Wohnort zu wechseln, und Trotzki hielt es für das Beste, sich in Frankreich zu verstecken. Denn, so seine Überlegung, wenn die französische Regierung ihn einreisen ließe, würde sie alles tun, um seine Anwesenheit geheimzuhalten und ihn zu beschützen.

Simenon fotografierte den umherziehenden Revolutionär an seinem Schreibtisch und erfuhr, daß Trotzki Célines Roman *Voyage au bout de la nuit* (Reise ans Ende der Nacht) gelesen hatte und davon zutiefst erschüttert worden war. Simenon stellte Trotzki nur drei Fragen, die er im voraus schriftlich hatte einreichen müssen, da der große Mann zu oft von der Presse falsch zitiert worden war und deshalb keine andere Methode mehr duldete. Die Fragen betrafen die Rolle der Rasse in der Entwicklung der Menschheit, die historische Bedeutung der Diktaturen und die Notwendigkeit gewaltsamen Wechsels auf dem Weg zum Fortschritt. Trotzki benutzte diese Fragen, um erneut seine Meinung zu Hitler, dem Nationalsozialismus, der Kriegsgefahr, dem Schicksal Europas und der Zukunft der Nationalstaaten für eine möglichst breite Leserschicht zusammenzufassen. Als Simenon Trotzkis Arbeitszimmer betrat, wurde ihm ein maschinengeschriebener Durchschlag der in Französisch gehaltenen Antworten auf die drei Fragen ausgehändigt, den er unterschreiben mußte. Man erlaubte ihm, einen zweiten Durchschlag mitzunehmen und eine oder zwei zusätzliche Fragen zu stellen.

Simenons Interview erschien am 16. Juni 1933 in *Paris-Soir*, und im Juli erhielt Trotzki sein französisches Visum. Rudolph Klément begleitete ihn nach Paris. Sie richteten sich in einer Villa mit dem Namen «Ker Monique» in Barbizon ein, und fast ein Jahr lang konnte Trotzki ruhig in diesem Dorf am Rand des Waldes von Fontainebleau leben. Klément pflegte im Auto zum Pariser Hauptpostamt in der Rue du Louvre zu fahren, um die postlagernd gesandten Briefe abzuholen. Eines Abends im April 1934 wurde er von Gendarmen angehalten, weil die Scheinwerfer seines Autos nicht funktionierten. Auch seine Papiere waren nicht in Ordnung. Klément wurde festgenommen, man fand heraus, daß Trotzki sich bei Paris aufhielt, die Presse wurde informiert, und die *Humanité*, das offizielle Organ der Kommunistischen Partei Frankreichs, forderte in einer heftigen Kampagne Trotzkis sofortige Ausweisung. 1935 wurde er ausgewiesen. Klément blieb; er war verängstigt und hielt sich versteckt, denn er wußte, daß er von nun an Zielscheibe der Schergen des NKWD war. Einige Zeit später wurde eine kopflose Leiche aus der Seine gezogen, die höchstwahrscheinlich die seine war. Das war im August 1938. Klément hatte in zwei kleinen Räumen gearbeitet, einem in der Rue Notre-Dame-des-Champs und einem in der Passage de Vanves, wo ihn der spätere Kriminalromanautor Léo Malet versteckte. Die Polizei fand nie heraus, wer Rudolph Kléments Mörder war, doch ist bekannt, daß ein gewisser Jacques Mornard, ein mysteriöser Anhänger der Trotzkisten, Anfang Juli in Paris ankam, Mitte Juli verschwand, offenbar in Richtung Belgien, und einen Monat später wieder auftauchte, um der Gründungskonferenz der 4. Internationale beizuwohnen. Klément hatte diese Konferenz zur Zeit seines Verschwindens am 14. Juli vorbereitet. Kurz vor seinem Verschwinden wurde seine Mappe, die streng geheime Papiere für die Konferenz enthielt, in der Métro gestohlen. Jacques Mornard machte sich unter den Trotzkisten in der 4. Internationale viele Freunde und gewann ihr Vertrauen, so daß er zwei Jahre später, in Mexiko-Stadt, zu Trotzki selbst vorgelassen wurde, nun unter dem Namen Raimond Mercader und bewaffnet mit einem Eispickel.

Simenon ahnte nie, welche Rolle sein «Knüller» bei dem Mord an Rudolph Klément und der Ermordung Trotzkis gespielt haben könnte. Am nächsten kam er der politischen Unterwelt, als er von Januar bis April 1934 für *Paris-Soir*, *Marianne* und *L'Excelsior* in der «Stavisky-Affäre» Nachforschungen betrieb. Dieser große Finanzskandal führte zum Sturz der Regierung Daladier, da einige Kabinettsmitglieder verdächtigt wurden, von den Machenschaften Staviskys profitiert zu haben; außerdem führte er zu politischen Unruhen im Zentrum von Paris und zum Angriff einer royalistischen Rotte auf das Abgeordnetenhaus. Simenons Bemühungen, Licht in die Angelegenheit zu bringen, waren als

Beispiele für investigativen Journalismus nicht sonderlich beeindruckend (was Simenon nicht daran hinderte, sie später als «wesentliche» Elemente der Untersuchung zu bezeichnen), jedoch als Hintergrundrecherchen für einen etwaigen politischen Roman recht bemerkenswert. Er begann seine Nachforschungen auf eine Weise, die keinem Reporter eingefallen wäre, denn er setzte sich einfach in ein Café und bot Geld für Informationen. Später behauptete er, ein leitender Polizeibeamter habe ihm einen Revolver auf die Rippen gedrückt und ihn abzuschrecken versucht, worauf er dem Beamten die eigene Pistole auf die Rippen gedrückt und ihm zu verstehen gegeben habe, daß er sich nicht einschüchtern lasse. Am Ende schrieb er elf Artikel für *Paris-Soir*, die durch ihre reiche Auswahl an Charakterskizzen das Interesse der Leser fesselten, die Suche nach Tatbeständen indes nicht weiterbrachten.

Nachdem Simenon von seiner Europareise zurückgekehrt war, erklärte er Fayard, in Zukunft werde er nichts mehr über seinen berühmten und äußerst beliebten Detektiv schreiben. Er war der Witze im *Canard Enchaîné* müde («Monsieur Georges Simenon verdient sich seinen Lebensunterhalt, indem er jeden Monat jemanden umbringt und dann den Mörder entdeckt»), und er wollte sich den Ruf eines ernsthaften Schriftstellers erwerben. Von jetzt an gedachte er richtige Romane zu schreiben. Er hatte bereits zwei Titel bei Fayard veröffentlicht, *Le relais d'Alsace* und *Le passager du «Polarlys»*, in denen Maigret nicht vorkam, doch beide Romane waren eigentlich nichts anderes als Kriminalromane, die von Diebstahl und Mord handelten. So wie Maigret in mehreren Büchern vor dem Start der ersten Maigret-Reihe aufgetaucht war, so fuhr Simenon fort, Kriminalromane zu schreiben, wobei er sich bemühte, nicht mehr nur als der Mann zu gelten, der Maigret-Geschichten schreibt. Bis Juni 1933 hatte Simenon allerdings auch drei echte *«romans durs»* geschrieben: *La maison du canal*, *Les fiançailles de M. Hire* und *Le coup de lune*.

Als Simenon Fayard mitteilte, Maigret sei in den Ruhestand getreten, traute der Verleger seinen Ohren nicht und entschloß sich, diesmal unnachgiebig zu bleiben. Zuerst hatte sein gewinnträchtiger, jedoch eigensinniger Autor die so profitablen Trivialromane aufgegeben; jetzt gedachte er auch noch die an ihre Stelle getretenen «Maigrets» fallenzulassen. Zum Glück hatte Fayard ihn für sieben weitere Groschenromane und zwei «Maigrets» unter Vertrag, und er bestand darauf, daß Simenon seinen Verpflichtungen nachkäme. Das war ein sehr kostspieliger Fehler. Fayard besaß keine vertragliche Option auf künftige *«romans durs»*, sondern veröffentlichte sie, wie sie jeweils kamen. Simenon war also frei, sie anderswo anzubieten. Er war so verärgert über die Starrköpfigkeit Fayards, der auf die Erfüllung des Vertrags pochte, daß er beschloß, sich nach einem anderen Verleger umzusehen, und da traf es sich, daß Gaston Gallimard, Besitzer des angesehensten Verlagshauses in Frankreich, den Wunsch verspürte, Simenon in sein Programm aufzunehmen.

Gallimard lud Simenon in sein Büro ein, und die sich anschließende Unterredung, wie Simenon sie Fenton Bresler schilderte, wurde berühmt – obwohl sie anders verlaufen sein dürfte. Nachdem Gallimard sich Simenons grundsätzliches Einverständnis gesichert hatte, schlug er vor, die Einzelheiten des Vertrags bei einem guten Essen oder einer anderen Gelegenheit auszuhandeln. Simenon antwortete darauf:

«Hören Sie, Monsieur Gallimard. Zunächst einmal werden wir nie zusammen essen. Ich hasse diese Geschäftsessen, bei denen man über alles außer über Geschäfte spricht und schließlich eine weitere Verabredung für ein zweites Essen dieser Art treffen muß. Wir werden den Vertrag in Ihrem Büro besprechen, bei verschlossener Tür und abgeschaltetem Telefon, während Ihre Sekretärin sich Notizen macht, und in weniger als einer halben Stunde werden wir eine Vereinbarung erzielen. Außerdem werde ich Sie nie mit ‹Gaston› anreden, wie es alle hier zu tun scheinen, und hören Sie bitte auf, mich *‹cher ami›* zu nennen, denn derartige Anreden hasse ich auch. Nennen Sie mir die Zeit und den Tag, ich komme wieder in Ihr Büro, der Vertrag gilt für ein Jahr, und wenn es an der Zeit ist, ihn zu verlängern, kommen Sie in Zukunft zu mir nach Hause.»

Die Bedingungen des Vertrags, der schließlich unterschrieben wurde, waren für den Autor außerordentlich günstig. Simenon verpflichtete sich, jährlich in regelmäßigen Abständen sechs Buchmanuskripte zu liefern, und der Bruttogewinn sollte im Verhältnis 50:50 zwischen Autor und Verleger geteilt werden. Bei der Berechnung des Bruttogewinns war Simenon einzuschalten. Gallimard hatte die Wahl, zuzustimmen oder es bleibenzulassen. Er stimmte zu. Der Entschluß war kühner, als dies allgemein zuerkannt worden ist, und machte Gaston Gallimards Weitblick alle Ehre. Denn obgleich er einen Bestsellerautor gewann, wußte er sehr wohl, daß Simenon bisher nur mit Trivialromanen und «Maigrets» hervorgetreten war. Indem er, Gallimard, nun auf ihn als einen Schriftsteller setzte, der in großem Umfang anspruchsvolle Literatur liefern würde, verließ er sich ganz auf sein eigenes Urteil.

Der im Oktober 1933 unterzeichnete Vertrag trat erst 1934 in Kraft. Als Simenon ihn unterschrieb, hatte er einen Vorrat von sechs unveröffentlichten Romanen bereitliegen, von denen nur zwei für Fayard bestimmt waren. Daher trat er seinen Vertrag mit vier fertigen Büchern an, was auch ganz gut so war, da sein Leben in eine turbulente Phase geriet. Von 1934 bis 1936 schrieb er im Durchschnitt weniger als vier Bücher im Jahr, und das bedeutete, daß er 1937 mit der Möglichkeit rechnen mußte, seinen Verleger nicht mehr mit der vertraglich festgesetzten Anzahl von Titeln versorgen zu können. Da Gallimard ihm regelmäßig Vorschüsse von 40000 Francs schickte, er bis zu 750000 Francs im Jahr verdiente und ihm das Geld wie Wasser durch die Finger rann, mußte unbedingt etwas getan werden, um die Dinge wieder ins Lot zu bringen.

Alles hatte im März 1934 angefangen, als Simenon und Tigy vor der Tatsache standen, daß der Mietvertrag für La Richardière abgelaufen war und der Besitzer sich weiterhin weigerte, ihnen die Domäne zu verkaufen. Sie hatten eine Menge Geld in das Haus gesteckt und immer gehofft, es schließlich einmal kaufen zu können. Obgleich ihr Mietvertrag auf zwei Jahre befristet war, hatte der Besitzer ihnen Anlaß zu der Vermutung gegeben, daß alles zu gegebener Zeit möglich wäre. Nun aber erfuhren sie, daß der Besitzer es nicht nur ablehnte, ihnen das Anwesen zu verkaufen, sondern auch den Mietvertrag nicht zu verlängern gedachte. Aus ihrem Heim vertrieben, gingen sie nach Porquerolles, wo Simenon ein großes Segelboot charterte, und sie verbrachten einen guten Teil des Sommers auf einer Mittelmeerkreuzfahrt. Im September mietete Simenon dann ein Schloß im Wald von Orléans, das Château de la Cour-Dieu bei Ingrannes. Es war eine ehemalige Zisterzienserabtei, und das Besitztum umfaßte zehntausend Hektar Jagdgebiet. Nur einmal organisierte Simenon dort eine Jagd, auf der es ihm gelang, einen Hirsch zu verletzen, den er dann abschießen mußte. Später sagte er, es sei das letztemal gewesen, daß er ein Gewehr angerührt habe. Und Tigy mochte den Wald nicht; er deprimierte sie. Seit dem Wegzug von La Richardière hatte ihr gemeinsames Leben viel von seinem Sinn verloren. Simenon war gefühlsmäßig nicht mehr so abhängig von Tigy wie zuvor. Er brauchte keine Fußfessel mehr, um vor ernsthaften *bêtises* bewahrt zu bleiben.

Daß er ein *obsédé sexuel* sei, ließ Simenon nie gelten. Er fand seinen Sexualtrieb völlig normal; allenfalls das Ausmaß, in dem es ihm gelang, ihn zu befriedigen, hielt er für ungewöhnlich. Als er in Paris lebte, fühlte er sich oft «gezwungen», mit mehreren Frauen am selben Tag zu schlafen. In *Un homme comme un autre* erklärte er sein ständiges Bedürfnis nach sexueller Vereinigung mit

> «meiner übergroßen Neugier und auch meinem Verlangen nach einer Form des Kontaktes, das nur sexuelle Beziehungen befriedigen konnten [...] Frauen sind für mich immer außergewöhnliche Menschen gewesen, die ich vergebens zu verstehen suchte. Es war eine lebenslange, unaufhörliche Suche. Und wie hätte ich Dutzende, vielleicht Hunderte von Frauenfiguren in meinen Romanen schaffen können, wenn ich nicht diese Abenteuer erlebt hätte, die zwei Stunden oder zehn Minuten dauerten?»

Er schlief mit Frauen aus demselben Grund, der ihn zum Schreiben veranlaßte: weil er einen unstillbaren Hunger nach menschlichem Kontakt verspürte. Er beschrieb ihn als «einen verzehrenden Hunger nach Frauen», und er erzählte, er habe in seiner Jugend beim bloßen Gedanken an die vielen Frauen, die ihm entgehen würden, buchstäblich physische Schmerzen erlitten. Er gab sich alle Mühe, ihre Anzahl möglichst niedrig zu halten, und im Lauf seines Lebens schlief er mit viel mehr Frauen, als er sich später erinnern konnte. Er schätzte sie insgesamt auf zehntausend; seine zweite Frau behauptete, es seien zwölfhundert gewesen. Doch wie viele es auch gewesen sein mögen – selbst heute noch läßt sich manches über viele seiner Partnerinnen erfahren, weil er sie in seinen Romanen beschrieb.

Wie Simenon es anstellte, aus seinen Zufallsbekanntschaften Romanfiguren zu machen, zeigt die Geschichte Pilars, des spanischen Kindermädchens, das er am Neujahrstag 1923 kennenlernte und verführte, als er allein in Paris war. Die ungeschmückte Geschichte hat er in seinem 1963 veröffentlichten Roman *Les anneaux de Bicêtre* erzählt, doch es existiert auch eine frühere, ausführlichere und stärker verfremdete Version in *Le passage de la ligne*, erschienen 1958. Doch Pilar ist nicht die einzige. Wir begegnen einer Unzahl ähnlicher Mädchen in seinem Werk. Zwölf seiner weiblichen Figuren heißen Lili, acht heißen Lola, und weitere zwölf heißen Léa. Die typische Léa ist jung, unverheiratet, manchmal Prostituierte oder Animierdame (*entraîneuse*) in einer Bar, manchmal die Geliebte einer der männlichen Hauptfiguren, einmal *strip-teaseuse*, einmal eine sechzigjährige *clocharde*.

Ursprünglich war sie vermutlich eine junge Frau, der Simenon eines Tages an der Bar der «Coupole» begegnete und mit der er dann schlief, die er nachher in Erinnerung bewahrte und später wieder zum Leben erweckte. Nicht ein einziges Mädchen in Paris hieß Zulma, doch drei Frauen in Simenons Romanen heißen so, zwei Prostituierte und eine Stenotypistin. So hinterließ auch «Zulma», wer immer sie sein mochte, ihren Eindruck. Die Namen wiederholen sich und auch die Berufe: *entraîneuse, femme de chambre, bonne, bonne d'enfants.* Als *serveuse de café* begannen fünfzehn Mädchen namens Julie ihre Laufbahn. Germaine, der man immer wieder in Simenons Werk begegnet, ist zuerst Telefonistin bei der Zeitung *Le Petit Parisien*, welche die Feuilletonrechte mehrerer seiner Romane erwarb, und erscheint in siebenundzwanzig weiteren seiner Romane; einmal ist Germaine sogar Puffmutter, *patronne de maison close*. Sie hießen Céline, Irma, Sylvie, Jeanne und waren Kindermädchen, Garderobenfrauen, Näherinnen, Ladenhilfen. Ob sie nun «Pariserinnen in einem gewissen Alter» waren, «ihre Körper cremiger und begehrenswerter [...] die eine Menge gesehen, gehört und gelernt hatten, sich jedoch anstatt den Geschmack am Leben zu verlieren, mit noch größerem Schwung hineinstürzten», oder ob sie zu den *«professionnelles de passage»* gehörten, die aparterweise zum Du übergingen, während sie sich auszogen, die letzten Klatschgeschichten über ihre Kunden, die prominenten Bürger der Stadt, kannten und genau wußten, wie man gute Beziehungen zum örtlichen Polizeikommissar anknüpfte – sie alle dienten gleichermaßen dem Vorhaben ihres Schöpfers.

In den Maigret-Romanen werden diese Mädchen manchmal zu Opfern tragischer Umstände; der Polizist beobachtet die frisch angekommene Schönheit vom Lande und ihren Aufstieg vom Zimmermädchen im Hotel zur Tänzerin in einem billigen Nachtlokal und dann zur Straßendirne, eine Entwicklung, die sich mit Hilfe eines ausreichend überzeugend wirkenden jungen Mannes in wenigen Wochen vollziehen konnte. Doch «Maigret» war nicht Simenon. Maigret war ein mitfühlender Beobachter der Gesellschaft, Simenon ein beobachtender Teilnehmer. Maigret verkörperte nur einen Teil der Persönlichkeit seines Schöpfers.

John Simenon meint, die sexuelle Energie seines Vaters sei möglicherweise eine Folge des scharfen Geruchssinnes in seiner Familie gewesen, und er fragt sich, ob ein verstärkter Geruchssinn vielleicht zu einem stärkeren Sexualtrieb führt, da es umgekehrt unmöglich ist, einen solchen zu entwickeln, wenn man nicht über einen Geruchssinn verfügt. War Georges Simenon zeitlebens dazu verurteilt, sich von seiner Nase führen zu lassen? Gewiß ist bei seinen frühesten Schilderungen mit sexuellem Hintergrund der

Geruchssinn im Spiel, besonders im Fall der Marktfrauen, die er in seinem Jugendroman *Jehan Pinaguet* beschrieb. Doch Simenons Interesse am Sex erwachte sehr früh. Er erinnerte sich an seine jungen Tanten, die ihren Kindern in der Küche der Wohnung in der Rue Puits-en-Sock die Brust gaben, und stellte so eine Beziehung zwischen Sex und Essen her, die sogar seinem frühreifen Interesse an Marktfrauen vorausging. Diese Faszination scheint durch all die Jahre in seinen Romanen auf. In *Le petit saint* ist die Mutter des Helden, als dieser noch ein kleiner Junge ist, eine schlampige, leichtlebige Marktfrau, eine zärtliche Mutter ebenso wie eine Gelegenheitsprostituierte, die sich jedesmal, wenn sie einen Nachbarn bittet, ihr einen Eimer heißes Wasser die Treppe hinaufzutragen zu helfen, tief bückt und «großmütig ihre Brüste zeigt». Und der Nachbar erweist ihr gern den kleinen Dienst. Der Trick wirkt. Nie erhält sie ein «Nein» zur Antwort. Im selben Buch schnappt sich Loulou, eine mollige Masseuse vor einem Schreibwarengeschäft am Palais-Royal einen jungen Künstler, nimmt ihn zu sich mit und macht es ihm ohne Bezahlung. In *Dimanche* besucht Emile, der im Begriff ist, seine Frau zu vergiften, eine Prostituierte in Cannes und ist unvorsichtig, worauf sie sich beklagt, daß man ihre blauen Flecke sehen werde, wenn sie später am Tag an den Strand gehe. In *Les volets verts* schläft der betrunkene alte Schauspieler, der ebenfalls Emile heißt, mit dem Dienstmädchen, nachdem dieses ihm gerade ein Bad eingelassen hat, während seine Frau nebenan mit dem Kind beschäftigt ist. «Leg dich hin.» – «Jetzt gleich?» – «Ja, jetzt gleich.» So gibt es Hunderte von kleinen Begebenheiten und zufälligen Gesprächen, an die ein Schriftsteller sich erinnerte, der seinen Dienstantritt als Sekretär beim Marquis de Tracy mit dem erstmaligen Besuch bei einer vor der Madeleine arbeitenden Luxuskokotte feierte und seine letzte Junggesellennacht mit *«deux Hollandaises plantureuses»* (zwei drallen Holländerinnen) verbrachte, die er eingepfercht auf einer Bank im «Lapin Agile» antraf; «der Raum war so voller Menschen, daß es mir möglich war, ihnen schamlos unter die Röcke zu greifen, worüber sie nur noch mehr lachten».

Die meisten Menschen arbeiten täglich und genießen Sex nur

gelegentlich. Simenon hatte täglich Sex und schwelgte alle paar Monate in einer rasenden Arbeitsorgie. Mit der Zeit wurden seine Arbeitsausbrüche etwas seltener, doch hielt er eisern an seiner sexuellen Disziplin fest, als sei sie eine hygienische Notwendigkeit. Für die meisten ist Sex, wie Bernard Pivot bemerkt hat, eine Zerstörung, die von der Arbeit ablenkt; Simenon jedoch *«baisait comme il respirait»* (wörtlich: «vögelte, wie er atmete»). In seinem Fall war die Arbeit eine Ablenkung vom Sex. Es konnten mehrere Monate vergehen; dann zog er sich eines Tages in sich selbst zurück und schrieb mit der gleichen jähen, heftigen Energie, die er dem Sex widmete, einen Roman. Oft enden seine Bücher mit einer psychischen Explosion – einem Mord, einem Selbstmord oder einem anderen Verhängnis. War das Buch dann geschrieben, kehrte er zur sexuellen Attacke zurück. Er war wieder er selbst.

Tigy verstand diese Seite der Natur ihres Mannes nie. Obwohl sie selbst kein besonderes Interesse an Sex zeigte, blieb sie im herkömmlichen Sinne eifersüchtig, und Simenon fühlte sich verpflichtet, seine Aktivitäten zu verbergen. Später behauptete er, sie habe ihm wiederholt gedroht, sich umzubringen, falls er ihr je untreu würde, doch vermutlich war das eher dahergesagt und keine ernsthafte Drohung, und vermutlich übertrieb Simenon die Bedeutung ihrer Worte, um sein eigenes Verhalten zu rechtfertigen. Jedenfalls fand er, der sie mehrere Male in der Woche und manchmal mehrere Male am Tag betrog, das Eheleben ein wenig ermüdend, und die Tatsache, daß sie keine Kinder hatten, machte die Sache nicht leichter. Der Verlust von La Richardière bedeutete zudem, daß sie jetzt auch kein Heim mehr hatten, um Kinder großzuziehen.

Um sich von diesen Problemen abzulenken, nahm Simenon Lebensgewohnheiten an, die seine schriftstellerische Arbeit beeinträchtigten. Im Januar 1935 brach er mit Tigy zu einer Weltreise auf, die über acht Monate dauerte und in deren Verlauf er nur einen einzigen Roman produzierte, *Ceux de la soif*, der während einer zweimonatigen Pause in Tahiti entstand. In einem seiner Gespräche mit Fenton Bresler erzählte er, er sei auf der Fahrt durch Panama einem Mann auf die Spur gekommen, der den spanischsprachigen Markt mit illegalen Ausgaben seiner Bücher überschwemmt habe. Mit einer Pistole bewaffnet, habe er den Mann aufgesucht, ihm gesagt, wieviel er ihm schulde, und verlangt, daß er das Geld innerhalb einer Stunde beibringe. Der Raubdrucker habe behauptet, er brauche mehr Zeit. Er, Simenon, habe geantwortet, er wolle das Geld in einer Stunde haben, oder er würde ihn erschießen. Darauf habe der Mann einige Telefongespräche geführt, und «binnen einer halben Stunde trat ein anderer Mann mit einem Geldsack ein, der das Geld enthielt». Die Anekdote klingt phantastisch, doch irgend etwas dieser Art mag wirklich geschehen sein, denn im allgemeinen lag den Geschichten, die Simenon aus seinem Leben erzählte, ein Mindestmaß an Tatsachen zugrunde.

Für Tigy war die Reise ein aufregendes Erlebnis, eine Zerstreuung und natürlich eine willkommene Gelegenheit, Malmotive zu finden. Für Simenon jedoch war es mehr als eine Zerstreuung; es war eine Flucht. Er hatte die Gewohnheit angenommen, das Weite zu suchen, wann immer er sich bedrängt oder verwirrt fühlte. «All meine Abreisen sind Fluchtversuche gewesen», sollte er später schreiben. Er verliebte sich regelrecht in Tahiti und fand manchmal, daß er dort hätte glücklich leben können, was freilich eine wirklichkeitsfremde Vorstellung war, weil das, was ihm so attraktiv erschien, größtenteils an den Mädchen lag. Eines Abends hätte Tigy ihn dann auch beinahe ertappt, als er ein Abschiedsfest für das ganze Dorf gab und seine Gefährtin aus dem Schlafzimmerfenster springen mußte. Auf der Rückfahrt von Australien kam es zu einem anderen Zwischenfall. Simenon verliebte sich Hals über Kopf in eine junge Engländerin, die mit ihren Eltern reiste. Er war so in sie vernarrt, daß er sogar einen ihrer jüngeren Bewunderer auf der Tanzfläche zu verprügeln versuchte. Diesmal ging selbst Tigy ein Licht auf, und zum erstenmal, seit sie Lüttich verlassen hatte, machte sie sich Sorgen um ihre Ehe. Die Romanze mit der jungen Engländerin blieb platonisch – ungewohnt für Simenon, der seit jenen Sommertagen in Lüttich, als er ein kleiner Junge war, solches nicht mehr erlebt hatte. Er sah darin eine Bestätigung der Ernsthaftigkeit seiner

Gefühle. Sie verbrachten ganze Nächte zusammen im Gespräch in der Kabine des Mädchens, und nach seiner Rückkehr schrieb er ihr noch monatelang nach England. Aber sie war sechzehn, und schließlich wurde ihm klar, daß sie etwas Neues gefunden und das Interesse an ihm verloren hatte. Seine Träume von einer weiteren Flucht hatten sich verflüchtigt.

Sie hatten das Château de la Cour-Dieu in Boules Obhut gelassen, doch nach ihrer Heimkehr im September 1935 zogen die Simenons in eine luxuriöse Wohnung am Boulevard Richard-Wallace in Neuilly, gegenüber dem Bois de Boulogne, und legten die von einem Architekten ausgearbeiteten Pläne zum Bau eines herrlichen Jagdhauses im Wald von Orléans beiseite. Auf Tigys Wunsch wurden die Zimmer für teures Geld neu tapeziert. Hier schrieb Simenon im Oktober seinen zweiten Roman in diesem Jahr. Der dritte entstand im Dezember, als sie im Departement Haute-Savoie Skiferien machten.

1935 erwies sich als Simenons schlimmstes Jahr seit 1924, als er seine ersten drei Groschenromane geschrieben hatte. 1936 war etwas besser. Es gab keine Weltreise, überhaupt keine Reise ins Ausland, und es folgten vier Bücher. Keines wurde am Boulevard Richard-Wallace geschrieben. Im Frühling fuhr Simenon nach Porquerolles, um *Le blanc à lunettes* zu schreiben, machte dann dem Château de la Cour-Dieu einen letzten Besuch und schrieb dort *Chemin sans issue*.

Im Sommer, wiederum in Porquerolles, schrieb er den für ihn überdurchschnittlich langen Roman *Le testament Donadieu*, der als ein frühes Meisterwerk gepriesen wurde, und schließlich schrieb er, neuerlich in Skiferien, diesmal in Igls in Tirol, den wieder als wichtiges Werk gelobten Roman *L'homme qui regardait passer les trains*. Boule begleitete ihn nach Igls und erinnert sich, daß er um diese Zeit sehr eifersüchtig geworden war. Wenn sie etwa von einem vorübergehenden Fremden sagte, er sehe «nicht schlecht» aus, wurde Simenon «*furibard*» (stinkwütend). Die Leute in Igls waren sehr *galant* und korrekt. Wenn Simenon mit Tigy und Boule im Salon des Hotels saß und Einheimische um Erlaubnis baten, mit einer der Damen tanzen zu dürfen, war er immer einverstanden. Die Österreicher tanzten wunderbar, doch Boule konnte sehen, daß Simenon in Rage geriet, und so bat sie die Männer, nicht mehr an ihren Tisch zu kommen.

Nach Paris zurückgekehrt, schien Simenon den Verlust von La Richardière allmählich zu verschmerzen und von den ständigen Versuchen loszukommen, sich dem Leben, das er mit Tigy führte, zu entziehen. Sein Schreibelan war wiedererwacht, doch seine tägliche Routine befriedigte ihn nicht mehr. Er hatte von neuem die hektischen gesellschaftlichen Gewohnheiten von Montparnasse angenommen, vor denen er 1927 geflohen war, frönte ihnen aber jetzt, mit Neuilly und den Champs-Elysées im Hintergrund, noch großzügiger und weniger arglos. Er kaufte einen teuren Wagen, einen Delage Cabriolet. Er trug blaue Anzüge, manchmal aber auch Golfhosen und bevorzugte graue Homburgs und Glacéhandschuhe. Krawatten kaufte er in Rom, und für seine Hemden reiste er nach London, wo er im Hotel Savoy abstieg. Jeden Nachmittag um fünf, zur Cocktailstunde, fuhr er mit seinem Wagen bei «Fouquet's» auf den Champs-Elysées vor. Seine Freunde, nun nicht mehr arme Leute, hießen Pagnol, Vlaminck, Foujita, Picasso und Rothschild. «Ich wurde ein Snob», sagte er später. Er hatte sogar seinen eigenen Tisch im «Maxim's», und er teilte seine Zeit zwischen dem gesellschaftlichen Leben in Paris und seiner Arbeit irgendwo anders. Tigy war sehr glücklich über diesen Lebensstil, doch ein Teil Simenons fand ihn unerträglich.

1937 begann der höllische Reigen aufs neue. Nach den Skiferien in Tirol kehrte Simenon nach Paris zurück, wo er im Januar sein zweites Buch in der Wohnung am Boulevard Richard-Wallace vollendete. Er nannte es einen Roman, vermutlich um seinem Vertrag mit Gallimard zu genügen; wie er jedoch bereits im ersten Satz gestand, war es nichts dergleichen. (Was Gallimard allerdings nicht daran hinderte, es auf dem Umschlag als Roman zu bezeichnen.) Das Buch hieß *Les trois crimes de mes amis* und beruhte auf Erinnerungen an das schmutzige Elend in Lüttich während der Besatzungszeit.

Am 19. Februar fuhr Simenon abermals nach Porquerolles, um

M. La Souris zu schreiben. Und dann tat er fünf Monate lang nichts. Er schrieb keine «Maigrets», keine Kurzgeschichten, keine Trivialromane und keine *«romans durs»*. Bei seiner Rückkehr zum Boulevard Richard-Wallace fand er «Schauspieler und Filmproduzenten auf jeder Etage». Dann ging es im Delage Cabriolet zur Terrasse des «Fouquet's», wo wieder nur Filmproduzenten und Schauspieler saßen.

> «Was machte ich dort? Ich habe keine Ahnung [...] nachdem ich [manchmal] den ganzen Nachmittag im Fouquet's verbracht hatte, fuhr ich mit Tigy nach Le Bourget, nahm die erste beste Maschine und flog nach Prag oder Budapest, irgendwohin, ohne jedes Gepäck [...] Ich war im Begriff unterzugehen, und ich weiß nicht, was mich rettete.»

Wieder in Porquerolles, blieb er dort lange genug, um *Touriste de bananes* zu schreiben, eine Fortsetzung von *Le testament Donadieu*, jedoch viel kürzer, die er am 8. Juni beendete. In diesem Jahr schrieb er insgesamt sieben Romane, zusätzlich zu *Les trois crimes de mes amis*, eine Serie, die im Dezember mit *Les sœurs Lacroix**, einer seiner frühen düsteren Studien über eine engstirnige Familie, ihren Abschluß fand. Dann, im Jahr 1938, gab es wieder eine Stockung. Bereits höchst unzufrieden mit seinem Leben in Paris, verspürte er jetzt ein neues Unbehagen. Er machte sich schwere Sorgen über die Möglichkeit eines Krieges.

Im Januar hatte sich Simenon zu einem für ihn ganz untypischen Schritt entschlossen und war der politischen Bewegung «Sans Haine» (Ohne Haß) beigetreten, einer pazifistischen Organisation, deren Anliegen es war, Frankreich vor einem europäischen Krieg zu bewahren. Ihr Gründer war Lucien Descaves, ein einflußreicher Literaturkritiker, der sich von Anfang an für Simenon eingesetzt hatte. Das Wahrzeichen der Bewegung war die

---

* Nach diesem Buch verkündete er, in zehn Jahren werde er den Nobelpreis erhalten.

Friedenstaube, und mit seiner Parteinahme für diese Gruppe folgte Simenon das einzige Mal in seinem Leben dem klassischen Vorbild des engagierten französischen Intellektuellen. Besonders gefiel ihm die von dem linken Einzelgänger Marcel Déat geprägte spöttische Parole *«Mourir pour Danzig»* (Für Danzig sterben), und er selbst war nun *«farouchement munichois»**.

Im Lauf der aufeinanderfolgenden europäischen Krisen des Jahres 1938, des Anschlusses Österreichs an das Deutsche Reich im März, der Sudetenkrise im August und der Münchener Konferenz im September, bedrängten ihn die Erinnerungen an den Krieg und seine Folgen. Er zog nach Porquerolles und mietete sich dann in einem Gasthaus im Departement Dordogne ein, wo er den Roman *Le coup de vague* schrieb, dessen Handlung er nach Marsilly in der Nähe von La Richardière verlegte. Nachdem er sich auf dem Land vergraben hatte, machte er seine Ideallandschaft zum Schauplatz des Buches. Im Mai kehrte er nach Paris zurück, und dort kam es an einem Sommertag zum Ausbruch seiner persönlichen Krise. Was immer auch geschehen mochte, Simenon war entschlossen, sich nicht wieder in einer Großstadt vom Krieg überraschen zu lassen. Schon einmal hatte er Bombenangriffe erlebt und war halb verhungert, und er wußte, daß es in Zeiten der Niederlage nur einen Ort gab, wo man sicher war: auf dem Land. Er selbst gab dies zwar nie zu, doch es scheint gewiß, daß die Erinnerungen an den Krieg eine entscheidende Rolle in seinem am Boulevard Richard-Wallace so impulsiv gefaßten Entschluß gespielt haben. In *Mémoires intimes* verlegte er die Szene in das Jahr 1937; sie ereignete sich jedoch ein Jahr später. «Behaglich in meiner Luxuswohnung in Neuilly sitzend, empörte ich mich plötzlich gegen alles, was mich umgab, gegen meine Rolle als Marionette in einer Welt von Marionetten [...] Das Leben, das ich führte, widerte mich an [...] Eines Morgens

---

* Es galt 1938 in Frankreich durchaus nicht als ungewöhnlich, ein *munichois* zu sein. Als die Zeitung *Paris-Soir* ihre Leser einlud, Geld zu spenden, um Neville Chamberlain zum Dank für das Münchener Abkommen ein Haus zu kaufen, waren mehr als eine Million Franzosen dazu bereit.

sagte ich zu Tigy: ‹Ich will irgendwo anders arbeiten, in einem kleinen Haus, das die richtige Größe für mich hat, meilenweit entfernt von Städten und Touristen, nahe am Meer.›» Tigy verstand, daß er genug hatte, und willigte ein.

Wieder war es eine Rückkehr in die Vergangenheit. Zuerst fuhren sie von Paris direkt nach Delfzijl in den nördlichen Niederlanden, und dann ging es immer weiter südwärts die Kanalküste entlang. Sie kamen durch die Niederlande, Belgien, Nordfrankreich, die Normandie und die Bretagne. Schließlich gelangten sie in die Vendée, und dort geschah das gleiche wie 1932, als sie von Porquerolles aus auf der Suche nach dem Nebel nordwärts gefahren waren: Das Licht änderte sich kurz vor La Rochelle. Hier hatten sie wieder La Richardière vor Augen, und Simenon wußte, daß dies der Ort war, wo er leben wollte. Sehr niedergeschlagen, luden sie sich zum Mittagessen im Haus ihres Freundes Dr. de Béchevel ein und fragten ihn, ob er irgendwo in der Gegend ein Haus kenne, das zu verkaufen wäre. Er sagte, er glaube eines zu kennen. Ein alter Mann, dessen Tochter früher für die Béchevels als Dienstmädchen gearbeitet hatte, trug sich angeblich mit der Absicht, sein Haus zu verkaufen und mit einem seiner Kinder wegzuziehen. Das Haus lag fünfhundert Meter vom Meer entfernt und ziemlich nahe bei La Richardière; es war kleiner und in jeder Beziehung ideal. Einen Monat später, im Juli, war der Kauf perfekt. Als sie das Haus zum erstenmal sahen, sagte Simenon zu Tigy, es sei «die Art von Haus, in das Kinder gern kommen, um die Ferien bei der Großmutter zu verbringen». Diese Worte, so erklärte er später, mußten Tigy beeinflußt haben, denn wenige Wochen danach, als die Handwerker noch in dem Haus in Nieul-sur-Mer tätig waren, wurde sie nach vierzehnjähriger Ehe schwanger. Sie hingegen behauptete, sie habe nur Simenons wegen so lange gewartet, weil er nicht bereit gewesen sei, sich mit einer Familie niederzulassen.

Angesichts des drohenden Chaos eines Krieges hatte Simenon instinktiv seine Zuflucht in der einzigen Sicherheit gesucht, die er kannte: im Familienleben. Im August, kurz nach dem Kauf des Hauses in Nieul-sur-Mer, doch bevor die Umbauarbeiten beendet waren, wohnten Simenon und Tigy in La Rochelle und hatten begonnen, sich wieder dort einzuleben. Im Juni gewann Loustic, ihr neuer Hund, den ersten Preis bei der örtlichen Hundeausstellung. Im Juli schrieb Simenon den Roman *Chez Krull*, der von einem Deutschen handelte, welcher in die Familie seiner französischen Vettern zurückkehrt, und von den Spannungen, die sich daraus ergeben, samt einigen Erinnerungen aus dem Ersten Weltkrieg. Im August, als Tigy gerade entdeckt hatte, daß sie schwanger war, brach die Sudetenkrise aus. Diesmal schien der Krieg unvermeidlich, und am 29. September fuhren Simenon und Tigy in ihrem riesigen schokoladebraunen Chrysler, den er 1932 gekauft hatte, nach Brüssel. Man hatte ihn als Reservisten einberufen, und die belgische Armee stand vor der Mobilmachung. Wie er in seinen *Mémoires intimes* erzählte, wollte er gerade die Grenze bei «La Panne» (in Wirklichkeit De Panne) überqueren, als der Zollbeamte weggerufen wurde; nach einer Weile kam der Mann zurück und berichtete, im Rundfunk sei soeben die Nachricht von der Unterzeichnung des Münchener Abkommens durchgegeben worden, und er, Simenon, könne umkehren. Das tat er dann auch, nachdem sie eine Nacht in Belgien verbracht hatten. Es war eine Gnadenfrist, doch Simenon blieb erschüttert. In der heiteren Juli-Atmosphäre hatte er neben *Chez Krull* noch neunzehn Kurzgeschichten geschrieben, von denen die meisten in der Gegend von La Rochelle spielten. Jetzt, nach dem Münchener Alarm, war er wieder stumm und schrieb nur noch ein Buch in diesem Jahr, einen Roman, der interessanterweise Belgien zum Schauplatz hatte, *Le bourgmestre de Furnes*.

Simenon war glücklich, wieder in La Rochelle zu sein und dort eine Gesellschaft vorzufinden, die ihn bereits aufgenommen hatte. «Die Rochelais sind zuerst mißtrauisch», meinte er später. «Ich denke dabei an das Bürgertum und die großen Familien, denen Fischereiflotten gehören. Sie beobachten dich ein bißchen, und dann laden sie dich eines Tages zu einer Teeparty ein, wo jeder sich ein Bild von dir machen kann. Erst danach sind sie bereit, mit dir zu verkehren, und dann können sie sehr gute Freunde werden.» Die Simenons schlossen enge Freundschaft mit den angesehenen Reederklans von La Rochelle, den Delmas und den Vieljeux, obgleich die wechselseitige Einschätzung zuweilen etwas süffisant geriet. So hörte Simenon zu seinem Erstaunen, daß es den Kindern einer dieser Familien verboten war, ein Café in La Rochelle oder Nieul zu besuchen, weil sie dort möglicherweise neben einem Angestellten ihres Vaters zu sitzen kämen. Pierre Vieljeux seinerseits erinnerte sich, Simenon sei eines Tages zu ihm gekommen und habe ihn gefragt, wieviel er seinen Hausangestellten bezahle.

«Ich nannte ihm eine Summe, und er sagte, er zahle doppelt soviel. Auf meinen Einwand, das müsse ihn ja ein kleines Vermögen kosten, erwiderte er: ‹O nein. Ich habe ein Strafensystem. Für eine Suppe, die nicht genau richtig schmeckt, ziehe ich zwei Francs vom Lohn ab, für eine zerbrochene Schubkarre ebenfalls zwei Francs und so weiter. Auf diese Weise habe ich zum Monatsende nur noch etwa die Hälfte der Gehälter zu bezahlen.›»

Simenon bestritt mit allem Nachdruck, je etwas Derartiges gesagt zu haben, als man ihn 1985 nach dieser Geschichte fragte.
1928, als er die «Ginette» kaufte, hatte Simenon nichts von der Welt gesehen außer Lüttich und Paris sowie den paar Wochen im Limburgischen, in Antwerpen und Aachen. 1935 war er schon weit in der Welt herumgekommen. Die Reisen hatten ihn in seiner Theorie bestärkt, daß »*l'homme nu*« überall der gleiche war. Nun konnte er seine Bücher sowohl in exotischen Ländern spielen lassen, die er gesehen hatte, als auch in Frankreich und Belgien, die ihm bereits vertraut waren. An der Oberfläche war er ein weltläufiger, kosmopolitischer Pariser, doch darunter bewahrte er seine ursprünglichen Befangenheiten.
Simenons Großvater Chrétien war 1927 mit sechsundachtzig Jahren in Lüttich gestorben. Er hatte bis zuletzt in der Rue Puits-en-Sock gewohnt und seinen Sohn Désiré um mehr als fünf Jahre überlebt. 1928 hatte Simenons Bruder Christian geheiratet und war in den Kongo gezogen. 1929 hatte Henriette, die Mutter,

wieder geheiratet. Ihr neuer Mann, im selben Jahr wie Désiré geboren, war in mancherlei Hinsicht Henriettes idealer Ehemann. Er war pensionierter Beamter, der viele Jahre lang als Bahnwärter bei Nord Belge gearbeitet hatte, und sie war jetzt endlich von ihrem lebenslangen Armutsalptraum befreit. *«Le père André»*, wie Henriette und später auch Simenon ihn nannten, besaß, obgleich er keine Kinder hatte, ein kleines Haus auf einem Hügel außerhalb von Lüttich, lebte jedoch mit Henriette in dem Haus, das sie kurz nach Désirés Tod in Outremeuse, Rue de l'Enseignement 5, gekauft hatte.

«Wo war ich, als ich die Nachricht hörte?» schrieb Simenon in *Lettre à ma mère*. «War ich in Frankreich, in Afrika oder den Vereinigten Staaten, als ich deinen Brief bekam, in dem du schriebst, du habest soeben wieder geheiratet?» In Wirklichkeit war Simenon in keinem dieser Gebiete. Im Oktober 1929, zur Zeit der Wiederverheiratung Henriettes, war er in den Niederlanden, an Bord der «Ostrogoth». Im Frühjahr war er mit dem Boot durch Lüttich gekommen. Im September hatte er *Train de nuit* geschrieben und das Manuskript ohne Erfolg an Fayard geschickt. Im Oktober hatte die «Ostrogoth» nach einigen Überholungsarbeiten die Werft von Delfzijl in Richtung Wilhelmshaven verlassen. Von diesem wichtigen Marinestützpunkt wurde Simenon im November von der deutschen Polizei ausgewiesen. «Ich muß gestehen», schrieb er, «daß ich bestürzt war, als ich die Nachricht erhielt. Ich hatte meinen Vater so verehrt, daß ich mir nicht vorzustellen vermochte, du würdest ihn ersetzen [...] Du sandtest mir ein Bild deines neuen Gatten. Er war ein Mann aus den Ardennen, schmal und runzlig, mit zackigen Zügen und ausdruckslosem Blick. Ich begegnete ihm nur einmal [...]»

Henriette heiratete Joseph André 1929. Er starb 1949. Wenn Simenon ihm in diesen zwanzig Jahren nur einmal begegnete, war es aller Wahrscheinlichkeit nach 1934 anläßlich eines Besuches bei seiner Mutter, bei dem er Henriette gegenüber eine rohe Bemerkung über die Menschheit machte, die sich in *«fesseurs et fessés»* (Versohlende und Versohlte) einteilen lasse; er hatte hinzugefügt, er sei lieber *«un fesseur»*. So stand es um die Beziehungen zwischen Mutter und Sohn nach Henriettes Wiederverheiratung. Simenon bemerkte, daß seine Mutter, obwohl sie seinen Vater durch einen anderen ersetzt hatte, nach wie vor dessen Namen trug. Sie nannte sich jetzt Madame André Simenon. «Das verletzte mich», schrieb er in *Lettre à ma mère*. «In meinen Augen war es ein Vertrauensbruch. Ein anderer Mann hatte den Platz meines Vaters in deinem Haus, in deinem Bett eingenommen, aber du benutztest weiterhin den Namen deines ersten Mannes. War es deshalb, weil ich schon berühmt war? Betrachtetest du meinen Namen als Talisman?» 1931, als Simenon seine *«romans durs»* zu schreiben begann, war Henriettes Wiederverheiratung, die er ihr nie verzeihen sollte, nur der letzte Schimpf, den sie ihm angetan hatte, und eine Erinnerung an all die früheren Kränkungen. Die Schlachtlinien, die sein Unterbewußtsein und sein erzählerisches Werk für den Rest seines Lebens beherrschen sollten, waren nun vorgezeichnet. Was darauf folgte, war eine detaillierte Abrechnung.

Henriette hätte die in seinem weithin autobiographischen Roman *L'Ane-Rouge* (geschrieben 1933) gemachte Unterstellung mißbilligt, wonach Désiré in Wirklichkeit nicht in seinem Büro gestorben sei, sondern in einem Bordell nahebei. Doch es wurde noch schlimmer mit dem Buch, das Simenon stets als seinen ersten Roman bezeichnete, *La maison du canal*, geschrieben im Januar 1933. Das Buch wurde alsbald in einem Brief des zum Katholizismus übergetretenen kubistischen Dichters Max Jacob überschwenglich gepriesen. Das im Titel genannte Haus ist der alte Familienwohnsitz der Brülls, den Simenon als Kind während des Ersten Weltkriegs besucht hatte. Es wäre mit der «Ostrogoth» nur ein kleiner Umweg gewesen, am ursprünglichen «Haus am Kanal» vorbeizufahren, als Simenon 1929 ins dunkelste Flandern reiste. So wurde also auch die Saat für sein späteres Werk bestellt, während er die erste Folge der «Maigret-Romane» plante. Die in *La maison du canal* auftauchenden Personen sind einigen Brüllschen Familienmitgliedern nachempfunden, wenn man sie auch nicht als eigentliche Porträts bezeichnen kann. Doch die Atmosphäre des Hauses kommt der Wirklichkeit und den Erinnerungen des einst zu Besuch weilenden Vetters aus Lüttich vielleicht am nächsten. Simenon änderte auch kaum den Namen des Nachbardorfes Neeroeteren.

Das Buch beginnt auf einem der phantasieanregendsten Schauplätze Simenons, dem großen Bahnhof. Gleich im ersten Satz erwacht seine Welt zu vollem Leben: «In dem Strom der Reisenden, die sich in Schüben zum Ausgang drängten, war sie die einzige, die es nicht eilig hatte.» «Sie» heißt Edmée van Elst und ist die Tochter eines Arztes, der ganz plötzlich starb. Sie ist allein auf der Welt und zieht zu ihren flämischen Vettern, die ihr Aufnahme gewähren; sie ist verbittert, denn der Tod ihres Vaters bedeutet, daß sie nie in der Lage sein wird, Medizin zu studieren, wie sie geplant hatte. Sie bringt jedoch ihre Lehrbücher mit und nutzt sie, um nicht das Geschirr abwaschen zu müssen und um bei ihren Vettern, ihren Gastgebern, erbliche Syphilis zu diagnostizieren. Es ist bereits ein echter Simenon. Allerdings ist es auch ein früher Simenon – es gibt einige ungeschickte Standpunktänderungen, doch Sex ist schon eine potentielle Quelle der Schande und der Gewalt. Der Deichmeister, das Oberhaupt der Familie van Elst (oder Brüll), hat die Syphilis. Einer seiner Söhne, eine monströse Gestalt, hat einen Wasserkopf, und zum Ende vergewaltigt und erdrosselt er Edmée, die einzige Frau, die er liebt, seine leibliche Kusine und inzwischen auch seine Schwägerin. Während die Spannung in der Familie wächst, tötet und häutet Jef, das Monstrum, Eichhörnchen, Katzen und Mäuse, die er dann aufißt. Daß die Familie in dem finsteren Bauernhaus flämisch spricht, verdüstert in Edmées Augen die Atmosphäre noch mehr. Sexuelle Gefühle stauen sich in der abgeschieden lebenden Familie an. Auf Edmées Reise durch Flandern, weg von den Lichtern und dem Leben Brüssels hin zu dem düsteren Bauernhof, lastet die Ahnung eines Verhängnisses. All die Dämonen, die Simenon als Kind und als Jugendlichen quälten, sind in diesem Buch gegenwärtig, übertragen auf die Phantasiewelt seiner flämischen Vorfahren. Da gibt es Licht und Schatten, die Großstadt und Limburg, Simenon und Brüll, und es gibt die Dunkelheit, die einen jungen Menschen am Beginn seines Lebens umschließt, eine junge Frau, die in die falsche Richtung und folglich in ihr Verderben fährt. In *La maison du canal* erscheint selbst der Kanal nicht als Lebensspender für die umliegende Landschaft, sondern als bedrohliche Wassermasse, die Pferde ertränken und Menschen in einem Augenblick der Unachtsamkeit ruinieren kann. Die Atmosphäre der Bedrohung ist so stark, daß Jef auf die Frage eines Polizisten, warum er die einzige Frau, die er je geliebt hat, vergewaltigt und ermordet habe, zu antworten vermag: »Was hätten Sie getan?«

Kurz nach *La maison du canal* schrieb Simenon ein anderes bemerkenswertes Buch, seinen vierten Roman, *Les fiançailles de M. Hire*, nach dem noch 1989 ein Film gedreht wurde. Es ist ein weniger autobiographischer Roman, doch enthält er zumindest eine Szene, die direkt aus dem Leben Simenons stammt, jene, in der sich ein unschuldiger, von einer rachsüchtigen Menschenmenge verfolgter Mann auf das Dach eines Hauses flüchtet, wo er Gefahr läuft, sich zu Tode zu stürzen. Monsieur Hire ist der Sohn eines jüdischen Schneiders. Er lebt allein, und das einzig Aufregende in seinem Leben besteht darin, ein junges Mädchen mit üppigem Busen *(«une poitrine exubérante»)* zu beobachten, das als Aushilfe in einem Milchladen arbeitet und in dem Zimmer ihm gegenüber wohnt. Die Handlung ist einfach. Monsieur Hires Besessenheit gestattet es dem Mädchen, ihm einen Mord anzulasten, den in Wirklichkeit ihr Freund begangen hat. Im Lauf der Handlung tauchen mehrere vertraute Themen Simenons auf: das Leben auf den Straßen von Paris, die Alltagsroutine in einem Bordell, die Beinahprostitution und die Plackerei von Hauspersonal und Verkäuferinnen, die Dramatik und die Hoffnung, die ein Bahnhof bietet, das unbehagliche Engbeieinanderleben in einer Pariser Mietskaserne und die Ermittlungsmethoden der Polizei. Hier indes sehen wir die Pariser Polizei mit den Augen des Verdächtigten, und es ist eine Polizei ohne Maigret. Diese Polizisten trinken ausgiebig im Dienst, führen die Verkäuferin für «einen netten kleinen Augenblick» in einen Hauseingang und schlafen sogar auf Monsieur Hires Bett ein, während sie auf ihn warten, um ihn zu verhaften. Der an Maigret gewöhnte Leser gewinnt den Eindruck, daß ihm in *Les fiançailles de M. Hire* ein realistischeres Bild des Polizeieinsatzes vermittelt wird, wenn ein Beamter beschließt, allein auf die Anzeige des Ladenmädchens hin und weil der Sohn des Schneiders ihm als Opfer gelegen kommt, Monsieur Hire zu verdächtigen und Ermittlungen anzustellen. Als Monsieur Hire sich freiwillig bei der Polizei meldet, wird er von einem Hauptinspektor verhört, der von seinem Schreibtisch aufschaut und ihn zum erstenmal anblickt, «die Augen noch mit dem vorherigen Fall beschäftigt». Die Polizei hat eine Akte von Monsieur Hire, sie weiß alles über ihn, sie unterbricht ihn, legt alles im schlimmsten Sinne aus, und das Beste, was sie tun kann, ist, ihm zu sagen: «Wir werden Sie vorerst nicht verhaften.»

Etwa um diese Zeit begann Simenons Werk die Aufmerksamkeit einer kritischeren Leserschaft auf sich zu lenken. Der Brief von Max Jacob, der geschrieben wurde, bevor der lediglich als Verfasser von Trivialromanen bekannte Simenon seinen Vertrag mit Gallimard unterzeichnet hatte, nannte Simenon «einen der größten Romanschriftsteller in der Geschichte». Einige Zeit später schrieb ihm François Mauriac: «Ich kenne fast Ihr gesamtes Werk [...] Sie besitzen die Demut eines großen Talents. Man braucht nur einen kurzen Blick auf einen der Romane von Robert Brasillach zu werfen, um zu begreifen, warum er die Ihren haßt. Sie haben alles, was er nicht hat, die Fähigkeit, lebendige Menschen in einer lebendigen Atmosphäre zu schaffen [...]» Und 1938 wurde Mauriacs Ansicht von André Gide, dem Doyen der französischen Literaturkritiker, bestätigt, der im ersten seiner erhalten gebliebenen Briefe an Simenon bemerkt: «Es besteht ein seltsames Mißverständnis in bezug auf Sie: Sie gelten als populärer Schriftsteller, doch Ihre Bücher sind nicht für das große Publikum bestimmt, sondern für [...] das verwöhnte.»

Die Richtung, in die Simenons Phantasie zielte, war bereits eindeutig. Sein ursprüngliches Interesse an Kriminalgeschichten hatte sich im Lauf seiner Tätigkeit als Gerichtsreporter entwickelt, und er baute seine literarischen Romane auf der gleichen Art von Material auf. In der Zeit der Massenkommunikation ist Simenon der denkbar moderne französische Romancier des *fait divers*, der unter «Vermischtes» gemeldeten Begebenheit. Wie Balzac wollte er das Leben der *«petits gens»* schildern, und nachdem er als Reporter in der großen Tradition des französischen Gerichtsjournalismus gearbeitet hatte, wußte er, in welchem Ausmaß das *fait divers* die ungeahnten Dramen im Leben der gewöhnlichen Menschen zum Vorschein brachte. Die Welt seiner Romane ist die Welt der Polizeireviere, der Leichenschauhäuser, der Verkehrsunfälle, der Selbstmorde, der Strafkammern und der Irrenhäuser. Während viele Reporter sich von den romanhaften Möglichkeiten derartiger Berichterstattung angezogen fühlen, ging Simenon den entgegengesetzten Weg, indem er Romane daraus machte. Mit der Nutzung von *faits divers* als Rohmaterial folgte Simenon natürlich auch der Tradition Stendhals, der das gleiche in *Le rouge et le noir* getan hatte, Flauberts in *Madame Bovary* und Gides in *Les caves du Vatican* und *Les faux-monnayeurs*. Einer seiner frühen Romane war indes so offensichtlich aus dem wirklichen Leben gegriffen, daß er eine Verleumdungsklage nach sich zog.

Der Fall ereignete sich nach der Veröffentlichung des Romans *Le coup de lune*, den Simenon 1933 gleich nach *Les fiançailles de M. Hire* und nach seiner Rückkehr aus Afrika geschrieben hatte und der noch im selben Jahr bei Fayard erschienen war. Schauplatz ist das koloniale Libreville, und eine der Hauptfiguren heißt Adèle Renaud; sie ist Französin und führt das einzige europäische Hotel in der Stadt. Die verwitwete Adèle ist *«généreuse de sa personne»*, großzügig mit ihren Reizen, und eines Nachts wird ein junger Mann, ein afrikanischer Diener, der sie erpreßt hat, ermordet aufgefunden. Der Staatsanwalt verkündet bezeichnenderweise: «Wir werden bald einen Schuldigen finden», womit er selbstredend einen Schwarzen meint. Der Plan, den Mord einem Schwarzen anzulasten, wird von einem jungen Mann aufgedeckt, dem Helden des Romans, der, vor kurzem aus Europa angekommen, inzwischen zu den unzähligen Liebhabern Adèles zählt und den man schließlich mit einem Tropenkoller heimschickt, weil

Westafrika ihn wie eine Figur aus Joseph Conrads *Heart of Darkness* seelisch überfordert hat. Zum Schluß murmelt er nur noch: «Das gibt es nicht. Das gibt es nicht.»

Leider erkannte sich eine wirkliche Witwe in Adèle wieder, und zwar eine gewisse Madame Mercier, die in Libreville ein Hotel führte, das wie das Hotel in dem Buch Hotel Central hieß. Sie kam im Mai 1934 nach Frankreich zurück, um Beweise für ihre Verleumdungsklage zu liefern, doch Simenon hatte zu seiner Verteidigung einen der begabtesten und sarkastischsten Pariser Anwälte gewählt, Maître Maurice Garçon (mit dem er bereits befreundet war), und Maître Garçon vernichtete Madame Mercier in seinem Kreuzverhör. Die Schwäche ihrer Argumentation bestand darin, daß sie ihre Behauptung, das Buch handle von ihr, nur dann aufrechterhalten konnte, wenn sie zugab, daß das angeblich von ihr gezeichnete Porträt der Wahrheit entsprach. Maître Garçon erklärte dem Gericht, es sei wahrscheinlich das erste Mal, daß man eine Frau sehe, die um die halbe Welt gereist sei, um zu bestätigen, daß «sie einst eine Hure auf der Place des Ternes gewesen war». Madame Mercier verlor ihren Prozeß, eine Menge Geld und das, was von ihrem Ruf übriggeblieben war, und Simenons triumphaler Erfolg ging ungehindert weiter.

Die gegen Simenon angestrengten Verleumdungsklagen bestätigen, wie sehr er sich in seinem Werk auf Tatsachen stützte. Er war das Gegenteil eines «phantastischen» Schriftstellers; seine Romanhandlungen waren zwar durchaus erfunden, wurzelten jedoch in seiner Umwelt. Fiktion und Tatsachen waren in seiner Phantasie eng miteinander verbunden, und das auf eine Weise, die ihn schließlich vor viel ernsthaftere Probleme stellen sollte als ein Verleumdungsprozeß. Durch all die vierundvierzig *«romans durs»*, die er von 1931 bis September 1939 schrieb, geht ein autobiographischer Zug. In *L'Ane-Rouge*, geschrieben 1933, ist der Held ein junger Journalist bei einer lokalen Tageszeitung, *La Gazette de Nantes*. Seine Mutter ist ständig in Tränen, sein Vater kehrt am Abend heim, setzt sich in seinen Korbsessel und liest die Zeitung; der plötzliche Tod des Vaters läßt den jungen Mann verstört zurück. Ein großer Teil der Handlung von *Le locataire* (geschrieben 1932) spielt sich in der Küche eines Hauses ab, wo die Mutter der Freundin des Helden für die bei ihr in Untermiete wohnenden ausländischen Studenten kocht. Die 1905 in Lüttich veranstaltete Weltausstellung wird in *L'évadé* (geschrieben 1932) erwähnt. Ein Frachtdampfer, der zwischen Matadi und Bordeaux verkehrt, ist der Schauplatz von *45° à l'ombre* (geschrieben 1934). In *L'assassin* (geschrieben 1935) schläft der Held, ein verheirateter Mann, mit dem Dienstmädchen seiner Frau. In *Il pleut, bergère...* (geschrieben 1939) wird – schon wieder – ein Mann von der ihn verfolgenden Menschenmenge auf das Dach eines Hauses gehetzt. Der Held des Romans *Le touriste de bananes* (geschrieben 1936) hat während seines Aufenthalts in Tahiti eine leidenschaftliche Liebesaffäre mit einem Eingeborenenmädchen. Und Trunksucht spielt eine wesentliche Rolle im Leben vieler Romanfiguren, auch so mancher Helden, insbesondere in *Quartier nègre* (geschrieben 1934), *Les inconnus dans la maison* (geschrieben 1939) und *Bergelon* (geschrieben 1939). Doch wenn es auch feststeht, daß Simenon Autobiographisches als literarisches Element einsetzte, so ging ihm der Versuch, Tatsachen in Fiktion zu verwandeln, gelegentlich daneben. Das war besonders bei *Les trois crimes de mes amis* der Fall, einem Buch, das er 1939 in Paris schrieb.

Der Prozeß gegen Ferdinand Paul Joseph Deblauwe hatte im Oktober 1933 stattgefunden, der gegen Hyacinthe Danse im Dezember 1934. Zwei Jahre später versuchte Simenon, einen Roman über diese beiden Männer zu schreiben, doch schließlich wurde daraus nur der erste Band seiner Autobiographie. Vermutlich war sein eigenes Leben zu innig und zu stark mit den Tatbeständen verbunden, als daß er einen Roman daraus hätte machen können. Deblauwe, sein alter Freund, wurde von seinem neuen Freund, dem Kommissar und Brigadeleiter Guillaume, festgenommen. Nachdem Deblauwe den Gigolo Carlos de Tejada y Galbán erschossen hatte, war es ihm beinahe gelungen, die Dinge so darzustellen, als habe es sich um einen Selbstmord gehandelt. Der Gerichtsmediziner, der diese Möglichkeit nicht auszuschließen vermochte, war Dr. Paul, ebenfalls ein Freund

Simenons und, als Romanfigur, natürlich ein Freund Maigrets. Deblauwe ermordete den Gigolo im Juli 1931 in der Rue de Maubeuge nahe der Gare du Nord. Dann nahm er den Zug nach Lüttich, und als die Leiche vier Tage später entdeckt wurde, lebte Deblauwe versteckt bei seinen Eltern in Outremeuse in der Rue des Recollets 44, in dem Haus, wo Simenon ihn so oft auf dem Weg zur Arbeit abgeholt hatte. Dort blieb er einige Monate, um abzuwarten, bis die Spur sich abgekühlt hätte, wurde schließlich aber doch festgenommen und im August 1932 von Guillaume verhört. (In *Le pendu de Saint-Pholien* hatte Simenon Maigret nach Lüttich geschickt, damit er den kriminellen Hintergrund seiner eigenen Kindheit erkunde.) Simenon wohnte Deblauwes Prozeß in Paris nicht bei, verfolgte ihn jedoch aufmerksam. Er wollte nicht auf der Reporterbank sitzen, während der Mann, der dort so oft den Platz neben ihm eingenommen hatte, auf der Anklagebank saß. Außerdem widerstrebte es ihm aus einem anderen Grund, wie er in *Les trois crimes de mes amis* schrieb: «Ich wußte, daß Deblauwe seinen Kopf riskierte, und da hatte ich nicht das Recht, in den Gerichtssaal zu gehen und zu riskieren, ihn zu beunruhigen oder ihn auch nur im geringsten in seiner Kaltblütigkeit zu erschüttern.» Als Simenon die Fotos von Deblauwe vor Gericht sah, wie er gelassen seine Schuld abstritt, fand er, daß ihm eigentlich nur der Notizblock in der Hand fehlte, um wie irgendein Gerichtsreporter bei irgendeinem Prozeß auszusehen.

In den ersten vierundvierzig *«romans durs»* spielt in einem die Guillotine eine Rolle, in zwei weiteren die Trunksucht, in einem der Wahnsinn, in dreien die Verführung von Dienstmädchen, in drei anderen die Verbindung von Sex mit Tod oder Lähmung und in zwölf der Selbstmord. Drei Selbstmorde erfolgen durch Erhängen. Das war, wie sein Freund Vlaminck bemerkte, die Welt der «schäbigen Hotels» und der «Menschen, die das Elend erniedrigt hat», und in jedem Fall betrat Simenon sie, indem er völlig in die Persönlichkeit der Hauptfigur eintauchte. Er hatte ein Mittel entdeckt, Romane und Geschichten zu schreiben, die er nicht aus seiner Phantasie schöpfte, sondern selbst erlebte.

Unbewußt ahmte er die Gangart seiner Figuren nach, trank täglich bis zu zwei Liter Rotwein, wenn er über Trinker schrieb, verlor dennoch an Gewicht, kurz: Er *besaß* die Welt, die er schuf. Er geriet in «eine Art Trance», die ihn dermaßen erschöpfte, daß er sie höchstens einige Tage lang aushielt. Die Trance durfte nicht gestört werden, sonst starben die Romanfiguren. Er löste sich aus diesem Zustand, wenn das Buch vollendet war und er die nachfolgenden Textkorrekturen einigermaßen hinter sich gebracht hatte. Er wußte, wann es an der Zeit war, einen neuen Roman zu beginnen, weil er sich dann *«mal dans sa peau»* (unbehaglich) fühlte, und er wußte, daß er sich erst wieder besser fühlen würde, wenn er die in seinem Unterbewußtsein auftauchenden Gespenster losgeworden war. Der Schöpfungsprozeß begann für gewöhnlich bei einem Spaziergang und wurde ausgelöst von einer Farbe oder einem Geruch. Das erinnerte ihn an eine frühere Zeit an anderem Ort, manchmal in einem anderen Land, wenn diese Farbe oder dieser Geruch in Verbindung stand mit einem Haus oder einer Situation zwischen zwei Menschen; dann sah er allmählich den Schauplatz seines Romans. Die Charaktere waren zuerst weniger wichtig; es waren gewöhnliche Menschen, die aus jedem beliebigen Lebensbereich kommen konnten. Wichtig war allein, was mit ihnen geschehen würde. Die Ereignisse, die sie überwältigen sollten, waren Ausdruck jener eigenen inneren Ängste, die Simenon zu seinem anfänglichen Gefühl des Unbehagens geführt hatten.

Die Methoden, mit denen er seine «Maigrets» und seine *«romans durs»* vorbereitete, waren identisch. In beiden Fällen nahm er einen gelben Umschlag zur Hand (seine berühmte *«enveloppe jaune»*) und skizzierte darauf die biographischen Einzelheiten seiner Hauptfiguren sowie die geographischen Schauplätze der Geschichte. Das mußte er klar im Kopf haben, bevor er mit dem Schreiben beginnen konnte. Doch von da an war das Verfahren völlig anders. Es machte ihm immer weniger Mühe, die «Maigrets» zu schreiben. Sie waren nicht Ausdruck innerer Ängste, für sie brauchte er keinen «Auslöser», kein «Eintauchen», und nach einer Weile litt er auch nicht mehr an der Erschöpfung, die er beim Schreiben seiner «romans durs» empfand. Die Rückkehr in die Welt Maigrets war im Zweifelsfall Ausdruck innerer Freude.

Weitere biographische Hinweise finden sich in zwei Romanen, die Simenon kurz vor Ausbruch des Krieges schrieb und in denen Familienleben geschildert wird. Im Dezember 1937 beendete er *Les sœurs Lacroix*, seinen Bericht über die erstickende Hoffnungslosigkeit in einer in Bayeux lebenden Familie. Das Epigramm des Buches lautet: «Jede Familie hat ein Skelett im Schrank», was zu einem seiner Lieblingsausdrücke wurde, den er zudem «typisch englisch» fand. Es ist die Geschichte eines Malers, Emmanuel Vernes, der mit seiner Frau Mathilde, seiner kranken Tochter Geneviève und der älteren Schwester seiner Frau, der Witwe Léopoldine oder «Poldine», zusammenlebt. Der Haushalt wird beherrscht von Poldine, deren Macht auf der Tatsache beruht, daß sie einst von Emmanuel verführt wurde und der Mann ihrer Schwester der wirkliche Vater ihrer ebenfalls im Haus lebenden Tochter ist. Emmanuel ist zur Hilflosigkeit verdammt, als seine Frau die Wahrheit erfährt, und er versucht schließlich, die beiden Schwestern mit winzigen Dosen Arsen zu vergiften, ein Unterfangen, das von Poldine alsbald entdeckt wird. Kurz darauf erhängt sich Emmanuel in der Dachkammer, in der er viele Jahre lang den größten Teil seiner Zeit malend verbracht hat. Nach seinem Tod sehen die Schwestern zum erstenmal seine Bilder. Sie entdecken, daß es Hunderte davon gibt, die alle die gleiche Szene darstellen: die vom Dachkammerfenster aus sichtbare Dachlandschaft. Emmanuels Tod hinterläßt die geliebte Tochter Geneviève noch einsamer als zuvor, und sie stirbt an einer nicht diagnostizierten Krankheit. *Les sœurs Lacroix* ist eine Studie über den Haß, der in den vier Wänden einer Familie herrscht, aber auch über ein sexuelles Geheimnis innerhalb einer Familie. Manches weist auf Simenons eigene häusliche Umstände hin*; der Roman ist aber auch die Geschichte eines Mannes, dessen Leben mit Selbstmord durch Erhängen endet, und eines Mannes, der, wie Bernard de

---

* In späteren Jahren schrieb Simenon, er sei, als er Tigy heiratete, heimlich in deren jüngere Schwester Tita verliebt gewesen.

Fallois hervorgehoben hat, seine privaten Ängste bekämpft, indem er sich in einer Kammer über dem Haus einschließt, wo er mit Besessenheit sein ganzes Arbeitsleben lang immer wieder das gleiche Kunstwerk produziert. In diesem Sinne ist es einer der ersten «prophetischen» Romane Simenons. Es ist auch einer der wenigen Simenon-Romane, in denen eine handelnde Person (Geneviève) inbrünstig betet. Zum Schluß des Buches bewohnen die beiden allein gebliebenen Schwestern nur noch einen Teil des Hauses, und die letzten Worte sind: «Und ihr Haß wurde um so tiefer, um so fester, um so schwerer, um so besser, als der sie umschließende Raum sich verengte.»

Simenons andere Vorkriegsstudie über Familienleben mag einen noch direkteren Hinweis auf einen Teil der Ängste liefern, die er verspürte, als er die Geräusche des nahenden Krieges vernahm. In *Chez Krull* ist der Held, Hans Krull, ein Deutscher. Er hat französische Vettern, die ebenfalls Krull heißen, und die Stadt, in der sie leben, ist, obwohl nicht genannt, ziemlich klar als Lüttich erkennbar, wo in Wirklichkeit die Familie von Simenons Mutter, die belgisch-deutsche Familie Brüll, nicht weit entfernt von den deutschen Vettern Brüll lebte. In den Schilderungen der Krulls gibt es zahlreiche Hinweise auf die Brülls. Joseph Krull, der französische Vetter von Hans, ist Medizinstudent, und das waren auch zwei Brüllsche Vettern Simenons. Josephs Vater ist Schleusenwärter im Bezirk Coronmeuse, wo auch Simenons Onkel Gilles, seines Zeichens Schleusenwärter, lebte. Als man im Kanal die Leiche eines Mädchens findet, das vergewaltigt und ermordet worden ist, konzentriert sich der Verdacht der Bewohner des zuvor so friedlichen kleinen Stadtzentrums auf Hans Krull, den Ausländer, den *boche*, und dann auf die ganze Familie Krull. Joseph, der französische Vetter, wird verhaftet, Hans wird aus dem Haus der Krulls verstoßen, und der «alte Krull», das Familienoberhaupt, erhängt sich – wieder in der Dachkammer. Es ist die Geschichte einer Familie, die den Argwohn der Nachbarn erregt, weil sie zweierlei Loyalitäten hegt und folglich, wie es vielen flämischen Familien in Lüttich während des Ersten Weltkriegs und danach erging, aus ihrer Gemeinde vertrieben wird.

Im Januar 1939 schrieb Simenon *Les inconnus dans la maison*, eines seiner Meisterwerke und möglicherweise sein bedeutendstes Buch über einen Alkoholiker. Hector Loursat ist ein Versager, über den sich die Leute im Ort lustig machen. Er ist Rechtsanwalt, vertrinkt alle wachen Stunden, die Gott ihm schenkt, und fristet ein einsames Leben in einem großen Haus in Moulins in Mittelfrankreich. Als seine Frau ihn verließ, verlor er den Willen, weiter seinem Beruf nachzugehen, und griff zur Flasche, stets einer Flasche ziemlich guten Burgunders. Loursat lebt inmitten von Büchern und altem Wein. Er ist Kettenraucher. Sein grauer Schnurrbart ist gelb vom Nikotin. Seine Haushälterin kocht zwar sorgsam für ihn, verachtet ihn jedoch wegen seiner Unordentlichkeit und seiner schlampigen Gewohnheiten. Wenn er betrunken ist, und das ist er jeden Abend, schläft er in seinem Sessel ein und wälzt sich herum «wie ein Eber im Schlamm». Vor dem Einschlafen sorgt er dafür, daß er zwei Dinge in Reichweite hat: einen Feuerhaken für den Ofen und ein Glas für seine Flasche. Wiewohl Trinker, bleibt Loursat klar bei Sinnen. Er lebt außerhalb der Welt, doch er beobachtet sie. Am liebsten sind ihm sein «guter Ofen, ein bißchen Rotwein – dunkelrot – und ein paar Bücher, alle Bücher der Welt». Das Haus ist voller Bücher; er wählt sie aufs Geratewohl, schlägt sie in der Mitte auf, beginnt zu lesen, verliert die Stelle und holt sich ein anderes. «Er wußte alles! Er hatte alles gelesen! Er konnte ganz allein in seiner Ecke hocken und über die Idioten in der Welt kichern.» Eines Nachts, als er wieder über der Flasche eingeschlafen ist, hört er einen Pistolenschuß im Inneren des Hauses. Als er die Treppe zu den weitläufigen, verlassenen Obergeschossen hinaufgestiegen ist, findet er eine frische Leiche in einem Schlafzimmer, das seines Wissens seit Jahren nicht mehr benutzt wurde. Und Loursat entdeckt zahlreiche andere Dinge. Zum Beispiel, daß seine im Haus lebende Tochter, mit der er in denkbar schlechtem Einvernehmen steht und die nach allem, was er weiß, vielleicht nicht einmal seine Tochter ist, hier eine Bande von Freunden beherbergt, die sich mehr oder weniger kriminellen Tätigkeiten hingeben. Einer von ihnen, der Liebhaber seiner Tochter, wird des Mordes beschuldigt, wobei Loursat die Motive nicht stichhaltig erscheinen; für die Berufskollegen, die viel erfolgreicher sind als er, hat er nur Verachtung übrig. So klopft Loursat den Staub von seiner Anwaltsrobe, verteidigt den jungen Mann, triumphiert und kehrt dann wieder zu seinem Rotwein zurück. «Schon als junger Mann war Loursat einsam gewesen, aus Stolz. Er hatte gedacht, er könne mit jemand anderem einsam sein. Dann kam er eines Tages von der Arbeit heim und fand das Haus leer vor [...]» Sein Erfolg ändert nichts an seinen Gewohnheiten; Loursat bleibt außerhalb des Kreises der erfolgreichen Leute in der Stadt, er trägt weiter die Wunde seines Unglücks mit sich, ist weiterhin höchst zufrieden mit seinen Büchern und seinen Flaschen, doch er ist jetzt ein bißchen weniger einsam und geht manchmal in einer Bar in der Stadt einen trinken, anstatt dies allein in seinem Zimmer zu tun.

So war die Welt, in der Simenon Zuflucht suchte, wenn er sich *«mal dans sa peau»* zu fühlen begann. Simenon schlafwandelte als Kind, und er blieb sein ganzes Leben lang ein Schlafwandler; er selbst war davon überzeugt, daß er seine fiktionale Welt nicht aus seiner Phantasie schöpfte, sondern aus seinem überentwickelten Unterbewußtsein. Er wechselte aus der wirklichen in die unwirkliche Welt, das erbärmliche Los seiner hoffnungslosen Gestalten überschattete seine eigenen Tage, er nahm diese Menschen in Besitz, machte sie lebendig und begleitete sie auf ihrem Schicksalsweg. Dann hörte er auf zu schreiben und tauchte wieder auf. Simenons Bücher enden ziemlich oft abrupt: mit einem Selbstmord wie *La porte*, einem Geständnis – aus unangemessenen Gründen – wie *Les complices* oder dem plötzlichen Entschluß eines Mannes, der ein neues Leben begonnen hat, zu seiner Familie zurückzukehren, wie *La fuite de M. Monde*. Und man fühlt, daß der Autor es so gewollt hat, weil er die Belastung nicht mehr ertrug und diese Gespenster verlassen mußte, um in die Welt zurückzukehren – zu seinem Delage Cabriolet, seinem Fischerboot in Porquerolles, der Terrasse von «Fouquet's». Doch mit der Zeit fingen die Gespenster an, die Zeichen eines bevorstehenden Ausgangs zu erkennen, und sträubten sich, verlassen zu werden. Nun begannen sie auch in der wirklichen Welt ihr Wesen zu treiben.

9

Der Flüchtlingskommissar

«Cher Monsieur, ich halte mich zur Zeit in Bourges auf. Die größte hiesige Buchhandlung kündigt einen neuen Roman von Ihnen für Anfang des nächsten Monats an, und ich hoffe, daß es Ihnen in jeder Beziehung gutgeht. Meine Eltern sind wohlauf, und sie senden Ihnen ihre besten Wünsche. Es würde mich sehr freuen, Nachricht von Ihnen zu erhalten. Schreiben Sie bitte an den Concierge meines Hotels, ohne meinen Namen auf dem Umschlag oder in Ihrem Brief zu erwähnen. In der Hoffnung, bald von Ihnen zu hören [...] Manfred Keyserling (Untersturmführer)»

Brief an Simenon, 30. Oktober 1940

Im August 1939 hatten Simenon und Tigy in Porquerolles einen deutschen Freund zu Gast, den Philosophen und Schriftsteller Hermann Graf von Keyserling, der Simenons Werk schon seit einigen Jahren bewunderte. Er hatte ihm zum erstenmal 1936 geschrieben und ihn in unwiderstehlichem Stil zu einem Besuch eingeladen. «Hoffentlich sind Sie kein Antialkoholiker. Ich brauche eine ausschweifende Atmosphäre, um meine Hemmungen zu überwinden, obwohl ich *normalerweise* von maßvoller Lebensart bin.» Es war Keyserling, der Simenon als «Idiotengenie» bezeichnet hatte, und der damals noch junge Schriftsteller war äußerst stolz auf diesen Titel. Doch am 23. August brachte die örtliche Tageszeitung die Nachricht von der Unterzeichnung des deutsch-sowjetischen Nichtangriffspakts, und am 26. August verfügte Frankreich die allgemeine Mobilmachung. Keyserling mußte rasch heimgeschickt werden, bevor der Bahnverkehr eingeschränkt wurde. Wahrscheinlich kehrte er über Nizza und Italien zurück, anstatt die lange Reise quer durch Frankreich zu machen. Eine Woche später, am 1. September, als Hitlers Einfall in Polen bekanntgegeben wurde, schlossen Simenon und Tigy das Haus ab und verließen Porquerolles mit Boule und dem im April geborenen kleinen Marc zum letztenmal als Familie – was allerdings damals noch keiner von ihnen wissen konnte.

Der Geburt Marcs war eine anstrengende Fahrt durch ganz Frankreich und dann nach Belgien vorausgegangen. Während Ehemännern für gewöhnlich ans Herz gelegt wird, dafür zu sorgen, daß ihre hochschwangere Gattin in Ruhe bleibt, hatte Simenon beschlossen, daß Tigy, die bereits neununddreißig und im neunten Monat war, ungeachtet der Kriegserklärung die allerbeste Pflege haben sollte. Deshalb fuhren sie nach Straßburg zu Professor Lucien Pautrier, einem bedeutenden Gynäkologen und Freund der Familie. (Simenon hatte Pautrier 1936 seinen Roman *Le testament Donadieu* gewidmet.) Tatsächlich war Simenon besessen von der Angst, das Baby könne mit irgendeinem Schaden zur Welt kommen. Kurz nachdem sie sich im Schloß Scharrachbergheim niedergelassen hatten – wo Simenon *Malempin* schrieb, einen Roman über einen Arzt, der einen behinderten Sohn hat –, kam es zu einem Grenzalarm, und das Elsaß wurde zur Sperrzone erklärt. Professor Pautrier riet dem Paar, sich nach Brüssel zu begeben, wo er einen zuverlässigen Kollegen kannte. Überdies hatte Belgien den Vorteil, ein neutrales Land und Heimat zu sein. Als Marc am 19. April geboren wurde, geriet Simenon in eine solche Aufregung, daß er im entscheidenden Augenblick das Krankenhaus verlassen mußte, weil ihm schlecht geworden war. Später schrieb er, er könne sich nicht einmal mehr erinnern, ob seine Mutter aus Lüttich gekommen war, um ihren prächtigen neuen Enkel zu bewundern, während ihm die Ankunft von Tigys Mutter lebhaft im Gedächtnis geblieben war. Kurz nach der Entbindung kehrten sie nach Nieul zurück, wo Marc getauft wurde. Es gab ein großes Fest. Der Pate des Kindes war Professor Pautrier, der extra aus Straßburg anreiste. Vlaminck kam aus

Paris, doch da er und seine Frau Protestanten waren, übernahm ihre Tochter Edwige, bekannt als «die Amazone», die Rolle der Patin. Vierzig Gäste saßen an der Mittagstafel, und Simenon bestellte genug Champagner, um das Fest zu bestreiten und für die nächsten zwei Jahre Vorrat zu haben. Später erzählte er, er habe alle seine Kinder taufen lassen, damit sie, falls sie einmal Katholiken heiraten sollten, es nicht so schwer wie Tigy haben würden, die an einem einzigen Tag den Katechismus, die Taufe, die Beichte und die Kommunion über sich habe ergehen lassen müssen. In Simenons Erinnerung war der Tag von der Gestalt Vlamincks beherrscht, «einer Art Gargantua in Breeches und Reitstiefeln, um den Hals einen roten Schal gewunden, der mit seiner schallenden Stimme und seinen kategorischen Sprüchen überall im Garten seine Gegenwart verriet». Es sollte das letzte Fest vor dem Krieg sein. Am 3. September um zehn Uhr saß Simenon in einem Café in La Rochelle mit seiner neuen Sekretärin, einem bildhübschen jungen Mädchen namens Anne de Bretagne (Boule nannte sie *«la Bretonne»*), und hörte im Radio die Nachricht von der französischen und der britischen Kriegserklärung. Am Abend dieses Tages öffnete er einige zusätzliche Flaschen Champagner, «um finstere Gedanken zu verscheuchen».

Simenon hatte so gut wie gar nichts mit dem Zweiten Weltkrieg zu tun. Gleichwohl waren dessen Auswirkungen auf sein Leben erheblich. Bei Kriegsausbruch waren er und Tigy an einem sicheren Ort. Der Entschluß, Paris zum zweitenmal zu verlassen, hatte sich ausgezahlt. Sie lebten beide glücklich auf dem Lande in der Nähe von La Rochelle. Seine Arbeit verkaufte sich so gut wie je und wurde immer mehr von der ernsthaften Kritik beachtet. Marc war fast sechs Monate alt, sie hatten genug Geld, um sich den Lebensstil zu leisten, der ihnen gefiel, und Boule kochte, führte den Haushalt und spielte ihre noch immer unentdeckte Rolle als Mätresse, welche die Nachmittage ihres Herrn versüßte. Doch obgleich Simenon in den Kriegsjahren kaum etwas wirklich Erschreckendes oder Unangenehmes erlebte, zerrüttete der Krieg seinen Seelenfrieden. Später, als die Simenons wieder das gleiche Leben wie 1939 hätten führen können, beschloß er, Frankreich zu verlassen, Europa zu verlassen und ein neues Leben in den Vereinigten Staaten zu beginnen.

1939 war Belgien neutral, und es gab demnach auch keinen Grund, die Streitkräfte zu mobilisieren. In den ersten acht Monaten der *«drôle de guerre»* ging das Leben in der Vendée fast unverändert weiter. Erst am 10. Mai 1940, als Deutschland die Niederlande angriff, wurden alle belgischen Reservisten, auch Simenon, einberufen; doch da war es längst zu spät. In Nieul-sur-Mer herrschte prächtiges Wetter, als im Rundfunk gemeldet wurde, daß deutsche Panzereinheiten durch den Ardenner Wald gedrungen und nach Südbelgien gelangt waren. Dann wurde das schwerbefestigte Artilleriefort Eben Emael, dreißig Kilometer nördlich von Lüttich, eine Schlüsselstellung der belgischen Verteidigung, von deutschen Truppen angegriffen und rasch eingenommen. Nach dem Mittagessen suchte Simenon zusammen mit Tigy im ganzen Haus nach seiner Uniformjacke und seinem Gürtel, die er seit seiner Abreise aus Lüttich im Jahr 1922 nicht mehr getragen hatte. Während sie noch damit beschäftigt waren, strömten bereits die ersten Flüchtlinge über die belgische Grenze nach Frankreich. An diesem Abend stellte Simenon seinen Wecker und bestellte telefonisch ein Taxi, das ihn in der Frühe zum Bahnhof von La Rochelle bringen sollte. Während er sich am nächsten Morgen rasierte, brachte ihm Boule wie gewöhnlich seine riesige Schale Kaffee, die sie seinen «Nachttopf» nannte. Dann zog er sich eine Uniform nach eigener Erfindung an, mit Reithosen und einem Käppi. Es schien ihm, daß Tigy sich nicht sonderlich gerührt zeigte, als er das Haus verließ; nach außen hin blieb sie kühl und gefaßt. Er selbst dachte vor allem an Marc.

Simenon hatte keinerlei Sinn für das Heroische. Schon als Kind hatte er aus Erfahrung gelernt, sich von den kriegerischen Torheiten nicht überzeugen zu lassen. Vielleicht war dies auch der Grund dafür, daß seine soldatische Karriere an dem Tag endete, an dem sie begonnen hatte. Als sein Zug in der Gare Montparnasse einlief, sah er ein Plakat, auf dem belgische Staatsbürger aufgefordert wurden, sich vor ihrer Rückkehr zum Militärdienst bei der belgischen Botschaft in der Rue de Surène, nahe der Madeleine, zu melden. Als Simenon dort ankam, hatte sich eine große Anzahl von Männern – viele im mittleren Alter und mit Schmerbäuchen, wie er feststellte – vor dem Gebäude versammelt. Einige waren schon seit dem Vortag dort. Simenon hatte einen Freund an der Botschaft, und es gelang ihm, einen Zettel durch das Tor zu reichen. Er wurde gebeten, nach dem Mittagessen wiederzukommen. Dann rief er eine Freundin Tigys an, Madame Charley Delmas, die Ehefrau von Franck Delmas, einem der Honoratioren von La Rochelle, der später in einem Konzentrationslager umkommen sollte. Sie lud ihn zu sich nach Hause ein. Als er die Seine überquerte und den Quai d'Orsay bis zu ihrer Wohnung entlangschlenderte, kam er sich ziemlich lächerlich vor mit seinem hohen, von Troddeln und Quasten geschmückten belgischen Käppi. «Er stürzte herein», erinnerte sich Charley Delmas, «warf sich auf das Sofa, verbarg das Gesicht in den Händen und schluchzte: ‹Es ist kein Spaß, in den Krieg zu ziehen, aber ich habe meine Pflicht zu erfüllen wie jeder andere. Das Schlimmste ist, daß ich meine Frau und meinen Sohn zurücklassen muß.›» Nach einem köstlichen Mittagessen, welches das Dienstmädchen zubereitet hatte, erbat Simenon sich – zum ersten- und letztenmal – das militärische Privileg, vor dem Weggehen Madame Delmas' Beine streicheln zu dürfen. Es war vielleicht die letzte Gelegenheit dazu, dachte er. Sie lächelte und winkte ihn zu sich aufs Sofa.

«Wenn ich sagte, meine Absichten seien keusch gewesen, würde mir niemand glauben, aber es war die Wahrheit. Meine Hand hielt am Saum ihres langen Seidenstrumpfs inne, gerade dort, wo ich ihre nackte Haut fühlen konnte [...] Ich stand auf, zufrieden und wahrscheinlich errötend, und an der Tür küßten wir uns zum Abschied auf beide Wangen. Sie war eine hochgewachsene junge Frau, brünett, elegant und sehr schön [...] und ich mochte sie sehr gern.»

Danach drehte er sich um, straffte sich und schritt davon, in den Krieg.

Als er jedoch in die Botschaft zurückkehrte, erfuhr er, daß die Behörden andere Pläne für ihn hatten. Die Straßen nach Belgien waren bereits von Flüchtlingskonvois blockiert, und es gab keine Möglichkeit mehr, Reservisten zu ihren Einheiten zu schicken. So bat man Simenon, als Kommissar für belgische Flüchtlinge zu fungieren. Die französische Regierung hatte das Gebiet von La Rochelle zur Empfangszone für alle belgischen Flüchtlinge erklärt, und Simenon verfügte über ausgezeichnete Beziehungen in der Gegend. Er wurde bevollmächtigt, belgischen Besitz zu requirieren, und erhielt einen Blankoscheck von der belgischen Regierung, um die von den französischen Behörden vermittelten Güter und Dienstleistungen zu bezahlen. Man beauftragte ihn, mit dem nächsten Zug nach La Rochelle zurückzukehren und seine Arbeit am folgenden Tag zu beginnen, sowie der Präfekt und der Bürgermeister informiert wären. Er nahm den Nachtzug und kam in der Frühe des 12. Mai in seinem Haus an, vierundzwanzig Stunden nachdem er es verlassen hatte. Nur Boule war wach. Tigy hatte bereits ein großes gerahmtes Foto von ihm auf den Nachttisch gestellt, «als sei ich schon tot». Kurz nach meiner Ankunft klingelte das Telefon. Es war der Präfekt des Departements, und er teilte ihm mit, vier große belgische Fischerboote hätten die Hafensperre von La Rochelle durchbrochen; die Mannschaften sprächen nur flämisch, es befänden sich Frauen und Kinder an Bord, und sie weigerten sich, den Hafen zu verlassen. Simenons Arbeit hatte begonnen.

In seinen *Mémoires intimes* behauptete Simenon, er sei in einer Zeitspanne von fünf Monaten für 300000 belgische Flüchtlinge verantwortlich gewesen, während es in Wirklichkeit wahrscheinlich 55000 Flüchtlinge in zwei Monaten waren. In seinem vom 17. August 1940 datierten *«Compte-rendu de Mission»* schätzte er die Anzahl der belgischen Flüchtlinge im Departement Charente-Inférieure auf 18000. Doch wie viele es auch gewesen sein mochten, es war eine äußerst harte Arbeit, die er laut mehreren Berichten wirksam bewältigte, indem er alles nur Mögliche tat, bis die Aufgabe erfüllt und die Flüchtlinge nach dem Waffenstillstand nach Belgien zurückgeschickt worden waren. Simenon war ein Mann von außergewöhnlicher Energie und hervorragendem Organisationstalent, doch was ihn dazu bewog, mit solcher Hingabe für die Flüchtlinge zu arbeiten, mag zum Teil die Erkenntnis gewesen sein, daß er unglaubliches Glück gehabt hatte. Während Tausende seiner belgischen Mitbürger in Kasernen außerhalb von Paris gesteckt und andere Tausende getötet, verwundet oder gefangengenommen wurden, war er dank seiner Behördenverbindungen heimgeschickt worden in seine Zuflucht draußen auf dem Lande in Frankreich, wo er bleiben, sich und seine Familie ernähren und während der ganzen Dauer des Krieges seinen Beruf ausüben konnte. Sogar die Beschwerlichkeiten und Gefahren des *«exode»* blieben ihm erspart. Den ganzen restlichen Mai und bis zum Waffenstillstand am 22. Juni traf in La Rochelle ein Flüchtlingszug nach dem anderen ein. Einige hatten drei Wochen gebraucht, bis sie in die Stadt gelangten. Andere waren unter Maschinengewehrfeuer geraten oder bombardiert worden und kamen voller verwundeter und sterbender Menschen an.

Mit Hilfe des belgischen Vizekonsuls, eines französischen Beamten, von fünfzig belgischen Soldaten und den örtlichen Pfadfinderinnen richtete Simenon ein Empfangszentrum vor dem Bahnhof ein sowie ein Lager in der Nähe, wo die Menschen Unterkunft und Nahrung erhielten. Die Verwundeten und die schwangeren Frauen wurden auf die Krankenhäuser der Gegend verteilt. Viele Freiwillige am Ort, unter ihnen Charley Delmas, boten ihre Hilfe an. Jetzt lernte Simenon die Honoratioren von La Rochelle besser kennen als in Friedenszeiten. Eine Frau bat ihn, ihr nur Flüchtlinge mit guter Kinderstube zur Beherbergung ins Haus zu schicken, eine andere schälte tagelang Gemüse und schenkte Suppe in dem Zirkuszelt aus, das als Volksküche diente. Simenon übte seine Tätigkeit in einer grüngestrichenen Baracke vor dem Lager aus, ausgestattet mit einem Schreibtisch und einem Telefon. Viele Flüchtlinge kamen in verschlossenen Viehwagen an, und das Symbol der Autorität Simenons war der Hauptschlüssel, der ihn befähigte, sie freizulassen. Andere kamen mit dem Auto; eine Familie war in einem Leichenwagen geflohen. Eines Nachts fuhr ein Lkw vor, von dem ohne weitere Erklärung die Leichen von fünf alten Männern in grauen Jacken abgeladen wurden. Sie hatten keine Papiere, und da die Obduktion ergab, daß sie alle eines natürlichen Todes gestorben waren, schloß Simenon, daß die Männer in einem belgischen Heim gelebt hatten und die lange Reise einfach zuviel für sie gewesen war. Für seine Fahrten in der Gegend benutzte Simenon den eigenen Wagen, ein riesiges, kanariengelb gestrichenes Modell mit der blau-weiß-roten Kokarde des Präfekten. Wenn das Dach und die Kühlerhaube entsprechend hergerichtet wurden, konnte er bis zu zwölf Passagiere befördern. Fand er einmal keinen Platz für seine Flüchtlinge, dann nahm er sie zu sich nach Nieul mit und ließ sie auf dem Boden des Salons schlafen, nachdem Boule sie mit Brot und Suppe bewirtet hatte. Manchmal, wenn er eine Mutter mit kleinen Kindern heimbrachte, mußte Boule auf dem Boden des Salons schlafen, sehr zu ihrem Unwillen. «Ich war nicht sehr barmherzig», erinnert sie sich heute.

Je mehr sich die Kämpfe La Rochelle näherten, desto größere Scharen von Flüchtlingen trafen dort ein, und man konnte dem entmutigenden Fortgang des Krieges folgen, wenn man die Leute fragte, woher sie kamen. Unter den ersten Ankömmlingen befand sich eine Gemeinde von zwölfhundert jüdischen Diamantschneidern aus Antwerpen, die man in den Hafen von Royan an der Mündung der Gironde geschickt hatte. La Rochelle wurde ständig von den Deutschen bombardiert. Manchmal mußte Simenon auf einer Bank im Bahnhofsgebäude schlafen, manchmal mußte er den Wagen stehenlassen und in den Straßengraben springen. Gelegentlich erkannte er unter den Flüchtlingen einen Freund aus Lüttich oder aus Paris, denn inzwischen machte man keinen Unterschied mehr zwischen den Nationalitäten. Die Bevölkerung von La Rochelle, ursprünglich fünfzigtausend Einwohner, verdoppelte sich, denn die Stadt wurde von Menschenmengen überschwemmt, die den Verkehr auf allen Straßen lahmlegten. Die Leute waren erschöpft, verängstigt, manchmal verwundet; unter ihnen waren Soldaten der geschlagenen Armee, Familien, die immer noch versuchten, ihre Habe in einem Handkarren zu retten, Kinder, die irgendwo ihre Eltern verloren hatten. Sie alle strömten in Simenons Lager, weil dort buchstäblich alle Straßen endeten und man nicht weiterkonnte.

Simenon erriet die Nachricht vom Waffenstillstand am 22. Juni aus den Schreien und Freudentränen im Lager. Die Flüchtlinge freuten sich, denn sie glaubten, endlich heimkehren zu dürfen. Das geschah dann auch, bedeutete jedoch, daß Simenon von neuem zu tun bekam. Diesmal hatte er mit Obersturmführer Hartmann von der Feldkommandantur zusammenzuarbeiten. Er fuhr nach Bordeaux, um Züge zu organisieren, für Proviant, Arzneimittel und Begleitpersonal zu sorgen. Am 12. August, als der letzte Zug abgefahren war, konnte er endlich die Schlüssel des Empfangszentrums zurückgeben und sein Mandat niederlegen.

Unterdessen war das Haus in Nieul-sur-Mer ein lebensgefährlicher Ort geworden. Kaum hatten die deutschen Bombenangriffe auf La Rochelle aufgehört, eröffneten die Briten ihr Bombardement. Zwischen dem Haus und dem fünf Kilometer weiter südlich gelegenen Militärhafen von La Pallice hatte man eine Ölraffinerie errichtet. Eines Nachts wurde ein Ölbehälter von einer Bombe getroffen, und Simenon mußte auf der Heimfahrt durch ein Flammenmeer fahren, das sich über die Straße hinweg ausgebreitet hatte. Zum Glück explodierten die Tanks in der Nähe des Hauses nicht; sie lagen nur hundert Meter von ihrem Grundstück entfernt. Simenon und Tigy beschlossen, weiter landeinwärts etwas zu suchen, wo sie und Marc in Sicherheit waren. In Nieul war bereits ein deutscher Offizier einquartiert, und er schlief in Simenons Arbeitszimmer.

Im Lauf des Krieges zogen sie dreimal um, blieben aber immer in der Nähe von La Rochelle. Im August mieteten sie ein Bauernhaus im Wald von Vouvant im Departement Vendée, fünfzig Kilometer nordöstlich von Nieul. Dann, einen Monat später, bezogen sie einen Flügel des Schlosses Terreneuve in dem nahen Städtchen Fontenay-le-Comte, wo sie fast zwei Jahre lang wohnten. Hier erhielt Simenon kurz nach dem Umzug den diskreten Brief von Untersturmführer Manfred von Keyserling. Dieser arbeitete damals als Dolmetscher bei der Waffenstillstandskommission. Er kann sich nicht erinnern, je eine Antwort auf seinen Brief bekommen zu haben. Im Juli 1942 zogen die Simenons weiter nach Norden in einen abgelegeneren Teil des Departements Vendée, in das Dörfchen Saint-Mesmin-le-Vieux. Dort blieben sie bis zur Befreiung. Ihr Haus in Nieul war für die Kriegsdauer von der Wehrmacht beschlagnahmt worden.

Als Ausländer mußten Simenon und Tigy zunächst befürchten, interniert zu werden, doch brauchten sie sich dann nur jede Woche auf dem örtlichen Polizeirevier zu melden, und nach einer Weile erlaubte man ihnen, auch darüber hinwegzusehen. An all ihren zeitweiligen Wohnsitzen verbrachte Simenon viel Zeit mit der Bestellung des Gartens, doch was ihm zuerst willkommene Zerstreuung nach den abgestandenen Pariser Vergnügungen gewesen war, wurde bald zu einer Lebensnotwendigkeit. Für die meisten Leute im besetzten Frankreich waren die täglichen Hauptprobleme Hunger und Mangel an Brennstoff. Die Simenons waren in der Lage, beide Schwierigkeiten zu meistern. Ein großer Teil des Tages war den althergebrachten Mühen des Bauern gewidmet.

«Ich erinnerte mich an den Krieg von 1914, an die darauffolgenden Jahre, in denen ich das Beißen des Hungers verspürte und die Warteschlangen vor den Schulgebäuden sah, die zu Zentren der Nahrungsmittelverteilung geworden waren. Auf den Spielplätzen wurde die ‹soupe populaire› in jeglichen Behälter gegossen, den die Leute in der Menge hinhielten.»

Bereits 1939 hatte Simenon angefangen, die Blumenbeete im Garten von Nieul umzugraben, um Erbsen und Bohnen zu säen und Kartoffeln und Rüben zu pflanzen. Jedesmal wenn sie umzogen, mußte die Arbeit neu begonnen werden. In Vouvant gab es bereits einen Gemüsegarten, außerdem Obstbäume, aber die Simenons blieben dort nicht lange genug, um irgend etwas zu ernten. Zum Schloß Terreneuve gehörte ein Park, und sie konnten dort Hühner, Gänse, Perlhühner, einen Esel für Marc, eine

Ziege und sogar Kühe halten. Brot, Milch, Butter und Textilien waren rationiert; dank ihres Gemüsegartens, der Obstbäume, der Bienenstöcke und ihrer Milchquelle waren sie in einer starken Position für Tauschgeschäfte. Bevor Simenon zwecks Benzinbeschaffung quer durchs Land fuhr, lud er einen Sack voll lebender Hühner in den Kofferraum. Später, als der Wagen auf Holzkohlenantrieb umgerüstet wurde, nahm der Holzvergaser den größten Platz des Kofferraums ein.

Zuweilen machte Simenon späte Entdeckungen hinsichtlich des Landlebens. Zum Beispiel erfuhr er, mit einiger Überraschung, daß eine Kuh nur für einige Monate nach dem Kalben Milch gibt. Dann stellte er zu seiner Freude fest, daß man dieses Problem leicht umgehen kann, indem man eine zweite Kuh hält und sie nach angemessener Zeit zum Bullen bringt. Am Ende hatte er drei Kühe und produzierte genug Butter, Milch und Fleisch, um Freunde in Paris mit etlichem Notwendigen zu versorgen. Ein wenig später kaufte er ein Schwein, und in der Folge züchtete er zwei Schweine im Jahr, von denen jedes zweihundert Kilo wog. Er betrachtete sich als erfolgreichen Kleinbauern, und seinen größten Triumph feierte er, als der ortsansässige Getreidehändler, ein Mann von einigem Ansehen, ihn besuchte und ihn fragte, ob es stimme, daß er es fertiggebracht habe, trotz des ungünstigen Klimas und des ungeeigneten Bodens Auberginen zu ziehen. Es stimmte, und der Romancier wurde ehrerbietig eingeladen, sich den Garten des Getreidehändlers anzusehen und dessen Gärtner zu beraten. Die Markttage verbrachte Simenon beim Dorfklatsch und einigen Gläsern Wein. Er nannte die Marktfrauen bei ihrem Namen, duzte sich mit den Männern und wurde ein Mitglied jener Gruppe von Eingeweihten, die genau wußten, in welchem Bach man in einer Nacht zweihundert Krebse fangen konnte und wo es sich lohnte, Rebhuhnfallen aufzustellen. Auch die Rebhühner schickte er nach Paris, nachdem Boule geklagt hatte, sie wisse nicht mehr, was sie mit ihnen in der Küche anfangen solle.

Abgesehen vom Kampf um die Nahrungsmittelbeschaffung sind Simenons Berichte über das Landleben während der Besatzungszeit auffällig undramatisch. Die Bargäste in Fontenay, die 1941 über ihrem *petit blanc* oder ihrem *pastis* hockten, schienen sich nicht sonderlich für den Vormarsch der deutschen Truppen in Richtung Moskau oder für die Bedeutung von Pearl Harbor zu interessieren; sie redeten lieber über die Rache, die einige Dorfjungen an einem reichen Bauern genommen hatten, der sie wiederholt dazu animiert hatte, die Hosen herunterzulassen. Sie hatten ihn gemeinschaftlich überfallen, ihn nackt ausgezogen und ihm den Hintern geteert und gefedert. Der Arzt mußte gerufen werden, um ihn wiederherzustellen. Der Bauer erstattete keine Anzeige bei der Polizei. Die ältere Generation erntete weniger Ruhm mit ihrem Massenangriff auf eine ältliche und trunksüchtige Polin, die normalerweise ihr Haus offenhielt und so gut wie alles an Intimitäten über sich ergehen ließ, jedoch – und darauf bestand sie – immer nur mit einem auf einmal. Mehrere seiner Trinkkumpane sah Simenon nach einer Nacht wilder Ausschweifungen im örtlichen Gerichtsgebäude und dann im Gefängnis verschwinden. Außer diesen Aufregungen gab es die üblichen Höhepunkte des ländlichen Kalenderjahrs, etwa den monatlichen Pferdemarkt, auf den Simenon, wann immer es ihm möglich war, den kleinen Marc mitnahm.

Seine glücklichsten Erinnerungen an diese Zeit waren stets mit Marc verbunden. War er tagsüber fort gewesen, so hielt er bei der Rückkehr, aus dem Fenster seines Eisenbahnabteils gelehnt, immer zuerst nach Marc Ausschau. Sonntags ging er mit dem Kleinen über die Flußbrücke nach Fontenay und kaufte dort die Zeitungen und ein Bilderbuch. Dann kehrten sie im Café du Pont-Neuf ein, wo Marc auf der hohen Bank saß und die Beine unter dem Marmortisch baumeln ließ, während sein Vater einen *petit blanc* schlürfte, und dann beobachtete er in den Spiegeln an den Wänden die Welt der Kellner in ihren langen weißen Schürzen. Am Freitag, den 2. Mai 1942 beschrieb Simenon, wie er den Maifeiertag mit seinem Sohn verbracht hatte. «Gestern hatten wir so einen Tag, an den man sich für den Rest seines Lebens erinnert.» Es war ein Idyll gewesen. «An anderen Morgen war der Himmel ebenso schön, an anderen Abenden glühte die untergehende Sonne ebenso prächtig. Aber gestern war ein Tag, der vom Morgengrauen an Frühling ausdrückte; es war, als wäre es der Frühling in unserer Kindheit.» Einige Tage vorher hatte Tigy Marc das Haar geschnitten und einige seiner Locken in Seidenpapier gewickelt.

«Zusammen brachen wir beide auf, nur wir zwei, deine Hand in der meinen, schlenderten unter den Kastanienbäumen dahin, die in Blüte standen. Elstern nisteten, die Kühe grasten auf der Weide; die Stute und der Esel blickten uns nach [...] Du wärst nicht erstaunt gewesen, wenn der Esel uns im Vorübergehen zugenickt und ‹Guten Morgen, Marc!› gesagt hätte.»

Den ganzen Tag hindurch betrachtete Simenon die Welt mit den Augen eines zweijährigen Kindes. Als sie in das Städtchen gelangt waren, zog gerade eine schwatzende Schar von Jungen und Mädchen auf Fahrrädern los, um den Tag auf dem Lande zu verbringen. Am selben Morgen hatte Marschall Pétain in einer Rundfunkansprache an die französischen Arbeiter erklärt, der Maifeiertag werde in Zukunft ein Symbol für «Einheit und Freundschaft» statt für «Spaltung und Haß» sein, und seinen Zuhörern versichert, die Welt sei in Ordnung. Am Abend sahen Vater und Sohn die Radfahrer mit Blumen beladen heimkehren, wie gute Bürger der Republik, in der «Arbeit, Familie, Vaterland» *(travail, famille, patrie)* hochgehalten wurden. Am Nachmittag waren die beiden nach Hause zurückgekehrt und nach dem Mittagessen mit Tigy im selben sonnendurchfluteten Zimmer eingeschlafen, während draußen die Perlhühner gackerten. Deutsche Soldaten waren nach Fontenay gekommen, die sich zu Hunderten «in ihren feldgrauen Uniformen auf den Gehsteigen drängten». Sie hatten sogar den Schloßpark besucht und Aufnahmen vom Schloß gemacht. Deutsche Soldaten in Fontenay waren eine Seltenheit. Ihr Lager befand sich auf einem Plateau draußen vor der Stadt, und außer den Schildwachen vor dem militärischen Hauptquartier sah man kaum einmal einen. In seiner Erinnerung an die Glückseligkeit jenes Tages ließ Simenon die Soldaten weg, übersah sie ganz so, wie sein Sohn es getan hätte. Daß er den Tag so intensiv genoß, rührte auch von seiner Überzeugung her, bald sterben zu müssen.

Einige Monate zuvor, als er mit Marc im Schloßpark Holz geschnitten hatte, hatte ihm ein zurückschnellender Ast einen schmerzhaften Schlag gegen die Brust versetzt. Da er fürchtete, sich eine Rippe gebrochen zu haben, hielt er es für vernünftig, sich röntgen zu lassen. Der Röntgenarzt, den er in Fontenay aufsuchte, erklärte, die Rippen seien in Ordnung, aber sein Herz lasse erheblich zu wünschen übrig; es sei «erweitert und abgenutzt», und er habe höchstens noch zwei Jahre zu leben. Simenon schleppte sich verstört nach Hause. Der Arzt hatte ihm geraten, Trinken, Sex, Sport, schwere körperliche Arbeit und viele seiner Eßgewohnheiten aufzugeben; wenn er dies beherzige, könne er vielleicht die Zweijahresfrist ausschöpfen. Verzweifelt hatte er das Sprechzimmer verlassen. Seine Reaktion bestand darin, daß er sich im Dezember 1940 hinsetzte und einen Memoirenband schrieb, der schließlich 1945 unter dem Titel *Je me souviens* veröffentlicht wurde, den er jedoch später für viele Jahre aus dem Buchhandel nehmen ließ.

Wie in *Je me souviens* angedeutet und später in *Mémoires intimes* ausführlicher geschildert, erlebte Simenon den Krieg als ein Mann, der zunächst, in ländlicher Zurückgezogenheit für seinen Lebensunterhalt kämpfend, zwei Jahre lang unter einem Todesurteil zitterte, das ein inkompetenter oder gar böswilliger Arzt über ihn verhängt hatte, dann von einem gehässigen Inspektor vom Commissariat Général aux Questions Juives mit «Nacht und Nebel» – sprich: Konzentrationslager – bedroht und noch in den letzten Tagen der Besetzung von einem Folterknecht der Gestapo gejagt wurde. Die Tatsachen waren ziemlich anders.

Als Simenon nach der Konsultation beim Röntgenarzt heimkehrte, um Tigy und Boule die Nachricht mitzuteilen, blieb Tigy – wie stets – ruhig, außer daß sie «steif wurde», was ihre Art war, Gefühle auszudrücken. Boule brach in Tränen aus. Tatsächlich fand Tigy die Neuigkeit kaum glaubhaft. Schließlich war ihr

Mann sichtlich bei bester Gesundheit. Er hielt sich in Form, war körperlich leistungsfähig, verbrachte einen großen Teil des Tages im Freien, und die kriegsbedingten Ernährungseinschränkungen taten ihm eher gut. So ging Tigy selbst zu dem Röntgenarzt, und er sagte ihr, das Ganze sei wohl ein Mißverständnis; ihrem Mann fehle nichts Ernsthaftes, und sein Gesundheitszustand gebe keinen besonderen Anlaß zur Sorge. Simenon weigerte sich, den beruhigenden Worten zu glauben, und sein Hausarzt, mit dem er regelmäßig im Café du Pont-Neuf Bridge spielte, riet ihm dringend, nach Paris zu fahren, dort einen Spezialisten aufzusuchen und sich dessen Meinung anzuhören. Simenon behauptete, das sei unmöglich, weil er als Ausländer keine Erlaubnis bekomme, nach Paris zu reisen. Tigy erklärte später, eine solche Reiseerlaubnis sei gar nicht nötig gewesen, wenn man nicht bis an die Küste wollte. Schließlich wurde Simenon überredet, nach Paris zu fahren und den führenden Herzspezialisten des Landes aufzusuchen. Er datierte den Besuch auf Februar 1944, doch schon lange vorher hatte er wieder ein normales, aktives Leben geführt. Der Besuch beim Röntgenarzt hatte im Herbst 1940 stattgefunden. Im Dezember desselben Jahres begann er mit der Niederschrift von *Je me souviens*, und im Juni darauf legte er es beiseite. In den zwölf Monaten, die der Röntgenaufnahme und dem «Todesurteil» folgten, schrieb er eine Autobiographie, sieben Romane und fünf Kurzgeschichten. 1941 war sein Arbeitspensum nicht nur doppelt so hoch wie sonst, sondern es scheint, daß er bei der Abfassung von *Je me souviens* seine Pfeife rauchte, mäßig trank und sogar eine Liebesaffäre mit einer Ladenbesitzerin in Fontenay-le-Comte anfing. Und im Mai 1941 nahm er laut Berichten an einem großen Bankett in Paris teil, was vermuten läßt, daß er zu dieser Zeit sowohl arbeitete als auch unbefangen aß und frei reiste, ohne eine Bewilligung zu brauchen. Simenons Krankheitsangst war echt; sie scheint indes bei weitem nicht so lange angehalten zu haben, wie er später behauptete, und es sieht ganz so aus, als sei sie mindestens ebensosehr auf seine Hypochondrie wie auf eine Fehldiagnose zurückzuführen gewesen. Was die Hypochondrie

verschlimmerte, waren die Erinnerung an den Tod seines Vaters
– im gleichen Alter und aufgrund der gleichen Ursache – und die
Erinnerung an den Krieg. Damals hatten beide Ereignisse gleichzeitig stattgefunden; jetzt redete er sich ein, daß es wieder so sein
würde.

Je me souviens war, wie der Autor erklärte, für Marc geschrieben,
damit er, der voraussichtlich als vaterloses Kind aufwachsen
würde, etwas über seine Familiengeschichte erführe. Doch Simenon schrieb im Banne der Angst – Angst vor Krankheit und
Krieg –, und die Anzahl der in dem Buch enthaltenen Ungenauigkeiten bezüglich der Familiengeschichte legt nahe, daß der
Titel *Je ne me souviens pas* zutreffender gewesen wäre. In diesem
Buch erscheint zum erstenmal die Geschichte der bretonischen
Abstammung der Simenons, eine Überlieferung, die der Autor
einer «Familienlegende» zuschrieb. Bevor Simenon auch nur ein
Wort zu dem Buch niederschrieb, zeichnete er einen Stammbaum
der Familie. Und hier, wo seine Feder zuerst das Papier berührte,
begann die Fiktion.

«Der Stammbaum Marc Simenons» steht über der Zeichnung,
dazu «von seinem Vater». Auf der gegenüberliegenden Seite ist
eine Anmerkung: «Die Familie Simenon seit der Niederlassung in
Vlijtingen, Limburg, eines aus Nantes gekommenen Simenon,
der im russischen Feldzug verwundet wurde und die Tochter eines limburgischen Bauern heiratete.» Aus dem beigefügten Plan
geht hervor, daß Simenon weder das Geburtsjahr seines Vaters
noch das seines Großvaters, noch dessen Sterbejahr, noch den
Namen und das Geburtsjahr seines Urgroßvaters kannte. Er
wußte auch nicht, wie viele Kinder seine Großmutter gehabt
hatte, und unter den Onkeln und Tanten, die als Kinder gestorben waren, gab es zwei Fragezeichen zuviel, so daß sich die
gesamte Schar der Verwandten auf apokryphe dreizehn erhöhte.
Dagegen stehen die Tatsachen: Simenons Großvater Chrétien,
der ursprünglich auf den Namen Christiaan getaufte Hutmacher,
wurde 1841 in Vlijtingen geboren. Chrétiens Vater Lambert, im
Stammbaum des Autors als «Simenon von Vlijtingen» genannt,
wurde 1809 (und nicht 1830) in Vlijtingen geboren, und dessen

Vater, der ebenfalls Lambert hieß – im Stammbaum «Simenon der Erste aus Nantes» –, war 1774 in Vlijtingen geboren. Er war der einzige direkte Vorfahr der Simenons, der jener napoleonische Soldat der «Familienlegende» hätte sein können. Da aber Großvater Chrétien 1841 geboren war, müßte er seine 1849 in Vlijtingen verstorbene Großmutter Ida Vanherft gekannt oder sich an sie erinnert haben, und dann hätte er gewußt, daß sein Großvater kein Soldat Napoleons gewesen war, sondern ganz einfach Lambert Simenon aus Vlijtingen, Sohn des Lambert Simenon aus Riemst und Vater des Lambert Simenon aus Vlijtingen. So mag Großvater Christiaan, Sohn eines ungebildeten Landarbeiters aus Vlijtingen, später Chrétien, Hutmacher in der Rue Puits-en-Sock in Outremeuse in Lüttich, absichtlich seine Herkunft gefälscht und ein frühes Familientalent für Fiktion bewiesen haben. Es könnte aber auch sein Enkel Georges, der Schriftsteller, die ganze Geschichte erfunden haben, um Marc zu amüsieren und die Handlung von *Je me souviens* interessanter zu machen.*

Was das Leben in ländlicher Zurückgezogenheit betrifft, so scheint es erwiesen, daß Simenon, dessen Hauptinteresse während des Krieges, wie davor und danach, seine Arbeit war, in ständiger Tuchfühlung mit dem Leben in Paris stand und wiederholt dort Besuche machte oder Besucher von dort empfing. Als er in *Je me souviens* über den Krieg schrieb, tat er es auf seltsam unbeteiligte Art. «Wird Amerika nach Europa kommen?» schrieb er am 2. Mai 1941. «Es ist die Rede von einem Kriegseintritt Amerikas. Gestern waren die Engländer in Griechenland, heute verjagten die Deutschen sie von dort und nahmen ihren Platz ein. Die Japaner sind in China, und die Australier sind in Ägypten.» Diese fernen Ereignisse, aus der grünen Zuflucht in der Vendée gesehen, nehmen in Simenons Bericht eine traumhafte Eigen-

---

* Unter den 1940 herrschenden Lebensbedingungen als gemeldeter und geduldeter Ausländer könnte Simenon sich gewünscht haben, bretonischer Abstammung zu sein. Bereits in *L'Ane-Rouge* hatte er ganze Teile seiner Lütticher Kindheit in die bretonische Hafenstadt Nantes verlegt, und später erwähnte er, daß es einen gemeinsamen bretonischen Familiennamen «Simonon» gab.

schaft an. Dagegen war er in seinen ausführlichen Briefen an Freunde wie André Gide stets hellwach und ganz bei der Sache.

Im Mai 1941 besuchte Gaston Gallimards Sohn Claude, der in Paris lebte, von den Deutschen jedoch einen Passierschein für Reisen in die Vichy-Zone erhalten hatte, Simenon in Fontenay-le-Comte, ganz so, wie er es auch in Friedenszeiten gemäß den Vertragsbedingungen getan hätte. Gallimard war auf dem Weg an die Côte d'Azur, um André Gide zu besuchen, und er erbot sich, einen Durchschlag der ersten elf Kapitel von *Je me souviens* mitzunehmen, damit Gide sich einen Eindruck verschaffen könne. Gide war zum mächtigsten Fürsprecher der ernsthaften Qualitäten von Simenons Werk geworden, und die beiden hatten seit Dezember 1938 regelmäßig miteinander korrespondiert. Als Simenon Ende 1939 an Gide schrieb, um ihm seine besten Wünsche für 1940 zu entbieten, fügte er hinzu: «Ich erwarte täglich meine Einberufung nach Belgien [...] aber ich verspüre kein Bedürfnis, heroischen Taten entgegenzusehen.» Dann erwähnte er noch, daß er seit Kriegsausbruch drei Romane geschrieben habe.

«In einer Welt, die kurz vor dem Zusammenbruch zu stehen scheint, halte ich mich lieber an Dinge wie *Il pleut, bergère* ... Und ich gestehe nicht ohne Beschämung, daß mir Ihre Reaktionen auf diese Bücher wichtiger sind als die Kriegsnachrichten [...] Um den Familientopf auf dem Herd zu versorgen, gedachte ich, einige weitere Maigrets zu schreiben. Was halten Sie davon?»

Gide beschloß, am 28. Mai zu antworten, als die Schlacht um Frankreich ihren Höhepunkt erreicht und er sich nach Vence in die Villa La Conque zurückgezogen hatte. Er bemerkte, die Lage sei inzwischen so schlecht geworden, daß sie wahrscheinlich bald nicht mehr ihre Korrespondenz fortsetzen könnten. Immerhin gelangte eine Reihe von Postkarten aus Cannes, Grasse und Nizza nach dem Waffenstillstand nach Fontenay-le-Comte. 1941 gab Gide Simenon den Rat, die Erzählung in der Ichform in *Je me souviens* aufzugeben, einen Roman daraus zu machen, indem er die Namen der Personen ändere, und das Werk wie gewöhnlich mit der Maschine anstatt mit Tinte und Feder zu schreiben. Simenon befolgte all diese Ratschläge getreulich und nahm die Arbeit gemäß dem neuen Konzept sogleich in Angriff. Der Brief an Marc «von einem zum Tode verurteilten Vater» wurde beiseite gelegt, und *Pedigree*, wie es später heißen sollte, wurde zu einem ausführlichen Kindheits- und Entwicklungsroman. Im September 1941 hatte Gide, damals im Grandhotel in Grasse, immer noch einiges an *Pedigree* auszusetzen. Zum Teil klingen seine Kommentare wie die eines Nachhilfelehrers: *«En général: très bon travail, à continuer sans défaillance.»* (Im allgemeinen: sehr gute Arbeit; sollte ohne nachzulassen fortgeführt werden.) Der letzte vorhandene Brief Gides bezüglich *Pedigree* datiert vom 21. August 1942 und kam aus Tunis: «Ja, ich bin in Tunis», hatte er zwei Monate früher etwas keck geschrieben. Zur Erläuterung des Umstandes, daß er nicht mehr in der Lage sein werde, Simenon zu besuchen, wie er es ihm halb versprochen hatte, erklärte Gide: «Ich bin von Nizza auf afrikanischen Boden übergewechselt in der Hoffnung, dort eine ungestörte Hochstimmung [*«une tranquille exaltation»*] zu finden, die der Arbeit förderlich ist.» Im Endeffekt arbeitete Gide in Nordafrika nur wenig, auch wenn er, damals zweiundsiebzigjährig, kurz nach seiner Ankunft in sein Tagebuch schrieb, er habe mit einem jungen Eingeborenen «zwei so genußvolle Nächte verbracht, wie ich sie in meinem Alter nicht erwartet hätte». Das maschinegeschriebene Manuskript von *Pedigree* wurde ihm zwecks kritischer Kommentierung weiter zugesandt, doch hielt er den Roman schon nicht mehr für das «wichtige Werk», das er eines Tages von Simenon zu lesen erwartete.

Simenon betrachtete Gide beinahe als Vater, eine Rolle, die dem älteren Schriftsteller nicht gefallen hätte. In seinen Briefen redete Simenon ihn als *«Mon cher maître»* an, und Gides Einstellung zum Krieg hätte durchaus als beispielgebend für die seine gelten können. Was für Gide recht war, so muß er sich gesagt haben, sollte ihm billig sein. Gide war Franzose, der prominente-

ste Literaturkritiker seines Landes, ein akademisch gebildeter Philosoph und einer der engagiertesten Intellektuellen seiner Zeit. 1939 hatte Gide den Mut aufgebracht, eine öffentliche Erklärung zugunsten des eingekerkerten Pazifisten Jean Giono zu unterzeichnen. 1940 übte er Kritik an den Waffenstillstandsbedingungen, äußerte sich jedoch bewundernd über die Rede Pétains, in der dieser den Entschluß zur Kapitulation bekanntgab*.
Eine der beschämendsten Klauseln des Waffenstillstandsvertrags war der Artikel 19, der Frankreich dazu verpflichtete, alle antinationalsozialistisch gesinnten deutschen Staatsangehörigen, die auf französischem Gebiet Zuflucht gefunden hatten, an Deutschland auszuliefern. Auch engagierte französische Linksintellektuelle wie Gide und André Malraux wurden von vielen als sanktionsgefährdet eingeschätzt. Trotzdem lehnte Gide 1940 das ihm von einem US-amerikanischen Komitee angebotene Visum ab. Zu dieser Zeit lebte er mit seiner Tochter Catherine in Cabris bei Grasse und betrachtete sich als nicht in Gefahr. 1942 besuchte ihn dort Sartre, der, aus einem Kriegsgefangenenlager entlassen, einen Fahrradmarathon durch die Vichy-Zone unternahm und sich mit dem Gedanken an eine Widerstandsbewegung trug. Sartre war offenkundig nicht der Mann dafür, ein Widerstandsnetz zu organisieren, und Gide erteilte ihm, vielleicht vernünftigerweise, ebenfalls eine Absage. Wer den dünnen roten Faden der Gedankengänge Gides während des Krieges verfolgen möchte, muß die Tatsache in Betracht ziehen, daß Gide 1941 noch immer gute Beziehungen zur *Nouvelle Revue Française (NRF)* unterhielt, jener Zeitschrift, die er mit gegründet hatte, die jedoch unter der Leitung von Drieu La Rochelle zu einem Kollaborationsblatt geworden war. Von Otto Abetz, dem deutschen Botschafter in Paris, stammt der Ausspruch: «Drei Dinge sind es, die in Frankreich zählen: der Kommunismus, die Hochfinanz und die *NRF*.» An Drieu schrieb Gide im August 1942, als er Exemplare der Bücher Simenons haben wollte, die in Sidi Bou Said nicht erhält-

---

* Gide wußte nicht, daß Pétains ursprüngliche Rede so unterwürfig gewesen war, daß man ihm geraten hatte, sie zu ändern.

lich waren, und er sandte ihm noch seine Artikel zu, als André Malraux seine Mitarbeit bereits eingestellt hatte, während François Mauriac nicht nur fleißig weiter für die *NRF* schrieb, sondern auch gestattete, daß seine Beiträge unter deutscher Aufsicht mit Vorworten versehen und geändert wurden.

Dann hielt Gide 1942 in Nizza einen Vortrag über den belgischen Prosadichter Henri Michaux. Die der Prosadichtung mit grimmigem Argwohn gegenüberstehende rechtsextremistische «Légion des Combattants» (Nachfolgerin der Organisation, für die Simenon seinerzeit als Bürogehilfe gearbeitet hatte), nahm dieses Ereignis zum Anlaß einer lärmenden Demonstration. Im Mai desselben Jahres verließ Gide die Côte d'Azur und ging nach Tunis. Im November wurde Algerien von den Alliierten befreit, und die Deutschen besetzten Südfrankreich und Tunesien. Die «Légion des Combattants» verfolgte Gide von Nizza bis ins deutsch besetzte Tunesien. Gide versteckte sich und behauptete in einem vom 11. Dezember datierten Brief an Simenon, diese Unterbrechung habe ihn dazu gezwungen, von seinem seit langem geplanten großen Aufsatz über Simenons Werk Abstand zu nehmen. Nach einem Monat im Versteck verließ Gide Tunis und flog nach Algier, das zu dieser Zeit unter einer provisorischen gaullistischen Regierung stand.

In seiner Einstellung zum Krieg zeigte Gide den für den französischen Intellektuellen so typischen selbstbewußten Abstand gegenüber dem Nationalsozialismus und dem Fall Frankreichs. In Algier fühlte Gide sich zu Hause. Erneut gelang es ihm, sich Exemplare der *NRF* zu beschaffen. «Äußerst interessantes Stück von Drieu», bemerkte er 1943 in seinem Tagebuch. «Zugegeben, wenn ich mich auch dazu beglückwünsche, ausgeschieden zu sein, so muß ich doch die Überzeugungskraft vieler Argumente Drieus anerkennen.» Er war nie ein begeisterter Anhänger General de Gaulles, hatte jedoch die Fähigkeit, sich an den literarischen Streitigkeiten einer bunt zusammengewürfelten Gemeinde im «Freien Frankreich» zu beteiligen, zu der Saint-Exupéry und Joseph Kessel zählten.

Die rechtzeitige Verfolgung durch die «Légion des Combattants» half Gide, die ziemlich fadenscheinige Glaubwürdigkeit seines Engagements für das «Freie Frankreich» zu festigen, die sonst nur auf der Feindseligkeit beruht hätte, welche ihm die Vichy-Propagandisten entgegenbrachten. Gemäß der Vichy-Legende gab es drei Gründe für die Niederlage von 1940: den Film *Quai des Brumes* mit Jean Gabin (in der Rolle eines heldenhaften Deserteurs), die bezahlten Ferien – und André Gide. Dieses Argument wurde im Oktober 1940 in einer Artikelserie im *Figaro Littéraire* verfochten; darin hieß es, die Intellektuellen hätten ihre politische Verantwortung verraten, und Gide, Cocteau und andere seien direkt schuldig an der Niederlage*. Gides letztes Verbrechen war es in den Augen der Vichy-Regierung, daß er ins Exil gegangen war. Wenn er indes geblieben wäre, hätten ihn seine Homosexualität und seine linke politische Einstellung leicht zu einem Opfer der Miliz werden lassen, und es wäre ihm vielleicht ebenso ergangen wie Federico García Lorca, der 1936 von der Falange nahe Granada ermordet wurde. Letztlich stand Gides Haltung zum Krieg im Zeichen einer überlegenen Gemütsruhe. In seinem Tagebuch schrieb er über die alliierten und die feindlichen Rundfunksendungen: «Um Rohlinge zu bekämpfen, braucht man Rohlinge, und deshalb sind wir alle verroht.» Falls Simenon ein Beispiel für richtiges Verhalten unter der Besatzung benötigte, bot Gide ihm eine reiche Auswahl.

Im Dezember 1939, als Simenon an Gide schrieb, er beabsichtige sich wieder Maigret zuzuwenden, begann er die Arbeit an *Cécile est morte*. Seitdem er Maigret den Rücken gekehrt hatte, war der Verkauf seiner Bücher zurückgegangen. 1940, nach seinem Besuch bei dem Röntgenarzt, schrieb er zwei Romane und zwei weitere «Maigrets» sowie *Je me souviens*. 1941 folgten noch drei Romane, drei «Maigrets» und der erste Teil der Endfassung von *Pedigree*. 1942 schrieb er nur einen Roman; die meiste Zeit arbeitete er am zweiten und am Schlußteil von *Pedigree*. Wäh-

---

* Eine der berühmtesten Karikaturen jener Zeit, die als Reaktion auf dieses Argument erschienen, stellte einen französischen Bauern dar, dem vorgeworfen wurde, zuviel Gide und Proust gelesen zu haben.

rend der fast sechs Jahre der Feindseligkeiten in Europa schrieb Simenon zweiundzwanzig Bücher und einundzwanzig Kurzgeschichten. Keines dieser Werke hatte den Krieg zum Thema oder erwähnte ihn auch nur, ausgenommen der unveröffentlichte Erinnerungsband *Je me souviens*. Doch da Simenon für umgehende Veröffentlichung schrieb, ist das nicht sonderlich überraschend. Ebenso wie das Interesse der Leute am Kino war das Interesse der Franzosen an der Literatur während des Krieges von dem Wunsch geleitet, der Wirklichkeit zu entfliehen; außerdem mußten alle Bücher vom «Comité de Publication et de la Censure de la Propagande» genehmigt werden, wie die Deutschen ihre Zensurbehörde geschickt benannt hatten, die dem freundlichen und intelligenten Obersturmführer Heller unterstand. Das für die Verlage verfügbare Papier wurde von 32 000 Tonnen 1938 auf 3000 Tonnen 1943 reduziert, so daß Großauflagen unmöglich waren. Demgegenüber verdoppelte sich die Ausleihquote der Leihbibliotheken in Paris, und ein großer Teil des Papiermangels wurde durch die wachsende Anzahl verbotener Autoren und Themen wettgemacht. Tausend Buchtitel wurden mit voller Einwilligung der auf ihr Geschäft bedachten französischen Verleger eingestampft. Die sogenannte «Liste Otto» setzte sich aus deutschfeindlichen Schriften sowie Büchern britischer, US-amerikanischer und jüdischer Autoren zusammen. Andererseits begünstigte das Pétain-Regime Werke zum Ruhm Napoleons und der Jungfrau von Orleans, Helden des ewigen Krieges gegen England, aber auch Bücher über die Familie, die Werte des Bauerntums und soziale Harmonie. Simenon paßte in keine dieser Kategorien, wurde aber auch nicht ausgeschlossen und erfreute sich den ganzen Krieg hindurch bei den französischen Lesern großer Beliebtheit.

Sein am wenigsten produktives Jahr war 1942. Im Juli verließen Simenon, Tigy, Marc und Boule Fontenay-le-Comte und zogen sich in die größere Unauffälligkeit eines Bauernhauses nahe dem kleinen Dorf Saint-Mesmin-le-Vieux zurück. Das Schloß Terreneuve war angeblich zu feucht für Marc; das bot einen guten Vorwand für den Umzug. Allerdings hatte sich gegen

Ende ihres Aufenthalts in Fontenay auch ein unerfreulicher Zwischenfall mit einem Inspektor vom Commissariat Général aux Questions Juives ereignet. Im Mai 1942 war diese Behörde von einem wüsten Judenhasser namens Louis Darquier de Pellepoix übernommen worden, der auf den geckenhaften Antisemiten Xavier Vallat folgte und die Aufgabe hatte, die Deportation der französischen Juden voranzutreiben. Einer von Pellepoix' Inspektoren wurde bei Simenon vorstellig und erklärte ihm, er müsse Jude sein, da sein Name eindeutig von Simon abgeleitet sei. Man gab ihm einen Monat, um seine Geburtsurkunde und seinen Taufschein sowie die seiner Eltern und seiner vier Großeltern vorzuweisen, aufgrund derer man dann feststellen werde, ob er mindestens drei nichtjüdische Großeltern habe. Simenon erbot sich, dem Inspektor zu zeigen, daß er nicht beschnitten war, doch das Angebot wurde mit der Begründung abgelehnt, dies könne nicht als Beweis gelten. So mußte er an seine Mutter in Lüttich schreiben und sie um Hilfe bitten.

Ferner bezichtigte der Inspektor Simenon, Schwarzmarktgeschäfte zu betreiben, was möglicherweise zutraf. Es scheint durchaus denkbar, daß der Besuch auf eine anonyme Anzeige hin erfolgte. Simenon war zu einem prominenten und offenkundig wohlhabenden Bürger Fontenays geworden, was Neid und Mißbilligung hervorgerufen hatte. Im Januar desselben Jahres hatte ihn eine Freundin aus Paris besucht, «la Môme Crevette» Spinelly, inzwischen eine gefeierte Varietékünstlerin, die sich indes immer noch rühmte, daß sie «keine Schlüpfer trug, um keine Gelegenheit zu verpassen»; das von der Presse als «eine Pariser Begegnung in Fontenay-le-Comte» betitelte Treffen hatte am Ort einiges Aufsehen erregt. Kurz danach war der Schauspieler Jean Tissier gekommen, um der Welturaufführung des Films *La maison des sept jeunes filles* beizuwohnen, der nach einem der am wenigsten interessanten Romane Simenons, geschrieben 1937, gedreht worden war. Bei diesem Anlaß war Simenon am Arm seiner neuesten Mätresse, einer ortsansässigen Ladenbesitzerin, erschienen, ein Verstoß gegen die Anstandsregeln, der übel vermerkt worden sein mag. Zudem wurde Simenon wegen seiner gelegentlichen

Besuche auf der Kommandantur verdächtigt, obgleich er diese nur einem Nachbarn zuliebe machte oder in der Absicht, einen Passierschein zu erhalten, da er ein wenig Deutsch sprach. Was immer die Gründe gewesen sein mochten, jedenfalls verließen die Simenons im Juli Fontenay, kurz nachdem Henriette genug Dokumente geschickt hatte, um den Inspektor vom Commissariat Général zufriedenzustellen. Und im September war Simenon offenbar immer noch so erschüttert von dem Ereignis, daß er es für nötig hielt, sich öffentlich von der jüdischen Gemeinde zu distanzieren.*

Dem Schauspieler Raimu, einem Freund Simenons und Hauptdarsteller in der Verfilmung seines Romans *Les inconnus dans la maison*, war vorgeworfen worden, während der Besetzung zuviel Geld verdient zu haben. Das war eine Kritik, von der sich auch Simenon betroffen fühlte, doch die Argumente, mit denen er Raimu verteidigte, sind erstaunlich. In einem am 5. September 1942 in der Zeitschrift *Vedette* erschienenen Artikel wandte er sich gegen die Willfährigkeit *(«complaisance»)* der Presse, immer wieder die hohen Gagen von Filmstars wie Raimu anzuprangern; darin hieß es:

> «Veröffentlichen dieselben Zeitungen die Gehälter ihrer Besitzer? Rechnen sie den Preis der Telefongespräche in Francs und Dollars aus, die dieser oder jener Rothschild oder dieser oder jener Finanzhai führen, wenn sie an der Börse gegen den Franc spekulieren? Nein, immer ist es der Schauspieler oder der Star. Paßt auf! Raimu ist geizig [...] er hat einen schlechten Charak-

---

* Schon als belgischer Flüchtlingskommissar hatte Simenon bei der Gewährung von Hilfe für jüdische Flüchtlinge eine auffällige Zurückhaltung an den Tag gelegt. In seinem *«Compte-rendu de Mission»*, datiert vom 17. August 1940, betonte er, er habe jüdischen Flüchtlingen, die nicht belgische Staatsbürger waren, «auf direkte Anweisung» von Innenminister Georges Mandel geholfen. Sieben Tage vorher hatte die Vichy-Regierung Mandel festnehmen lassen, und später wurde ihm wegen Mitverantwortung für Frankreichs militärische Niederlage der Prozeß gemacht. Simenon war offenkundig darauf bedacht, sich von Mandels direkter Anweisung zu distanzieren.

ter; mit anderen Worten: Wenn ihm ein Monsieur Ixowitsch oder irgendein Zetowjew Verträge vorlegt, unterzeichnet er sie nicht mit geschlossenen Augen. Aber haben die Zeitungen *je* die Gehälter dieser Herren untersucht? Niemals. Immer ist es der Schauspieler, der von den Steuerfahndern oder den beruflichen Schnorrern gehetzt wird.»

Ganz abgesehen von Simenons Gefühllosigkeit gegenüber den Ereignissen der Zeit war die Unterstellung, daß ein Filmschauspieler von jüdischen Produzenten ausgebeutet worden sei, im Frankreich des Jahres 1942 denkbar fehl am Platze.

Bis zum November hatte Simenon derart genug vom Leben in der besetzten Zone, daß er einen verzweifelten Versuch wagte, seinem neuen Heim in Saint-Mesmin-le-Vieux zu entrinnen. Er beschaffte sich Nummernschilder für seinen Wagen sowie falsche Papiere von einem Bekannten, der dank einer Dauergenehmigung mit seinem Auto in die Vichy-Zone einreisen durfte, und lieh sich einen großen Leichenwagen, um die Familie und einen Teil ihrer Habe über die Grenze zu bringen. Doch am Morgen des 11. November, als sie gerade abreisen wollten, hörten sie die Nachricht von der Besetzung der Vichy-Zone durch deutsche Truppen. Jetzt gab es keine Fluchtmöglichkeit mehr.

10

Verwirrung, Angst, Verrat und Betrug

> «‹An welchem Tag hat man Sie eingesperrt?›
> ‹Man hat mich eingesperrt am Tag der Befreiung!›»
> Varietédialog um 1950 von Sacha Guitry

Mit seinem Entschluß, in der Besatzungszeit weiterhin nach Möglichkeit normal zu arbeiten, befand sich Simenon in der großen Mehrheit der Schriftsteller und überhaupt der Leute. Seine während des Krieges geschriebenen Bücher waren etwas weniger zahlreich als die in vergleichbaren anderen Zeitabschnitten verfaßten, doch einige von ihnen gehörten zu seinen besten. Unter den Romanen gab es *La fuite de M. Monde*, *La veuve Couderc*, *La vérité sur Bébé Donge* und *Pedigree*. Dazu kamen einige «Maigrets», so *Les caves du Majestic* und *Signé Picpus*. Während Simenons Produktionsrate also leicht abnahm, erlitt die des Verlegers Gallimard indes keine Einbuße. Er konnte auf einen Vorrat zurückgreifen und veröffentlichte 1940 zwei Simenons, 1941 sechs, 1942 fünf, 1943 zwei und 1944 drei. So blieb Simenons Name dem Publikum bekannt, und sein Einkommen blieb hoch.

Unter seinen Freunden waren viele, welche die Besatzungszeit, wenn auch mit einiger Vorsicht, eher genossen. Natürlich herrschte auch in der Welt der Literatur die Spielregel «Opportunismus». Man tat nichts «gegen Frankreich», tat aber alles nur Mögliche, um mit oder ohne Hilfe der Deutschen das Beste aus den sich gerade bietenden Chancen zu machen. Eine kleine Schar von Schriftstellern weigerte sich, solche Gelegenheiten wahrzunehmen, unter ihnen Camus und Vercors an herausragender

Stelle. Einige andere gingen zu weit in die entgegengesetzte Richtung. Robert Brasillach wurde dafür erschossen, Pierre Drieu de La Rochelle entging seinem Verratsprozeß, weil er sich vorher das Leben nahm, und der Verleger Bernard Grasset – er hatte die französische Ausgabe von *Mein Kampf* veröffentlicht – wurde geächtet. Doch der Trennstrich zwischen dem, was als annehmbar galt, und dem, was unannehmbar war, war nicht immer deutlich. Am 10. Juni 1944, vier Tage nach der Landung der alliierten Truppen in der Normandie, massakrierten deutsche und elsässische Soldaten, die der SS-Panzerdivision «Das Reich» angehörten, sechshundertzweiundvierzig Einwohner des Dorfes Oradour-sur-Glane bei Limoges, hundertsechzig Kilometer südöstlich von Saint-Mesmin-le-Vieux. Am selben Tag fand in Paris die Premiere von *Huis Clos* statt, einem neuen Stück von Jean-Paul Sartre. Sartre hatte sich stark für die Inszenierung eingesetzt und bangte darum, daß die Uraufführung einer durch einen Bombenangriff ausgelösten Strompanne zum Opfer fallen könnte. Es war ein drückendheißer Abend, doch alles ging gut im Théâtre du Vieux-Colombier, und zum Glück waren die Kritiken gut, auch die der Deutschen. Inzwischen rollten die Deportationszüge durch Paris. Unter den vielen tausend Verschleppten war der Dichter und Drehbuchautor Robert Desnos, der zuerst ins Konzentrationslager Compiègne und dann nach Buchenwald gebracht wurde, weil er Jude war. Zu dieser Zeit hingen die Plakate für seinen letzten Film noch immer in den Straßen von Paris.

Wenige Tage nach der Premiere von *Huis Clos*, als die Streitkräfte der Alliierten noch immer um den Brückenkopf am normannischen Strand kämpften, übernahm Sartre in Paris den Vorsitz bei einer öffentlichen Debatte «über den Zustand des Theaters». Mit ihm auf dem Podium saßen Camus und Cocteau. Das kam Cocteau, einem alten Freund Simenons, der nachhaltig von der Besetzung profitiert hatte, sehr gelegen. Sartre und Camus waren beide Mitglieder des «Comité National des Ecrivains» (CNE), einer dem Widerstand angehörenden und von den Kommunisten beherrschten Organisation, deren Pläne für die

Nachkriegssäuberungen, die *épuration*, weit gediehen waren. Das CNE hatte bereits erste, provisorische Fassungen ihrer todbringenden schwarzen Liste veröffentlicht, auf der jedoch nie Cocteaus Name erschien. Anfang März hatte Cocteau folgenden Brief von Max Jacob erhalten:

«Lieber Jean,
Ich schreibe Dir aus einem Eisenbahnwaggon, was ich einem der Gendarmen verdanke, die uns bewachen. Wir werden in Kürze in Drancy eintreffen. Das ist alles, was ich zu sagen habe. Als man Sacha [Guitry] bat, sich für meine Schwester zu verwenden, sagte er: ‹Wenn er es gewesen wäre, hätte ich etwas tun können!› Nun, jetzt bin ich es. Alles Liebe, Max.»

Noch im selben Monat nahm Cocteau an der Beerdigung Max Jacobs teil. Jacob, von Geburt jüdisch, später zum Katholizismus übergetreten, einer der frühesten und glühendsten Bewunderer Simenons, starb in Drancy mit achtundsechzig Jahren an Entkräftung und Erschöpfung, bevor seine einflußreichen Freunde etwas unternehmen konnten, um ihn herauszuholen.

Während Gide mitunter an einer Gleichgültigkeit zu leiden schien, die ihn erstaunlich nah an die Grenze des Unannehmbaren führte, tanzte Cocteau auf dieser Trennlinie wie ein Trapezkünstler. In der Besatzungszeit hielt er enge Verbindung zu den deutschen Behörden, etwa Männern wie Karl Epting, dem Leiter des Institut Allemand und de facto Organisator der *«collaboration intellectuelle»*. Für Cocteau war die Besatzungszeit seine *«belle époque»*. Schon zu Anfang hatte er einem Freund geschrieben, er finde diese Zeit «faszinierend»; bedauerlich sei nur der «Opiummangel». Als sein Stück *L'éternel retour* 1943 uraufgeführt wurde, war der japanische Botschafter einer seiner persönlichen Gäste. Und als Arno Breker, der Lieblingsbildhauer des Naziregimes, im Mai 1942 zu einer Ausstellung seiner Werke in der Orangerie nach Paris kam, begrüßte ihn Cocteau mit einer Lobeshymne auf der Titelseite einer Wochenzeitschrift. Breker, der 1991 starb, hatte jahrelang immer wieder betont, daß er nie Mitglied der

Partei gewesen sei. Das stimmte, doch 1943 hatte er einem Mitarbeiter der Zeitschrift *Comoedia* erzählt, er wähle die Modelle für seine athletischen Statuen stets unter den «körperlichen Prachtexemplaren einer erneuerten und gereinigten Rasse» aus.

Cocteaus Huldigung an Breker war selbst für seine eigenen Maßstäbe überschwenglich:

> «Ich grüße Dich, Breker. Ich grüße Dich von jenem erhabenen Vaterland [‹*haute patrie*›] der Dichter aus. Von jenem Land, in dem es keine Länder gibt, außer daß ein jeder von uns mit den Früchten seiner Nation dazu beiträgt. Ich grüße Dich, weil Du mir in diesem erhabenen Vaterland, dessen Bürger wir alle sind, von Frankreich sprichst.»

Man wird es den Nichtansässigen dieser *«haute patrie»* verzeihen, wenn sie sich fragen, was Brekers stahlmusklige, reine Teutonen Cocteau über Frankreich zu sagen hatten, außer der Tatsache vielleicht, daß sie aus der Bronze gegossen waren, die man durch das Einschmelzen französischer Statuen gewonnen hatte, etwa des schönen Victor-Hugo-Denkmals, das 1941 von seinem Platz nahe der Orangerie entfernt wurde, die nun Brekers Werk beherbergte. Mit seiner Behauptung allerdings, daß Dichter nichts mit Politik zu tun hätten – auch Hitler war dieser Ansicht –, übertrieb Cocteau die olympische Gleichgültigkeit Gides und überschattete die Haltung des Kommunisten Picasso, der gelegentlich mit Cocteau in den Kreisen der deutschen Elite verkehrte und einmal zu Ernst Jünger, dem deutschen Offizier und Tagebuchautor, sagte: «Sie und ich, die wir wie jetzt hier beisammensitzen, könnten heute nachmittag einen Friedensvertrag unterzeichnen. Heute abend könnten in ganz Paris die Lichter erstrahlen.»

Auch Cocteau verkehrte mit Jünger und legte Wert darauf, ihn im Februar 1942 zu einer Lesung seines neuen Theaterstücks einzuladen. Doch wie Gide kam ihm schließlich seine Homosexualität zugute, und es gelang ihm, sich bei den Rechtsextremen unbeliebt genug zu machen, um ein paar später dienliche Beschimpfungen zu ernten. Der kollaborationistische Kritiker

Lucien Rebatet beschrieb ein Stück Cocteaus als «Prototyp des Theaters der Invertierten», und folglich wurde eine Aufführung der *Enfants terribles* durch eine Clique des Parti Populaire Français (PPF), der französischen faschistischen Partei, ausgepfiffen. Cocteau blieb während der Besetzung in Verbindung mit Simenon. Wenn Simenon nach Paris kam, verbrachten sie manchmal den Abend zusammen, und am 16. Mai 1944, drei Wochen vor «D-Day», schrieb Cocteau an Simenon mit seiner gewohnten Begeisterung:

«Lieber Georges,
ich werde Dein Buch [vermutlich ein Vorausexemplar von *La fuite de M. Monde*] sofort lesen. Es wird meine erste Zerstreuung nach Wochen der Arbeit und der Erschöpfung sein. Wie Du weißt, könnte ich Dir nie etwas verweigern, und ich werde die Zeichnungen machen, was immer auch geschehe. Ich denke ständig an Dich.
                                            Alles Liebe [...]»

Zwei andere Freunde Simenons, Pierre Benoit und Vlaminck, gehörten ebenfalls zu denen, die Breker öffentlich huldigten. Von seinem Verleger Gaston Gallimard wird solches nicht berichtet, doch er hatte andere Sorgen. 1939 fungierte Gallimard, Mitgründer der *Nouvelle Revue Française*, zeitweilig als deren Herausgeber. Im Herbst desselben Jahres verließ er Paris, um die weitere Entwicklung abzuwarten; erst im Oktober 1940 kehrte er zurück, vier Monate nach dem Waffenstillstand. Die deutschen Behörden betrachteten die *NRF* als höchst verdächtig – als Sprachrohr von «Judäobolschewismus, Hochfinanz und Kommunismus». Die Büros der Zeitschrift wurden im November geschlossen, doch dann fanden die Deutschen es besser, sie weiterhin erscheinen zu lassen, und dazu brauchten sie die Einwilligung des Redaktionskomitees sowie einen mit ihnen sympathisierenden Herausgeber. Als Drieu La Rochelle die Schriftleitung übernahm, unterschrieb er sein eigenes Todesurteil. Gallimard blieb während der Besatzungszeit eine Macht hinter den Kulissen; auch war er an der

Auswahl des Redaktionskomitees beteiligt. Diese Teilhabe mag dazu beigetragen haben, daß Gallimard während der Kriegsjahre das nötige Papier erhielt, um seine Verlagstätigkeit fortzuführen. Unter den Titeln, die er herausbrachte, befand sich Raymond Arons *Les voyageurs de l'impériale*. Dieses Buch eines jüdischen Intellektuellen und «Bolschewisten», der in London für de Gaulle arbeitete, wurde von der kollaborationistischen Zeitschrift *Je Suis Partout* heftig angegriffen und mußte aus dem Verkehr gezogen werden. Die Redakteure von *Je Suis Partout* waren besonders wütend auf Gallimard, weil er sich gleichzeitig unter dem Vorwand des Papiermangels geweigert hatte, das antisemitische Werk *Les décombres* von Lucien Rebatet zu veröffentlichen.

Marcel Pagnol, auch er ein Freund Simenons, schlug einen härteren Kurs ein. Pagnol war für Einflußnahme anfällig, weil er sein eigenes Filmatelier in Marseille betrieb und es offenhalten wollte. Er willigte ein, einige Vichy-Propagandafilme zu entwickeln, beschäftigte indes weiterhin den jüdisch-französischen Schauspieler Harry Baur, der nur eine Bescheinigung beizubringen brauchte, die ihn als Christen auswies, eine Formalität, die Baur eine Menge Geld gekostet haben soll. Pagnol lehnte auch eine beachtliche Subvention der von Alfred Greven geleiteten deutschen Produktionsgesellschaft Continental ab, die sich mit allen Mitteln darum bemühte, die französische Filmindustrie zu übernehmen. Durch seine Zusammenarbeit mit der Continental geriet Simenon dann in unmittelbare Nähe der Trennlinie.

Die deutsche Kontrolle über die französische Filmindustrie vollzog sich allmählich, wurde aber immer wirksamer. Man zeigte deutsche Wochenschauen, doch da diese häufig zu Demonstrationen führten, liefen sie nur in Anwesenheit der Polizei und bei voller Beleuchtung. Drei Viertel der französischen Kinos lagen in der besetzten Zone, und dort verboten die Deutschen alle Vorkriegsfilme aus den USA und Großbritannien, in denen jüdische Schauspieler mitwirkten. Das COIC (Comité d'Organisation Cinématographique) der Vichy-Regierung verbot am

3. Oktober 1940 allen Juden, in der Filmindustrie zu arbeiten. Mit Fortdauer des Krieges verfügte die französische Filmindustrie über immer weniger Geldmittel, und die Continental trat nach und nach an ihre Stelle. In vier Jahren produzierte die Gesellschaft zweihundertzwanzig Spielfilme. Und zu den beliebtesten Filmen des französischen Kinopublikums, das verzweifelt nach Ablenkung von den Kümmernissen der Alltagswirklichkeit suchte, zählten Kriminalfilme.

Vor Ausbruch des Krieges hatte Simenon nur von dreien seiner Bücher die Verfilmungsrechte verkauft, und keiner der Filme war ein besonderer Erfolg. Während der vier Besatzungsjahre wurden neun seiner Bücher verfilmt, mehr als von irgendeinem anderen französischen Schriftsteller, Balzac eingeschlossen. Die meisten dieser Filme, fünf von ihnen, wurden von der Continental produziert. Im Mai 1941 gab die Continental ein Mittagessen im Restaurant Ledoyen auf den Champs-Elysées, zu dem Simenon eingeladen war und laut Berichten auch erschien. Ebenfalls anwesend waren Arletty, Harry Baur, Danielle Darrieux, Henri Decoin und Maurice Tourneur. Decoin und Tourneur sollten für die Continental zwei Filme nach Büchern von Simenon drehen, und Decoin wurde beauftragt, das Drehbuch für einen weiteren Film nach Simenon, *Annette et la dame blonde*, zu schreiben, der zuerst produziert werden sollte. Nach dem Mittagessen unterzeichnete Simenon einen Vertrag mit der Continental für *Annette et la dame blonde* und *Les inconnus dans la maison*. Die Dreharbeiten für den ersten Film begannen im September, die für den zweiten im November. Henri Decoin bearbeitete den ersten und führte beim zweiten die Regie. Sollte Simenon noch irgendwelche Zweifel daran gehegt haben, was für eine Rolle die Continental im französischen Filmschaffen während der Besetzung zu spielen gedachte, so mußten diese verflogen sein, als er das Programm zu *Les inconnus dans la maison* sah.

In Simenons Roman trägt der Mörder den ausländisch klingenden Namen Justin Luska. Das Buch ist eigentlich eher prosemitisch; von Luska heißt es, er sei als Kind ein Opfer des Antisemitismus gewesen. «Wegen seines roten Haars, seines Namens, seines wirklichen Vornamens Ephraim und der östlichen Herkunft seines Vaters war Luska die ‹bête noire› seiner Schulkameraden [...]» Doch Luskas Judentum, das für die Romanhandlung so gut wie nicht von Belang ist, wurde in Decoins Film stark hervorgehoben, und zudem hatte man ihm im Programm ein grob antisemitisches Machwerk mit dem Titel *Les corrupteurs* beigegeben. Antijüdische Propaganda wurde häufig so präsentiert, daß ein offen antisemitischer Propagandafilm das Beiprogramm bildete für ein interessanteres Werk, in dem die gleiche Botschaft versteckt suggeriert wurde. Im Programmzusammenhang erschien *Les inconnus dans la maison* als ein antisemitischer Film, der eindeutig der *«chasse aux juifs»*, der Judenhatz, zu dienen hatte.

Doch als die Continental sich wieder an Simenon wandte, um die Filmrechte dreier neuer «Maigrets» zu erwerben, *Signé Picpus*, *Cécile est morte* und *Les caves du Majestic*, war er einverstanden. Es unterliegt keinem Zweifel, daß Simenon selbst über die Filmrechte verhandelte. In seinen *Mémoires intimes* bestätigte er, daß er die Verhandlungen über seine Film- und Funkrechte stets persönlich führte. *Signé Picpus* wurde im Oktober 1942 verfilmt, nur vier Monate nachdem das Buch erschienen war; *Cécile est morte* folgte im Dezember 1943 unter der Regie von Maurice Tourneur. Die Dreharbeiten zu *Les caves du Majestic* begannen erst im Februar 1944. Die Verspätung lag daran, daß der Drehbuchautor, Charles Spaak, einen Bruder in der Résistance hatte. Im Oktober 1943 hatte die Gestapo Spaak verhaftet und ins Konzentrationslager von Fresnes gesteckt, weil sie sich erhoffte, so den Bruder aufzuspüren. Die Tatsache, daß Spaak für die Continental arbeitete, half ihm nicht aus dem Lager heraus, verschaffte ihm jedoch Bleistift und Papier, so daß er das Drehbuch fertig schreiben konnte. Zu dieser Zeit begannen die Untergrundblätter der Résistance wie *L'Ecran Français* die Continental und alle, die mit ihr zusammenarbeiteten, anzugreifen. In der Nummer vom März 1944 wurde der Drehbuchautor des Films *Le corbeau*, eines der berühmtesten Streifen der Continental, aufs Korn genommen, und die Juninummer ächtete *jeden,* der vom Geld der Continental profitiert hatte. «Dieses Geld», so war zu lesen, «hat einen schmutzigen Geruch, und der wird haftenbleiben.» In derselben Nummer wurde die Nova Film, Produzentin der *Corrupteurs*, besonders heftig angegriffen.

Während der Besetzung verkaufte Simenon auch zahlreiche Rundfunkrechte an Radio Paris. Nach der Befreiung wurde Radio Paris als Propagandainstrument der Deutschen angeprangert, und der führende Nachrichtenkommentator Jean-Hérold Paquis wurde erschossen. Man räumte allerdings ein, daß die Schauspieler und Sprecher, die nur weiterhin ihrem Beruf nachgegangen waren, ohne sich um Politik zu kümmern, sich keines Vergehens schuldig gemacht hatten. Doch bei anderer Gelegenheit geriet Simenon in eine Sache hinein, die ihm später sehr gefährlich hätte werden können.

Am 19. August 1941 berichtete *Le Petit Parisien* von der Gründung eines neuen Literaturpreises in Paris, der den seit 1940 nicht mehr verliehenen Prix Goncourt ersetzen sollte. Der neue Preis hieß *Prix de la Nouvelle France*, und die Jury, die ihren Entschluß bei einem Mittagessen in der «Tour d'Argent» getroffen hatte, bestand aus zwölf Mitgliedern: Pierre Benoit, Abel Hermant, Bernard Grasset, Paul Fort, Abel Bonnard, Sacha Guitry, Jean de La Varende, Pierre Mac Orlan, Henri Troyat, Drieu La Rochelle, Jean Luchaire und Georges Simenon. Von diesen zwölf waren Benoît, Paul Fort und Sacha Guitry gute Freunde Simenons. Und neun der zwölf Jurymitglieder kamen nach dem Krieg in größte Schwierigkeiten. Bonnard wurde zum Tode verurteilt, Abel Hermant zu lebenslänglichem Zuchthaus, Pierre Benoit kam auf die schwarze Liste und wurde verhaftet, Jean Luchaire wurde erschossen, Sacha Guitry ins Gefängnis gesteckt, Paul Fort und Jean de La Varende kamen auf die schwarze Liste, desgleichen Bernard Grasset, dessen Verurteilung dazu noch Aberkennung der Bürgerrechte, Verbannung und Einziehung seines Vermögens einschloß, und Drieu La Rochelle entkam dem Exekutionskommando nur, weil er sich vorher die Pulsadern aufgeschlitzt und den Kopf in den Gasofen gesteckt hatte. Vielleicht war es ein Glück für Simenon, daß der Prix Goncourt später im

Jahr 1941 wieder vergeben wurde, was den *Prix de la Nouvelle France* überflüssig machte.*

Um den Genuß eines Mittagessens bei Ledoyen oder in der «Tour d'Argent» während der Besetzung voll zu würdigen, muß man bedenken, wie knapp das Essen damals in Paris war. Man erzählt, die ganze Gegend von Saint-Germain habe nach Kohl und Ersatzkaffee gerochen. Und als der Massenmörder Dr. Petiot eines Tages im März 1944 aus Unvorsicht seinen mit menschlichen Überresten vollgestopften Ofen überheizte, so daß dichter schwarzer Rauch aus dem Schornstein des Hauses Rue Le Sueur 21 drang und einen widerlichen Gestank im ganzen Viertel verbreitete, sagten die Nachbarn zuerst nichts, weil «die Leute ständig so außergewöhnliches Zeug kochten». Nach der Rekordernte von 1943 wurde die tägliche Brotration um fünfundzwanzig Gramm erhöht. Die Rationen für Butter und Käse betrugen zweihundert Gramm, die für Fleisch dreihundert Gramm im Monat. Unter diesen Umständen traten in der Stadt vermehrt Fälle von Tuberkulose auf, und die Sterberate bei Kindern wuchs steil an. «Gut und viel zu essen» dagegen – Ente in der «Tour d'Argent», *sole meunière* bei «Jimm's», Bouillabaisse bei Drouant – «gab einem ein Gefühl der Macht», wie Ernst Jünger in seinem Tagebuch berichtete. Während die Stadtküchen vier Francs für eine Mahlzeit verlangten und etwas bessere Lokale fünfundzwanzig, kostete ein Gericht in einem guten Restaurant fünfundfünfzig Francs und ein Mittagessen für vier Personen sechshundertfünfzig. Natürlich fanden die Restaurants, die solche Preise verlangten, immer Mittel und Wege, die drakonischen Rationierungsvorschriften zu umgehen, und konnten daher auch der Jury des *Prix de la Nouvelle France* ein denkwürdiges Mahl bieten.

---

* Alle drei während der Besetzung verliehenen Goncourt-Preise gingen an Bücher, die bei Gallimard erschienen waren. Nach Kriegsende wurden vier Mitglieder der Académie Goncourt ausgeschlossen und auf die schwarze Liste gesetzt. Gallimard bekam erst 1949 wieder einen Prix Goncourt.

Kurz vor der Befreiung kam es zu einem Ereignis, das in Simenons Leben wichtigere Folgen als der ganze Zweite Weltkrieg hinterlassen sollte. Als er in Saint-Mesmin lebte, hatte er es sich zur Gewohnheit gemacht, täglich in einem kleinen Gebäude nahe dem Bauernhaus ein Mittagsschläfchen zu halten. Gegen fünfzehn Uhr pflegte Boule ihn mit einer Tasse Kaffee aufzuwecken, und dann schlief er mit ihr. Es war eine Routine, geregelt wie eine Ehe, und sie bestand seit fünfzehn Jahren. Eines Nachmittags «öffnete sich die Tür des kleinen Zimmers, und vor uns stand Tigy, bleich und steif, wie gewöhnlich in ihrer beigefarbenen Latzhose [...] Keiner von uns wagte sich zu bewegen». Tigy winkte Simenon «mit einer der Comédie-Française würdigen Geste hinaus» und forderte ihn auf, *«cette fille-là»* vor die Tür zu setzen. Simenon war bestürzt über diese Bezeichnung Boules, «die wir zwanzig Jahre lang als Mitglied der Familie betrachtet hatten», und weigerte sich, sie zu entlassen, doch Tigy sagte: «Entweder sie oder ich.» Um Tigy von Boule abzulenken, erzählte er ihr, er habe sie «hundertemal» betrogen, und oft mit Frauen, die sie kannte, einschließlich ihrer Freundinnen. Sie gingen ins Haus, um Marc seinen Tee zu geben, und kehrten dann in den Garten zurück, wo sie bis zur Abenddämmerung diskutierten. Simenon erklärte, weder Tigy noch er könnten es ertragen, ohne Marc zu leben. Er erinnerte sie an die roten Pfeile, welche die Deutschen vor kurzem an alle Wegkreuzungen gemalt hatten und die, wie man munkelte, die Richtung angaben, die alle männlichen Zivilisten einschlagen müßten, sobald die Deutschen dazu den Befehl erteilten. Wenn das geschehen sollte, so argumentierte er, würde Tigy mit Marc allein bleiben und hätte nur Boule als Hilfe. Und falls sie beide als Ausländer interniert würden, wäre Marc allein und ganz auf Boule angewiesen. Es war keine Zeit, da man leichtfertig kleine Kinder aus ihrer vertrauten Umgebung riß, und Tigy hatte kaum eine Wahl. Bis zum Abend hatten sie beschlossen, als Freunde zusammenzubleiben und ihre Ehe zu Marcs Wohl weiterzuführen, jedoch einander die Freiheit zu geben. Tigy würde nicht mehr mit Selbstmord drohen, wenn Simenon ihr untreu wäre, und er wäre nicht mehr «gezwungen», sie mehrmals in der Woche zu betrügen. In *Un homme comme un autre* schrieb er: «Ich hatte sie zweiundzwanzig Jahre lang betrogen. Ich hatte häufiger hinter einer Tür als im Bett geliebt [...] Ein Mann verzeiht nie einer Frau, die ihn zum Lügen zwingt.» Nie erklärt worden ist allerdings, warum Tigy es sich nach zwanzig Jahren Ehe in den Kopf gesetzt haben soll, ihrem Mann nachzuspionieren. Falls sie eine anonyme Mitteilung auf dem Küchentisch gefunden hatte, konnte eigentlich nur Boule sie geschrieben haben.

Im April 1944, kurz bevor sich dieser Zwischenfall ereignete, beendete Simenon seinen besten Roman aus der Kriegszeit, *La fuite de M. Monde*, eine Geschichte, die seine innere Verfassung nach vier Jahren deutscher Besetzung und eines unzulänglichen Gefühlslebens widerspiegelte. Monsieur Monde ist ein wohlhabender Mann, der mit einer Frau verheiratet ist, für die er nicht viel empfindet. Für ihn ist die Ehe nur ein Mittel, um Kinder zu haben; nie hatte er «ein Baum ohne Früchte» sein wollen. Eines Tages beschließt er, sein Haus zu verlassen, zu verschwinden und ein neues Leben zu beginnen. Er fährt mit dem Zug von Paris nach Marseille, wo er einem Mädchen begegnet, das eine Stelle als Animierdame in einem Spielkasino findet. Er ist bereit, «so weit wie möglich zu gehen», wohl wissend, daß manche, die das tun, als *clochards* enden. Doch dann nimmt er in Nizza eine Arbeit in einem Nachtlokal an. Seine Aufgabe besteht darin, hinter einem Guckloch zu sitzen und das Personal zu überwachen – aufzupassen, daß die Leute die Geschäftsleitung nicht beschwindeln. Alles an seinem neuen Leben versetzt ihn in Erstaunen: die Farbe der Fahrkarten dritter Klasse, der Geruch seines eigenen Schweißes, wenn er in einem billigen Hotel zu Bett geht, ohne ein Bad genommen zu haben. Eines Tages kommt seine erste Frau in das Nachtlokal. Sie ist morphiumsüchtig geworden. Monsieur Monde verläßt sein Guckloch, rettet sie vor dem hoffnungslosen Leben, das sie führt, bringt sie nach Paris zurück und schickt sie in ärztliche Behandlung. Dann kehrt er wieder heim, ohne jemandem ein Wort der Erklärung zu sagen.

La fuite de M. Monde ist die Geschichte eines Mannes, der sich in einer Ehe und einer Lebensweise gefangen fühlt. Als Monsieur

Monde in Marseille ankommt, begibt er sich zum Vieux Port. «Er sah das Wasser, ganz nahe, die Boote, die sich aneinanderdrängten und mit dem Atem des Meeres leise auf und nieder schaukelten.» In Simenons Beschreibung des Mittelmeers spiegelte sich seine Sehnsucht nach Porquerolles wider, das er seit fünf Jahren nicht mehr gesehen hatte. «Das Licht war so wie in den Felsbuchten des Mittelmeers, das Licht der Sonne, das ihm stets gegenwärtig war, wenn auch verdünnt, diffus, manchmal wie durch ein Prisma in die Farben des Spektrums zerlegt, ganz unvermittelt violett zum Beispiel oder grün [...]» Monsieur Monde macht sich auch Gedanken über das Verrinnen der Zeit. Er ist achtundvierzig – «ein Mann, der bereits den abschüssigen Hang des Lebens erreicht hat». Simenon war einundvierzig, als er das schrieb. Zu seinem Trost hat Monsieur Monde seinen Sohn. Simenon war es seit Marcs Geburt viel leichtergefallen, über Eltern und Kinder zu schreiben, wozu er sich unfähig gefühlt hatte, als er Maigret erfand. In Monsieur Monde finden sich auch Teile der Kindheit Simenons wieder. «Im Alter von vierzehn oder fünfzehn Jahren hatte er nach einer Zeit des Fastens eine tiefe mystizistische Phase durchgemacht. Auf der Suche nach Vollkommenheit hatte er seine Tage und einen Teil seiner Nächte mit spirituellen Übungen verbracht.» Andere Aspekte seines Lebens stellten für den Autor eher Hoffnung als Erfahrung dar. Denn Monsieur Monde findet schließlich sein Heil in der Flucht. Und als er in sein Pariser Haus zurückkehrt, bemerken seine Freunde, daß «dieser Mann, der keine Gespenster und keine Schatten mehr kannte, den Menschen mit kühler Gelassenheit in die Augen sah».

Nachdem Simenon *La fuite de M. Monde* beendet hatte, schrieb er ein ganzes Jahr lang kein weiteres Buch, was angesichts der damaligen Ereignisse kaum überraschend ist. Falls es angesichts der alliierten Streitkräfte eine zweite Massenflucht, diesmal in die entgegengesetzte Richtung, geben sollte, würden die Simenons nun an der Spitze und nicht bei der Nachhut sein. In der Tat lag die Vendée auf einer der heißesten Schlachtlinien im Zuge des Befreiungskampfes, der Marschroute der SS-Panzerdivision «Das Reich» von Südfrankreich zur Normandie. Der Widerstand, den die Résistance den Deutschen entgegensetzte, sollte sich als die wichtigste Schlachtenehre dieser Organisation erweisen. Im Frühjahr 1944 sickerten Mitglieder des Maquis und mit Fallschirmen abgesprungene Saboteure in die Gegend ein, und einige von ihnen kamen in das Haus in Saint-Mesmin-le-Vieux, um sich Proviant zu verschaffen. Sie beschlagnahmten auch das kanariengelbe Auto, das Simenon unter ein paar Ballen Stroh versteckt hatte, als er dort eingezogen war. Der Wagen wurde grün gestrichen und mit zwei schweren Maschinengewehren bestückt. Eine solche Entwicklung der Dinge muß Simenon einigermaßen beunruhigt haben, wußte er doch, daß er aufgrund seiner stillen Mittäterschaft die Deportation riskierte, wenn nicht Schlimmeres. Kurz danach setzten systematische Sabotageanschläge auf die Eisenbahn in der Gegend ein, und eines Nachts wurde ein deutscher Wehrmachtswagen drei Kilometer von Saint-Mesmin entfernt unter Maschinengewehrfeuer genommen, wobei drei deutsche Soldaten ums Leben kamen, unter ihnen ein Oberst. Vergeltungsmaßnahmen wurden über den benachbarten Weiler La Chapelle verhängt. Die Einwohner von Saint-Mesmin sahen die ganze Nacht die Flammen lodern. «Es war der Preis für einen deutschen Oberst», schrieb Simenon. In einem der zerstörten Häuser war eine Gemäldesammlung versteckt gewesen, die man 1940 vor der Vernichtung gerettet hatte: Darunter befanden sich Werke von Renoir, Léger und Derain.

Simenon betrachtete den Krieg als eine Aufeinanderfolge von Verwirrung, Angst, Verrat und Betrug, und wegen seiner öffentlichen Erfolge in den finsteren Jahren der Besetzung erlebte er die schlimmsten Prüfungen des Krieges zur Zeit der Befreiung. Er wußte sehr gut, was der *libération* folgen würde: die *épuration*, die Säuberung. Das hatte er schon einmal erlebt; es war eine seiner lebhaftesten Kindheitserinnerungen. Am 7. Januar 1943, zwei Monate nach seinem vergeblichen Versuch, in die Vichy-Zone zu entkommen, beendete er *Pedigree*. Die letzten Seiten enthalten eine von Entsetzen geprägte Schilderung früher Szenen der Säuberung in Lüttich 1918:

«Der Krieg war vorbei [...] und plötzlich wie ein Signal das Geräusch eines zerberstenden Schaufensters. Es war eine Schweinemetzgerei, deren Besitzer mit den Deutschen gearbeitet hatte [...] Zehn, zwanzig, fünfzig Metzgereien erleiden das gleiche Schicksal [...] dann in einer dunklen Ecke die Umrisse einer menschlichen Gestalt, die sich gegen ein halbes Dutzend wütender Männer zur Wehr setzt. Roger schaute zu, ohne zu verstehen. Sie waren dabei, einer Frau die Kleider vom Leib zu reißen [...] die Polizei stand dabei, tatenlos.»

Als die Befreiung Frankreichs unmittelbar bevorstand, warb die Continental in ganz Frankreich für ihr letztes Geschäft mit Simenon, während die jetzt immer weiter verbreitete Untergrundzeitschrift *Les Lettres Françaises* heftige Angriffe auf die Continental veröffentlichte, «die Filmgesellschaft, die unter dem Befehl ihres Nazichefs, Monsieur Greven, stand».

Simenons wahre Gefühle angesichts der Ereignisse um ihn herum zeigten sich eines Nachmittags, als er in seinem Gemüsegarten arbeitete und Boule ihm meldete, einige Mitglieder der FFI hätten ihn zu sprechen gewünscht. Die FFI (Forces Françaises de l'Intérieur) waren damals eine wilde, unberechenbare Bande und durchaus fähig, das Gesetz nach eigenem Ermessen anzuwenden. Boule hatte den Männern erzählt, Simenon sei weggegangen, und sie hatten gesagt, sie würden in etwa einer Stunde wiederkommen. Simenon geriet in Panik und versteckte sich sofort hinter der hohen Hecke am Ende des Gartens. Boule brachte ihm einen Proviantsack, den Tigy für eine solche Eventualität bereits vorbereitet hatte. Er enthielt Kleidung, Eßwaren, Morphium und eine Injektionsspritze. Simenon ließ einen Nachbarn benachrichtigen, dem er vertraute, und der Mann kam mit einem Motorrad und brachte ihn auf einen Bauernhof, wo er zwei Nächte in einer Scheune verbrachte. Dann, als die Schlacht näher rückte, stießen Tigy, Marc und Boule zu ihm, und die ganze Familie ging zu einem gut verborgenen Feld, wo sich schon andere Dorfbewohner einschließlich des Dorfarztes versammelt hatten. In dieser kleinen Gemeinschaft von Flüchtlingen, die sich auf offenem Feld versteckt hielten, wo sie sich sicherer als zu Hause fühlten, blieben die vier zwei Tage lang.

Um seine Panik zu erklären, behauptete Simenon viele Jahre später, die Leute, die ihn aufgesucht hatten, seien keine Widerstandskämpfer, sondern Deutsche gewesen. Er erzählte sogar, man habe eine dieser Personen bei ihrer Rückkehr als Frau identifiziert, die einer berüchtigten, unter dem Namen «Mademoiselle Docteur» bekannten Gestapokomplizin stark ähnlich gesehen habe. In seinen *Mémoires intimes* stellte er sich als einen Mann dar, welcher der Résistance Unterschlupf und Proviant gewährt hatte und mit knapper Not einer letzten Razzia der abziehenden Gestapo entkommen war. Doch Tigy und Boule hegten keinen Zweifel daran (als Fenton Bresler sie in einem seiner unschätzbaren Interviews über den Vorfall befragte), daß es sich bei den Besuchern um Leute gehandelt habe, die offenbar zur Résistance gehörten. Als Boule 1991 gefragt wurde, ob die FFI *«mauvais garçons»* gewesen seien, antwortete sie: *«Ils n'étaient pas toujours très intelligents.»* Tatsächlich war es keine Schande, in den Tagen der Befreiung vor den selbsternannten Mitgliedern der FFI zu fliehen. Unter ihnen gab es viele tapfere Männer, die entschlossen waren, für die Ehre Frankreichs zu kämpfen, aber auch viele Glücksritter, Gewaltverbrecher und kommunistische Killer, die nur darauf aus waren, persönliche Rachegelüste zu befriedigen, sich zu bereichern oder Leute aus reiner Mordlust umzubringen. Sie trieben besonders in abgelegenen Gegenden wie der Vendée ihr Unwesen, wo es Wochen dauerte, bis sie militärisch vollständig diszipliniert waren. Daher bleibt die Frage offen, warum Simenon die Geschichte geändert hat. Konnte er sich nicht mehr an die Tatsachen erinnern? Das wäre unwahrscheinlich. Die einzige Antwort ist die, daß er die Geschichte bewußt änderte, um die Aufmerksamkeit von jenen Problemen abzulenken, die sich ergaben, als die FFI ihm im Januar 1945 auf den Fersen waren.

Als die Familie endlich in das Haus zurückkehren konnte, wurde Simenon krank, und die Diagnose lautete auf Rippenfellentzündung. Ursache seiner Krankheit war nicht zuletzt nervöse

Erschöpfung. Früher im selben Jahr erklärte der Arzt, der ihn zu der endgültigen Untersuchung seines Herzens nach Paris begleitete, Simenon habe an dem Morgen, als er den Zug bestieg, so krank gewirkt, daß man ihn in sein Abteil habe schleppen müssen. Einige Stunden später, nachdem man festgestellt hatte, daß seinem Herzen nichts fehlte, fühlte er sich kräftig genug, um eine Nacht mit Cocteau und Pagnol durchzuzechen. Sein ganzes Leben lang neigte Simenon zur Hypochondrie, und im Spätsommer 1944 verbrachte er vier Monate im Bett, weil er angeblich an Schmerzen und Fieber litt, und wurde gepflegt, als wäre er in Todesgefahr. Im November hatte sich sein Zustand soweit gebessert, daß er zur Erholung in den nahen Kurort Les Sables d'Olonne fuhr, wo er sich im Hotel Les Roches Noires einquartierte. Mittlerweile hatte sich der Krieg entfernt, doch in Paris war die *épuration* unter den Intellektuellen in vollem Gang. Da konnte eine Ortsveränderung in das fünfzig Kilometer weiter von Paris entfernte Les Sables d'Olonne nur von Vorteil sein. Nachdem er zwei Kriege, zwei Niederlagen, zwei Besetzungen und zwei Säuberungen durchgemacht hatte, war Simenon zumindest vorläufig ein Fall von «ziviler Schützengrabenneurose».

Tigy kehrte in das Haus in Nieul zurück, das sich nach vier Jahren militärischer Besetzung in einem desolaten Zustand befand. Boule und Marc begleiteten Simenon, und zum erstenmal in ihrem bereits sechzehn Jahre währenden Verhältnis hatten er und Boule ein gemeinsames Schlafzimmer. Tigy war erschöpft von der Mühe, ihren phantasievollen Mann zu pflegen, und erbittert über sein Verhalten im allgemeinen. Doch Boule hielt zu ihm. In einem Haus neben «Les Roches Noires» fand Simenon ein weiteres Opfer der *épuration*, eine allein lebende Frau, vormals Lehrerin, der die «Résistants de Septembre» wie einige FFI-Leute spöttisch genannt wurden, den Kopf kahlgeschoren hatten. «Was sie getan hatte, ging niemanden von uns etwas an», schrieb Simenon damals. «Ihr Haar wuchs wieder, was mit ihren Brüsten, die man ihr statt dessen hatte abschneiden wollen und die sie gerade noch retten konnte, nicht der Fall gewesen wäre. Sie blieb trotzdem ruhig und hegte gegen niemanden

7 Simenon mit Professor Lucien Pautrier, Gynäkologe und Pate (links), und Vlaminck bei der Taufe seines Sohnes Marc in Nieul im Mai 1939.

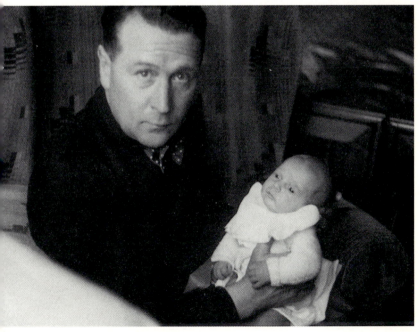

28 «*Le métier d'homme est difficile* – Mensch ist ein schwieriger Beruf»: Simenon mit Marc.

29 In der Überzeugung, er habe nur noch zwei Jahre zu leben, nachdem ein Arzt seinem Herzen ein vernichtendes Zeugnis ausgestellt hatte, schrieb Simenon 1941 einen Memoirenband, *Je me souviens*; damals lebte die Familie im Schloß Terreneuve in Fontenay-le-Comte. Marc war für gewöhnlich der einzige Mensch, der das Arbeitszimmer des Vaters betreten durfte, wenn dieser schrieb.

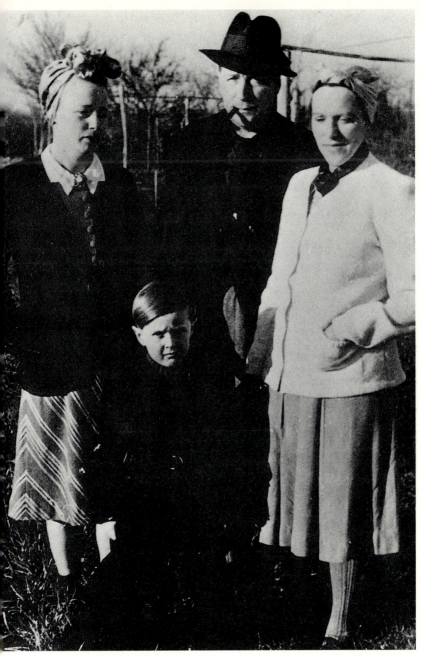

30 Nach der Befreiung entschloß sich Simenon, Frankreich zu verlassen und mit seiner Familie in die Vereinigten Staaten zu gehen; Tigy bestand darauf, daß Boule (links) nicht mitkam.

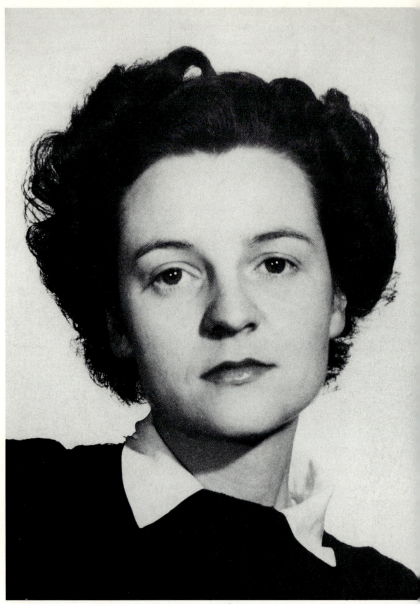

31 In Manhattan hatte Simenon, der eine Sekretärin suchte, im November 1945 ein Bewerbungsgespräch mit der jungen Frankokanadierin Denyse Ouimet; er verliebte sich sofort in sie und stellte sie ein. Später wurde sie, nun «Denise» genannt, seine zweite Frau.

2 1950 zogen Simenon und Denise nach Lakeville in Connecticut, wo sie ein zweihundert Jahre altes Holzhaus kauften, Shadow Rock Farm. In einem Interview für den *New Yorker* bekannte Simenon: «Nachdem ich dreißig Jahre lang herumgereist und herumgereist bin, habe ich mich niedergelassen und schlage Wurzeln.»

3 Simenon mit Fernandel bei seiner triumphalen Europatournee 1952. Eine große Menschenmenge begrüßte ihn auf der Pariser Gare Saint-Lazare wie einen Filmstar.

34 Auf dem Boden seines Arbeitszimmers in Shadow Rock Farm überblickt Simenon im Schneidersitz 1953 einen Teil seiner «Bücherstrecke». Seine neuen Romane erzielten allein in Frankreich Verkaufsauflagen von jeweils über einer halben Million Exemplaren, weltweit wurden von seinen Titeln jährlich drei Millionen Stück abgesetzt.

35 *Rechte Seite:* Im Mai 1955 kehrte Simenon mit seiner Familie nach Europa zurück. Von nun an war sein Glück zunehmend überschattet von Eheschwierigkeiten.

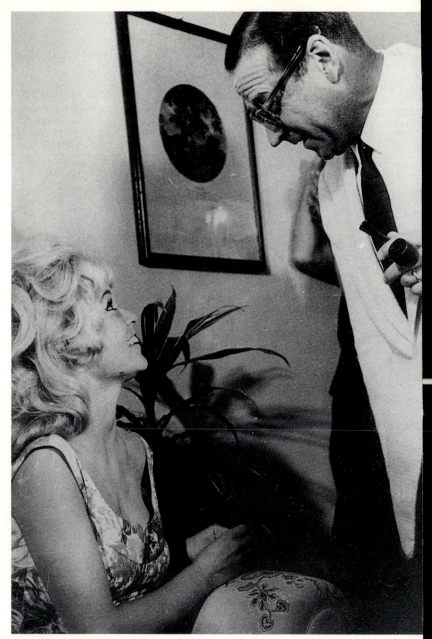

36 Simenon mit Brigitte Bardot bei den Filmfestspielen in Venedig 1958; BB hatte gerade neben Jean Gabin die Hauptrolle in dem Film *En cas de malheur* nach Simenons gleichnamigem Roman gespielt.

37 Simenon und Denise mit ihren drei Kindern Johnny, Pierre und Marie-Jo um 1961, als sie seit vier Jahren in Schloß Echandens nahe Lausanne im schweizerischen Kanton Waadt wohnten.

39 Lüttich, Oktober 1961: Denise Simenon trägt sich in das Gästebuch der neu eröffneten Bibliothèque Georges Simenon ein; zwischen ihr und ihrem Ehemann wartet Mutter Henriette Simenon, bis sie an der Reihe ist.

38 *Linke Seite:* Simenon mit der siebenjährigen Marie-Jo, die ihren Vater glühend verehrte. Mit acht bat sie ihn, ihr einen Ehering zu kaufen; sie trug ihn bis an ihr Lebensende.

40 Simenon 1967 vor seinem herrschaftlichen Anwesen in Epalinges oberhalb von Lausanne, das nach seinen und Denises Plänen entstand; Denise wohnte indes nur vier Monate dort.

41 Das letzte Foto Simenons mit seiner Mutter. In *Lettre à ma mère* schrieb er: «Wir haben uns nie geliebt, solange du lebtest [...] Aber wir haben so getan, als liebten wir uns.»

Folgende Seiten:
42 1978 nahm sich die fünfundzwanzigjährige Marie-Jo in ihrer Pariser Wohnung an den Champs-Elysées das Leben. «Man erholt sich nie vom Verlust einer Tochter, die man geliebt hat», schrieb Simenon in seinem letzten Buch. «Es hinterläßt eine Leere, die nichts auszufüllen vermag.»

43 Georges Simenon, sechsundsiebzig, beim Spaziergang in Lausanne mit Teresa Sburelin, ursprünglich Denise Simenons Dienstmädchen, dann dreiundzwanzig Jahre lang Simenons Geliebte und offizielle Gefährtin.

44 Simenon unter der Zeder im Garten seines Lausanner Hauses, wo seine Asche und die Marie-Jos verstreut wurden.

einen Haß.» Und sie fand sich bereit, Marc Lesen und Schreiben beizubringen.

Am 18. Januar 1945 schrieb Simenon das letzte Kapitel von *Je me souviens*, das er im Juli 1941, als er *Pedigree* begann, beiseite gelegt hatte. In Les Sables d'Olonne schrieb er auch einige der Erzählungen, die später unter dem Titel *Le bateau d'Emile* erschienen, und las wieder Balzac, Zola und Proust sowie das Alte und das Neue Testament. *Je me souviens* endet mit der Schilderung eines Vorfalls, der ihn offensichtlich beeindruckte und der ein interessantes Licht auf seine Gemütsverfassung am Ende der Besatzungszeit wirft. In dem Hotel wohnte eine Frau, die ihren Tisch im Speisesaal neben den Simenons hatte und viel Aufhebens um ihn machte; sie schien darüber begeistert zu sein, im selben Haus wie «ein berühmter Schriftsteller» abgestiegen zu sein. Eines Tages, nachdem sie sich seit einigen Wochen kannten, kamen sie auf die Nachkriegswelt zu sprechen, und Simenon sagte, er hoffe, die Arbeiter und die *«petites gens»* würden es diesmal besser haben als vor dem Krieg. Darauf antwortete die freundliche Frau am Nebentisch ohne Vorwarnung: «Nun, dann hoffe ich, daß der Kommunismus Sie zu den Leuten zurückversetzt, zu denen Sie gehören!» Die plötzliche Boshaftigkeit der Frau verletzte Simenon zutiefst.

Doch ein stärkerer Schock stand ihm noch bevor. Wie Pierre Assouline in seiner *Simenon-Biographie* berichtet hat, wurde der noch immer an Rippenfellentzündung leidende Schöpfer des Kommissars Maigret am 30. Januar 1945 in seinem Hotel in Les Sables d'Olonne von Polizei und FFI wegen des Verdachts der Kollaboration unter Hausarrest gestellt. Die daraufhin angestellten Nachforschungen im Umkreis von Simenons verschiedenen Wohnorten während der Besatzungszeit entkräfteten zwar den Kollaborationsvorwurf, doch konnte Simenon sich erst nach drei Monaten wieder frei bewegen.

Von Les Sables d'Olonne aus nahm Simenon auch wieder Verbindung mit Gide auf. Er hatte von Gide nichts mehr gehört, seit dieser im August 1942 nach Algier geflohen war. Simenon bekam seine dortige Adresse von Gallimard, und im Dezember

1944 erhielt er einen vom 11. Dezember datierten Brief von Gide. «Wie glücklich bin ich, endlich wieder von Ihnen zu hören», schrieb Gide. «[...] ich war sehr besorgt um Sie, weil ich mir vorstellte, daß Sie in einer noch immer nicht befreiten Zone lebten, den Schikanen [‹*brimades*›] der Deutschen ausgesetzt, die häufig so grausam sind.»

Zurückkommend auf das, worin er so jäh unterbrochen worden war, schrieb Gide, Simenon sei der Gefangene seiner frühen Erfolge und leide wie Baudelaire und Chopin unter einem falschen Ruf. Daher habe er, Gide, es sich zum Hauptanliegen seines künftigen Aufsatzes über Simenon gemacht, darzulegen, daß er «viel wichtiger [sei], als man allgemein annehme». Simenons größte Schwäche bestand laut Gide darin, daß fast alle seine Romanfiguren willenlos (*«abouliques»*) seien, Leute, denen es an Willenskraft mangle. Er riet ihm dringend zu zeigen, daß auch Helden, hartnäckige und willensstarke Menschen, sich «treiben lassen» konnten. Da Simenon selbst das Gegenteil von einem willenlosen Menschen war, hatte Gide sich von *Pedigree* besonders viel erhofft; jetzt fand er es jedoch ratsamer, die Veröffentlichung auf später zu verschieben.

In seiner vom 18. Dezember datierten Antwort schrieb Simenon:

> «*Mon cher maître, mon grand ami* [...] Wir haben vielleicht nur zwei, drei oder vier Chancen wahrer Freundschaft im Leben [...] zwei oder drei Chancen einer wirklichen Verbindung mit einem anderen Menschen, und die sollte man mit beiden Händen ergreifen. Welch eine Torheit, ein solches Geschenk der Götter auszuschlagen. Und je tiefer ich in Ihr Werk eindringe, desto weiter möchte ich gehen [...]»

Später gestand Simenon, er sei nie fähig gewesen, Gides Romane zu lesen; so scheint der erste Teil seines Briefes eher höflich als ehrlich zu sein. Doch nach den Schmeicheleien begann er, sich über sein eigenes Werk zu äußern, und da ändert sich der Ton des Briefes.

«Nachdem ich gegen Ende März dieses Jahres den Roman *La fuite de M. Monde* beendet hatte, der in drei Wochen erscheinen wird, hatte ich den Eindruck, und ich habe ihn noch, daß ein Abschnitt meines Lebens beendet war und ein neuer begann [...] Seit sehr langer Zeit hatte ich das Gefühl, daß Sie mir helfen könnten, diese Reifungskrise zu überwinden, die so schmerzhaft war [...] Gott weiß, daß ich Ihren Rat ungeduldiger denn je erwarte.»

In bezug auf seine Arbeit schrieb Simenon, er glaube, daß die ihm durch den Krieg aufgezwungene lange Zeit der Introspektion günstig gewesen sei, und er verspüre jetzt eine große Ungeduld, wieder schreiben zu können. Was *Pedigree* betreffe, so sei er mit Gide einer Meinung und frage sich, ob es nicht ein Fehler gewesen sei, das Buch zu schreiben; er habe nicht die Absicht, es zu veröffentlichen, ohne sich vorher mit Gide darüber zu beraten.* Am Schluß seines Briefes schrieb er, seine Frau und sein Sohn seien mit ihm in Les Sables d'Olonne, und sein Sohn, fünfeinhalb Jahre alt, sei ihm in den trüben Jahren *(«les années mornes»)* ein wahrer Gefährte gewesen. Er unterschrieb den Brief mit *«Votre Simenon»*.

In einem anderen, ebenfalls im Dezember geschriebenen Brief, der indes an François Mauriac gerichtet war, gab Gide sich offener als Simenon gegenüber, dem er nur geschrieben hatte, er hoffe, im Frühjahr nach Paris zurückzukehren. An Mauriac schrieb er: «Es wird mir nicht sehr weh tun, mein Exil bis zum Frühjahr zu verlängern [...] und abzuwarten, bis die moralische und physische Temperatur ein bißchen milder geworden ist.» Gide war in einer ungewöhnlichen Lage. Aus Nizza und dann aus Tunesien als linksgerichteter Homosexueller und Antikollaborateur vertrieben, zögerte er jetzt mit seiner Rückkehr, da er

---

* Tatsächlich veröffentlichte Simenon *Pedigree* drei Jahre später, ohne Gides Meinung eingeholt zu haben, und in der Folge erklärte er das verzögerte Erscheinen des Buches mit dem Hinweis, er habe lange Zeit gewünscht, die Gefühle seiner Mutter zu schonen. Sofern das wirklich der Fall war, wählte er einen seltsamen Zeitpunkt für die Veröffentlichung, denn *Pedigree* erschien kurz nach dem Tod seines Bruders Christian.

befürchtete, als Defätist, Antikommunist und Pétainist gebrandmarkt zu werden. Im Chaos der Befreiung war die Kommunistische Partei Frankreichs äußerst mächtig und ausgezeichnet organisiert. Das Wort *«épuration»* kam jedem Kommunisten leicht über die Lippen. Der militante kommunistische Intellektuelle Louis Aragon, ein einflußreiches Parteimitglied, hatte es schon vor dem Krieg auf Gide abgesehen gehabt, nachdem dieser *Retour de l'URSS* veröffentlicht hatte, eine Verurteilung des Stalinismus. Jetzt stellte Aragon feindselige Fragen über Gides Beiträge für Drieu La Rochelles *NRF* und *Le Figaro*, der während des Krieges eine kollaborationistische Linie verfolgte.

Andere Freunde und Bekannte Simenons hatten noch schlimmeren Ärger. Pierre Benoit und Vlaminck versteckten sich vor der Résistance. Benoit wurde schließlich in Dax verhaftet. Doch während er noch im Gefängnis saß und auf seinen Prozeß wartete, gelang es Louis Aragon, seine Freilassung zu erwirken und ihn von der schwarzen Liste streichen zu lassen, offensichtlich im Austausch gegen die Abdrucksrechte von Benoits Erfolgsroman *Atlantide* für die kommunistische Zeitung *Ce Soir*. Ein weiterer Freund, der Schauspieler Michel Simon, geriet in eine lächerliche Lage: Einerseits war er auf der schwarzen Liste (weil er im faschistischen Italien in *Tosca* gespielt hatte) und auf der Flucht, andererseits bedrängte ihn ein Regisseur, die Rolle eines Résistancehelden in einem neuen Film zu übernehmen. Simon erklärte sich dazu bereit, jedoch unter der Bedingung, daß er seine «Verkleidung» beibehalten könne, einen dichten Bart und eine Struwwelpeterfrisur. Den Bart trug er noch, als er 1946 den Monsieur Hire in dem Film *Panique* spielte. Vlaminck blieb auf der schwarzen Liste. Sein schwerstes Vergehen war es gewesen, die Einladung zu der Tournee einer offiziellen Delegation französischer Künstler durch das nationalsozialistische Deutschland anzunehmen. In späteren Jahren behauptete Simenon, Pierre Benoit und er seien erst nach dem Krieg gute Freunde geworden, auch wenn sie sich «ein- oder zweimal auf der Terrasse bei Fouquet's begegnet waren». Die Jury des *Prix de la Nouvelle France* erwähnte er nicht. Pierre Fresnay, der Star des Films *Le corbeau*, der auch den erzählenden Text in *Les inconnus dans la maison* gesprochen hatte, wurde verhaftet und saß sechs Wochen im Gefängnis. *Les inconnus dans la maison* wurde im März 1944 in *Les Lettres Françaises* scharf angegriffen, weil der Film in Deutschland von der Continental unter dem Titel *Frankreichs Jugend* vertrieben und so die ganze Jugend Frankreichs als Gangsterbande hingestellt worden war.

Im Mai 1945, zehn Monate nachdem er sich ins Bett geflüchtet hatte, wurde Simenon schließlich von der Polizei in Les Sables d'Olonne auf freien Fuß gesetzt und erhielt die Erlaubnis, nach Paris zu gehen. Doch er hatte beschlossen, Frankreich so bald wie möglich zu verlassen. Nachdem er Marc und Boule zu Tigy nach Nieul geschickt hatte, reiste er nach Paris in Begleitung einer attraktiven jungen Sekretärin, die er in der Folge «Odette» nannte, da ihm ihr richtiger Name entfallen war. Die *épuration* wütete nun schon seit fast einem Jahr, und Simenon stand weder auf der schwarzen Liste des Comité National des Ecrivains, noch war er in *L'Ecran Français* oder *Les Lettres Françaises* denunziert worden*. Nichtsdestoweniger war Simenon entschlossen, das

---

* Laut dem verstorbenen Maurice Richardson, wie er in *The Mystery of Georges Simenon* von Fenton Bresler zitiert wird, erzählte Louis Aragon «in ganz Paris», daß «der Schöpfer Maigrets ein führender Kollaborateur gewesen» sei. Richardson war ein vortrefflicher Journalist und eine prächtige Klatschbase, und dank des Zitats in Breslers Buch fand diese Bemerkung in Frankreich und Belgien weite Verbreitung; es wäre indes voreilig anzunehmen, Simenon sei allein auf eine Anekdote von Richardson hin der Kollaboration bezichtigt worden. Die Lektüre von *L'Ecran Français*, *Les Lettres Françaises* und *Ce Soir*, die Aragon vorbehaltlos für seine Denunziationen zur Verfügung standen, zeigt keine Spur des Namens Simenon auf irgendeiner Liste verdächtigter Kollaborateure oder in den Hunderten von Berichten über dieses Thema. Allerdings hat Assouline in *Bir Hakheim*, einem vor der Befreiung im Untergrund kursierenden Nachrichtenblatt der Résistance, Simenons Namen auf einer schwarzen Liste gefunden und festgestellt, daß das CNE 1949 in seiner abschließenden Anhörung vorschlug, Simenons Bücher sollten zwei Jahre lang nicht verkauft werden dürfen, weil der Autor während des Krieges mit Continental zusammengearbeitet hatte. Der Vorschlag wurde nie veröffentlicht und aufgrund der Einwände von Simenons Rechtsanwalt Garçon zurückgezogen.

Land zu verlassen. Selbst wenn Aragon desavouiert werden könnte, bestand die Möglichkeit eines kommunistischen Wahlsiegs. Für Bernard de Fallois gibt es keinen Zweifel daran, daß Simenon Frankreich 1945 verließ, weil er «Angst hatte, die Russen würden kommen». Während er auf die Abreise wartete, fand Simenon Paris so einladend, wie es in den Jahren der Besetzung gewesen war; nur die Uniformen hatten sich geändert. Die Schwarzmarktprobleme waren die gleichen, und die Namen der «guten» Restaurants, die sich nach Kräften bemühten, die Rationierungsvorschriften zu umgehen, gingen von Mund zu Mund. Es gab Schwierigkeiten, ein Hotelzimmer zu bekommen, doch Simenon mit seinem gewohnten Glück (oder, besser gesagt, mit seiner gewohnten Energie) fand eins im «Claridge» auf den Champs-Elysées.

Im Sommer 1945 war die Hauptsorge in Paris nicht mehr die Jagd auf Kollaborateure, sondern die Rückkehr der Deportierten aus den Gefängnissen und Konzentrationslagern. Jeden Tag trafen Tausende ein, und viele von ihnen gehörten zur Legion der lebenden Toten. Von April bis August hatte die Regierung durchschnittlich fünfzigtausend Heimkehrer in der Woche willkommen zu heißen. Unter ihnen war Odettes Vater, der aus der Kriegsgefangenschaft zurückkehrte. Odette begleitete ihren Vater nach Hause, doch ohne Simenon zu stören, der sich am selben Tag mit einer seiner ehemaligen «Pfadfinderinnen» traf, die ihm 1940 bei der Betreuung der belgischen Flüchtlinge geholfen hatte und die er jetzt weniger görenhaft *(«moins gamine»)* fand. Sie füllte den frei gewordenen Platz der Sekretärin aus und zog in sein Zimmer im «Claridge». Marc und Boule kamen aus Nieul, und Simenon brachte sie in der alten Wohnung an der Place des Vosges unter, wo er bis zur Ankunft Tigys mit Boule das Doppelbett teilte. Danach kehrte er ins «Claridge» zurück, wo seine «Pfadfinderin» ihn erwartete. Sie verbrachte ihre Tage beim Schlangestehen vor dem britischen Konsulat, um ein englisches Visum zu beantragen. Im Sommer 1945 verkehrten alle Überseeschiffe über Liverpool oder Southampton, da die französischen Häfen von deutschen Saboteuren oder alliierten Bombern zerstört worden waren. Nachdem man sich erst einmal das englische Visum verschafft hatte, mußte man sich das viel schwerer bewilligte US-Visum besorgen. Da Belgien erst am 8. Mai den Waffenstillstand mit Deutschland geschlossen hatte, war es für Belgier äußerst schwierig, die Einreisebewilligung für die Vereinigten Staaten zu bekommen, doch Simenon fand einen Weg, das Problem zu umgehen, als er hörte, daß ein ehemaliger Redakteur des *Journal*, den er vor dem Krieg gut gekannt hatte, nun eine einflußreiche Persönlichkeit im Informationsministerium war. Simenon rief ihn in seinem Büro an der Avenue Friedland an, und sein Freund schlug als Lösung vor, ihn im Regierungsauftrag zu entsenden, der darin bestehen würde, mit kanadischen und US-amerikanischen Verlegern Fühlung aufzunehmen.

Eines Tages, als Simenon gerade Tigy und Marc in der Wohnung an der Place des Vosges besuchte, überbrachte man ihm die Nachricht, jemand wünsche ihn draußen im Park zu sprechen. Er ging hinaus und sah seinen Bruder Christian auf einer Bank sitzen; er weigerte sich, ins Haus zu kommen, weil es zu gefährlich sei. Simenon hatte seinen Bruder zuletzt 1940 gesehen, als dieser nach Ausbruch des Krieges aus Matadi zurückkehrte und sein Schiff einen kurzen Halt in La Rochelle machte. Damals hatte Christian die Verantwortung für eine Ladung Gold der belgischen Regierung; er behauptete später, er habe das Gold in Brüssel abgeliefert, was an sich wenig Sinn hatte, da Belgien kurz davor gefallen war. Gleichzeitig wurde französisches Gold aus Bordeaux nach London verschifft, um dort verwahrt zu werden. Tatsächlich war nie ganz geklärt worden, ob Christian wirklich das Kongo-Gold übergeben hatte. Während der Besetzung hatte er sich der belgischen faschistischen Bewegung «Rex» angeschlossen und über einen eigenen Wagen verfügt, während seine rexistischen Gesinnungsgenossen mit Maschinengewehren gegen die Widerstandsgruppen vorgingen; jetzt war er auf der Flucht und fürchtete um sein Leben. Es war ihm gelungen, nach Frankreich zu entkommen, und nun bat er Georges um Hilfe. Georges schlug ihm schließlich vor, sich unter einem falschen Namen bei der französischen Fremdenlegion zu melden. Die Legion war bereit, gesuchte Kollaborateure aufzunehmen, ohne Fragen zu stellen (und rekrutierte sogar ehemalige SS-Mitglieder), so daß Christian dort nichts zu befürchten hatte. In späteren Jahren erzählte Simenon, es sei André Gide gewesen, der die Fremdenlegion vorgeschlagen habe, doch zu der Zeit, als er das behauptete, war Gide bereits tot, so daß es sich nicht bestätigen läßt, ob die Idee wirklich von Gide stammte.

Nachdem er Christian heil aus Paris gelotst und ihm genug Geld gegeben hatte, damit er sich bis zu seiner Rekrutierung durchschlagen konnte, hielt Simenon es nicht für nötig, das Nächstliegende zu tun und nach Lüttich zu reisen, um seine Mutter zu besuchen. Obgleich er Henriette seit April 1939, als Marc geboren wurde, nicht mehr gesehen und ihr auch nie dafür gedankt hatte, daß sie ihm 1942 die dringend benötigten Geburtsurkunden geschickt hatte, war er bereit, auf unbestimmte Zeit in die Vereinigten Staaten zu reisen, ohne sich von ihr zu verabschieden. Vielleicht war der Bruch zwischen ihnen tiefer, als er es wahrhaben wollte; wahrscheinlicher ist jedoch, daß er einfach Angst hatte, sein Erscheinen in Lüttich könne das Interesse an Christians und seinen eigenen Unternehmungen während des Krieges neu beleben.

Eines Morgens, als er mit seiner «Pfadfinderin» im «Claridge» im Bett lag, klingelte das Telefon. Es war André Gide. Nach dem darauffolgenden Treffen bat Simenon brieflich um Entschuldigung dafür, daß er nur von sich geredet habe. Er lud Gide zu einem Abendessen in «einem guten Restaurant» ein und versicherte ihn seiner «quasikindlichen Ergebenheit». Ihre Beziehung, zumindest soweit es aus ihrer Korrespondenz ersichtlich ist, blieb stets die von Meister und Schüler – Gide freundlich und neugierig, bestrebt, Simenon auf den Pfaden literarischer Rechtschaffenheit zu geleiten. Simenon geschmeichelt, eingeschüchtert («Ich bin immer so nervös, weil ich zuinnerst nicht davon überzeugt bin, Ihre kostbare Freundschaft zu verdienen») und schließlich ablehnend. Sie verbrachten zusammen zwei Tage im Haus von Gides Schwägerin in der Normandie, und im Juli stellte Gide Simenon einem anderen Bewunderer vor, Raymond Mortimer, *«un garçon charmant»*, der beim britischen Botschafter Duff Cooper wohnte. In dem Brief mit der Einladung, Mortimer kennenzulernen, geschrieben am Bastille-Tag 1945, stellte Gide seinen berühmten Vergleich zwischen Simenon und Camus an, indem er behauptete, *La veuve Couderc* (geschrieben im April 1940) zeige eine «bemerkenswerte Analogie zu *L'etranger* [veröffentlicht 1942], von dem alle reden, nur geht es [Simenons Buch] viel weiter, ohne den Anschein zu erwecken, was, wie wir wissen, die höchste Kunst ist».

Der Abend mit Raymond Mortimer wurde als großer Erfolg verbucht. «Nach einem köstlichen Mahl in einem Schwarzmarktrestaurant (für das Simenon bezahlte) ging Gide nach Hause, und Simenon führte mich auf einen Jahrmarkt in Montmartre mit Karussells und Schießständen [...]», schrieb Mortimer später. Gide, der während dieser ganzen Zeit gierig alle bisher ungelesenen Simenons verschlang, wollte Simenon nun einem seiner ältesten Freunde vorstellen, dem Romancier, Académie-française-Mitglied und Nobelpreisträger Roger Martin du Gard. Auch diese Begegnung fand statt, denn Martin du Gard schrieb Simenon am 9. August einen Brief, in dem er ihm für das Diner im Restaurant dankte, ihm eine angenehme Reise wünschte und ihn einen *«fastueux vagabond»* nannte. Simenon war noch in Paris, als dort die Parade aus Anlaß des Sieges über Japan stattfand, also nach der Bombardierung von Hiroshima und Nagasaki und der japanischen Kapitulation vom 15. August. Er und Marc sahen die Parade vom Balkon seines Zimmers im «Claridge» aus, von wo man die Champs-Elysées überblickte. Simenon, der Krieg als Abscheulichkeit und Sieg als Schwindel betrachtete, muß sich die Feierlichkeiten mit besonderem Ekel angeschaut haben. Für ihn war Frankreich ein Land, das wie Belgien und Deutschland gerade einen Krieg verloren hatte, aber anders als Belgien und Deutschland so tat, als habe es ihn gewonnen. Frankreich hatte bei der Vernichtung japanischer Städte durch Atomwaffen überhaupt keine Rolle gespielt, und der Beschluß der Franzosen, den Einsatz der schrecklichsten jemals erfundenen Waffe als einen weiteren Sieg zu feiern, obgleich Frankreich diese Waffe nie benutzt hatte, vertiefte seinen Widerwillen gegen General de

Gaulle, den er fortan als *«cocorico»* bezeichnete. In *Quand j'étais vieux* schrieb er von de Gaulles «Verachtung [...] seiner Geringschätzung der Meinung anderer».

Doch im August 1945 hatte das alles wenig Bedeutung. Die US-amerikanischen Visa waren erteilt, und die Abreise stand bevor. Simenon verließ Frankreich, den Einfluß Gides und sogar seinen Verleger Gallimard. Er machte reinen Tisch und begann ein neues Leben. Sein letzter bekannter Beitrag zur Korrespondenz mit Gide wurde Ende Juli geschrieben und endete mit den Worten: «Ich habe den Eindruck, Sie allmählich besser zu kennen, und ich bin Ihnen noch mehr zugetan, obgleich ich immer noch zutiefst ‹beeindruckt› bin.» Zweifellos waren Simenons Zuneigung und Bewunderung für Gide durchaus ehrlich, gleichzeitig aber scheint er seine Beziehung zu ihm unausgeglichen gefunden zu haben und als Einladung in eine Welt, von der er – trotz seiner 1937 geäußerten Zuversicht, eines Tages den Nobelpreis zu erhalten – sehr wohl wußte, daß er ihr nie angehören würde.

Kurz vor seiner Abreise traf Simenon die notwendigen Maßnahmen, um den Verleger zu wechseln. Er verübelte es Gallimard immer mehr, daß dieser seine Arbeit nicht ernst genug nahm und ihn als bloßen Autor von Trivialliteratur behandelte. Während seines Erholungsaufenthalts in Les Sables d'Olonne hatte er von einem unbekannten dänischen Verleger, Sven Nielsen, die Fahnenabzüge eines Romans von einem unbekannten norwegischen Schriftsteller erhalten. Es handelte sich um *Traqué* von Arthur Omre, ein Buch, für das er sich ausnahmsweise bereit erklärte, ein Vorwort zu schreiben. Als Simenon nach Paris kam, lernte er Nielsen kennen, und sie wurden gute Freunde. Entgegen allen Ratschlägen, die man ihm erteilt hatte, gab Simenon Nielsen das Manuskript der früheren, den Tatsachen entsprechenden Fassung von *Pedigree*. Nielsen veröffentlichte es am 24. Dezember 1945 unter dem Titel *Je me souviens* in seinem noch in den Kinderschuhen steckenden Verlag Les Presses de la Cité, der heute, nach mehrmaligem Besitzerwechsel, der größte Verlagskonzern in Frankreich ist. Es steht außer Zweifel, daß Simenon dem Haus zur Grundlage seines Erfolgs verholfen hat; von 1947 an gab er Nielsen alle seine Bücher, vier ausgenommen. Gallimard schickte er nur noch einen Roman*. Sein Weggang traf den Verlag zu einem schlechten Zeitpunkt. Bis 1949 wurde Gallimard seine Tätigkeit während der Besetzung nachgetragen. Der Beschluß, von Gallimard zu einem unbekannten, rein kommerziellen Verleger überzuwechseln, schadete Simenons literarischem Ruf in Frankreich sehr. Das Schweigen in der großen Kathedrale des französischen Verlagswesens ist nicht minder beredt als alle Predigten und kann verheerender sein als die böseste Kritik aus weniger einflußreichen Richtungen. Für Simenon gab es von nun an kaum noch eine Chance, den Nobelpreis zu erhalten. Gide veröffentlichte nie seinen so viel diskutierten Aufsatz über die «Bedeutung» Simenons; das Manuskript war bei seinem Tod unvollendet, und es scheint erwiesen, daß auch er von der Weigerung seines Protegés, dem Rat seines Gönners zu folgen, enttäuscht war, als dieser beschloß, zuerst *Je me souviens* und erst dann *Pedigree* zu veröffentlichen.

Bevor Simenon Frankreich verließ, sah er auch Pierre Lazareff wieder, seinen journalistischen Gönner von vor dem Krieg, der die Kriegsjahre als Inhaber einer Agentur für französische Schauspieler in Hollywood verbracht hatte. Lazareff, zuvor bei *France-Soir*, war dort inzwischen ausgeschieden und hatte eine neue Zeitung gegründet, die in keiner Weise der Kollaboration verdächtigt werden konnte und *Libération* hieß. Simenon erklärte sich bereit, eine Kurzgeschichte für Lazareff zu schreiben, und fuhr für die wenigen Tage, die er dafür brauchte, in das Dorf Saint-Fargeau-sur-Seine, oberhalb von Paris. Es sollten die letzten Tage seines Lebens an den Ufern dieses Flusses sein, der einen so großen Teil seines Werks inspiriert hatte. Etwas früher hatte er im Hotel Cambrai in der Rue de Turenne *La pipe de Maigret* und die Titelgeschichte zu *Le bateau d'Emile* geschrieben. Vor der

---

* Pierre Assouline hat ermittelt, daß Simenon Gallimard auch vorwarf, nicht genug für den Verkauf seiner Bücher zu tun – offenbar zu Recht, denn nach dem Verlagswechsel stieg der durchschnittliche Absatz von Simenon-Titeln um 350 Prozent.

Abreise nach London gab es nur noch eine Formalität zu erledigen, nämlich die Buchung der Schiffsplätze für die Überfahrt, und da erfuhr Simenon zu seiner Überraschung von Tigy, daß er nur drei Plätze benötigte, da Boule nicht mitkommen würde.

Die Entscheidung, Boule 1945 nicht mit nach Amerika zu nehmen, war das Ergebnis einer der wenigen Eheschlachten, die Simenon ausfocht und verlor. Er verlor sie deshalb, weil Tigy nicht mehr darauf angewiesen war, die Initiative zu ergreifen, um Boule loszuwerden. Sie brauchte sich nur zu weigern, nach Amerika zu gehen. So erklärte sie Simenon, sie würde mit Marc in Frankreich bleiben, falls er Boule mitnähme. Es war nicht mehr ein «sie oder ich», sondern ein «sie oder wir». Kein französisches Gericht hätte Marc gegen den Willen seiner Mutter in die Obhut Simenons gegeben, und unter den 1945 herrschenden Umständen kam es für Simenon nicht in Frage, die Dinge mit Tigy zu weit zu treiben. So mußte er mit dem größten Widerstreben einwilligen, Boule, die er als vollwertiges Mitglied der Familie betrachtete, zurückzulassen. Es gibt ein trauriges Foto der Familie Simenon, das um diese Zeit aufgenommen wurde. Es ist das einzige Foto, auf dem Boule und Marc zusammen sind; es sieht wie ein Abschiedsfoto aus, und die traurigsten Gesichter darauf sind die von Boule und Marc. Sein Unvermögen, Boules Stellung bei dieser Gelegenheit zu verteidigen, hatte einen wichtigen Einfluß auf Simenons spätere Haltung gegenüber Tigy. Sein Fehler war es gewesen, Tigys tiefen Groll angesichts seines Verhältnisses mit Boule zu unterschätzen. Als er im Frühjahr 1945 schrieb, Tigy und Boule kämen «sehr gut miteinander aus», war er einer Selbsttäuschung erlegen.

Die Simenons flogen von Le Bourget zum Londoner Flughafen Croydon. Sie fanden eine Metropole vor, die zwar nie besetzt worden war, jedoch unter dem Krieg viel mehr als Paris gelitten hatte. Für Simenon war London die Hauptstadt der Befreier, «der Engländer, der Amerikaner, der Kanadier und auch einiger französischer Regimenter», und er schrieb, einige Leute in Frankreich würden es diesen Ausländern nie verzeihen, daß sie die

Franzosen in die Lage versetzt hatten, ihnen ihre Freiheit zu verdanken. London hatte für Tigy und Simenon stets das Hotel Savoy bedeutet, das sie geöffnet und unbeschädigt wiederfanden. Auf der Bank erwarteten Simenon englische Honorare – also zogen sie mit ihren dreißig Gepäckstücken ins «Savoy». Er schickte einen Artikel über das Leben im Nachkriegs-London an *France-Soir*; das war seine Art, all den Freunden, die er vor seiner Abreise nicht aufgesucht hatte, Lebewohl zu sagen. Er ging bei George Routledge & Sohn vorbei, um sein Honorarguthaben zu prüfen, und dann eröffnete er ein kanadisches Bankkonto, da er und Tigy beschlossen hatten, ihr nordamerikanisches Abenteuer im französischsprachigen Quebec zu beginnen, wo sie Englisch zu lernen gedachten. Marc wurde in London mit wiederholten Fahrten auf den Vergnügungsdampfern unterhalten, die zwischen Westminster Pier und Tower Bridge verkehrten und an den Landungsbrücken der Überseeschiffe im Upper Pool vorbeikamen. Er freundete sich auch mit den Portiers vor dem «Savoy» an und lernte, wie man nach einem Taxi pfeift. Simenon und Tigy hatten getrennte Zimmer, und abends durchforschte Simenon allein diese neue und seltsame Stadt auf der Suche nach Abenteuern. «Ich entdeckte», so schrieb er später, «daß die Engländerinnen gar nicht die kalten, langweiligen Geschöpfe sind, wie die Legende sie darstellt.»

Sie mußten einen Monat warten, bis sie sich einschiffen konnten. Der erste Schritt bestand darin, sich bei dem Komitee einzutragen, das die Kabinen für alle Atlantiküberfahrten verteilte. Die Nachfrage war so stark, daß der Schiffsverkehr reglementiert wurde. Die verfügbaren Kabinen wurden in eine Sammelliste eingetragen und kurzfristig in der Reihenfolge der Anmeldung zugeteilt. Es war die Glanzzeit der Bürokratie in einem London, wo man jede Bitte um Auskunft, von Klagen ganz zu schweigen, mit der spöttischen Antwort abtat: «Wissen Sie nicht, daß wir einen *Krieg* gehabt haben?» Nachdem die Simenons eingetragen waren, wies man sie an, in ihrem Hotel zu warten, da die Anweisungen zum Besteigen des Schiffszugs nach Liverpool oder Southampton jederzeit und eine Stunde vor Abfahrt eintreffen konnten. Die Schiffskarten konnten jedoch erst erworben werden, nachdem die Anweisung für die Bahnfahrt erteilt worden war. Als diese Anweisung schließlich an einem Septembertag eintraf und Simenon in aller Eile die Schiffskarten kaufen wollte, fand er eine lange Menschenschlange vor dem einzigen Ausgabeschalter. Endlich war er an der Reihe; es blieben ihm nur noch ein paar Minuten Zeit. Da kam gerade der Teewagen an. «Ich zeigte dem Beamten meine Papiere. Er schaute weg. Während ich vor Wut kochte, trank er seinen Tee in gierigen kleinen Schlucken und knabberte an seinem Kuchen.»

Zu guter Letzt wurden sie auf einen kleinen schwedischen Frachter mit zwölf Passagierplätzen eingewiesen. Da er keine Fracht geladen hatte, bot er ihnen eine rauhe Fahrt durch die Äquinoktialstürme. Tigy und Marc teilten sich eine Kabine. Simenon wurde zusammen mit einem *«monsieur inconnu»* untergebracht. Während der Reise befreundete er sich mit dem einzigen offenkundig Kriminellen an Bord, einem Franzosen, der zwei Liter «Rosenessenz» in die Vereinigten Staaten schmuggelte, die ihm als Grundlage seines künftigen Vermögens dienen sollten, und dessen Mätresse ihre Diamanten in einem schlichten Lederarmband verbarg. Und so schlingerten sie über den Atlantik, der Parfümschmuggler und der falsche Regierungsbeauftragte, zwei der allerersten Europäer, die das Vergnügen genossen, auf einem Überseedampfer zu reisen, ein Privileg, das sie persönlichen Beziehungen und bürokratischer Unfähigkeit verdankten. In New York wurden die Simenons von «Oberst» Justin O'Brian begrüßt, den Simenon einige Monate zuvor in Paris kennengelernt hatte und der wieder englische Literatur an der Columbia University in New York lehrte. Um sie so rasch wie möglich durch den Zoll zu schleusen, war O'Brian in voller Uniform erschienen. Nachdem sie dem Parfümschmuggler zum Abschied zugewinkt hatten, stiegen der falsche Regierungsbeauftragte und der falsche Oberst in ein gelbes Taxi und fuhren zum Hotel. Wenigstens die Wolkenkratzer waren echt.

DRITTER TEIL

Eine Krankheit und ein Fluch

«Ich möchte das Folgende all jenen widmen, die Romane zu ihrem Vergnügen schreiben oder aus Eitelkeit oder in der Hoffnung auf ein leichtes Leben, jenen, die uns einladen, ihre Gedanken und ihre kleinen Abenteuer zu teilen, und auch jenen, die sich einbilden, der Beruf des Romanschriftstellers sei ein Beruf wie jeder andere [...] Ich möchte ihnen zeigen, daß er vielmehr eine Berufung ist, ein Verzicht, ja eine Krankheit und ein Fluch.»

Simenon in der Widmung des unveröffentlichten Textes eines Rundfunkvortrags
über Balzac (1960)

Die Falle schnappt zu

«Sie war die komplizierteste Frau, der
ich je begegnet bin.»
Georges Simenon über Denyse (1980)

«C'était un homme merveilleux, mais
combien difficile!»
Denyse Simenon über Georges (1991)

Simenon und Tigy kamen am 5. Oktober 1945 in New York an. Innerhalb weniger Wochen lernte Simenon Denyse Ouimet kennen, eine fünfundzwanzigjährige Frankokanadierin, mit der er noch am selben Tag ein Verhältnis anfing und die seine zweite Frau werden sollte.

Beobachtet man die zunehmende Anziehungskraft, die Denyse auf Simenon ausübte, so glaubt man einen Mann zu sehen, der vor einem Abgrund steht und sich langsam vorbeugt, bis er das Gleichgewicht verliert und in die Tiefe stürzt. Mit neunzehn Jahren hatte er sein Elternhaus und sein Land verlassen und war nach Paris gegangen; jetzt, mit zweiundvierzig, verließ er seine Wahlheimat, den Haushalt, den er mit Tigy und Boule in Nieul gegründet hatte, und suchte ein neues Leben in einem Land, in dem er verhältnismäßig wenig bekannt war. Seine Ehe bestand nur noch auf dem Papier, er hatte den renommiertesten Verlag Frankreichs zugunsten eines Neulings verlassen, der sich erst noch bewähren mußte, und offenbar seine Bemühungen um literarisches Ansehen aufgegeben. Er war desorientiert und verspürte in sich «eine unermeßliche Leere». Und er hatte in den letzten zwei Jahren nur zwei Romane und einen «Maigret» geschrieben.

Simenon verbrachte etwa zehn Tage in New York, besuchte seinen Verlag Harcourt Brace und ließ sich von der stattlichen französischen Kolonie feiern. Es fiel ihm auf, daß alle Franzosen, mit denen er umging, in französischen Restaurants aßen und daß diese expatriierten Berühmtheiten, die den ganzen Krieg in den Vereinigten Staaten verbracht hatten, keinerlei Neigung zeigten, sich dem *American way of life* anzupassen. Nach einer Weile begann er ihre Gesellschaft zu meiden und zu versuchen, sich in Restaurants nicht anmerken zu lassen, daß er französisch sprach. Eines Tages dann nahmen Simenon, Tigy und Marc den Pullmanzug nach Montreal, wo der jetzt sechsjährige Marc zum erstenmal mit einer Fotozelle in Berührung kam, als die Glastüren des Bahnhofs sich automatisch öffneten. Es war Oktober, und überall lag schon Schnee. Simenon prüfte an einem einzigen Nachmittag hundertachtzig Kandidatinnen für den Posten einer zweisprachigen Sekretärin, im Durchschnitt alle neunzig Sekunden eine Kandidatin, wenn man seinen Angaben glauben darf, stellte jedoch keine von ihnen ein. In Sainte-Marguerite-du-Lac-Masson, etwa dreißig Kilometer nördlich von Montreal, mieteten die Simenons zwei Bungalows am Ufer eines zugefrorenen Sees. Der eine sollte als Wohnung, der andere als Arbeitsraum für Simenon und als Unterkunft für die zukünftige Sekretärin dienen.

Simenons Plan, *«mon fameux plan»*, bestand darin, in Sainte-Marguerite zu arbeiten, nachdem er sich dort eingerichtet hatte, und, falls er ein bißchen Zerstreuung brauchte, den Zug nach New York zu nehmen. Diese Reisen wollte er allein unternehmen. Mit Tigy glaubte er jetzt in wirklicher Freundschaft zu leben, da er nicht mehr gezwungen war, sie anzulügen. Sie schien ihm mit wahrem Vergnügen zuzuhören, wenn er ihr von seinen Abenteuern erzählte, führte ihr eigenes Leben und hatte wieder zu malen begonnen, sowie sie in ihren Bungalow in Sainte-Marguerite gezogen war. Marc, der schon immer Tiere und die Natur geliebt hatte, war entzückt über die Bären und die verschneiten Felder in der Nachbarschaft.

Fast unmittelbar nach seiner Ankunft in Montreal machte sich Simenon mit seiner gewohnten Energie an die Arbeit und unterzog zuerst seine Verlagsverträge einer gründlichen Revision. Die französischsprachigen Rechte für Quebec waren vor dem Krieg außerhalb des Gallimardschen Verlagsvertrags ausgehandelt worden, und Simenon war alles andere als zufrieden mit den Bedingungen. Einer der Verleger in Montreal, der erfahren hatte, daß Simenon eine Sekretärin suchte, sagte, er habe genau die richtige Person für ihn. Sie sei Frankokanadierin, erfahren und beherrsche beide Sprachen vollkommen; sie arbeite in Philadelphia, habe jedoch die Absicht, nach Kanada zurückzukehren. Ein Treffen wurde vereinbart.

Die Schilderungen seiner ersten Begegnung mit Denyse Ouimet, wie Simenon sie in *Mémoires intimes*, *Trois chambres à Manhattan* und *Lettre à mon juge* gibt, unterscheiden sich kaum voneinander, ganz gleich, ob sie mit Liebe, wie in den beiden Romanen, oder mit Haß, wie in den Memoiren, geschrieben sind. Die Frau, in die er sich so leidenschaftlich verliebte, war allem Anschein nach eine Gewohnheitslügnerin, flirtsüchtig, schelmisch, provozierend, nicht unbedingt attraktiv, von glühender sexueller Begierde, eine *femme légère*, die ausgiebige und herbe Erfahrungen mit Männern gemacht hatte, ein verwöhntes Kind und eine Frau, die zu manipulieren verstand. Die genauen Umstände ihrer Begegnung wurden von beiden als entscheidend für ihre Beziehung betrachtet. Simenon lud Denyse anläßlich ihres nächsten Besuchs in Manhattan zum Mittagessen in einem teuren Restaurant ein, dem «Brussels». An dem fraglichen Tag hörte er, daß Moïse Kisling, sein alter Malerfreund aus Montparnassetagen, krank sei, jedoch wohlauf genug, um Besucher zu empfangen, und er traf ihn dann auch so munter und in so guter Stimmung an, daß er mit einer halben Stunde Verspätung zu seiner Verabredung im Restaurant kam.

Denyse war wütend. Sie hatte bereits eine gute Stelle in Montreal in Aussicht, die ihr die Chance bot, eines Tages in die Chefetage aufzurücken, und sie hatte nur deshalb eingewilligt, sich mit Simenon zu treffen, dessen Name ihr nichts sagte, weil sie ihrem Freund in Montreal einen Gefallen tun wollte. Jetzt saß sie allein in einem teuren Restaurant, kam sich wie eine Idiotin vor und fragte sich, wie sie ihren Drink bezahlen sollte, da sie ohne Geld gekommen war. Als Simenon schließlich erschien, war sie im Begriff fortzugehen, und sie faßte eine spontane Abneigung gegen sein Benehmen, das sie zu selbstsicher und schöntuerisch fand. Er schritt durch den Raum, trat auf sie zu und rieb sich dabei die Hände wie jemand, der Seifenschaum verteilen will, und seine ersten Versuche, sie zu beschwichtigen, hatten keinen Erfolg. Alles in allem hätte es kein ungünstigerer Anfang sein können.

Doch unter der Oberfläche war etwas Unerwartetes geschehen, etwas, was Simenon bisher noch nie erlebt hatte. Er war fasziniert von Denyses rauher Altstimme, die er in *Mémoires intimes* als «ihre vaginale Stimme» beschrieb: «Zum erstenmal war ich am Rande dessen, was wir Leidenschaft nennen, ein echtes Fieber, das Psychologen und Ärzte mit einer Krankheit vergleichen.» Sein Leben war leer; er hatte es absichtlich entleert – er war wie François Combe, der Held von *Trois chambres à Manhattan*, «er war ein Mann, der all seine Verbindungen abgeschnitten hatte, [...] ein Mann, der an nichts mehr gebunden war [...] keinen Beruf, kein Land, nicht einmal an eine Adresse; er war nichts als ein Fremder, der in einem Zimmer in einem mehr oder minder zweifelhaften Hotel schlief». Er wartete darauf, daß sich irgend etwas Wichtiges ereignen würde, und als es sich gegen Ende des Mittagessens ereignet hatte, war er verloren.

Später versuchte Simenon sich zu erklären, was er an Denyse so überaus anziehend gefunden hatte. Es war in erster Linie ihr nordamerikanischer Stil, die Art, sich eine Zigarette anzuzünden, die Beine übereinanderzuschlagen, den Mantel von den Schultern gleiten zu lassen, ein Stil, der ihm äußerst attraktiv erschien, eben weil er so amerikanisch war. «Sie rauchte, wie die Amerikanerinnen rauchten, mit den gleichen Gesten, dem gleichen Schmollmund, den man auf den Titelseiten von Zeitschriften und in Filmen sieht.» In zweiter Linie faszinierte sie ihn, weil sie *«une fille paumée»* war, eine verlorene Seele, jemand, der seine Chancen oft aufs Spiel gesetzt und nie gewonnen hatte. Sie trug die Spuren vieler Abenteuer und schien so einsam und verletzlich zu sein, wie er sich selbst vorkam. Er hatte das Gefühl, daß ihr gemeinsames Abenteuer, das noch am selben Abend in einem Hotelzimmer begann, Denyses allerletzte Chance sein könnte, eine Möglichkeit, die sie in eine unerträglich hilflose Lage versetzte und seine Rolle um so romantischer erscheinen ließ. Von Denyses Standpunkt aus hatte Simenon ihre Beziehung jedoch völlig mißverstanden. Sie kam sich keineswegs «hilflos» vor, weil sie die Reise nach New York gemacht hatte, um sich mit ihm zu treffen.

Vielleicht war ihre wechselseitige Anziehung nur das Ergebnis eines jener massiven internationalen Mißverständnisse, in denen beide Teile davon überzeugt sind, daß der andere Eigenschaften besitzt, die er gar nicht für sich beansprucht hat – Mißverständnisse, welche die Möglichkeit einer starken, dauerhaften gegenseitigen Zuneigung nicht ausschließen. Wenn man Simenons spätere Berichte darüber liest, gewinnt man den Eindruck, er sei in den frühen Spielzügen zwischen ihnen einem aggressiven Flirt zum Opfer gefallen, einem Flirt mit einer *«allumeuse»*, die ihn von Anfang an am Wickel hatte. Er, der raffinierte Europäer, der erfahrenere Spieler, ihr künftiger Chef, sei ihr sofort ins Netz gegangen und habe es nicht gemerkt. Denyse sei es gewesen, die das Spiel bestimmte – «eine recht hübsche Frau», schlank, «dunkelhäutig», klein, deren körperliche Makel ihn wehmütig an das rothaarige Mannequin mit der herrlichen Figur und den langen seidigen Beinen denken ließen, mit dem er anderentags eine Verabredung hatte, von der er bereits wußte, daß er sie nicht einhalten würde. Nach dem Essen hatte Simenon Denyse die Stelle angeboten, worauf sie gesagt hatte, sie habe noch eine weitere Verabredung und werde ihm bis sechzehn Uhr dreißig Bescheid geben. Er möge inzwischen in sein Hotel zurückkehren und dort auf sie warten. Falls er nichts mehr von ihr hören sollte, habe sie sich für den anderen Job entschieden. Er wartete, die abgemachte Zeit verging, doch unerwartet tauchte sie auf, und es folgten mehrere Bars, ein Abendessen, einige weitere Bars und ein Hotelbett. Später war die Rede von Selbstmord, ihrer Unfruchtbarkeit und ihren anderen Liebhabern. Simenon hatte bereits Angst, sie zu verlieren, war furchtbar eifersüchtig und wütend über die Kälte, die sie ihm zeigte. Kurz gesagt: Denyse zog eine phantastische Schau vor ihm ab, und er, der Zweiundvierzigjährige, fiel darauf herein.

Simenon beschrieb Denyse, nachdem ihre Ehe gescheitert war, als die komplizierteste Frau, der er je begegnet sei. Zum Teil war er sich dessen, was sie tat, bewußt, doch Selbstbetrug und gegenseitiges Mißverstehen kennzeichneten ihr Verhältnis in den folgenden zwanzig Jahren. Während dieser Zeit führten sie ein gemeinsames Familienleben, hatten drei Kinder, und in ihren frühen Jahren in Nordamerika scheinen sie sehr glücklich gewesen zu sein. Fast bis zu dem Tag, an dem sie sich trennten, fühlte Simenon sich in sexueller Hinsicht unwiderstehlich von Denyse angezogen. Sie war für ihn die einzige Frau, mit der er «Sex und Liebe als Einheit» erlebte. Erst als sie ihm schließlich klarmachte – nachdem sie es jahrelang beteuert hatte –, daß sie nicht mehr an sexuellen Beziehungen mit ihm interessiert war, fiel es ihm wie Schuppen von den Augen. Bis dahin war er dem Zauber erlegen, den sie vom ersten Tag in Manhattan an auf ihn ausgeübt hatte. Was sie in ihm sah, ist weniger klar, und einer, der sie beide kannte, fragt sich, ob sie Simenon überhaupt jemals wirklich geliebt hat.

Die Begegnung Simenons mit Denyse fand am 4. November 1945 statt, gerade einen Monat nach seiner Ankunft in New York, und eine der ersten Folgen davon war, daß er Tigy wieder einmal betrog. Die neue Vereinbarung mit seiner Frau erlaubte ihm zwar alle sexuelle Freiheit, gestattete ihm jedoch nicht, eine Mätresse mit ins Haus zu bringen. Tigy war es mit Mühe gelungen, Boule loszuwerden, und sie hatte nicht die Absicht, wieder in die gleiche Lage wie früher zu geraten. Sie merkte bald, daß Simenon eine neue Freundin in New York hatte, ahnte jedoch nicht, wie ernst es ihm war; sie fand die Situation ausgesprochen belustigend und neckte ihn «beschützerisch» damit, wie er es nannte. Im Gegenzug brachte er Denyse am 4. Januar 1946 als seine neue Sekretärin ins Haus. Am 26. Januar war er mit *Trois chambres à Manhattan* fertig, dem Buch, in dem er von seiner Begegnung mit Denyse erzählte und das einer seiner größten Erfolge werden sollte; allein in Frankreich wurden über eine halbe Million Exemplare davon verkauft. Das Manuskript des Buches ist sehr untypisch für sein Werk. Das Kapitel VIII, in dem «François», der Held (Simenon), «Kays» (Denyses) Liebesbriefe von ihren früheren Verehrern entdeckt, ist fast unleserlich. Die sonst so klare Handschrift ist ein Gekritzel, so als habe der Autor unter dem Streß einer starken Gefühlsregung gestanden. Erst mit dem Beginn von Kapitel X nimmt die Schrift wieder ihr normales Aussehen an; da sind die Würfel gefallen, und François hat nichts anderes mehr zu tun, als auf Kays Rückkehr zu warten. Der Kontrast tritt besonders deutlich hervor, wenn man sich die sauberen, unkorrigierten Manuskripte der meisten seiner Romane anschaut. Stark überarbeitete Passagen erscheinen zumeist nicht in der veröffentlichten Fassung. Offenbar schrieb er für gewöhnlich nur dann zu seiner Zufriedenheit, wenn er auf Automatik schaltete. Das steht im Gegensatz zu der Erfahrung der meisten Schriftsteller, die zur Überarbeitung verdammt sind. Simenon war mit einem zusätzlichen Mechanismus ausgestattet, weshalb er sich lieber als «Intuitiven» denn als Intellektuellen bezeichnete. Wenn er schrieb, war er wie von einem Fakir hypnotisiert. Dann, so erzählte er Henry Miller, «brach [er] alle Brücken zur Außenwelt ab»; er verschloß sich in seine innere Welt, schaltete den Mechanismus ein, und die Musik nahm ungehindert ihren Lauf. Daher war er auch nicht imstande, dem Rat André Gides, Robert Brasillachs und anderer zu folgen und mehr als nur eine Hauptfigur in seine Romane einzuführen. Er traute sich nicht, den Mechanismus zu ändern. Dieser war eine Gabe, die er erhalten hatte und mit der nur er umzugehen wußte.

Tigy glaubte immer noch, die wahre Bedrohung komme von Boule, und sie fing morgens die Post ab, um sicherzugehen, daß Boule ihrem Mann nicht schrieb. Einmal allerdings, als sie Denyse verdächtigte, die Freundin aus New York zu sein, bat sie diese, ihr Modell zu stehen, in der Hoffnung, mehr über sie herauszufinden. Es beruhigte sie sehr, als sie feststellte, daß Denyse eine bläuliche Narbe auf dem Bauch hatte, denn sie wußte, daß Simenon eine Narbe als schlimme Verunstaltung empfand. Sie wußte das, weil sie ihn in den zwanziger Jahren in Paris einmal dabei ertappt hatte, als er eine Verabredung mit einem ihrer Modelle treffen wollte und er ihr dann erzählt hatte, das Mädchen habe eine bläuliche Narbe auf dem Bauch, und er könne niemals mit einer Frau schlafen, die so entstellt sei. (Das war ein ungewöhnliches Beispiel für eine Lüge, die zweimal geglückt war und das Leben nicht noch mehr kompliziert hatte, wie es gemeinhin der Fall ist.) Erst nach vielen Wochen wurde sich Tigy der wahren Situation bewußt, und das nur, weil Simenon krank wurde.

Wenn Georges Simenon erkrankte, schlachtete er das weidlich aus. Diesmal hatte er sich nach einem wilden Liebesspiel mit Denyse auf den Schneefeldern – bei einer Außentemperatur von minus zwanzig Grad – eine Kehlkopfentzündung zugezogen, und er konnte den Gedanken, sich von Tigy pflegen zu lassen, nicht ertragen. Als er ihr erklärte, Denyse werde sich um ihn kümmern, wußte Tigy endlich die Wahrheit. Nach seiner Genesung schlief Simenon weiterhin in Denyses Zimmer, und so begann zum erstenmal ein ganz offener *ménage à trois*. Im März machte er sich an sein zweites in Amerika geschriebenes Buch, *Maigret à New York*, und Denyse begann, ohne daß er es wußte, sein geliebtes Karteisystem umzukrempeln. Als er den Roman beendet hatte, war es zu spät. Sie schien so stolz auf ihre Arbeit zu sein, daß er sie nicht bitten konnte, alles wieder auf die alte Ordnung umzustellen. «*Tant pis pour le classement*», schrieb er in seinen *Mémoires intimes*, «*tant pis pour moi!*»

Simenon hatte sich auf eine Achterbahnfahrt der Gefühle begeben, die bis in sein hohes Alter andauern sollte. Bald artete die Leidenschaft in Gewalttätigkeit aus. Falls Denyse mit ihrer Koketterie beabsichtigt hatte, ihn eifersüchtig zu machen, so gelang es ihr glänzend, und sie hatte noch viele andere Mittel, die emotionale Temperatur auf dem Siedepunkt zu halten. Nie konnte sie sich genau erinnern, ob ihr sein Name begegnet war, bevor sie sich kennenlernten, und sie behauptete, sie wisse nicht einmal mehr, ob sie je ein Buch von ihm gelesen habe. Er schlug sie zum erstenmal, als sie ihm erklärte, sie würde mit ihrem ersten Freund wahrscheinlich ins Bett gehen, wenn sie ihn wiedersehen sollte. Später schrieb er im Zusammenhang mit ihrer Provokation, die ihm die Hand ausrutschen ließ: «Ich schwöre, daß sie entzückt war, daß es in ihren Augen ein Sieg war.» Sie dagegen sagt, sie habe «immer furchtbare Angst gehabt, geschlagen zu werden [...] aber nachdem er mich geschlagen hatte, wollte ich nicht, daß er sich als Schuldiger fühlte».

Im Lauf der Zeit wurden die Gewalttätigkeiten zwischen ihnen fast alltäglich, besonders nach ausgiebigen Trinkgelagen. Zerriß er ein Telefonbuch, tat sie es ihm nach. Reagierte er nicht auf ihre Sticheleien, ohrfeigte sie ihn. Manchmal flüchtete er sich zu einem Callgirl, doch zum erstenmal in seinem Leben stellte er fest, daß die *«filles publiques»* wenig Trost boten. Zumindest einmal, in Montreal, kam es zu einer Schlägerei auf der Straße. Simenon, der zum erstenmal sein Herz verschenkt hatte, war außerstande, es mit einer Gegnerin aufzunehmen, die mit dem, was er für sein kostbarstes Geschenk hielt, zu spielen schien. «Es gab Augenblicke, da ich nicht zu entscheiden vermochte, ob ich sie liebte oder sie haßte, wenn ich sie wieder nackt und zerbrechlich vor mir sah, mit der bläulichen Narbe, die ihr quer über den Bauch lief.»

Wie so oft in Simenons Leben kennzeichnete ein Namenswechsel den Beginn einer wichtigen neuen Phase. Tigy und Boule trugen Namen, die er erfunden hatte. Jetzt machte er Denyse zu «Denise», da er die ursprüngliche Schreibweise affektiert fand, und beschloß, auch seinen eigenen Namen zu ändern. Auf «Sim» war Simenon gefolgt; jetzt sollte, zumindest im Familienleben, Georges durch «Jo» ersetzt werden. Eines Nachts erfuhr Simenon, daß Denises voriger Liebhaber, ein in Philadelphia stationierter US-Marineoffizier, George geheißen hatte, und er mochte sich nicht vorstellen, daß Denise, wenn sie beim Liebesspiel diesen Namen benutzte, möglicherweise den Seemann meinte. So befahl er ihr, ihn nie mehr Georges zu nennen und statt dessen irgendeinen beliebigen Namen zu wählen. Sie wählte «Jo», mit ihrer rauhen Stimme wie «Tscho» ausgesprochen, und er war einverstanden. Später behauptete er allerdings, er habe den Namen nie gemocht, und es sei niemandem sonst je eingefallen, ihn so zu nennen*. Indem er Denises Namen änderte, hoffte Simenon auch, ihre Persönlichkeit zu ändern. Er fand sie zu anspruchsvoll, zu oberflächlich, zu unaufrichtig – und zu dünn. Sie beklagte sich und warf ihm vor, er wolle sie zu einer plumpen Matrone wie Madame Maigret machen, doch er ließ es sich nicht ausreden und verlangte sogar, sie solle ihre Frisur wechseln und sich nicht mehr schminken.

Im Mai/Juni 1946 machte Simenon mit Marc, Tigy und Denise Ferien in Saint Andrew, einem kleinen Fischerhafen an der kanadischen Atlantikküste. Hier schrieb er zwei Romane, die in La Rochelle spielen und von denen einer, *Le clan des Ostendais*, der erste seiner drei «Kriegsromane» war, eine Geschichte, welche die 1940 von ihm betreuten ersten belgischen Flüchtlinge zum Thema hat. Die Ehe zu dritt schien gutzugehen, und Tigy war sogar bereit, bei Denise Fahrunterricht zu nehmen. Gegen Ende des Sommers fand Simenon, daß er nun gut genug englisch sprach, um eine Reise quer durch die Vereinigten Staaten zu unternehmen. Er hatte sich die Aufgabe gestellt, über die Fahrt von Montreal nach Florida eine Reihe von Reportagen zu schreiben und an Pierre Lazareff zu senden. In einem Wagen fuhr Tigy mit ihrer Englischlehrerin, einer jungen Frau, die nach Denises Erinnerung in sie verliebt zu sein schien, während Simenon, Marc und Denise in einem zweiten Wagen reisten. Sie trafen sich nicht während der Fahrt, kamen jedoch in Florida zusammen. Simenon war fasziniert von der wurzellosen, unsteten Automobilkultur in den Vereinigten Staaten, einer Welt, die er später zum Schauplatz mehrerer Bücher machte. Nicht minder faszinierten ihn die Motels, die ihm wie geschaffen schienen für heimliche Rendezvous – das nordamerikanische Gegenstück zu einer *maison de passe*. Ebenfalls erstaunlich, doch viel weniger amüsant fand er die geschäftlichen Konventionen, die es ihm zuweilen unmöglich

---

* Es ist immerhin merkwürdig, daß Charley Delmas seinen Freund Simenon vor dem Krieg in La Rochelle «Jo» genannt zu haben scheint.

machten, seine kleine Gesellschaft in einem Hotelzimmer unterzubringen. Während seiner ersten fünf Jahre in Nordamerika lebte Simenon in Kanada, Florida, Arizona und Kalifornien; die zweiten fünf Jahre verbrachte er in Connecticut. In Florida und Arizona ging seine erste Ehe in die Brüche.

In Florida angekommen, fand er ein Haus in Bradenton Beach, wo er im Dezember *Lettre à mon juge* schrieb, den zweiten Roman mit einer Denise nachempfundenen Heldin. Charles Alavoine ist Landarzt und mit einer unnahbaren Frau verheiratet, mit der er nur gelegentlich sexuelle Beziehungen unterhält. Eines Tages, auf einer Reise nach Caen, begegnet er Martine, einer *«fille paumée»*, die sich auf einem Barschemel ganz wie zu Hause fühlt. Er verbringt die Nacht mit ihr in einem Hotel, und während sie sich mit plötzlicher Wildheit lieben, sieht er eine bläulichrosa Narbe, die ihr quer über den Bauch läuft. Charles bringt Martine als seine Sekretärin ins Haus und ist schließlich so von ihr besessen, daß er sein Heim, seine Frau und seine kleine Tochter verläßt, mit Martine nach Paris zieht und dort eine kleine Praxis aufmacht. Hier setzen ihm seine «Gespenster» derart zu, daß er Martine nach einem gemeinsam verbrachten friedlichen Abend, in dessen Verlauf sie sich geliebt haben, erwürgt. Charles wird wegen Mordes verurteilt, doch mildernde Umstände retten ihn vor der Guillotine. Im Gefängnis begeht er dann Selbstmord.

Simenon schrieb *Lettre à mon juge* in der drückenden Dezemberhitze Floridas. Er saß nackt an seinem Schreibtisch und trug nur ein Paar Gelenkbänder, um zu verhindern, daß der Schweiß auf die Tasten seiner Schreibmaschine tropfte. Zusammen mit *Trois chambres à Manhattan* ist dieser Roman eine seiner bedeutendsten Studien über sexuelle Eifersucht und Besessenheit. Im erstgenannten Buch findet das Problem eine Lösung, als François in Kays Abwesenheit mit einer anderen schläft, es Kay gesteht und Kay ihm verzeiht. Simenon erlebte das gleiche, als Denise New York verließ, um einige Wochen in Philadelphia zu verbringen. François sagt zu Kay, die einzige Erklärung, die er ihr bieten könne, sei die, daß es geschehen sei, «einfach weil ich ein Mann bin – und es könnte wieder geschehen». Als Kay ihm verzeiht und begreift, daß sein Handeln zum Teil seiner schrecklichen Eifersucht auf ihre Vergangenheit zuzuschreiben ist, weiß er, daß sie imstande sind, gemeinsam ein neues Leben zu beginnen, Manhattan zu verlassen und nach Frankreich zurückzukehren, wo er seine Karriere wiederaufnehmen könnte, oder nach Hollywood zu gehen und bei Null wieder anzufangen. «Kay sollte entscheiden.» Doch in *Lettre à mon juge* sind die Gespenster für Charles übermächtig. Als er Martine im Schlaf erwürgt, hat er das Bild der «anderen Martine» vor Augen, der anderen Hände, die sie liebkost haben. «All die Gespenster waren da, die andere Martine war da, die, die sie beschmutzt hatten [...] die, die sich selbst in einer Art von Raserei beschmutzt hatte.» Und während seine Finger ihr fester auf die Kehle drücken, schlägt sie die Augen auf. «Ich rief: ‹Vergib mir, Martine!› [...] Und ich spürte, daß sie mich ermunterte, daß sie es wollte, daß sie von Anfang an diese Minute vorausgesehen hatte, *daß es das einzige Mittel war, von allem befreit zu werden.*» *Lettre à mon juge* ist die Geschichte einer Obsession, eine Geschichte, die einen Schritt weitergeht als *Trois chambres à Manhattan*, eine Geschichte ohne Hoffnung, die nur mit dem Tod enden kann. Es sind die gleichen beiden Menschen in der gleichen Situation, doch hier gehen sie bis zum äußersten *(«jusqu'au bout»)* der möglichen Erfahrung. Das ist das Thema, von dem Simenon immer fasziniert war und das noch in vielen anderen seiner schwarzen Romane wiederkehren sollte.

Diese beiden Bücher weisen einen höchst ungewöhnlichen biographischen Aspekt auf. Er besteht darin, daß Simenon, der unter dem Eindruck einer überwältigenden Gemütsbewegung stand, seine Gefühle so rasch als Material für seine schriftstellerische Arbeit verwenden konnte. Auf diese Weise wurde der Bericht über das Erlebte zu einem Teil des Erlebnisses. Von der üblichen Trennungslinie zwischen Leben und Kunst, von zeitbedingter Distanz, von der Veränderung der Charaktere und der Gefühle fehlt jede Spur. Ganz gleich, wie lebhaft, wie dramatisch oder wie einschneidend eine Episode in Simenons Leben sein mochte, er war stets fähig, sie umzugestalten und sofort zu nutzen. *Lettre à mon juge* ist auch deswegen von biographischem

Interesse, weil dieser Roman eines der seltenen Beispiele enthält, in denen Simenon sein eigenes Verhalten von einem moralistischen Standpunkt aus betrachtet. Charles erinnert sich daran, daß der Staatsanwalt ihn in seinem Prozeß besonders hart kritisierte, weil er sich einer Lüge bedient hatte, um seine Mätresse in den Haushalt einzuschleusen. Es ist ein Vorwurf, den Charles dreimal erwähnt und gegen den er sich mit dem Argument verteidigt, er hätte sonst nur die Wahl gehabt, das Haus gleich am ersten Tag zu verlassen. Hier wehrt sich Simenon offenbar im nachhinein gegen einen Vorwurf Tigys, die wie vernichtet war, als sie erfuhr, daß er die Bedingungen ihres neuen Abkommens so rasch gebrochen und sie ein weiteres Mal betrogen hatte.

Kurz nach der Ankunft in Florida kam es zu einer Störung von Simenons Plänen. Er wollte sein erschwindeltes «offizielles» Visum gegen ein permanentes privates Visum eintauschen, mußte sich jedoch sagen lassen, daß dies nur außerhalb der Vereinigten Staaten geschehen könne. So beschloß er, für einen zweitägigen Besuch nach Kuba zu fliegen; in Havanna indes beschied man ihn auf dem US-Konsulat, es könne ihm kein neues Visum erteilt werden, solange der Abschluß seines Regierungsauftrags nicht bestätigt sei. Die Prozedur, von Havanna nach Paris und zurück zu kabeln, dauerte mehrere Wochen, vor allem weil in den Pariser Ministerien niemand zu finden war, der zu sagen wußte, ob Simenons Mission je stattgefunden hatte. Es mutet schon etwas lächerlich an, sich vorzustellen, daß ein Mann, der das Schlangestehen umgangen sowie beträchtliche Findigkeit und Einfluß zu seinem eigenen Nutzen an den Tag gelegt hat, am Ende feststellen muß, daß er mit all seinen Bemühungen *dans la merde* gelandet ist. Als die lang erwartete Bestätigung aus Paris schließlich eintraf, hatte Simenon den Anstand einzugestehen, daß er sich angesichts der langen Schlange all jener, die nächtelang auf dem Gehsteig vor dem Konsulat warteten in der Hoffnung, eines Tages durch die enge Pforte in das gelobte Land zu gelangen, «fast geschämt» habe.

In Kuba war es sogar noch heißer als in Florida. Eine lebhafte Erinnerung an ihren Besuch war die Nacht, als Denise betrunken das Hotel am Strand außerhalb von Havanna verließ und ins Meer watete. Simenon folgte ihr in einiger Entfernung. Sie schwamm geradewegs hinaus, und er, der ihr immer noch folgte, rief sie zurück. Schließlich packte er sie und schleppte sie ans Ufer, während sie beteuerte, sie wolle sterben. Das fast einzige Vergnügen der beiden war das örtliche Bordell, das sie zu zweit aufsuchten. Denise wählte dann zwei Mädchen aus, mit denen sie sich gemeinsam für ein paar Stunden in ein Zimmer zurückzogen. Eines dieser Mädchen, behauptete Simenon später, sei ihnen für alles, was sie ihm beigebracht hatten, so dankbar gewesen, daß es ihnen ein gerahmtes Foto von sich schenkte.

Die Offenheit, mit der Simenon über seine sexuellen Gewohnheiten redete, wurde erleichtert durch seine Vorstellung von Sexualmoral. Diese fußte auf Lustbefriedigung, in gewissem Umfang gemildert durch Rücksicht auf seine Partner. Manchmal gab es unglückliche Folgen. Denise erinnert sich, daß Simenon einmal in Bradenton Beach mit der Frau eines Nachbarn in ein Motel gegangen war. Einige Tage später wurde der Ehemann mit einem Schlangenbiß tot aufgefunden, und man vermutete Selbstmord. Im allgemeinen vermied Simenon mögliche Komplikationen, indem er seine Begegnungen auf die kürzeste Zeit beschränkte. «Affären» waren ihm ein Graus, doch er sah Vorteile in einem Bordell, einem Ort, den er für ebenso nützlich wie eine Apotheke hielt, den Männer besuchten, um ein dringliches Bedürfnis zu befriedigen, und an dem Frauen sich ein wenig Geld verdienen konnten. Er erinnerte sich, daß man in den schicken Bordellen von Paris zuweilen bürgerliche Damen antraf, Frauen berufstätiger Männer, die in unregelmäßigen Abständen erschienen, um ihr Kleiderbudget aufzubessern. In Arizona notierte er beifällig die offene, ungezwungene Atmosphäre eines beliebten Bordells. «Nichts Verstohlenes dort, nichts Affektiertes, keine Heimlichtuerei», schrieb er in *Mémoires intimes*. «Seit meiner Jugend war ich es gewohnt, jeden Tag mit einer Frau zu schlafen, oft zwei- oder dreimal.» Mit Bedacht machte er Denise von Beginn ihres Verhältnisses an begreiflich, daß seine schlimmste Erinnerung an die Jahre mit Tigy der ständige Druck gewesen sei, sie anlügen zu müssen. Später behauptete er, wenn Denise eifersüchtig gewesen wäre, «hätte ich zweifellos den Mut gehabt, meine Beziehung zu ihr abzubrechen», doch es wäre zutreffender gewesen zu sagen, daß es in einem solchen Fall wahrscheinlich überhaupt keine Beziehung gegeben hätte. Er nahm Denise oft ins Bordell mit. Wenn er mit einem Mädchen nach oben ging, ließ er Denise für gewöhnlich unten bei einem Plausch mit den Damen. Amüsierte sie sich, dann sagte sie, wenn er wieder herunterkam: «Warum machst du's nicht noch einmal, Jo?» Und dann stieg er wieder hinauf für ein weiteres Mal. Im Lauf der Zeit versiegte Denises sexuelles Interesse an ihm. Es dauerte einige Jahre, bis ihr Mangel an Interesse zu einem handfesten Problem wurde; bis dahin umgab Simenon sie weiterhin mit seiner Leidenschaft und seiner Eifersucht, den beiden treibenden Kräften ihres Verhältnisses.

Im Frühjahr 1947 kehrte Tigy von einem Besuch in dem Haus in Nieul zurück und verkündete, sie habe nichts mehr gegen Boules Anwesenheit einzuwenden. Einen Grund gab sie nicht an, doch offenbar hielt sie den Augenblick für gekommen, das häusliche Leben ihres Mannes ein wenig zu komplizieren. In gewisser Weise hatte Boule stets Tigys Rolle als Ehefrau ergänzt. Boule kochte, hatte Freude am Sex, bewunderte Simenon rückhaltlos, machte das Haus behaglich und war Französin. Außerdem liebte Marc sie abgöttisch. Es war ohne jeden Zweifel höchste Zeit, dem nordamerikanischen Einfluß entgegenzuwirken; von Tigys Standpunkt aus drohte eine amüsante Ablenkung in ein ernsthaftes Ärgernis auszuarten. Sie hatte Simenon zwölf Monate Freiheit mit Denise gelassen; jetzt war es an der Zeit, ein paar Stolperdrähte zu spannen.

Im Juni beschloß Simenon, Florida zu verlassen und in den Westen zu ziehen. Er hatte keine Ahnung, wo er sich niederlassen würde, doch er landete schließlich in Arizona, zuerst in einem Haus namens Snob Hollow in Tucson und dann auf einer Ranch namens Stud Barn nahe der Grenzsiedlung von Tumacacori. Hier stieß Boule 1948 wieder zu ihnen. Tigy war noch einmal nach Frankreich zurückgekehrt, um sie zu holen, und sie waren zusammen per Schiff nach Veracruz und dann auf dem Landweg durch Mexiko bis zur Grenzstadt Nogales gereist. Boule mußte an der Grenze einige Wochen warten, bis ihr Name auf der nach Nationalitäten geordneten Quotenliste an die erste Stelle gerückt war. Simenon stellte zu seinem Entsetzen fest, daß das für sie in Paris bei einem Freund hinterlassene Geld nie ausbezahlt worden war. Sie hatte als Näherin gearbeitet und einige Zeit bei der ehemaligen Concierge des Hauses an der Place des Vosges gewohnt, jener Dame, die sich einst so heftig über die «Halborgien» der *«années folles»* beklagt hatte. Bevor er aus Frankreich abgereist war, hatte Simenon Boule geholfen, eine kleine Wohnung in Etretat in der Nähe ihres Elternhauses zu kaufen.

Mit Boules Ankunft spielte Tigy ihre letzte Karte aus. Um diese Zeit hatte Simenon begonnen, Einladungen von «Mr und Mrs George [sic] Simenon und Miss Denise Ouimet» zu versenden. Nun, da auch Boule wieder im Haus war, fielen ihm weitere Verantwortungen zu. Da Denise nicht eifersüchtig war, konnte er jeden Abend das gemeinsame Schlafzimmer verlassen, über die Außentreppe in das von Boule bewohnte Balkonzimmer steigen, dort etwa eine Stunde der Leidenschaft verbringen und dann in sein Schlafzimmer zurückkehren, wo Denise ihn erwartete. Seine Frau folgte den Vorgängen mit gebannter Aufmerksamkeit von der Warte ihres eigenen Zimmers aus (des einzigen Schlafzimmers, das er nie betrat), doch Tigys Chancen, die Schlacht zu gewinnen, waren stets gering. Sie, das älteste und am wenigsten demonstrative Mitglied der Menage, sie, die sich mehr schlecht als recht in dieses Land eingelebt hatte, dessen Sprache sie nie beherrschte, sie, die sich am wenigsten damit abgefunden hatte, Frankreich zu verlassen, fand sich jetzt im Wettbewerb um die Zeit und die Zuneigung ihres Mannes und ihres Sohnes. Sie war entschlossen, nicht den Fehler zu wiederholen, der ihr unterlaufen war, als sie Simenon mit Boule im Bett überrascht hatte; daher erhob sie anfangs keine Einwände gegen die Anwesenheit Denises, sondern zog es vor, gegenüber Marc einerseits, Simenon und Denise andererseits Distanz zu schaffen. Für Marc war es eine unglückliche Phase seines Lebens. Er litt unter dem Durcheinander in der Erwachsenenwelt um ihn herum und hatte bereits zu schlafwandeln begonnen, bevor die erweiterte Familie aus Kanada weggezogen war. Damals war er sieben Jahre alt.

In Arizona fand Simenon zu einem gelockerten, jedoch äußerst wirksamen Arbeitsrhythmus. Er stand um sechs Uhr auf, wenn es noch kühl war, braute sich einen Kaffee (Boule war mittlerweile von dieser Aufgabe entbunden) und zog sich dann in ein Zimmer am anderen Ende des Hofs zurück. Bis neun Uhr hatte er sein tägliches Kapitel geschrieben; danach nahm er eine Dusche und ging einkaufen. Den Rest des Tages hatte er für sich. *Un nouveau dans la ville* entstand in diesem Rhythmus – 90000 Wörter in zwanzig Tagen, also täglich 4500 Wörter, 1500 Wörter die Stunde, eine getippte Seite alle zwanzig Minuten, keine Korrekturen. Jahre später beschrieb Denise das, was ihr häusliches Leben so lange als vertraute Geräuschkulisse begleitet hatte. «Die Tasten der Schreibmaschine ratterten stoßweise in atemberaubender Geschwindigkeit [...] Etwa alle zehn Sekunden klingelte der Wagenrücklauf. Etwa alle fünf oder sieben Zeilen verkündete der Tabulator einen neuen Abschnitt.» Es war, als betätige ein Motor die Schreibmaschine. Die einzige Person, die Simenon bei der Arbeit unterbrechen durfte, war Marc. Manchmal, wenn er sich frühmorgens ans Werk gemacht hatte, fühlte er Marcs Kuß auf der Wange, und wenn er dann aufblickte, stellte er fest, daß sein Sohn das Zimmer schon ebenso leise verlassen hatte, wie er eingetreten war.

Tigy erwartete, daß Boules Ankunft ihre Position festigen würde, doch als die gewünschte Wirkung ausblieb, verlor sie rasch die Geduld. Eines Abends wurde Marc krank, und Tigy mußte sich ganz allein um ihn kümmern. Nach einer schlaflosen Nacht, der eine weitere folgen sollte, trat sie mitten in der nächsten Nacht in Simenons Schlafzimmer und sagte zu Denise: «Da du bereits den Mann hast, soll es mir nur recht sein, wenn du dir auch den Sohn nimmst.» Natürlich machte sich Denise diesen taktischen Fehler bedenkenlos zunutze. Eine andere Trumpfkarte war ihre Toleranz gegenüber der Beziehung zwischen Simenon und Boule. Sie wußte, daß Boule keine Gefahr für sie war, und sie hatte bereits die Vorteile schätzengelernt, nicht die einzige zu sein, die den schier unersättlichen sexuellen Appetit ihres Liebhabers stillen mußte. Gegen Ende 1948 errang Denise einen entscheidenden Sieg, indem sie schwanger wurde.

Im November 1947, als Simenon in der Nähe von Tucson wohnte und noch nicht nach Stud Barn gezogen war, hatte er *Les vacances de Maigret* geschrieben; es war erst der zweite «Maigret» seit der Abreise aus Frankreich, und er spielte in Les Sables d'Olonne*, jenem Badeort, der ihm während der *épuration* der Jahre 1944 und 1945 als Zuflucht gedient hatte. In *Les vacances de Maigret* geht es um die verwickelte Situation eines in der Stadt praktizierenden Arztes, der seiner Frau mit krankhafter Eifersucht nachstellt, jedoch in den Verdacht gerät, mit deren jüngerer Schwester ein Verhältnis gehabt und sie umgebracht zu haben. Die Gefühle dieses Dr. Bellamy weisen Ähnlichkeiten mit jenen von Dr. Charles Alavoine in *Lettre à mon juge* auf. Der im Dezember 1946 in Florida ersonnene Dr. Alavoine aus La Roche-sur-Yon hatte seine Mätresse mit nach Hause gebracht. Der im November 1947 kreierte Dr. Philippe Bellamy aus Les Sables d'Olonne (siebenunddreißig Kilometer westlich der Stadt auf der Route Nationale 160) hatte seine Mätresse offenbar unter den Mitgliedern seines eigenen Haushalts ausgesucht. Doch dann entdeckt Maigret, daß die Tatsachen ganz anders sind. Die geliebte Gemahlin hatte ein Verhältnis mit einem jungen Mann aus der Stadt gehabt. Dr. Bellamy hatte diesen jungen Mann und auch dessen Schwester ermordet. Aber er war nicht der Mörder seiner Schwägerin, die in Wirklichkeit Selbstmord begangen hatte, weil sie wußte, daß ihr verehrter Schwager Dr. Bellamy, in den sie verliebt war, den Liebhaber seiner Frau umgebracht hatte.

Der Faden, der die beiden Romane verbindet, besteht, abgesehen von den Schauplätzen und der beinahe inzestuösen Atmosphäre in den Häusern der Ärzte, in sexueller Eifersucht, die so

---

* Die ersten vier Romane, die Simenon in Amerika schrieb und die in Frankreich spielten, hatten die Vendée zum Schauplatz.

verzehrend ist, daß sie zum Mord führt. Maigret versteht diese Eifersucht. Er verteidigt sie fast. Dr. Bellamy erklärt ihm, er hätte durchaus nur den jungen Mann umbringen können; wenn er dies getan hätte, als er die beiden in flagranti überraschte, «hätte jedes französische Schwurgericht mich freigesprochen». Statt dessen hatte er die Leiche des jungen Mannes versteckt und eine Lügengeschichte erzählt. Das habe er getan, um *ein bißchen mehr Zeit* mit seiner Frau zu gewinnen, bevor man ihn festnehmen würde. Die unschuldige Schwester des jungen Mannes habe er aus dem gleichen Grund umgebracht, weil sie eine Zeugin gewesen sei, deren Aussage seine Verhaftung beschleunigt und ihn daran gehindert hätte, *ein bißchen mehr Zeit* mit seiner Frau zu verbringen. Wäre Maigret ihm nicht zuvorgekommen, hätte er wie geplant auch seine Frau umgebracht und dann Selbstmord begangen, genau wie Dr. Alavoine in *Lettre à mon juge*. «Romantische Idee, nicht wahr?» sagt der Arzt in bitterem Ton zu Maigret. Immerhin ist selbst der intelligenteste Mensch schon in Versuchung geraten, «gerade das wenigstens einmal im Leben» zu tun.

Simenons fortwährende Beschäftigung mit diesem Thema – Eifersucht, die einen Mord rechtfertigt, sogar den Mord an einem unschuldigen Zeugen, Eifersucht, die so weit geht, daß beide Betroffenen sterben müssen – wurde unterbrochen, als er ein Telegramm von Henriette aus Lüttich erhielt. Sein Bruder Christian, der bei der Fremdenlegion in Vietnam diente, war im Kampf gefallen, als seine Einheit in der Nähe der chinesischen Grenze von Viet-Minh-Einheiten aus dem Hinterhalt angegriffen wurde. Simenon sprach nie über den Tod seines Bruders, fühlte sich jedoch zeit seines Lebens daran schuldig. Zuerst war seine Arbeit nicht davon betroffen. Im folgenden Monat, im Dezember 1947, schrieb er einen weiteren «Maigret», *Maigret et son mort*, worin es weder um sexuelle Eifersucht noch um die Schuld am Tod eines Bruders geht. Doch im März 1948 trat die Wirkung ein. Noch in dem Haus, in dem ihn die traurige Nachricht erreicht hatte, begann Simenon die Arbeit an einem seiner besten und erfolgreichsten Romane, *La neige était sale*.

La neige était sale wird für gewöhnlich nicht als einer der

Kriegsromane Simenons angeführt. Dabei wäre dies ohne weiteres zu vertreten, denn das Buch spielt in einem von ausländischen Truppen besetzten Land und erwähnt eine kleine Widerstandsbewegung, die von einer Gestapo verfolgt wird. Kein Roman drückt Simenons Einstellung zum Krieg besser aus. Sie äußert sich darin, daß er nicht einen Widerstandskämpfer, sondern einen Kollaborateur der übelsten Sorte zu seinem Helden macht, einen gefühllosen Mörder, einen Frauenschänder, der seine Untat delegiert, einen Mann ohne Skrupel und normale menschliche Gefühle. Simenon hat sich die Herausforderung gesetzt, diesem Mann eine weiße Weste zu verschaffen, und das gelingt ihm blendend. Frank Friedmaier ist kein Porträt Christians, doch seine Tätigkeiten weisen eine gewisse Ähnlichkeit mit denen Christians in Belgien während der Besetzung auf. Simenon hatte seinen Bruder immer als einen «*homme de la droite*» gekannt, dessen politische Ansichten in klerikalen, kolonialistischen, kleinbürgerlichen Kreisen als rechtschaffen gegolten hätten. Es besteht indes ein großer Unterschied zwischen dem örtlichen Pendant zu den Rotariern und der profaschistischen Rexistenbewegung. Simenon hatte Christian zu dessen eigener Sicherheit ins Ausland geschickt, und er wollte wissen, wann es für seinen Bruder nicht mehr gefährlich wäre, aus dem Versteck wiederaufzutauchen, und welcher Verbrechen er angeklagt werden könnte, falls man ihn verhaften sollte. Christian hatte behauptet, er habe nichts weiter getan, als ein paar bewaffnete Rexisten auf der Jagd nach Widerständlern im Wagen durch die Gegend zu fahren. Dessenungeachtet war er von einem belgischen Gericht in Abwesenheit zum Tod verurteilt worden. Laut den von Simenon angestellten Nachforschungen war Christian damals betrunken gewesen. Simenon erzählte Denise ferner, es habe in der Familie Brüll mehrere Kollaborateure gegeben, und Christian sei entscheidend von seiner Frau Blanche beeinflußt worden, die als einzige der beiden wirklich kollaboriert habe. Doch wenn er auch Blanche als verantwortlich für Christians Verhalten während der Besetzung betrachtete, so hielt er sich selbst für schuldig am Tod seines Bruders.

Natürlich war es eine klägliche Art zu sterben. Christian hatte sich in der Legion bewährt und war zum Unteroffizier befördert worden. Doch er starb am anderen Ende der Welt, im Dienst einer ausländischen Streitmacht, in einem Kolonialkrieg, der ihn in keiner Weise persönlich betraf, unter Hinterlassung eines fünfzehnjährigen Sohnes, den er seit zwei Jahren nicht mehr gesehen hatte, mit einem Schandfleck und ohne die geringste Chance, seinen Namen reinzuwaschen und sein Verhalten zu rechtfertigen. Dieser letzte Punkt stellt eine Verbindung zwischen Christian und der Romanfigur Frank her.

Frank Friedmaier ist der Typ Mann, dem Christian in der Rexistenbewegung begegnet sein könnte. Er mordet Menschen zum Spaß. Er tötet einen betrunkenen Soldaten der Besatzungsmacht, dann eine alte Dame, die immer sehr freundlich zu ihm gewesen war. Dann verliebt sich ein unschuldiges Mädchen in ihn, und er sorgt dafür, daß sein brutaler Freund Kromer ihr Schlafzimmer betritt, als sie Frank erwartet, und sie vergewaltigt. In der ungenannten Stadt lebt jeder in Angst. Es ist eine Stadt wie Lüttich im Ersten Weltkrieg; einige Zuckerbäckereien und Varietétheater sind noch geöffnet, und es gibt noch immer Orte, wo Mädchen zu haben sind, denen die Eltern in Friedenszeiten nie gestattet hätten auszugehen. Der «General» der Besatzungsarmee ist Mitglied «der Partei»; früher hat er als Arbeiter in einer Lampenfabrik gearbeitet, und er ist aufs Beutemachen aus. Die einfachste Art, jemanden umzubringen, ist die Denunziation. Franks Mutter leitet einen Puff für die Soldaten der Besatzungsarmee. Zuweilen schaut Frank den Mädchen durch das Guckfenster bei der Arbeit zu.

Frank ist ein eher unscheinbarer Mensch, doch schließlich wird auch er von der Polizei der Besatzungsmacht festgenommen. Wochenlang sitzt er im Gefängnis, wird verhört und geschlagen. Er weigert sich, Fragen zu beantworten, nicht weil er ein Patriot wäre, sondern weil er sich einen letzten Rest von Selbstachtung bewahrt hat. Er leidet, er beweist Seelenstärke, und sein Mut läutert ihn; als er zum Ende hingerichtet wird, ist er gerechtfertigt. Die beruhigende Erkenntnis, die der Autor mit dieser Geschichte vielleicht zu vermitteln gedachte, wäre die gewesen, daß es, wenn Frank gerechtfertigt werden konnte, für jeden Hoffnung auf Rechtfertigung gab. Das Buch ist bemerkenswert dadurch, daß hier mit literarischer Meisterschaft eine abstoßende Romangestalt zu einem achtbaren Menschen gemacht wird, ein Anliegen, das Simenon teuer war. Alles konnte verziehen werden, so glaubte er, wenn man es verstehen konnte. In *Lettre à mon juge* sagt Dr. Alavoine: «Es ist ein erschreckender Gedanke, daß wir, obwohl wir alle Menschen sind, zusammengedrängt unter einem fremden Himmel, uns weigern, eine kleine Anstrengung zu machen, um einander zu verstehen.»

La neige était sale ist aber auch bemerkenswert wegen der Schilderung eines europäischen Landes im Winter, im Krieg, besetzt, in Angst – mit den Warteschlangen vor den Brotläden, den gelegentlichen Gewaltausbrüchen, der Unsicherheit, dem allgemeinen Mißtrauen, der Allgegenwart des Todes, des Hungers und der Denunziation. Es ist eine Welt, die in denkbar größtem Gegensatz zu dem sonnigen, entspannten, einladenden, geruhsamen Leben von Snob Hollow stand, wo das Buch geschrieben wurde, doch es war jene Welt, die Simenon noch immer quälte und die mit der Nachricht vom gewaltsamen Tod seines Bruders wieder so brüsk in sein Leben getreten war. Als Holst, der Vater Sissys – des Mädchens, das in Frank verliebt war und ihm die erlittene Schmach kurz vor seiner Hinrichtung verzieh –, Frank begegnet, sagt er: *«Le métier d'homme est difficile.»* (Es ist ein schwieriger Beruf, Mensch zu sein.)

Mit *La neige était sale* befreite sich Simenon nicht von seinen Schuldgefühlen als Bruder. In dem fünf Monate später geschriebenen Roman *Le fonds de la bouteille* ist ein Mann auf der Flucht, der seinen Bruder um Hilfe anfleht. Ein Jahr darauf, in *Les quatre jours du pauvre homme*, kehrt ein Bruder aus den Kolonien zurück und scheucht zahlreiche Dämonen der Kindheit auf. So wie bei der Aufeinanderfolge von *Lettre à mon juge* und *Les vacances de Maigret* brauchte ein Gespenst manchmal mehr als ein Auslüften, bevor es erschöpft genug war, um dem nächsten Platz zu machen. Doch gegen Ende 1948 hatte Simenon ein neues

Problem in seinem eigenen Leben zu lösen. Mit Denises Schwangerschaft zeichnete sich erstmals die Möglichkeit einer Scheidung von Tigy ab.

Jahre später, kurz vor ihrem Tod, als sie noch immer in ihrem «Großmutterhaus» in Nieul lebte, faßte Tigy ihre Zeit in Amerika so zusammen:

> «Nach dem Krieg zogen wir nach Amerika. Wir brauchten eine Luftveränderung. Simenon hatte in der Vendée unter dem trübseligen Leben gelitten, das wir dort führen mußten [...] Während des Krieges waren wir völlig von der Außenwelt abgeschnitten gewesen, und wir wollten in die Länder reisen, wo man seine Bücher übersetzt hatte [...] Er wollte sehen, was dort los war. Und dann ließen wir uns leider dort nieder, und unser Leben brach auseinander [...] Er lernte eine Frau kennen, die er in der Folge heiratete, ‹et voilà›. Wir trennten uns in verhältnismäßig gutem Einvernehmen. Aber damit verleugnete er immerhin einen wichtigen Teil seines Lebens. Dennoch sind wir sehr gute Freunde geblieben.»

Simenon erinnerte sich später an die Worte Tigys, nachdem er ihr gesagt hatte, er habe sich nun doch zur Scheidung entschlossen; ganz einfach und würdig hatte sie ihm erklärt: «Georges, eines Tages wirst du zu mir kommen und mich bitten, dich zu trösten.» In *Mémoires intimes* schrieb Simenon: «Damals verübelte ich ihr diese Bemerkung. Aber ich habe seitdem oft darüber nachgedacht.»

Er hatte Tigy immer versprochen, er werde sich nie von ihr scheiden lassen, um Denise zu heiraten. Dafür, daß er sich dann doch anders besann, führte er viele und originelle Gründe an, nur nicht den auf der Hand liegenden, daß Denise schwanger war und er mit ihr eine Familie gründen wollte. Wiederholt behauptete Simenon, er und Tigy hätten zunächst nicht heiraten wollen, er sei zur Zeit der Trauung in Tigys Schwester Tita verliebt gewesen, Tigy habe niemals mit ihm zusammenleben wollen, er sei stets aus Prinzip gegen die Ehe gewesen, zwei einander völlig fremde Menschen seien infolge von Zellveränderungen zwanzig Jahre zusammengebunden gewesen, nachdem eine Hochzeit stattgefunden hatte, Tigy habe sich bis zu ihrem neununddreißigsten Lebensjahr geweigert, ihm ein Kind zu schenken, und ihn stets gezwungen, ein Präservativ zu benutzen; doch dieser letztgenannte Grund war vielleicht der ausgefallenste von allen.

Seit seiner Ankunft in den Vereinigten Staaten hatte das Gesetz, das es zu einem Vergehen machte, «Staatsgrenzen zum Zweck einer unsittlichen Handlung zu überschreiten», Simenon immer fasziniert. Dieses Gesetz stand in einem philosophischen Zusammenhang mit einem anderen Gesetz, das Hotelbesitzern verbot, Zimmer an unverheiratete Paare zu vermieten, widrigenfalls sie sich strafrechtlicher Verfolgung wegen Beihilfe zu und Duldung von unsittlichen Handlungen aussetzten. Jetzt entdeckte Simenon einen weiteren Vetter besagten Gesetzes. Nachdem er einen New Yorker Anwalt konsultiert hatte, erklärte er Tigy, Denises Schwangerschaft mache eine Scheidung notwendig, da sie sonst riskierten, als «unsittliche Ausländer» abgeschoben zu werden. Dieses Gesetz kam ihm so gelegen, daß er gar nicht zu bemerken schien, wie sehr es gegen die persönliche Freiheit verstieß, ein Gut, das er in den Vereinigten Staaten im allgemeinen schätzte.

Der Entschluß, sich scheiden zu lassen, bedeutete das Ende des *ménage à quatre*. Boule war bestürzt und gekränkt über die Tatsache, daß Denise schwanger werden durfte und sie nicht, und Tigy beschloß, Simenon in Arizona zurückzulassen und mit Marc und Boule nach Kalifornien zu ziehen. Als die Scheidungsbedingungen ausgehandelt wurden, stellte Tigy unerwartet hohe Forderungen. Sie nahm sich einen Spezialisten in Kalifornien, der es darauf anlegte, daß sie für den Rest ihres Lebens in Wohlstand leben könne, und ihr sogar riet, Simenon wegen Unmoral einsperren zu lassen, um ihm einen Denkzettel zu verpassen. Diesen Vorschlag lehnte Tigy ab, setzte Simenon jedoch davon in Kenntnis, so daß er sich keinerlei Illusionen über die Stärke seiner Verhandlungsposition hingeben konnte. Tigy erhielt das Haus in

Nieul, alle Aktien, die gelagerten Möbel, die Gemäldesammlung mit Bildern von Utrillo, Vlaminck und Kisling sowie eine regelmäßige Unterhaltszahlung in Höhe des Jahresgehalts eines kalifornischen Vorstandsvorsitzenden. Als Gegenleistung hatte Tigy nur zwei Bedingungen zu erfüllen. Erstens mußte sie vor der Scheidung sechs Wochen lang in Reno, Nevada, ihren Wohnsitz haben. Zweitens, und das war Simenons einziger Sieg von Bedeutung, mußte sie sich damit einverstanden erklären, in einem Umkreis von sechs Meilen um Simenons Haus zu wohnen, wo immer dieses sich befinden mochte, oder aber die Obhut Marcs gegen Simenons Recht auf wöchentlichen Besuch zu tauschen. Diese außergewöhnliche Klausel beweist, daß Simenon weiterhin versuchte, den *ménage à quatre* zumindest für die Dauer von Marcs Kindheit aufrechtzuerhalten. Die Verlesung der endgültigen Vereinbarung fand in Arizona statt und wurde von heftigen Protestrufen Denises begleitet. Simenon überließ es ihr und seinem Anwalt, die Sache auszufechten, und ging nach Hause, um sich Johnny zu widmen, dem Baby, das Denise im September 1949 in Tucson zur Welt gebracht hatte. Er liebte es, nach dem kleinen Jungen zu schauen, und es freute ihn auch, daß er auf den Gynäkologen nicht mehr eifersüchtig sein mußte.

In den Monaten zwischen Johnnys Geburt und der Scheidung hatten Simenon und Denise Arizona verlassen, wo sie mehr als zwei Jahre gelebt hatten, und waren ins kalifornische Carmel-by-the-Sea gezogen, wo Simenon Marc besuchen konnte. In den acht Monaten, die er in Kalifornien verbrachte, kam sein Wohnsitz Hollywood am nächsten, einem Platz, der sich allem Anschein nach als sein gegebener Standort in den Vereinigten Staaten anbot. 1948 hatte sein Interesse an Hollywood ihn bewogen, die tausendvierhundert Meilen von Arizona dorthin und zurück im Wagen zu fahren, um an einem Dinner im Restaurant Romanoff's teilzunehmen. Zu den Tischgästen gehörten Charlie Chaplin, der später sein Freund und Nachbar in der Schweiz werden sollte, und Charles Boyer, der eine Stiftung zur Wahrung französischer Interessen in Hollywood gegründet hatte. Noch wichtiger für Simenon war, daß er Georges Kessel – dem Bruder von Joseph –

begegnete, einst sein Redaktionspartner bei der Zeitschrift *Détective*, als er Maigret noch nicht erfunden hatte, und Jean Renoir, der kurz nach dem Start der ersten Maigret-Serie den ersten Maigret-Film gedreht hatte. Renoirs Fassung von *La nuit du carrefour* war gut aufgenommen worden, hatte das Publikum jedoch ziemlich verwirrt; später stellte sich heraus, daß eine der Filmspulen gründlich verlegt worden war. Renoir hatte damals Probleme mit einer Scheidung gehabt und dem Alkohol zugesprochen. Simenon erfuhr mit Interesse, daß Renoir abermals in Eheschwierigkeiten steckte. Seine frühere Frau hatte ihn in Frankreich nach seiner Wiederverheiratung wegen Bigamie verklagt. Im sicheren Hafen von Hollywood fand Renoir das alles sehr komisch.

Kurz nach dem Essen bei «Romanoff's», das Simenon vorzeitig verlassen mußte, weil Denise sich von einem der Gäste beleidigt fühlte und eine Szene machte, verkaufte er seine ersten Filmrechte in Hollywood; es war wieder *La tête d'un homme*, diesmal, 1948, verfilmt unter dem Titel *The Man on the Eiffel Tower* mit Charles Laughton als Maigret. Es war ein guter Anfang, und Simenon muß geglaubt haben, daß die Tore einer weiteren Ruhmeshalle sich nun ziemlich leicht öffnen würden; sie öffneten sich indes kein Stück weiter. Die erste Enttäuschung kam, als Jean Renoir *Trois chambres à Manhattan* mit Charles Boyer drehen wollte und dieser entgegnete, das Hayes Office (die Zensurbehörde) werde so viele Einwände erheben, daß von dem Buch nichts mehr übrigbleiben werde. Renoir ließ sich von diesem Argument nicht überzeugen, doch das Projekt wurde aufgegeben, und Simenon muß einigermaßen erschüttert gewesen sein, als er erfuhr, daß dieser auf einer wichtigen Episode seines Lebens in New York fußende Roman als zu «unsittlich» gelten sollte, um in den US-Kinos gezeigt werden zu können. Renoir, ein alter Bekannter, wurde jetzt einer seiner engsten Freunde, einer der wenigen, mit denen er sich duzte; ihm verdankte er auch eines der schönsten Komplimente, die er je erhielt, schrieb ihm doch Renoir gegen Ende seines Lebens: «Gott erschuf Dich zum Schreiben, wie er meinen Vater zum Malen erschuf, und deshalb macht Ihr es beide so gut.» Trotz Renoirs Begeisterung wurden nur drei weitere Hollywoodfilme nach Romanen Simenons gedreht; der bekannteste davon ist *The Man Who Watched the Trains Go By* (*Der Mann, der den Zügen nachsah*) von 1951, mit Claude Rains und Anouk Aimée in den Hauptrollen, zu dem Patricia Highsmith das Drehbuch schrieb.

Es ist fast eine Erleichterung, im beruflichen Leben Georges Simenons auch einmal einen Mißerfolg zu finden. Aus irgendeinem Grund, vielleicht weil er keinen Agenten benutzte, wurde ihm Hollywood zum Mißerfolg. In seiner Enttäuschung mag er sich an einen ähnlichen Rückschlag erinnert haben, den er beim französischen Film in den Jahren vor der Zusammenarbeit mit der Continental erlitten hatte. 1934, zwei Jahre nach seinem Fiasko als Filmproduzent, veröffentlichte die Zeitung *Le Jour* einen heftigen Angriff Simenons auf das *«cinéma-papier, cinéma-traître, cinéma-bancaire, cinéma-spéculation»*. Wenn er es auch nie zugab, müssen die Chancen, die Hollywood bot, ein entscheidendes Motiv für seine Auswanderung nach Nordamerika gewesen sein. Er würde sich nie gewünscht haben, ein zweiter Scott Fitzgerald oder ein zweiter Raymond Chandler zu werden, und er hatte auch zuviel Selbstvertrauen, um sich von den Produzenten jemals so schäbig behandeln zu lassen wie sie, doch er betrachtete Maigret als eine ideale Filmgestalt, und die Möglichkeit des Verkaufs der Filmrechte interessierte ihn sehr. Man kann sein Vorgehen in Nordamerika als ein indirektes Anpeilen dieses Ziels betrachten. Selbst in Amerika war Simenon in den vierziger Jahren ziemlich gut bekannt. Bei seiner Ankunft in Manhattan hatte ihn die Presse begrüßt. Als die Nachricht vom Tod seines Bruders Christian bekanntgegeben wurde, riefen die New Yorker Zeitungen in Arizona an, weil sie glaubten, er sei gestorben. Und als er in Reno mit Denise getraut wurde, drängten sich die Reporter vor dem Hotelzimmer der beiden. Das ständige Reklamegeriesel hätte seinen Hoffnungen auf Hollywood nicht geschadet.

Ganz gleich, wie enttäuscht Simenon von Hollywood gewesen sein mochte, fand er in Carmel-by-the-Sea, das damals als Künstlerkolonie galt, Grund zu mancher Verwunderung. Kleine Einzelheiten fielen ihm auf, etwa der Umstand, daß die Einwohner, obwohl die Stadt es sich spielend leisten konnte, mehrere Briefträger zu beschäftigen, es vorzogen, ihre Briefe selbst auf dem Postamt abzuholen, was ihnen die Möglichkeit bot, einander öfter zu begegnen. In dem Ort lebten viele Schriftsteller, in den Lebensmittelgeschäften gab es alle erdenklichen Delikatessen aus Europa, und die Stadtbibliothek war voller französischer Bücher. In Carmel war Simenon nicht wie bisher von «Durchschnittsamerikanern» umgeben, und das mag einer der Gründe gewesen sein, weshalb er sich nicht dort niederließ. Der örtliche Golfklub forderte von seinen Mitgliedern einen jährlichen Beitrag von zwanzigtausend Dollar und hatte eine lange Warteliste. Marc ging mit den Kindern von Bing Crosby zur Schule, was amüsant war, und die Stadt lag in der Nähe von Monterey, für Simenon ein Wallfahrtsort, weil er ihn mit John Steinbeck verband und weil Robert Louis Stevenson, einer seiner Lieblingsautoren von Kindheit an, dort vor seiner Südseereise gelebt hatte, auf der er starb.

Während seines Aufenthalts in Carmel schrieb Simenon *Les volets verts*, einen seiner besten Romane, zu dem ihn der Tod des berühmten französischen Schauspielers Raimu inspiriert hatte; kurz bevor ihn die Schlagzeile einer Zeitung darüber unterrichtete, hatte er noch einen persönlichen Brief von Raimu erhalten. Die Geschichte spielt in Paris und Antibes, und es ist aufschlußreich, daß dieses unmittelbar nach der Trennung von Tigy geschriebene Buch den Boulevard des Batignolles, die Rue du Mont-Cenis und das «Fouquet's» erwähnt, wo sie miteinander so viel Zeit verbracht hatten, ebenso die Place Constantin-Pecqueur, wo Tigy ihre beiden ersten Gemälde verkauft hatte.

Sechs Monate später flog er mit Denise nach Reno, Nevada. Im Rückblick empfand Simenon gegen Ende seines Lebens diese Hochzeit als einen Alptraum. Für einen Mann, der sich auf die Schilderung geistiger Leere und Verlassenheit spezialisiert hatte, bot Reno ein Bild besonderen Schreckens. Wie ein Schlafwandler, der seinen Schritten keinen Einhalt zu gebieten vermag, ging er dem Treffen entgegen. Die Scheidung fand am 21. Juni 1950 im

Gerichtsgebäude statt, wo Simenon auch am folgenden Tag mit Denise getraut wurde. Während er auf das Zuschnappen der Falle wartete und sentimentale Gespräche mit Denise zu vermeiden suchte, konzentrierte er sich auf die Spielautomaten. Das tat er zwei Tage lang in der Hoffnung zu verlieren, gewann aber meistens. Je mehr er gewann, desto deprimierter wurde er; in dem Hagel kleiner Münzen, der sich vor ihm ergoß, sah er das Omen des allerletzten Glücks, das ihm zuteil werden sollte. Die Trauungszeremonie bot alles, was man sich von einer Hochzeit im Gerichtsgebäude von Reno erhoffen konnte: einen Anwalt, der, zu beschäftigt, um auf den Friedensrichter zu warten, im Wartezimmer die Papiere aushändigte und verlangte, auf der Stelle bezahlt zu werden; einen großen weißhaarigen Friedensrichter mit frisch gebügeltem Stetsonhut, der gleich nach der Amtshandlung die Hand ausstreckte, um seine fünf Dollar in Empfang zu nehmen; und zwei ältere Cowboys, die bereitstanden, um als Zeugen zu fungieren. Nach der Trauung führte Denise Simenon die Straße hinunter bis zu einem Brunnen, in den er, wie sie vorschlug, seinen alten Ehering werfen sollte. Selbstredend tat er das dann auch.

12

Shadow Rock Farm

»‹Was liest du da, Benny?› Seine Finger um das Glas waren gelb vom Nikotin und die Fingernägel rissig und dick. ‹Hast du dir das Simenon-Buch angeschaut, von dem ich dir erzählt habe? Der Mann hat Tiefe. Und alle glauben, er sei nur ein Krimiautor. Wußtest du, daß Gide kurz vor seinem Tod über ihn geschrieben hat? Das ist eine Tatsache. Hast du überhaupt schon mal Gide gelesen?›
‹Ich ackere immer noch die Russen durch. Langsam.›
‹Gogol›, sagte er und rollte die Augen mit einer Bedeutsamkeit, die keiner Erläuterung bedurfte, außer für mich.«

Aus Howard Engel, *The Suicide Murders*

Als Simenon nach der Hochzeit in New York ankam, war sein erster Gedanke, das Schiff nach Europa zu nehmen. Seine neue Frau war noch nie dort gewesen, und er hatte eine milde Form von Nostalgie für seine alten Lieblingsplätze bewahrt. Er hatte dafür gesorgt, daß Johnnys Geburt auf dem belgischen Konsulat registriert und im Familienbuch auf dem Lütticher Rathaus eingetragen wurde. In der Hitze Arizonas hatte er manchmal die Behaglichkeit warmer Kleidung bei kaltem Wetter vermißt. Aber dann war 1950 der Koreakrieg ausgebrochen, der in Europa eine Flut von Visumanträgen auslöste, weil viele einen neuen Krieg fürchteten und in die Vereinigten Staaten kommen wollten. Das erfuhr Simenon vom belgischen Konsul in New York, und da ihm die Kriegsgerüchte glaubhaft erschienen, konnte er die Gefühle der potentiellen Flüchtlinge gut verstehen.

So tat er, was er 1938 getan hatte, als die Rede von einem bevorstehenden Krieg immer vernehmlicher geworden war. Er machte sich daran, ein Haus in einem friedlichen Teil des Landes und fern der großen Städte zu suchen. Auf den Rat des Konsuls hin fuhren er und Denise nordwärts nach Connecticut und gelangten schließlich in eine Gegend an einem wunderschönen See, wo sie in einem Dorf zu bleiben beschlossen, noch bevor sie ein Haus gefunden hatten. Die Hauptstraße des Dorfs war etwa hundert Meter lang und hieß Main Street. Binnen kurzem fanden sie ein zweistöckiges, weißgestrichenes Holzhaus mit grünen Fensterläden. Es stammte aus dem Jahr 1748, hatte Doppelfenster und war von zwei Hektar Kiefernwald umgeben. Die grünen Fensterläden mögen es Simenon angetan haben. Im Januar zuvor hatte er eine der handelnden Personen in *Les volets verts* sagen lassen: «Hast du nicht immer von einem Haus mit grünen Fensterläden geträumt? [...] es ist das Haus, von dem ich stets geträumt habe, von dem ich schon träumte, als ich noch ein kleines Mädchen war.» Das Dorf hieß Lakeville, das Haus hieß Shadow Rock Farm; es gehörte dem Journalisten und Verleger Ralph Ingersoll, und es war zu verkaufen. Simenon erwarb es mit Hilfe einer Hypothek – das einzige Mal in seinem Leben, daß er so etwas tat. Aber die Scheidung hatte ihn so viel Geld gekostet, daß er vorübergehend pleite war. Sieben Kilometer weiter, in Salmon Creek, fand er ein zweites Haus, das er für Tigy, Marc und Boule mieten konnte. Lakeville sollte für die nächsten fünf Jahre ihre Heimat werden, den letzten Abschnitt in Simenons Leben, in dem er unzweifelhaft glücklich war.

Die Jahre in Connecticut gehörten zu den beständigsten und produktivsten, die er erlebte. In seinen Erinnerungen aus dieser Zeit berichtet er mehr über seine Arbeit und seine neuen Freundschaften als über Denise, ein Zeichen dafür, daß die Ehe verhältnismäßig gutging. Hier schrieb er *La mort de Belle*, *Les frères Rico*, *L'escalier de fer*, *Feux rouges*, *Crime impuni*, *L'horloger d'Everton* und *Le grand Bob* sowie *Les memoires de Maigret*, *Le revolver de Maigret* und *Maigret chez le ministre*. In den fünf Jahren, die er in Shadow Rock Farm verbrachte, produzierte er vierzehn Romane und dreizehn «Maigrets», durchschnittlich fünf Bücher im Jahr in regelmäßigen Abständen. Hier stellte er auch eine große Referenzbibliothek zusammen, die den größten Teil der Telefonbücher Frankreichs und der Vereinigten Staaten enthielt, ferner sämtliche Enzyklopädien, Atlanten und Geschichtswerke, deren er habhaft werden konnte. Außerdem hatte er eine riesige Namenkartei. Unter den Namen gab es englische, jüdische und französische. Manchmal waren sie alphabetisch geordnet, manchmal wurden sie mit Vornamen angeführt. Auf einer Liste glaubt man ein mitteleuropäisches Prosagedicht zu lesen; da steht: «MALENK, MALEK, MALENKI, MALESKE, MAKNI, MAJKA, MUNNO, ZARECK, ZAWILA, ZBENK, ZBILSKI, ZAPIL, ZAPLIRIO, ZAPKA, ZAPOS». Am Schluß sind zwei Namen unterstrichen: «ZIPNICK» und «ZOGRAFFI». Zipnick, Joseph, Nachtwächter in einer Londoner Bank, erschien in der 1963 verfaßten Kurzgeschichte *Les nolepitois*. Die Familie Zograffi tauchte in dem 1953 in Lakeville geschriebenen Roman *Crime impuni* auf. Dieselben Listen wurden im Lauf vieler Jahre immer wieder verwendet.

In Shadow Rock Farm – Telefonnummer «Hemlock 5» – konnte Johnny die Biber im Bach spielen sehen, wie Marc fünf Jahre früher in Sainte-Marguerite die Bären beobachtet hatte. Hier wurde auch Simenons geliebte Tochter Marie-Georges (Marie-Jo) im Februar 1953 geboren. All seine Träume von einem Leben mit Kindern als Mittelpunkt schienen sich erfüllt zu haben. Daneben war er nach wie vor fasziniert von der Fremdartigkeit Amerikas und beeindruckt von dem demokratischen Gepräge einer Gesellschaft, in der Millionärskinder sich als Aushilfen in einem Supermarkt ihr Taschengeld verdienten.

Simenon genoß das Gefühl, ein Amerikaner zu werden, nunmehr George Simenon, amerikanischer Schriftsteller belgischer Herkunft, zu sein, nicht mehr Georges Simenon, belgischer Schriftsteller, wohnhaft in Connecticut. Es gefiel ihm, am Freitagabend vor seinem Fernseher zu sitzen, sich die von der Bierfirma Pabst Blue Ribbon finanzierte Boxsendung anzuschauen und auf den Werbespot zu warten, der da lautete: «Meine Damen und Herren, nutzen Sie die Gelegenheit, Ihren Kühlschrank zu öffnen und Ihren Durst mit einem großen Glas Pabst Blue Ribbon zu stillen!» Und dann stand er auf, ging zum Kühlschrank, machte die Flasche auf und trank das Bier – gleichzeitig mit Millionen anderer Amerikaner. Er notierte, daß es in Frankreich undenkbar wäre, einen Fahrstuhl zu betreten und den Generaldirektor einen kleinen Angestellten mit «Hi, Fred!» begrüßen zu hören. Doch er fand auch, daß diese lässigen Umgangsformen einen wirklichen Unterschied in den Beziehungen zwischen Chef und Untergebenem ausmachten. Amerika hatte es ihm dermaßen angetan, daß es ihn sogar amüsierte, als ein unabhängiger Filmproduzent in New York ihm für irgendwelche Filmrechte die Bezahlung eines Nerzmantels für Denise anbot. Sie erhielten den Mantel von einem mit dem Produzenten befreundeten Kürschner. Doch als der Produzent später auf die Filmrechte verzichtete, weil er angeblich nicht die passenden Schauspieler gefunden hatte, dachte Denise nicht daran, den Mantel, ein Prachtstück aus wildem Nerz, in das sie ganz verliebt war, zurückzugeben. So bezahlte Simenon schmunzelnd und fragte sich, ob die ganze Sache nicht von Anfang an ein Schwindel gewesen sein könnte, ein alter Trick, mit dem die kleinen Ganoven der Lower Eastside auf Kundenfang gingen.

1973, im Rückblick auf seine frühen Leistungen, erinnerte sich Simenon, daß die ersten «Maigrets» alsbald zu internationalen Erfolgen geworden waren. Das stimmte; allerdings waren die Verkaufszahlen der Bücher, die in den dreißiger Jahren weltweite Verbreitung gefunden hatten, in den vierziger Jahren in Großbritannien und den Vereinigten Staaten ständig gesunken. Angesichts des Triumphs der 1951 erschienenen Signet-Paperbackausgabe von *La neige était sale*, von der schließlich zwei Millionen Exemplare verkauft wurden, reagierte Simenon prompt und beschloß, etwas für seine britischen und US-amerikanischen Verlagsverträge zu tun. Er hatte sich freie Verfügung über seine Übersetzungsrechte vorbehalten und sie nie an Gallimard abgegeben. Und die ursprünglich an Fayard verkauften Nebenrechte der ersten neunzehn «Maigrets» hatte er für eine Million Francs in bar zurückerworben, als er eines Sonntagmorgens mit einem

Koffer voll Banknoten unangemeldet im Verlag erschienen war; er hatte sich ganz richtig gesagt, daß der Anblick einer solchen Menge Geldes auf den unerfahrenen Bankier, der Arthème Fayard als Verlagschef gefolgt war, unwiderstehlich wirken würde. Diesen Handstreich beschrieb er als «das beste Geschäft, das ich je in meinem Leben an einem Tag gemacht habe».

Jetzt kündigte Simenon den Verlagen Routledge & Kegan Paul in London sowie Harcourt Brace und Prentice in New York und ersetzte sie durch Hamish Hamilton und Doubleday. In Großbritannien waren bis 1950 nur die ersten neunzehn «Maigrets» und vierzehn der siebzig *«romans durs»* erschienen. In den Vereinigten Staaten hatte man von 1932 bis 1953 lediglich zwölf «Maigrets» und dreizehn *«romans durs»* veröffentlicht. Gemäß den Verträgen, die Simenon nun in Lakeville abschloß, sollten seine Bücher in beiden Ländern im Rhythmus von jährlich etwa vier Titeln erscheinen. Ferner traf er 1952 ein Abkommen mit Penguin Books in London; es umfaßte zehn Titel, die binnen eines Jahres in einer Auflage von einer Million Exemplaren erschienen und in den ersten sechs Monaten dreimal nachgedruckt werden mußten. Simenons Weltverkaufszahlen beliefen sich, wie Brendan Gill berichtete, auf jährlich etwa drei Millionen Exemplare, und die Gesamtsumme der verkauften Exemplare wurde auf dreißig Millionen geschätzt. Die Abmachung mit Doubleday dauerte zehn Jahre; danach wurde Harcourt Brace wieder Simenons Verleger. Der Vertrag mit Hamish Hamilton indessen blieb bis zum Ende von Simenons Karriere bestehen. «Jamie» Hamish Hamilton, der die Gabe der Freundschaft besaß, war regelmäßig bei ihm zu Gast. Es gefiel Simenon, in ein und demselben Verlagsprogramm wie Raymond Chandler zu stehen, ein Schriftsteller, der gleich ihm den Ruf genoß, zugleich populär und literarisch anspruchsvoll zu sein, und er freute sich immer auf Hamish Hamiltons Besuche und den Anblick seiner durch die Einfahrt schreitenden *«longue silhouette élegante»*.

Der doppelte Verlagswechsel machte sich sofort bezahlt. 1952 wurde Simenon zum Präsidenten der Mystery Writers of America ernannt, eine Ehre, die Raymond Chandler erst 1959 zuteil wurde; anschließend folgte seine Wahl in die American Academy of Arts and Letters. Man lud ihn ein, an der Yale University Vorlesungen zu halten, und sein Werk wurde in die Sammlung der maßgebenden Texte französischer Literatur für die Universitäten aufgenommen. Denise richtete in ihrem Teil von Shadow Rock Farm ein voll ausgestattetes Sekretariat ein, und obgleich Simenon stets behauptete, sie mache aus jedem administrativen Floh einen Elefanten, nahm sie ihm eine beträchtliche Menge Arbeit ab und war schließlich diejenige, die bei dem ungeheuren Aufschwung seiner Weltverkäufe den Überblick bewahrte. Ihrer Meinung nach war Simenon, als sie ihn kennengelernt hatte, weder reich noch berühmt gewesen (jedenfalls in Nordamerika). Sie erwies sich als eine ausgezeichnete literarische Agentin. Außerdem war sie eine strenge Kritikerin einiger seiner englischen Übersetzungen, und gemeinsam sorgten sie dafür, daß deren Standard sich verbesserte. Nach einiger Zeit trat der Book of the Month Club an Simenon heran, und ein britisches Mitglied des Lektoratsausschusses, ein Mann mit Melone und zusammengerolltem Regenschirm, besuchte ihn in Lakeville. Simenon geriet in eine solche Wut, als dieser Mensch ihm erklärte, er müsse laut den Vertragsbedingungen den Anweisungen eines Komitees folgen und seine Texte entsprechend umarbeiten, daß er ihn kurzerhand vor die Tür setzte. Ein als Gentleman verkleideter englischer Betrüger ganz ähnlicher Beschreibung erschien einige Jahre später in *Maigret voyage*.

Zu seinen Nachbarn in der Gegend um Lakeville gehörten Thornton Wilder und James Thurber. Wilder bemühte sich bald, Simenon kennenzulernen. In einem vom 30. Juni 1953 datierten Brief, der einer ihrer ersten Begegnungen folgte, schrieb Wilder an die Simenons, denen er gleichzeitig zwei seiner französischen Simenon-Bände zum Signieren schickte. «Die Gabe des Erzählens ist im zwanzigsten Jahrhundert die allerseltenste. Die Romanform bietet uns alles, nur nicht die gottgegebene Gabe des Erzählens. Georges Simenon hat sie bis in die Fingerspitzen. Von ihm kann jeder lernen.» Wilder war so begeistert von ihm, daß er Simenons Bücher in Paris bestellte, ohne die englische Übersetzung abzuwarten. Er war es auch, der die Harvard University aufforderte, Simenon zu Vorlesungen einzuladen, und er grübelte eine Zeitlang über Simenons Bemerkung, er behandle oft das gleiche Thema (oder «Problem») zuerst in einem «Maigret» und dann in einem sonstigen Roman. Von der anderen Seite des Kontinents schrieb ihm Henry Miller aus Big Sur: «Lieber Monsieur Simenon, bitte setzen Sie meinen Namen auf die unermeßliche Liste Ihrer Bewunderer aus der ganzen Welt! Ich habe soeben *Lettre à mon juge* und *Les volets verts* gelesen. Die ersten beiden Bücher von Ihnen, die mir in die Hände gefallen sind.» Miller fuhr unverblümt fort: «Sträubte mich jahrelang, Ihre Sachen zu lesen. Hielt es für unmöglich, daß ein derart populärer und vielschreibender Autor so gut sein könne. Sie sind wirklich viel bedeutender als Ihr Ruf. Meinen herzlichsten Dank (an den Schöpfer), daß Sie in unserer Mitte sind.» Das war im März. Im August schrieb der immer noch in seine «Simenons» vergrabene Miller, wie er eines Tages an den Straßenrand gefahren war, um *Les quatre jours du pauvre homme* zu lesen. «Sechs Leute hielten an und erkundigten sich, ob ich in Schwierigkeiten sei.» Als er erklärt habe, er lese gerade einen Simenon, habe ihn einer gefragt, ob er *Maigret et son mort* gelesen habe, «den besten der Reihe». Miller glaubte, in Simenons Bücher eine für französische Autoren ungewöhnliche «Zärtlichkeit» entdeckt zu haben, die wahrscheinlich auf seine flämische Abstammung zurückzuführen sei – «le côté Belge Hollandais, Nord, brume, mélancolie douce et tristesse voilée...». Die Beschreibung Neuenglands in *La mort de Belle* fand Miller sehr zutreffend, und er fügte hinzu: «Neuengland ist mir unheimlich.» Dann erbot er sich, Simenon einem Freund zu empfehlen, der ihm als Führer durch die anrüchigeren Teile Brooklyns dienen könnte. Sie tauschten Exemplare ihrer Werke aus, und Miller schrieb, er verdiene sich seinen Lebensunterhalt in Big Sur als Buchhändler, da er von seinen Autorenhonoraren nicht leben könne. «Walt Whitman verkaufte *Leaves of Grass* von daheim aus [...] Welch ein Bild von Amerika!» Simenon, der unter diesem Problem nicht litt, schien nicht besonders beeindruckt von Millers Mißgeschick und antwortete, er könne sich vorstellen, daß Miller in seiner verlegerischen und buchhändlerischen Tätigkeit eine gewisse «handwerkliche» Befriedigung finde.

In einem anderen Brief schrieb Miller an Simenon: «John Cowper Powys liest Sie jeden Abend.» Zweifellos freute sich Simenon über diese Mitteilung, doch seine Korrespondenz mit Schriftstellerkollegen, die aus dem Nichts auftauchten, um seine Arbeit zu preisen, entbehrte nicht einer gewissen Komik, denn er war meistens unfähig, an der ihren Geschmack zu finden. «Ich wünschte, mir gefielen die Werke meiner Freunde, die schreiben», klagte er in *Quand j'étais vieux*. «Ich versuche, mich dazu zu zwingen, ich versuche, so zu tun als ob, aber es ist selten wahr [...] Ich mag sie als Menschen und bedaure zugleich, sie nicht als Schriftsteller bewundern zu können.» Es fing mit Gide an, dessen Bücher er stets unlesbar fand, und er war hell entsetzt, als die Post ihm Pakete mit Henry Millers Büchern samt Begleitbriefen brachte, worin er gebeten wurde, seine Meinung zu äußern. In eine noch größere Verlegenheit hätten ihn die Werke John Cowpwer Powys' versetzt, der einmal sagte, Simenon sei ihm der liebste «aller modernen Autoren, der englischen, amerikanischen und französischen – der große, der menschliche, der weise, der edle, balzacianische, dostojewskinische, dickensische, rabelaisianische und gorkinische Schöpfer des französischen Sherlock Holmes (doch dem Original weit überlegen)». Vielleicht war es ein Glück für Simenons Seelenfrieden, daß Powys diese Lobpreisung für sich behielt beziehungsweise in der Korrespondenz mit seinen Freunden äußerte.

Simenon erhielt die übliche Flut von Leserbriefen, und er nahm es sehr genau damit, sie zu beantworten, ausgenommen die, in denen man ihn um Geld bat. Ein Brief aus etwa dieser Zeit war von einem ehemaligen Mitglied der von Oberst Maurice Buckmaster geleiteten Widerstandsgruppe, einem Mann namens Barde, dessen Entschlossenheit, seine «Simenons» zu Ende zu lesen, die Henry Millers um einiges übertraf. Barde schrieb, er sei während seiner Haftzeit im Konzentrationslager Buchenwald in die Lektüre von *Félicie est là* vertieft gewesen, als der Befehl ertönte, das Lager zu verlassen; die Amerikaner hätten kurz davorgestanden, Buchenwald zu befreien. Daraufhin habe er sich in der Latrine versteckt (*«La merde ou la mort. Je n'ai pas hésité»*). Um sich zu zerstreuen, habe er sich dort für das Ende des Buches drei Möglichkeiten ausgedacht. Da es ihm zu dumm erscheinen würde, sterben zu müssen, ohne erfahren zu haben, wie die Geschichte wirklich ende, bitte er Simenon, ihm ein Exemplar zu schicken. Als das Buch ankam, stellte Monsieur Barde fest, daß keine seiner Lösungen die richtige gewesen war. Es war vernünftig, Monsieur Barde Glauben zu schenken, doch mag Simenon sich gefragt haben, wie ein 1944 bei Gallimard erschienenes Buch bis April 1945 nach Buchenwald gelangt sein konnte.

Mit einem anderen Leser unterhielt Simenon eine ausgiebige und freimütige Korrespondenz, die vier Jahre dauerte, bis zum Tod des Lesers. Dieser Mann – nennen wir ihn Valentine, was nicht sein wahrer Name ist – lebte mit Frau und Kindern in Südamerika. Davor hatte er einunddreißig Jahre in Frankreich gelebt. Seine Frau war Französin, und er war ein glühender Verehrer Simenons. In seinem ersten, 1952 geschriebenen Brief erklärte er einen der Gründe, weshalb er Simenon las: «Der Leser sieht sich von einem Buch gefesselt, von dem er das Gefühl hat, er hätte es selbst schreiben können, wenn er nur die Begabung dazu hätte.» Simenon war von diesem Kompliment so angetan, daß er es später in einem Interview für eine Zeitschrift verwendete, als sei es sein eigener Einfall. Er knüpfte sofort eine enge Beziehung zu Valentine an, in dem er erkannte, was dieser an sich selbst erkannt hatte: eine zum Leben erweckte Simenon-Figur zu sein, ein in den Tropen gestrandeter *aboulique*, ein willenloser Mensch. Valentine war ein Verbannter in seinem eigenen Land, in das er aus Europa zurückgekehrt war, um die Goldmine der Familie zu betreiben. Doch er fühlte sich so isoliert, daß er zu trinken begann; er war davon überzeugt, seinem geistigen und materiellen Tod nahe zu sein, als er anfing, noch einmal seine Simenons zu lesen, und da stellte er plötzlich fest, daß das unmögliche Wunder sich ereignete und er sich besser zu fühlen begann. Simenon antwortete, auch er sei Alkoholiker gewesen und gehöre noch immer zu jenen, die nicht ein oder zwei Glas trinken können, ohne gleich mehr zu wollen. Jahrelang habe er ständig getrunken, weil ihm der Stimulus für seine Arbeit unerläßlich erschienen sei, aber inzwischen wisse er, daß auch Ginger Ale oder Coca-Cola angemessener Treibstoff seien. (In der Zukunft war das dann nicht immer der Fall.) Später lud Simenon Valentine ein, ihn in Connecticut zu besuchen, und sie tauschten Erinnerungen an ein Bordell aus, das sie beide in den zwanziger Jahren frequentiert hatten, das von Madame Hélène in der Rue Brey. *«Moi aussi, un client assidu»* (Auch ich war Stammkunde), schrieb Simenon im Rückblick auf seine dortigen Besuche 1925 oder 1926. Trotz der ungeheuren Ermutigung, die Valentine in der Korrespondenz mit seinem Helden fand, wurde ihm das Leben schließlich doch zuviel. Auf spektakuläre Art griff er wieder zur Flasche und starb, bevor er Simenons Einladung annehmen konnte. Nach seinem Tod schrieb die Witwe an Simenon, um ihm für all die geleistete Hilfe zu danken und ihm zu sagen, daß er die große Hoffnung der letzten Jahre ihres Mannes gewesen sei. In seinem Kondolenztelegramm schrieb Simenon: *«Apprends la mort mon grand ami jamais vu[...]»* (Erfahre vom Tod meines nie gesehenen großen Freundes).

Während Simenon in Lakeville wohnte, besuchte er Europa zweimal. Im Oktober 1954 machte er auf Wunsch Hamish Hamiltons eine Werbetournee durch Großbritannien. Seine erste Reise im März 1952, nach sieben Jahren Abwesenheit, war ein triumphaler Erfolg gewesen. Damals hatten sie sich in New York auf der «Ile de France» eingeschifft. Eines Abends hatte er «eine kleine Gräfin» von der Tanzfläche aufgelesen, und sie war in seine Kabine gekommen, wo sie mit ihm und Denise ins Bett gegangen war. Die ersten Reporter waren in Plymouth an Bord gekommen. In Le Havre hatten Reporter und Fotografen Simenon umdrängt, und als der Fährzug in der Gare Saint-Lazare ankam, wurde Simenon wie ein Filmstar empfangen. Zahlreiche begeisterte Leser waren erschienen, um ihn zu begrüßen, ebenso seine drei Verleger Jean Fayard, Gaston Gallimard und Sven Nielsen (der die Reise bezahlte). Von den Büchern, die seit seiner Abreise 1945 erschienen waren, hatten sieben Verkaufszahlen von jeweils 470000 bis 610000 Exemplaren erreicht. Simenon und Denise wurden im Hotel Claridge untergebracht, wo sie einen Balkon mit Blick auf die Champs-Elysées hatten, und Nielsen veranstaltete am ersten Abend eine große Party, auf der viele von Simenons alten Freunden erschienen, unter ihnen Marcel Pagnol, Pierre Lazareff, Marcel Achard, Cocteau, Fernandel, Michel Simon und Jean Gabin. Gide war ein Jahr zuvor gestorben, doch zweifellos schwebte sein Geist anspruchsvoll wie eh und je über dem Fest. Nielsen hatte eine große Suite für Simenon gemietet, zu der auch ein Büro für die Sekretärin gehörte, die ihm für die Dauer seines Aufenthalts in Paris zur Verfügung stand. Keine Kosten wurden gescheut, um Simenon zu schmeicheln und ihm den Aufenthalt angenehm zu machen. Nielsen, der den Erfolg seines Verlagshauses zum großen Teil den vierunddreißig Titeln verdankte, die sein beliebtester Autor in den letzten acht Jahren beigesteuert hatte, verschaffte Simenon einen Sitz in der Jury eines Literaturpreises. Im übrigen fanden mehrere weitere Empfänge statt, so ein vom Polizeipräfekten veranstalteter, bei dem Simenon unter dem lauten Beifall der versammelten Inspektoren vom Quai des Orfèvres eine silberne Dienstmarke der Polizei für seinen Kommissar Maigret erhielt.

An einem Abend organisierte Nielsen, um Simenon eine besondere Freude zu bereiten, eine nachempfundene Neuaufführung des berühmten *«bal anthropométrique»*. Statt der einstigen vierhundert Verrückten fand sich eine gelassene Gesellschaft von vierzig Personen ein, doch blieb sie nicht lange gelassen, da Simenon, von einem unwiderstehlichen Bedürfnis getrieben, in die Garderobe der Tänzerinnen aus Martinique eindrang und zwei von ihnen vernaschte, während die anderen herumstanden und ihn anfeuerten. «Dieser Vorfall», schrieb er später, «amüsierte Denise köstlich.» Als er dem Polizeipräfekten vorgestellt wurde, erfuhr er, daß er und seine Familie seit ihrer Ankunft unter ständiger polizeilicher Überwachung standen, da er als reich und berühmt genug galt, um von Kidnappern entführt zu werden. Das war vielleicht die höchste Anerkennung, die Simenon je in seinem Adoptivland zuteil wurde; sie ließ auch die Strecke erkennen, die er zwischen Gare du Nord und Gare Saint-Lazare zurückgelegt hatte. Als er seinerzeit auf dem erstgenannten Bahnhof angekommen war, hätte die Polizei ihn wohl eher für einen möglichen Verbrecher als für das mögliche Opfer eines solchen gehalten.

Bis zu ihrem Europabesuch 1952 hatte Denise nie so recht begriffen, wie berühmt ihr Mann war und welche Lobesbekundigungen er auszulösen vermochte. Ein Beispiel dafür bot Madame Doringe, seine Lektorin bei den Presses de la Cité, welche die Umschlagtexte seiner Hardcover-Ausgaben verfaßte und unterzeichnete. Valentine, der wie viele von Simenons Bewunderern die Werbetexte Madame Doringes bestens kannte, schrieb einmal: «Man braucht nur den Umschlagtext zu lesen, um die tiefe Eifersucht und die aufrichtige Freundschaft und Verehrung zu erkennen, die Madame Doringe für Sie empfindet.» Und Simenon antwortete: «Eine ehemalige Mätresse könnte nicht eifersüchtiger sein als Doringe [...] Jahrelang korrigierte sie meine Fahnenabzüge, und mit Philologiedoktoranden, die einen Druckfehler übersehen hatten, ging sie grimmig ins Gericht.» Während seines Besuchs 1952 erhielt Madame Doringe ein Zimmer im «Claridge» gegenüber dem Simenons, und sie spionierte ihm ständig nach. Eines Tages sagte Denise zu ihr: «Ich sehe ihn zur Zeit kaum öfter als Sie, Doringe», und Madame Doringe erwiderte ungeniert: «Ja, aber Sie... Sie schlafen in seinem Bett.» Damals war Madame Doringe zweiundsiebzig.

Von Paris waren Simenon und Denise nach Monte Carlo gefahren, wo sie bei Marcel Pagnol in dessen Villa wohnten, und dann nach Antibes, wo sie bei Alexander Korda auf dessen im Hafen festgemachter Jacht zu Gast waren. Danach fuhren sie nach Belgien. Der offizielle Anlaß für den ganzen Besuch war Simenons Wahl in die Brüsseler Académie Royale, und die Begeisterung in Lüttich übertraf noch die in Paris. Simenons Rückkehr machte Schlagzeilen in allen Zeitungen der Stadt. Er wollte Denise seiner Mutter vorstellen, doch das war eine heikle Aufgabe, und er hielt es für ratsamer, zuerst das Terrain zu sondieren. Daniel Fillipachi, damals Fotograf von *Paris-Match*, der auf dem dunklen Pflaster von Outremeuse ein *paparazzi*-Unternehmen in die Wege geleitet hatte (obgleich Simenon vorsichtigerweise vierundzwanzig Stunden früher gekommen war), wurde überredet, auf sein Vorhaben zu verzichten, und der Romancier begab sich allein in die Rue de l'Enseignement 5, zu dem Terrassenhaus, in dem Henriette jetzt lebte und von dem aus man das Haus sah, in dem er aufgewachsen war. Fast dreißig Jahre waren seit dem Tag seiner Abreise vergangen. Seine Mutter hatte wieder geheiratet, war zum zweitenmal verwitwet und hatte ihren geliebten jüngeren Sohn verloren; er hatte sich scheiden lassen und erneut geheiratet, hatte jedoch keins der Enkelkinder Henriettes mitgebracht. Seit vierzehn Jahren hatte er sie nicht mehr gesehen. Als er vor der Tür stand, drückte er nicht auf die Klingel, da er im letzten Augenblick fürchtete, nicht die richtige Adresse zu haben; statt dessen blickte er auf die Tür, die der Tür aus seiner Kindheit zum Verwechseln ähnelte, und gab das Signal, das der falsche Bewohner wahrscheinlich nicht beachten würde, das aber seine Mutter bestimmmt erkennen mußte, auch wenn er einen Tag zu früh gekommen war. Er tat das, was er als Kind immer getan hatte, und klapperte mit dem Briefkastendeckel. Die Tür ging auf, und seine Mutter stand vor ihm. «Georges, du bist es!» Sie umarmten sich, und Simenon fühlte, daß er den Tränen nahe war.

> «Sie schaute mich mit jenem schüchternen, zurückhaltenden Lächeln an, das mir stets als das ihre in Erinnerung geblieben war. Sie hatte immer noch dieselbe Art, sich für ihr Hiersein zu entschuldigen, sich dafür zu entschuldigen, daß es sie gab, vielleicht weil sie das dreizehnte Kind eines deutschen Vaters und einer niederländischen Mutter war.»

Sie gingen hinein und plauderten eine Weile. An der Wand hing ein Porträt von ihm, das Tigy gemalt hatte, als er neunzehn war. Eine der ersten Bemerkungen seiner Mutter war: «Warum ziehst du nicht nach Lüttich? Du wärst hier sehr gut aufgehoben.» Nach dreißig Jahren wiederholte Henriette ihre Abschiedsworte, die sie am Vorabend der Abreise an Georges gerichtet hatte. Nach einigem Hin und Her schlug Georges ihre Einladung aus, zum Abendessen zu bleiben, und kehrte in das Hôtel de Suède zurück, wo er einst Poincaré und den Kronprinzen Hirohito interviewt hatte. Das Hotel war inzwischen heruntergekommen; dennoch fand er es dort behaglicher, als wenn er mit Denise im Gästezimmer seiner Mutter übernachtet hätte. Während der ersten halben Stunde des Besuchs, so schrieb er in *Mémoires intimes* hatten er und seine Mutter es vermieden, sich in die Augen zu schauen.

Die Festlichkeiten der folgenden Tage in Lüttich waren ziemlich denkwürdig. Noch aufregender wurden sie durch einen Verleumdungsprozeß wegen *Pedigree*, der am ersten Tag seines Besuchs eröffnet wurde und den Simenon verlor. Ein ehemaliger Untermieter seiner Mutter hatte ihn verklagt, weil er sich über seine Aktivitäten als Medizinstudent lustig gemacht habe. Der Fall trug zu Simenons Prestige als Lüttichs berühmtester Sohn bei, endete jedoch damit, daß einige längere Passagen aus *Pedigree* gestrichen werden mußten. Simenon war äußerst wütend über das Urteil, das die Kläger erreicht hatten, trotz aller Beredsamkeit seines Anwalts Maurice Garçon, der aus Paris gekommen war, um seinem alten Freund beizustehen. Maître Garçon fragte den jetzt als Augenarzt praktizierenden Dr. Marcel Chaumont, ob er einen einzigen Patienten verloren habe, weil in *Pedigree* zu lesen gewesen sei, er habe seinerzeit ein Skelett im Bett eines Mädchens versteckt. Doch das Gericht ließ sich nicht umstimmen, und Simenon mußte Schadenersatz und die Prozeßkosten bezahlen.

Simenon war jetzt in Lüttich zu einer Persönlichkeit jener Art geworden, die er als junger Reporter verspottet hatte. Nun war er an der Reihe, sich von den respektlosen Mitgliedern seiner alten Zunft interviewen zu lassen und als Ehrengast auf den pompösen offiziellen Empfängen zu erscheinen, bei denen er einst hinausgeworfen worden war. Sah er, wenn er zum Reportertisch blickte, den Schatten eines vorlauten jugendlichen Kolumnisten, der sich mühsam auf den Beinen hielt, und hörte er, wie geschrien wurde:

«Mein Gott, ist das langweilig! Ihr seid eine alte Trottelbande!»? Es blieb ihm nicht einmal erspart, auf der Place D'Yser am Kriegerdenkmal von Outremeuse einen Kranz niederzulegen, was angesichts seiner eigenen Erinnerungen an die erste Besetzung und der Aktivitäten seines Bruders bei der zweiten vielleicht der groteskeste Augenblick des Besuchs war.

Es gab auch ein Wiedersehen mit Joseph Demarteau III., der seine Deportation in ein Konzentrationslager überlebt hatte, immer noch Chefredakteur der *Gazette de Liège* war und nach wie vor mit Stolz seine «Erdbeernase» trug. Simenon war sehr gerührt von der Begegnung mit seinem ehemaligen Arbeitgeber und sagte zu ihm: «Sie hätten mich fünfmal in der Woche oder noch häufiger feuern können, und Sie taten es nie. Dank Ihrem Verständnis bin ich nicht auf die schiefe Bahn geraten.» Und noch ein anderes denkwürdiges Ereignis gab es, ein Mittagessen zu seinen Ehren, das nicht gut ausging. Simenon erkannte nicht immer gleich die Mitglieder seiner zahlreichen Familie; einigen begegnete er zum erstenmal bei einer öffentlichen Signierstunde, und am Tag seiner Ankunft hatte er zwei seiner Nichten auf der Straße in Outremeuse nicht wiedererkannt. Nur die Familienlegenden waren ihm in lebhafter Erinnerung geblieben. Eines Abends, bei einem Essen in Embourg, gab sich seine Gastgeberin und Tischnachbarin als die Enkeltochter jenes Kloakenmülltransporteurs zu erkennen, der seinen Großvater Brüll ruiniert und damit seine Mutter zu einer Kindheit in Armut verdammt hatte. Ihre amüsierte Art, darüber zu reden, ärgerte ihn dermaßen, daß er vom Tisch aufstand und das Bankett verließ. Allerdings bekam er bald Gelegenheit, sich zu rächen, denn der Sohn der Gastgeberin, ein fanatischer Simenon-Leser, hatte an jenem Abend eine Pfeife mit Goldring an sich genommen, die Simenon soeben geschenkt worden war und die er versehentlich liegengelassen hatte. Der Junge mußte am Ende die Pfeife in Gegenwart seiner Mutter zurückgeben, und Simenon konnte sagen, daß ihre Familie zweimal versucht habe, die seine zu berauben.

Am Tag nach ihrer Ankunft in Lüttich wurden Denise und Henriette einander vorgestellt. Die Beziehung stand von Anfang an unter einem schlechten Stern. Noch heute behauptet Denise, Henriette sei «unausstehlich» gewesen, und die Feindseligkeiten begannen fast sofort, als Denise feststellte, daß Henriette bei einem Bankett den Ehrenplatz zur Rechten Simenons einnehmen sollte, und daraufhin kurzerhand die Tischkarten vor dem Essen auswechselte. Simenon tat nichts, um die Sache rückgängig zu machen, wenn er auch später sagte, er habe sich seines Stillhaltens so geschämt, daß er sich in der Folge überhaupt nicht mehr an das Bankett habe erinnern können.

Henriette begleitete ihren Sohn nicht nach Brüssel, als er am 30. Mai in die Académie Royale aufgenommen wurde. Unter den Anwesenden waren Marcel Pagnol, Maurice Garçon, Pierre Benoit und André Maurois, allesamt Mitglieder der brüderlich verbundenen Académie française. Denise, die sich für den Anlaß ein prächtiges Abendkleid bei Lanvin gekauft hatte, war in Brüssel zu dem Festakt jedoch nicht zugelassen; sie und ihr Mann wurden auch nicht König Leopold vorgestellt, da Simenon geschieden war. Simenon nahm die Ehrung mit gemischten Gefühlen entgegen. Einerseits hatte er den Atlantik überquert, um sie zu empfangen, andererseits verspürte er ein Unbehagen. Es bereitete ihm heimliche Genugtuung, als einige Mitglieder der Académie française, die im Gegensatz zu den Belgiern schwer bestickte napoleonische Uniformen, Degen und Dreispitzhüte trugen, eine Stunde im steckengebliebenen Hotelfahrstuhl verbrachten und in Anbetracht ihres Alters und ihrer zu engen Kragen von den Feuerwehrleuten mit Sauerstoff versorgt werden mußten, während ein ekstatischer *paparazzo* die ganze Szene fotografierte. Simenon verlas die Lobrede auf seinen ebenfalls aus Lüttich gebürtigen verstorbenen Vorgänger Edmond Glesener und vertraute später Valentine an, er habe dabei absichtlich viel Ironie durchblicken lassen und sei mit seinem Spott so weit wie nur möglich gegangen. «Ich dachte, einige der Anwesenden würden es merken und wütend werden», schrieb er, «aber eigentlich merkte niemand etwas.» In der Tat hatte sich Simenon in seiner Rede über Glesener lustig gemacht, weil er sein Leben als *fonctionnaire* im Landwirtschaftsministerium verbracht habe, und

Glesener zitiert, der von sich gesagt hatte, er sei «ein Schriftsteller, den die Leute zu vergessen begannen». Der Abend endete in einem Nachtlokal, in Gesellschaft der immer noch uniformierten Herren von der Académie française mit Degen und Dreispitz, und Simenon scheint die Académie Royale nie wieder betreten zu haben.

Auf der Heimreise, ohne Ablenkungsdienste von seiten kleiner Gräfinnen, hatten Denise und Simenon ihre Tochter Marie-Jo gezeugt. Im Herbst fand sich Henriette bereit, den Atlantik zu überqueren und die Simenons in Lakeville zu besuchen. Der Besuch war eine Katastrophe. Bei ihrer Ankunft erschien Henriette auf dem Zwischendeck, da sie die ihr von Simenon zugesandte Schiffskarte erster Klasse gegen eine billigere eingetauscht hatte, und sie trug ihre ältesten Kleider. Denise schleppte sie in die besten Geschäfte auf der Fifth Avenue und kaufte ihr unter anderem ein neues Korsett. Doch Henriette bestand darauf, weiterhin ihr altes zu tragen. So stahl sich Denise eines Nachts in ihr Schlafzimmer, nahm das alte Korsett und warf es in den Mülleimer. Später holte Henriette es sich wieder, und der Kampf setzte sich in den folgenden Nächten fort, bis Denise dann doch das letzte Wort hatte und das arg mitgenommene Kleidungsstück in den Müllverbrennungsofen des Dorfes steckte. Denise erinnert sich, wie sehr Henriettes Verhalten gegenüber ihrem Sohn sie entsetzt habe. Schon ihre Art, seinen Namen auszusprechen – «Geeeorrrges» –, sei ihr gehässig und verächtlich erschienen. In Gegenwart Marcs, der damals vierzehn war, hatte diese Frau erzählt, Désiré sei praktisch unfruchtbar gewesen, «mit Sperma wie Wasser». Am allerschlimmsten indes war, daß sie einmal in Anwesenheit von Georges und Denise murmelte: «Welch ein Jammer, daß es Christian war, der sterben mußte. Er hatte solches Genie!» Nach zehn Tagen brach Henriette ihren Besuch ab und flog wieder heim, was für alle Beteiligten eine Erleichterung war. Es gibt ein Foto, das einige Monate nach Henriettes Besuch im Eßzimmer von Shadow Rock Farm aufgenommen wurde. Es zeigt Denise, die ihrem Mann gegenüber am Tisch sitzt; sie ist ein wenig dick und nicht gerade hübsch, nachdem sie ihr Baby gesund zur Welt gebracht hat, ist ungeschminkt und trägt ihr dichtes dunkles Haar hochgesteckt, und sie sieht so aus, wie ihr Mann es sich gewünscht hat: nicht anziehend auf andere Männer wirkend.

Kurz nach der Geburt Marie-Jos setzte sich Simenon hin und schrieb *Feux rouges*, seinen vielleicht besten in Amerika spielenden *«roman dur»*. Seine kleine Tochter war vier Monate alt, und er widmete ihr diese grauenhafte Geschichte. Thornton Wilder schrieb ihm darüber:

> «*Feux rouges* ist ein machtvolles Buch. Und dazu ein äußerst brillantes [...] Kein amerikanischer Autor hätte sein Verständnis für das Problem der *femme violée* zuzugeben gewagt [...] Bravo! Bravo! Wieder hat er aus dem Leiden, und aus dem Leiden im Bereich der häuslichen Wirklichkeit des Alltagslebens, Schönheit und moralischen Glanz gewonnen [...] Georges *nous fait souffrir mais jamais inutilement. Il n'est pas le moins du monde sadique. Les souffrances que nous subissons – sont élargissantes! Voilà la définition de la Tragédie.*» [Georges macht uns leiden, aber nie umsonst. Er ist nicht im geringsten sadistisch. Die Leiden, die wir erdulden – machen uns größer! Das ist die Definition der Tragödie!]

Feux rouges spielt in Neuengland am arbeitsfreien Labor Day Anfang September. Ein Ehepaar fährt im Auto von New York zum Ferienlager, um dort seine Kinder abzuholen. Den Hintergrund der Reise bilden die zahlreichen feiertagsbedingten Verkehrsunfälle, von denen die beiden im Autoradio erfahren. Unterwegs hält der Ehemann, Steve, oft an, um ein Gläschen zu trinken. Seine Frau, Nancy, beschließt, den Wagen zu verlassen und die Reise mit dem Bus fortzusetzen. Als Steve wieder einmal aus einer Bar kommt, sieht er einen aus Sing-Sing entflohenen Sträfling in seinem Wagen sitzen, einen Mann, in dem er einen ihm ähnlichen «wahren Kerl» zu erkennen glaubt und dem er hilft, durch die polizeiliche Straßensperre zu kommen. Kurz darauf verliert Steve das Bewußtsein, und als er wieder zu sich kommt, stellt er fest, daß sein neuer Freund ihn ausgeraubt und das Weite gesucht hat. Dann erfährt er, daß seine Frau überfallen und vergewaltigt worden ist, bevor sie den Bus besteigen konnte. Weiter stellt sich heraus, daß der Vergewaltiger jener Sträfling war, dem er zur Flucht verholfen hatte. Zum Schluß wirkt sich diese Katastrophe jedoch heilsam auf Steve und Nancy aus; sie kommen einander näher, und Steve findet den Mut, das Trinken aufzugeben.

Als Simenon *Feux rouges* schrieb, hatte er fast acht Jahre lang in den Vereinigten Staaten gelebt und war in der Lage, Atmosphäre und Hintergrund wirklichkeitsgetreu wiederzugeben. Die Bars in *Feux rouges* sind New Yorker Bars, die Feiertagsstimmung ist typisch US-amerikanisch, die Ausdrucksweise und das Benehmen des frisch aus Sing-Sing ausgebrochenen Sid scheinen echt, und sogar der Ehekrach kurz vor Nancys Ausstieg ist charakteristisch für die USA. Mit einfachsten Mitteln macht Simenon den Wagen zu einem Rettungsboot und die Straßen Neuenglands an einem öffentlichen Feiertag zu einem gefahrvollen Meer. Als Steve erfährt, daß Sid wegen der Vergewaltigung zum Tod verurteilt worden ist, fühlt er Haß und Wut in sich aufsteigen, weil er die Hinrichtung nicht mit eigenen Händen vollstrecken kann. Doch als er den Schaden erkennt, den er selber Nancy zugefügt hat, und sieht, wie tapfer sie das Erlittene bewältigt, legt sich der Sturm, und er ist wieder ein normaler Mensch, der in einem Reisebüro arbeitet und Hoffnungen auf ein bescheidenes Glück hegt, falls er die Geduld und die Großmut aufbringt, es sich zu verdienen. Der Schrecken ist vorbei.

Simenon antwortet auf Thornton Wilders Brief bezüglich *Feux rouges* wie folgt:

«Es ist wahrscheinlich der Roman, der mich bisher die größte Anstrengung gekostet hat, womit ich die größte nervliche Anspannung meine. Ich wollte schon früher einmal damit anfangen, hatte jedoch Angst vor der Spannung, die ich benötigen würde. So schrieb ich statt dessen einstweilen einen anderen Roman [*L'escalier de fer* oder *Antoine et Julie*], und erst sechs Monate später fühlte ich mich kräftig genug für diesen. Was ich zu tun hatte, war, zehn Tage lang im Rhythmus der Landstraße zu leben, ohne ihn auch nur für einen Augenblick zu verlieren. Am Ende fühlte ich mich so erschöpft, als wäre ich zehn Tage lang auf dieser Landstraße im Labor-Day-Verkehr gefahren.»

In Lakeville empfand Simenon zum erstenmal eine Vorfreude auf Weihnachten als wichtiges Familienfest. Lakeville hatte eine große Sommerkolonie, und Simenon wurde von den Ortsansässigen herzlich willkommen geheißen, da er zu den «Ganzjährigen» gehörte. Zu Weihnachten hatten sie traditionsgemäß das Recht, sich ihre Christbäume aus den umliegenden, nun zusehends verschneiten Wäldern zu holen, eine Sitte, die Simenon sehr gefiel. Die Geburt Marie-Jos im Februar 1953 hatte seinen väterlichen Gefühlen neue Intensität verliehen. Da er keine Schwestern gehabt hatte, sah er in der Anwesenheit eines weiblichen Babys im Haus eine kostbare Neuheit. Seine Tochter hatte seine Aufmerksamkeit vom Augenblick ihrer Ankunft an stark in Anspruch genommen. Er fand, daß sie ihm ähnlich sah, ein überempfindliches Kind mit einem starken Bedürfnis nach Zärtlichkeit. Seine Theorie bestätigte sich, als er einmal vergaß, sie in ihrem Kinderwagen zu begrüßen; die gerade einige Monate alte Marie-Jo verfiel in einen Trancezustand, aus dem sie erst erwachte, als er sie schließlich ansprach. Die Beziehung zwischen Vater und Tochter stand ganz im Zeichen von Simenons Theorie, wonach Marie-Jo einen unstillbaren Drang verspürte, in seiner Gesellschaft zu sein, einer Theorie, die letztlich zu tödlichen Folgen führen sollte. Seine Beschützergefühle mögen zum Teil seinem unbewußten Wunsch entsprungen sein, Marie-Jo vor dem Schicksal zu bewahren, eines Tages einem Mann zu begegnen, der den gleichen gebieterischen Impulsen wie er gehorchte.

Es geschah ebenfalls in Lakeville, daß Boule ihm sein Verhalten verzieh. In Carmel hatte er sie auf seine übliche Weise getröstet und sich eingebildet, sie habe sich beruhigt. Doch drei

Monate nach dem Umzug nach Connecticut sagte Boule, sie ziehe es vor, mit ihrem *«petit monsieur joli»* zu leben. Die Hauptanziehung ging von Simenon aus, doch war das engere Verhältnis zu dem damals einjährigen Johnny hinzugekommen. Marc war inzwischen fast zwölf und begann sich unabhängiger zu zeigen. Er hatte gelernt, sich über die Tatsache hinwegzusetzen, daß sein Vater «keine ‹richtige› Arbeit hatte». Wenn er seinen Freunden auf Befragen sagte, sein Vater sei Schriftsteller, sah er aus ihren Reaktionen, daß so etwas kein guter Beruf war. (Erst einige Zeit später wurde ein Buch seines Vaters in seiner Klasse durchgenommen.) Marc war froh, daß sie in Lakeville endlich eine dauernde Bleibe gefunden hatten. Er war es leid geworden, ständig die Schulen und die Freunde zu wechseln. In Tumacacori war er den Pfadfindern beigetreten, mußte sie jedoch wenige Monate später wieder verlassen, als Denise schwanger geworden war. In Lakeville besuchte er die Indian Mountain School, wo er gut abschnitt. Dann ging er auf die Hotchkiss School, von der er indes schon nach einem Jahr abging. Damals, so erinnerte sich Tigy, stand der kleine Junge oft stundenlang am Küchenfenster und wartete auf den Besuch seines Vaters. Viel zu häufig tauchte Simenon nicht auf, weil Denise dagegen war.

Tigy protestierte gegen den Wegzug Boules, doch diese kam in der Scheidungsvereinbarung nicht vor und konnte sich ihren Wohnort aussuchen. In Shadow Rock Farm nahmen Simenon und Boule ihre alten Beziehungen wieder auf, und 1952, als Denise mit Marie-Jo schwanger war, engagierte Simenon ein weiteres Dienstmädchen aus der Normandie und tröstete sich über den Verlust der Gesellschaft seiner Frau hinweg, indem er auch mit der Neuen viele Abende im Bett verbrachte. Zu diesem Schritt wurde er ermutigt, als er das neue Mädchen eines Abends nackt und Briefe schreibend in der Küche antraf. Nach einer Weile verließ sie die Familie plötzlich, um eine Stelle in einem New Yorker Nachtlokal anzunehmen, und aus ihrer Art fortzugehen wie auch aus ihrem Mangel an Leidenschaft im Bett schloß Simenon ziemlich verbittert, daß sie nur deshalb die Stelle bei ihm angenommen und mit ihm geschlafen hatte, um eine Arbeitserlaubnis zu bekommen. Er fand dieses Vorgehen hinterhältig.

Simenon war in Lakeville so glücklich, daß er einmal sogar erwog, die US-Staatsangehörigkeit zu beantragen. Um diese Zeit, es war Ende 1952, gab er Brendan Gill ein Interview für den *New Yorker*. Gill beschrieb ihn trefflich:

«[...] ein drahtiger Mann mit braunem Haar, eine sanfte, rauhe Stimme und kräftige Hände. Weder groß noch klein, weder häßlich noch hübsch, könnte er überall unbemerkt in der Menge verschwinden, wenn sein kantiges, sauber rasiertes Gesicht nicht so ungemein beweglich wäre. Es ist das Gesicht eines großartigen Clowns, mit kleinen, lebhaften Augen unter schrägen Lidern, einer spitzen, geraden Nase und einem breiten Mund, und er scheint fähig, alle Nuancen der Freude, des Unglaubens und der Verzweiflung auszudrücken. Es ist ein so wachsames und neugieriges Gesicht, daß man selbst von der ständig in einem seiner Mundwinkel wippenden Pfeife schwören würde, sie spähe aus und schätze die Dinge ein [...] ‹Schauen Sie, ich bin glücklich›, sagt er, rollt die Augen und blickt staunend im Wohnzimmer seines Farmhauses umher. ‹Nachdem ich dreißig Jahre lang herumgereist und herumgereist bin, habe ich mich niedergelassen und schlage Wurzeln.› Er versucht, einen Fuß vom Kiefernfußboden zu heben. Vergeblich – er hat Wurzeln geschlagen.»

Das Interview im *New Yorker* dokumentiert eine Zeit wachsenden Ruhms, riesiger Verkaufserfolge, hohen Ansehens und ungetrübten Glücks. Es endete mit Simenons triumphierenden Worten: «Ich gehöre zu den Glücklichen. Was kann man über die Glücklichen sagen, außer daß sie davongekommen sind?» In Connecticut schien er es endlich geschafft zu haben.

Als Simenon gerade dabei war, seine Einbürgerung in die Vereinigten Staaten zu beantragen, lief eine spannende neue Fernsehserie, die wochenlang jeden Abend seine Aufmerksamkeit fesselte. Senator Joe McCarthy hatte begonnen, seine berüchtigten Verhöre zu führen. Dashiell Hammett, Mitglied der Mystery Writers of America, wurde zu einer Gefängnisstrafe verurteilt, weil er sich geweigert hatte, vor dem Senatsausschuß zu erscheinen. Simenon war betroffen von dem unheimlichen Schweigen, das die selbstbewußtesten und angesehensten seiner Berufskollegen befallen hatte, und von der Tatsache, daß keiner seiner Freunde sich offen und frei über die McCarthy-Verhöre äußern wollte, weil alle Angst hatten, ihrerseits denunziert zu werden. Die McCarthy-Zeit war eine jener außergewöhnlichen Episoden, die einen Ausländer ganz plötzlich befähigt zu erkennen, was sich unter der Oberfläche eines neuen Landes verbirgt. Simenon vermochte die Vereinigten Staaten nicht mehr im Lichte der wohltönenden Phrasen der Gettysburg Address als das Land der Freiheit zu sehen, und er zog seinen Antrag auf Einbürgerung zurück.

Etwa auch um diese Zeit, kurz nach der Geburt Marie-Jos, bemerkte Simenon zum erstenmal eine beunruhigende Wende in Denises Verhalten. Später nannte er diese Veränderungen «Zeichen». Da war zunächst ihre Angewohnheit, über ihre Vergangenheit zu phantasieren. Der Sarg ihres Vaters sei mit einem kleinen Fenster versehen gewesen, das man öffnen konnte, um hineinzusehen. Unwahr, sagte ihre Mutter. In der Öffnung habe sich ein Fliegengitter befunden. Ebenfalls unwahr. Des weiteren verhielt sie sich seltsam, wenn sie in einem Hotel ankamen. Selbst wenn es das «Plaza» in New York war, zog Denise sich ganz aus und begann, das Badezimmer und das Telefon zu desinfizieren. Dann riß sie das Verkleidungspapier aus allen Schränken und Schubladen, entnahm ihrem Koffer einen Kleinstaubsauger und machte sich an die Arbeit. Erst nachdem sie die Flächen mit ihrem eigenen Papier belegt hatte, durfte Simenon ein Bad nehmen. Diese Prozedur war einem einzigen Vorfall gefolgt, als sie einmal in einem billigen Hotel übernachten mußten und Denise von Läusen gebissen worden war. Ferner war sie besessen von der Sorge um ihr Gewicht. Sie glaubte, die Schwangerschaft habe ihre Figur ruiniert, war aber auch davon überzeugt, daß Simenon sie zu mästen plane. Es grauste ihr vor dem Gedanken, eines Tages ihrer Mutter ähneln zu können, einer «majestätischen», «imposanten», «massiven» Person, die Simenon zum Schluß recht sympathisch erschien. «Ich begann zu ahnen», schrieb er, «daß sich unter ihrem dicken und zähen Fell eine schüchterne Frau verbarg, die in der Kindheit gelernt hatte, sich ihre Empfindsamkeit nicht anmerken zu lassen.» Wenn er ihr Profil betrachtete, fand er, daß Mrs Ouimet senior einige Ähnlichkeit mit einem irokesischen Indianer aufwies, hütete sich indessen, seine Beobachtung zum Gesprächsgegenstand zu machen.

Im Lauf der Zeit blieb Simenons Zuneigung zu Denise unverändert, doch brauchte er all seine Geduld, als sie ihm verkündete, sie werde seine Tagebücher und Aufzeichnungen, welche zurückreichten bis in die zwanziger Jahre, die er mit Tigy in Paris verbracht hatte, verbrennen. Möglicherweise war es ihm entfallen, daß er Denise 1946 gezwungen hatte, all die liebevollen Briefe zu verbrennen, die ihr von ihrem Vater geblieben waren. Damals war seine Eifersucht das Problem gewesen. Jetzt war Denise, die nie sexuelle Eifersucht gezeigt hatte, geradezu krankhaft eifersüchtig auf alles, was er erlebt hatte, bevor sie sich kennenlernten. Sie schien sich auch nicht so glücklich wie er auf Shadow Rock Farm zu fühlen. Vielleicht glich das Leben dort zu sehr dem Leben, das sie immer gekannt hatte. Alles, was er exotisch und faszinierend fand, erschien ihr banal. Sie wurde ihm gegenüber immer schweigsamer und begann zu trinken, oft in Bars. Sein Arzt riet ihm, mit Denise regelmäßig nach New York zu fahren, um sie zu zerstreuen, doch als die Wirkung dieser Ausflüge nachließ, reifte in Simenon die Überzeugung heran, daß eine größere Reise notwendig sei. Eines Tages kam Hamish Hamilton zu Besuch und fragte ihn zufällig, warum er eigentlich in den Staaten lebe. Simenon gab verschiedene Gründe an, fühlte sich jedoch selbst wenig überzeugt von seinen Antworten und beschloß am folgenden Tag, das Land zu verlassen. Denises Freude darüber bestärkte ihn in seinem Entschluß. Sie hatte seit dem Besuch von 1952 immer davon geträumt, sich in Europa niederzulassen.

Simenon war 1945 nach Amerika gezogen, weil er eine neue

Erfahrung suchte und ein neues Leben brauchte und weil Europa ihn angewidert und enttäuscht hatte. Einem Impuls folgend, zum Teil aber auch, um das Glück seiner frankokanadischen Frau wiederherzustellen, kehrte er 1955 nach Europa zurück. Impulse hatten eine wichtige Rolle in seinem Leben gespielt. Auf einen Impuls hin hatte er mit fünfzehn die Schule verlassen; zu seinen Weltreisen mit Tigy war er häufig impulsiv aufgebrochen; den Entschluß 1938, Paris den Rücken zu kehren, hatte er impulsiv gefaßt; und er hatte sich im Augenblick eines leidenschaftlichen Impulses in Denise verliebt und damit sein weiteres Leben verändert. An einem Tag war er vollkommen glücklich in seinem Haus in Lakeville, am nächsten kam er sich dort wie ein Fremder vor. 1953 war er davon überzeugt gewesen, endlich seine bleibende Heimat gefunden zu haben. «Ich gehöre zu den Glücklichen», sagte er in Lakeville von sich als von einem, der davongekommen sei. Aber er war nicht davongekommen. Die Flucht nach Amerika war fehlgeschlagen, wie sie bei Léon fehlgeschlagen war, dem flüchtigen Vagabunden in *Le chien jaune*, einem der ersten «Maigrets». Simenon, der sich immer noch verfolgt sah, wechselte erneut das Gelände.

13

Der Akt des Hasses

> «Ich werde nie die Vollkommenheit erreichen, zu der Ihr es im Leben gebracht habt. Ihr inspiriert mich, gebt mir den Mut zu glauben, daß alles noch möglich ist.»
>
> Henry Miller in einem Brief an Denise und Georges Simenon. (November 1960)

Als Simenon am 19. März 1955 Shadow Rock Farm verließ, war ihm noch nicht klar, wo er sich niederlassen werde. In *Mémoires intimes* schrieb er, sein Entschluß wegzugehen sei endgültig gewesen, und als er sich von dem Haus entfernt habe, das er so geliebt hatte und das er nie mehr wiedersehen sollte, habe er nicht das Herz gehabt zurückzublicken. Doch der Rektor der Darrow School in New Lebanon erwartete Marc für Herbst zurück, und die Simenons ließen alle Möbel in Shadow Rock Farm. Das Haus wurde so gelassen, daß sie jederzeit wiedereinziehen konnten. Ohne nähere Zukunftsvorstellungen fuhr Simenon seinen schwer mit Gepäck beladenen Dodge-Kombiwagen zu den New Yorker Docks und schiffte sich samt Familie auf der «Liberté» ein. Denise, die fünfundzwanzig gewesen war, als er sie in dieser Stadt kennengelernt hatte, war jetzt fünfunddreißig. Johnny war sechs, Marie-Jo zwei und Marc sechzehn. Zumindest Tigy war froh, nach Frankreich zurückzukehren. In Connecticut hatte sie sich zusehends einsamer und verlassener gefühlt. Boule war glücklich, bei den Kindern zu bleiben, wo immer es hinging.

Sie hielten sich kurz in Paris auf, waren jedoch schon im April nach Mougins gezogen, einem Dorf zwischen Cannes und Grasse, in ein Haus namens «La Gatounière». Hier war es, im Lauf des

Sommers, daß sie beschlossen, nicht nach Amerika zurückzukehren, obwohl zwei der Kinder, Johnny und Marie-Jo, weiterhin hofften, eines Tages wieder glücklich in Shadow Rock Farm zu leben. Sie blieben sechs Monate in «La Gatounière» (mit Tigy und Marc in der Nähe), und Simenon schrieb dort zwei Romane – einer spielt in Connecticut, der andere in Südfrankreich – sowie zwei «Maigrets». «Warum wählte ich Cannes?» fragte Simenon sich später und vermutete, es müsse deshalb gewesen sein, weil er nicht in einer großen Stadt wie Nizza oder Marseille leben wollte, aber doch an einem Ort, wo Denise reichlich Leben um sich herum hatte. Außerdem wünschte er sich, in Reichweite möglichst vieler guter Ärzte zu sein – der Kinder wegen, wie er Denise erklärte, aber ebensosehr aus Sorge um Denise und, was ihm nicht weniger wichtig schien, auch um sich selbst. Im Juni, als sie noch in «La Gatounière» wohnten, hatte Denise eine Fehlgeburt. Nachdem sie wiederhergestellt war, machten sie eine *«tour de France»* auf der Suche nach einer neuen Bleibe. Sie besuchten Marseille, Bergerac, La Rochelle und Les Sables d'Olonne, fuhren an Tigys Haus in Nieul vorbei und kehrten dann nach Südfrankreich zurück, nach Porquerolles. Die ganze Zeit über wohnten Tigy und Marc in einem Hotel in der Nähe von Cannes, und Marc, der noch nicht für den Übergang auf ein französisches *lycée* bereit war, erhielt Privatunterricht. Die Reise hatte keine Lösung der Standortfrage gebracht, und so zogen Simenon und Denise im Herbst in die prunkvolle Villa «Golden Gate» oberhalb von Cannes, die sie für zehn Monate mieteten, die letzten, die Simenon in Frankreich verbringen sollte.

1950 hatte Thomas Narcejac einen der ersten kritischen Essays über Simenons Werk unter dem Titel *Le cas Simenon* veröffentlicht. Darin beschäftigte er sich mit dem «Paradoxon», daß ein so populärer und produktiver Schriftsteller der Aufmerksamkeit ernsthafter Literaturkritiker würdig sein konnte. Die Wahl in die Académie Royale hatte Simenons Ansehen bei der Kritik nicht geschmälert, doch den Schaden, der ihm durch seinen Weggang von Gallimard und sein Festhalten an Kommissar Maigret erwachsen war, hatte sie nicht wiedergutgemacht. Indem er von

Gallimard zu Nielsen übergewechselt war und den Rat Gides in den Wind geschlagen hatte, gab Simenon zu erkennen, daß er einen etwaigen literarischen Erfolg zu seinen eigenen Bedingungen zu ernten gedachte. Jetzt, da er als frankophoner Schriftsteller belgischer Herkunft aus amerikanischem Exil zurückgekehrt war, hatten die Intellektuellen ihn so gut wie abgeschrieben. 1947, in dem Jahr, in dem er nach seiner Vorhersage den Nobelpreis erhalten sollte, ging dieser wohl an einen französischen Romancier, jedoch an André Gide. Zu Simenons Lebzeiten erhielten weitere fünf französische Schriftsteller den Nobelpreis: Mauriac, Camus, Saint-John Perse, Sartre und Claude Simon. Simenon war davon nicht erbaut. 1962 schrieb er in seinem Tagebuch, er würde den Nobelpreis wahrscheinlich nicht annehmen, wenn er ihm angeboten würde. Es war zu spät. «Sollen sie sich doch zum Teufel scheren und mich in Ruhe lassen.» Doch 1964 beschimpfte er das Nobelpreiskomitee als «diese Idioten, die mir noch immer nicht ihren Preis verliehen haben». Während er also nach wie vor Hoffnungen auf den Preis hegte, konnte er nicht immer seine Verbitterung über den Mangel an lobender Kritik verbergen. Die Kritiker wußten nicht recht, was sie über Simenon schreiben sollten, und neigten eher dazu, seine angeblichen Unzulänglichkeiten zu betonen, doch seine Schriftstellerkollegen zeigten sich zunehmend großzügiger in ihrem Lob. Und nach einiger Zeit wünschte sich Simenon nicht mehr den literarischen Erfolg, auch nicht zu seinen eigenen Bedingungen, und fing an, die «literarische» Welt, die ihm weiterhin ihre Schmeicheleien vorenthielt, mit Verachtung zu strafen. Sein Sohn Johnny meint, Simenons Geringschätzung für die Welt der Ehrungen und der Medaillen sei echt gewesen, doch habe es seinen Vater sehr wohl enttäuscht, nicht mehr Anerkennung für das gefunden zu haben, was er seiner Überzeugung nach gut beherrschte, nämlich nicht die «Literatur», sondern die Kunst des Romanschreibens. Zwei weitere ernsthafte Untersuchungen über sein Werk erschienen zu dieser Zeit, die eine von Claude Mauriac mit dem Titel *L'alittérature contemporaine* (1958), die andere von Bernard de Fallois, überschrieben *Simenon* (1961). Mauriacs Kritik stimmte in mancher Beziehung mit Narcejacs Ansicht überein, wonach Simenons Werk von literarischem Wert sei, *obgleich* es zu einer neuen Kategorie der *«alittérature»* oder «Antiliteratur» gehöre. Simenon fand viel mehr Gefallen an de Fallois' Argumentation, die in die genau entgegengesetzte Richtung ging: Das Verdienst eines guten Schriftstellers bestehe nicht trotz, sondern wegen des Vergnügens, das er dem Leser bereite. De Fallois warf dem zeitgenössischen Roman vor, zu häufig ein philosophisches Werk zu sein, ein Werk, in dem das Kritische die Phantasie erdrücke und die Wucht der Analyse die Einbildungskraft hemme. Simenon, so schrieb er, trotze einsam diesem Trend.

Außerdem fand Simenon einigen Trost in dem nicht enden wollenden Strom spontaner Lobreden, der sich von seiten seiner Schriftstellerkollegen über ihn ergoß, von denen manche erstrangige Kritiker waren. Im März 1955 dankte ihm T. S. Eliot in einem Brief für die Übersendung eines Exemplars von *L'horloger d'Everton*; darin hieß es:

«Ich hatte [es] bereits gelesen [...] Ich bin stolz und glücklich, dieses Exemplar mit Ihrer *dédicace* zu besitzen [...] Es fasziniert mich immer besonders, wenn ich Sie zu einem Ihrer Grundthemen zurückkehren sehe [...] *[L'horloger]* behandelt das Vater-Sohn-Problem vom Standpunkt des Vaters aus, der seinen Sohn sucht, im Unterschied zu *Le destin des Malou* und *La neige était sale*, wo es umgekehrt ist.»

Zweimal fügt Eliot mit Tinte seinem getippten Text ein ziemlich besorgtes «Ist es nicht so?» hinzu. Im selben Jahr schrieb ihm Sacha Guitry, wie er und seine Frau sich gegenseitig die Simenon-Bücher aus der Hand rissen. «Nein, das hier lese ich heute abend.» – «Ich verbiete dir, mir die Geschichte zu erzählen.» – «Es ist zwei Uhr früh, mach um Himmels willen endlich das Licht aus.» Das Bild des Simenon-Lesers, der die ganze Nacht weiterliest, bis er (oder sie) den letzten Satz verschlungen hat, war sehr verbreitet. De Fallois hatte dazu Stendhal zitiert: «Was nutzt ein Roman, mit dem man nicht die Nacht verbringen kann?»

Henry Miller führte seinen fortlaufenden Kommentar der Hochschätzung weiter:

«Wenige Schriftsteller sind fähig, diesen alltäglichen, intimen, universellen Bereich von Gedanke und Gefühl auszudrücken. Es macht mich neidisch [...] Das, *was Sie auslassen*, ist es, was Ihren Büchern so starken Nachhall verleiht. Sie stellen eine wahre und ehrliche Zusammenarbeit mit Ihren Lesern her. Nichts würde mir mehr Freude bereiten, als eines Tages ein solches Buch [*Antoine et Julie*] zu schreiben [...] Daran merke ich, wie vieles ich in meinen riesigen Büchern außer acht gelassen habe!»

Somerset Maugham zeigte sich von Simenon immerhin so beeindruckt, daß er seine Villa Mauresque verließ, um mit ihm zu Mittag zu essen. Sie hatten einige gemeinsame Interessen, abgesehen vom Schreiben erfolgreicher erzählerischer Werke: Geld, Steuern und wie man sie umgeht, Gesundheit und Bettelbriefe. Auch die ablehnenden Ansichten der höheren Kritik. In seiner Autobiographie berichtet Maugham von diesem Mittagessen und fügt etwas hinzu, was aus seiner Feder als ein rückhaltloses Lob seines Zeitgenossen und Rivalen gelten konnte: «Ich für meinen Teil kenne keine bessere Art, mir im Flugzeug zwischen Nizza und Athen oder, sagen wir, zwischen Rangun und Singapur die Zeit zu vertreiben, als einen von Simenons Romanen zu lesen.» Simenon erinnerte sich an Maughams Besuch mit gemischten Gefühlen, nicht weil er dessen Lob allzu verhalten fand, sondern weil Maugham Denise beizubringen versucht hatte, wie sie bei Verhandlungen über Verträge mehr Geld aus den Filmgesellschaften herauspressen könne; Simenon betrachtete diese Ratschläge als katastrophal und sah in ihnen den Grund, warum mehrere gewinnträchtige Abschlüsse in der Folge gescheitert waren.

Gegenüber Gide bewahrte Simenon jene instinktive Hochachtung, die Maigret *«Madame la Comtesse»*, der Schloßherrin von Saint-Fiacre, entgegenbrachte. Maigret, der als Sohn des Gutsverwalters auf der Domäne aufgewachsen war, verblieb immer im «Schatten des Schlosses», und Simenon, der mit fünfzehn die Schule verlassen hatte, war sich stets darüber im klaren, daß er Gide nie intellektuell ebenbürtig sein werde. Gide schrieb ihm bis kurz vor seinem Tod. Der letzte erhaltene Brief ist vom 29. November 1950 datiert:

> «Wie viele Leute wissen noch nichts von Ihnen! Wenn sie zu mir kommen und fragen: ‹Was soll ich von ihm lesen?›, antworte ich: ‹Alles!› Was Narcejac trotz seines wohlgemeinten Lobes nicht genug hervorgehoben hat, ist jene Art von Rausch, die den Leser überwältigt, sobald er eins Ihrer Bücher aufschlägt, und die ich immer wieder verspürt habe, wenn ich etwas von Ihnen erneut las. Obwohl jede Möglichkeit fehlt, überrascht zu werden, ist meine Freude ebenso groß, wenn nicht größer, wie bei der ersten Lektüre. Gibt es eine bessere Garantie für die Unsterblichkeit? Lieber Simenon, ich bin Ihnen sehr zugetan und versichere Sie all meiner Liebe.»

Als Simenon in Amerika war, hatte Gide ihm geschrieben, er erwäge die Möglichkeit, ihn zu besuchen, «vorausgesetzt, er könne inkognito reisen», wie Simenon sich später erinnerte. In dieser Bemerkung begegnet uns ein wunderbares Bild von Gide, der inmitten der Rancher, der Hilfssheriffs, der Huren und der eingewanderten Mexikaner, die Simenons Nachbarn in Arizona waren, um die Wahrung seines Inkognitos kämpft. Seltsamerweise steht in den erhalten gebliebenen Briefen Gides, in denen er von einem solchen Besuch spricht (sie sind vom 12. und vom 16. Februar 1948 datiert), nichts von einer Inkognito-Reise, und bald darauf hinderte Krankheit den berühmten Nobelpreisträger an der Ausführung seines Vorhabens. Zu diesem Zeitpunkt wurde Gide infolge seines «schlaffen Herzens», wie er in seinem letzten Brief schrieb, ein wenig ungenau, denn 1948 «entdeckte» er *Le testament Donadieu*, ohne sich daran zu erinnern, daß er das Buch schon 1939 gepriesen hatte. Bis zum Ende versprach er, die letzten Korrekturen an seinem Simenon-Essay anzubringen, der nie veröffentlicht wurde (und was er bereits geschrieben hatte, scheint verschwunden zu sein). Er gestand jedoch, daß er und seine Freunde allesamt von einer *«simenonite aiguë»* befallen seien, und auch er schilderte einen Haushalt, der in *Lettre à mon juge, Il pleut, bergère..., Le haut mal, Le bourgmestre de Furnes, Le cheval blanc* und *Les fiançailles de M. Hire* vertieft war.

In seinem Rundfunkvortrag über Balzac wandte sich Simenon 1960 der Frage zu, ob er sich für einen literarischen Autor halte oder nicht. Es ist eine überraschende Tatsache, daß er für die Niederschrift dieses autobiographischen Essays von siebentausend Wörtern einen ganzen Monat brauchte, eine Zeit, in der er drei Romane hätte schreiben können. Obwohl er sich immer über Vergleiche seines Werks mit dem Balzacs ärgerte, ist an dem Essay auffällig, wie viele Ähnlichkeiten Simenon zwischen seinem Schicksal und dem Balzacschen feststellt. Indem er daran erinnerte, daß *Le père Goriot* in drei Tagen geschrieben wurde, fragte er, ob man «das Bedürfnis, andere Menschen zu schaffen, eine Menge verschiedener Persönlichkeiten aus dem eigenen Ich hervorzuholen», antreffen könne »in einem glücklichen Menschen, einem Menschen, der verschmolzen ist mit einer kleinen, nach seinem Maß gefertigten Welt».

»Wieso sich abmühen, das Leben anderer zu leben, wenn man seiner sicher ist und es nicht nötig hat, sich gegen sich selber aufzulehnen [...] Wird nicht einem Kind Seelenfriede zuteil durch die Liebe seiner Mutter und seine Liebe zu ihr?«

Balzac litt, wie Simenon schreibt, unter der Überzeugung von seiner eigenen Mittelmäßigkeit; die einzige Lösung für ihn bestand darin, etwas Wunderbares zu vollbringen. Er fühlte sich hingezogen zu älteren Frauen und heiratete eine – «mütterliche Frauen, sanft, verzeihend, empfänglich, die ihn nicht nur liebten, sondern auch bewunderten». Auch er wurde von seinesgleichen verschmäht; für ihn war es die Académie française. Um seine Arbeit zum Erfolg zu führen, war Balzac gezwungen, sein Leben zugrunde zu richten. Nur in einem Punkt fand Simenon keine

Entsprechung im Leben Balzacs. Balzac glaubte offensichtlich, um eine höhere Intelligenz zu entwickeln, müsse man keusch sein.

> «Man sah ihn weder in den Theatern noch in den Cafés. Er nahm sich keine Mätresse, unterhielt keine sexuellen Beziehungen und scheint auch nie Erleichterung bei den *filles faciles* gesucht zu haben, von denen es in den Arkaden und Gärten des Palais-Royal wimmelte.»

In diesem Punkt scheint in Simenons Text eher ein Ton aufrichtiger Verblüffung als Bewunderung anzuklingen. Doch die wichtigste Ähnlichkeit fand er in der Gestalt von Balzacs liebloser Mutter. «Ein Romanschriftsteller», schrieb Simenon, «*ist ein Mann, der seine Mutter nicht liebt oder nie Mutterliebe erfahren hat.*» Und er schloß, daß Balzacs Streben nach Ruhm einem Rachebedürfnis entsprungen sei und die Scham angesichts der eigenen Mittelmäßigkeit ihn zu seinen Leistungen angetrieben habe. Balzac habe sich minderwertig gefühlt, weil er nicht geliebt worden sei. Die Ähnlichkeit mit dem Jungen aus Lüttich, der einmal zu seiner Mutter gesagt hatte, er werde nie einer der *«fessés»*, der Versohlten, dieser Welt sein, ist klar.

Vielleicht die wichtigste Veränderung, die sich in Simenons öffentlicher Selbstdarstellung nach seiner Rückkehr aus Amerika vollzog, war die, daß er nicht mehr glaubte, er habe noch etwas zu verlieren und müsse, nachdem Gide gestorben war, noch irgend jemandem gefallen. Er war jetzt ein «gemachter» Mann und würde sich nicht mehr ändern. Seine literarische Linie war festgelegt, im guten wie im schlechten Sinne, und er stand zu ihr, nicht ohne einen gewissen Trotz. Während seines Aufenthalts in Cannes erneuerte er seine freundschaftlichen Beziehungen zu Georges Clouzot, der in Saint-Paul-de-Vence wohnte und den Simenon als den «wahren» Regisseur des Films *Les inconnus dans la maison* betrachtete (er hatte in der Tat das Drehbuch geschrieben). Jetzt tat Simenon alles, was er konnte, um diesen Film zu fördern, der inzwischen nicht mehr auf der schwarzen Liste stand und der einer der Hauptgründe für seinen Weggang aus Frankreich 1945 gewesen war. 1956 las er eine Einführung zur Schallplattenaufnahme der großen Rede Raimus in dem Film, jenes Plädoyers des betrunkenen Verteidigers Loursat, und er sprach von «diesem guten und starken Film Henri Decoins».

Clouzot und Simenon besuchten häufig, meistens in Begleitung Denises, die Stripteaselokale von Cannes, und Simenon freundete sich mit den Mädchen an. (In *Mémoires intimes* erzählte er von seiner Gewohnheit, eine von ihnen in die Garderobe über der Bühne zu begleiten und sie inmitten der herumhängenden Kleider zu nehmen, während ihre Kollegin unten auftrat.) Laut seiner eigenen Beschreibung war es ein unbekümmertes Verhältnis; nach der Vorstellung begleitete er seine Freundin nach Hause, wiegte ihr Baby auf den Knien und hörte sich ihre Lebensgeschichte an, während sie das Nachtessen zubereitete. Die Anekdote könnte zu der – falschen – Annahme verleiten, Simenon habe nicht zuletzt deshalb so viel mit Prostituierten und Mädchen am Rande der Prostitution verkehrt, um Material für seine Romane zu sammeln. Immerhin stützt sich einer seiner Romane aus dieser Zeit *Strip-tease*, auf die Freundschaft mit jenem Mädchen in Cannes. In dem Roman sind die Beziehungen zwischen Tänzerinnen und ihrem Publikum allerdings nicht immer so freundlich, und nachdem eins dieser Mädchen, die Romanheldin, zuerst fast einen Mord und dann einen Selbstmordversuch begangen hat, geht es auf den Straßenstrich und wird von seinem arabischen Zuhälter umgebracht.

Clouzot wollte *Strip-tease* verfilmen, und er schrieb auch mit Simenon ein Drehbuch, doch das Vorhaben schlug wieder einmal fehl. Indessen erfuhr Simenon einige Genugtuung für seine lebenslangen Schwierigkeiten mit der Filmindustrie, als er Präsident zuerst der Brüsseler Filmfestspiele und dann des Filmfestspiels von Cannes wurde. Sein Auftritt in Cannes 1960 war einer der großen Reklameerfolge seiner Karriere und ein glanzvoller Sieg über die Intriganten der Filmwelt. Er gab den Organisatoren bereits einen Hinweis auf das, was folgen sollte, als er erklärte, er werde im Widerspruch zur Tradition für die Dauer der Festspiele jegliche Einladung ablehnen und seine Ausgaben selbst bestreiten. Bei der ersten Sitzung der Jury wurde er vom Sekretär des Organisationskomitees, Fabre-Lebret, offiziell zum Präsidenten ernannt. Simenon hatte die Satzungen sorgfältig gelesen und schweigend festgestellt, daß seine Ernennung gegen diese verstieß, da die Juroren für die Wahl ihres Präsidenten selbst zuständig waren. Bei der nächsten Sitzung war Fabre-Lebret wieder anwesend, und Simenon bat ihn höflich, den Saal zu verlassen, da er nicht Mitglied der Jury sei. Das tat er dann auch, jedenfalls bei dieser Sitzung, obgleich ihn noch nie ein Präsident aus dem Saal gewiesen hatte. Ferner war es Simenon nicht entgangen, daß sein Freund Henry Miller zur Jury gehörte, obgleich er sich nur selten die Filme ansah, weil er infolge einer neu entdeckten Leidenschaft lieber Tischtennis spielte. Millers Stimme hatte er also in der Tasche. Überdies hatte er neben seiner eigenen die ausschlaggebende Präsidentenstimme, und binnen kurzem verbündete er sich mit einem weiblichen Jurymitglied.

Während der Festspiele war Simenon ganz bezaubert von Giulietta Masina, der schönen Gattin Fellinis, dessen Film *La dolce vita* im Wettbewerb um den ersten Preis stand. Er lernte auch ihren Mann kennen und mochte ihn sofort. Später behauptete er, er habe damals in Cannes keinen Tropfen Alkohol zu sich genommen, was wahrscheinlich stimmte. Jedenfalls brauchte er bei der Preisverteilung all seine Geistesgegenwart, um sein Votum für *La dolce vita* durchzusetzen; die vom Jury-Vertreter des staatlichen französischen Fernsehens angeführte Lobby bevorzugte nämlich einen Film von Antonioni, der als «künstlerischer» galt und gewiß auch weniger skandalös war. Nachdem der Beschluß gefaßt war, begab sich Simenon mit den Resultaten zu Fabre-Lebret, der ihn mit einem hohen Beamten des Quai d'Orsay, des französischen Außenministeriums, erwartete. Fabre-Lebret hatte ihn bereits wissen lassen, daß es aus diplomatischen Gründen unerläßlich sei, einen der Hauptpreise an einen US-amerikanischen Film zu vergeben, wie die Tradition es verlangte. Die beiden Staatsdiener waren alles andere als erfreut über Simenons Liste; da jedoch damals noch der Präsident der Jury die Preise verkündete, konnten sie nichts dagegen tun. Kurz bevor der Vorhang sich öffnete, gelang es Simenon, der reizenden Giulietta die gute Nachricht zuzuflüstern, und so kam es, daß er mit einem riesigen Lippenstiftfleck auf der Wange ins Rampenlicht und vor die Kameras trat, um feierlich das Ergebnis bekanntzugeben. Eine von der Regierung angeheuerte Claque wartete auf ihn, und der Sieg von *La dolce vita* wurde mit Buhrufen, Gerassel und Pfiffen begrüßt, während Giulietta Masina an Simenons Schulter schluchzte. Fellini hatte einen Riesenspaß an dem Radau, und das Ereignis war der Anfang einer der großen Freundschaften in Simenons späterem Leben. Doch nie wieder wurde er von der französischen Regierung gebeten, in Cannes oder anderwärts einer Jury zu präsidieren. Das störte ihn nicht im geringsten. Simenon hegte eine tiefe und echte Abneigung gegen Präsident de Gaulle, die sich noch steigerte, als der große Mann 1958 wieder an die Macht kam. Jede Art von «Helden»-Kult war Simenon zuwider. In *Quand j'étais vieux* verglich er de Gaulle mit Napoleon und meinte, man solle ihn einsperren. In der Folge wurden einige Bemerkungen über Madame de Gaulle in einer seiner *Dictées* vom Verleger gestrichen.

Einer der Gründe, die Simenon veranlaßt hatten, nach Cannes zu gehen, war seine Annahme, Denise werde sich dort amüsieren, womit er recht hatte. Sie hatten eine Suite mit Balkon im Hotel Carlton, seine – wie Simenon es nannte – «übliche Suite im zweiten Stock» mit Blick auf den Boulevard de la Croisette und den Strand. Jeden Abend mußte man sie über die paar hundert Meter vom Palais des Festivals bis zum «Charlton» durch die aufgeregte Menge von Menschen schleusen, die einen Blick auf die Stars zu erhaschen hofften, und Denise zeigte keine Spur ihrer üblichen Gespanntheit und Zerbrechlichkeit. Ansonsten jedoch hatte der Umzug nach Europa nicht den von ihrem Mann erhofften Wechsel zu besserem Befinden herbeigeführt, und hinter der Fassade des glücklichen Familienvaters und erfolgreichen Schriftstellers zeigten sich erste Anzeichen einer Katastrophe. Schon zu der Zeit, als sie in «Golden Gate» außerhalb von Cannes wohnten, hatte ihr fünfjähriger Sohn Johnny bemerkt, daß seine Eltern nicht mehr miteinander auskamen. «Das war, als ich zum erstenmal die Spaghetti an die Wand platschen sah», erzählte er später.

Die Ereignisse, die Simenons leidenschaftliche Liebe zu Denise in einen ebenso leidenschaftlichen Haß verwandelten, spielten sich in den Jahren 1956 bis 1965 ab. Nach zwei Jahren der Unschlüssigkeit, die ihrer Ankunft an der Côte d'Azur gefolgt waren, hatten Simenon und Denise endlich beschlossen, sich in der Schweiz niederzulassen – wo sie dann auch den Rest ihres Lebens verbringen sollten. Es gab mehrere Gründe für diesen Entschluß. Da waren zunächst die Kinder, denen sie eine gute, zweisprachige Schulausbildung und beste medizinische Versorgung in unmittelbarer Nähe angedeihen lassen konnten. Zweitens liebten sie beide Lausanne, die herrliche Lage der Stadt am Ufer des Genfer Sees und direkt gegenüber den Savoyer Alpen. Ein dritter Grund, den Simenon nie erwähnte, waren die Steuern. Er war es satt, sich mit den französischen Steuerbehörden herumzuschlagen; die Schweiz bot wohlhabenden Leuten, die sich als solche ausweisen konnten, günstige Bedingungen.

Im Juli 1957 bezogen sie Schloß Echandens außerhalb von Lausanne, mit einem verlängerbaren Mietvertrag von sechs Jahren, da sie nichts Passendes zu kaufen gefunden hatten. Das Schloß war zugleich ein befestigter Sitz und ein großes Landhaus. Es steht auf einem Hügel oberhalb eines Tals voller Weinberge und bietet einen herrlichen Ausblick auf den See und die Savoyer Alpen; bei dem Schloß liegt ein kleines Dorf. Die Simenons hatten Echandens nach zahlreichen Rundfahrten im Taxi gefunden. In weiser Voraussicht hatte Simenon einen sehr langsam fahrenden Taxichauffeur gewählt, was in einer Stadt mit so sorgsam geregeltem Verkehr vermuten läßt, daß Simenon in den knapp acht Jahren seit dem Wegzug von Arizona geistig stark nachgelassen haben mußte. Marc war jetzt achtzehn und stand kurz vor dem Abschluß seines *baccalauréat* am *lycée* in Nizza; Johnny war annähernd sieben, Marie-Jo vier. Als die Familie fast sechseinhalb

Jahre später das Haus verließ, war die Ehe von Georges und Denise Simenon so gut wie dahin. Das Bemerkenswerteste an dieser Zeitspanne, einer der zermürbendsten in Simenons Leben, war die Tatsache, daß seine Arbeit im normalen Rhythmus weiterging und sogar an Qualität gewann. Es mag bezeichnend sein, daß seine Romanfiguren zwar manchmal die Schweiz besuchen – *Maigret voyage*, *Le train de Venise*, *La disparition d'Odile* –, jedoch keins seiner Bücher das Land seines letzten Wohnsitzes zum Schauplatz hat. Zu den besten Romanen, die er in Cannes und in Echandens schrieb, zählen *En cas de malheur*, *Le fils*, *Le président*, *Le passage de la ligne* und *Les anneaux de Bicêtre*. Für gewöhnlich signierte er seine Bücher auf der letzten Seite mit Datum und Angabe des Ortes, an dem sie geschrieben worden waren. Alle in Schloß Echandens geschriebenen Bücher tragen den Vermerk «Noland», eine neue Gewohnheit, an der seine Leser jahrelang herumrätselten. Später behauptete er, er habe das nur getan, um Leser von eventuellen Besuchen abzuhalten, doch Denise erzählte, er habe in Wirklichkeit eher die schweizerischen Steuerbestimmungen im Auge gehabt, besonders nachdem Charlie Chaplin ihm irrigerweise eingeredet hatte, für in der Schweiz wohnhafte Ausländer sei es nicht ratsam, ihr Geld im Inland zu verdienen.

Simenon war nun in der Lage, sich einen gewissen Lebensstil zu leisten. Auf den Rat des Polizeipräfekten in Nizza hin hatte er seinen für die engen Gassen von Cannes höchst ungeeigneten Dodge-Straßenkreuzer aus Connecticut, der überdies allzuviel Aufmerksamkeit erregte, verkauft und statt dessen gleich drei Renault *quatrechevaux* erworben; der für Denise bestimmte Wagen war mit allem verfügbaren Zubehör ausgestattet worden. Er kaufte ihr auch ein kleines Haus in Cagnes-sur-Mer, das sie als gemeinsamen Zufluchtsort benutzen wollten. Es war durch eine Klingel mit dem Restaurant gegenüber verbunden. Nur ein einziges Mal versuchten sie, es zu benutzen, doch der Mann, der für sie einheizte, damit sie es warm hätten, setzte aus Versehen den ganzen Kamin in Brand. Sie kamen nie wieder. Später, an einem Wahnsinnstag, kaufte Simenon auf dem Genfer Automobilsalon zuerst einen Chrysler und dann noch einen Rolls-Royce, die er jeweils mit Scheck bezahlte. Denise kaufte bei Lanvin, Hermès und Cartier ein und bezog ihre Pelzmäntel von Weill. Schloß Echandens war von einem hohen Eisengitter geschützt. Es hatte einen Hof, einen Turm, ein Verlies, mehrere Nebengebäude und Garagen sowie einen ummauerten Park mit Wiesen und Bäumen. Ein so großes Haus bedurfte einer Dienerschaft; aus den anfänglich sechs Bediensteten wurden nach und nach deren elf. Zu dieser Zeit engagierte Denise auch eine eigene Sekretärin, Joyce Aitken, und bald noch eine zweite, Blima Silberberg. Simenon pflegte seine Angestellten bei ihrem Familiennamen zu nennen, doch es fiel ihm schwer, den ganzen Tag «Silberberg» zu rufen, und da sie, wie Joyce Aitken sich erinnert, «ein entzückendes Gesicht hatte und ihr Teint ihn an die kleinen russischen Pfannkuchen erinnerte, die Blini, die man mit Kaviar bestreicht», wurde Blima Silberberg von da an nur noch «Blinis» genannt. Außerdem gab es ein Kindermädchen für Marie-Jo, eine Wäscherin, einen Gärtner, der auch als Chauffeur und *maître d'hôtel* fungierte und natürlich Boule, die weiterhin für die Familie kochte. Ferner gab es zwei Zimmermädchen, von denen für gewöhnlich mal die eine, mal die andere tageweise von Simenon «beehrt» wurde.

Im Dezember 1961, als Simenon nach einem geeigneten Hausmädchen suchte, empfahl ihm Arnoldo Mondadori, sein italienischer Verleger, eine junge Frau aus Venedig, Teresa Sburelin. Mondadori und Simenon kannten sich seit fünfzig Jahren; sie verstanden sich bestens, und Mondadori wußte, was sein Freund benötigte. Denise und Simenon führten in Mondadoris Büro mit Teresa ein Vorstellungsgespräch, und wenig später trat sie ihre Stelle an. Nach einiger Zeit überraschte Simenon sie eines Morgens bei der Arbeit, über einen Toilettentisch gebeugt; er näherte sich ihr und – so schrieb er in *Mémoires intimes* – «penetrierte sie von hinten, ohne daß sie sich rührte oder protestierte». Teresa berichtete später über den Vorfall wie folgt: «Ich war im Salon und polierte gerade vornübergebeugt einen Tisch. Er trat hinter mich, hob meinen Rock, *et crac!... c'était la joie!*» So begann ein intimes Verhältnis, das bis zu Simenons Tod dauern sollte. Damals war Teresa vierunddreißig. Denise wurde sich bald der Situation bewußt und akzeptierte sie; für Simenon war es völlig normal, regelmäßig sexuelle Beziehungen mit den Dienstmädchen zu haben. Denise schrieb später, ein neues Mädchen, das von diesen Gepflogenheiten erfahren hatte, habe eine Kollegin gefragt: «*On passe toutes à la casserole?*» (Werden wir alle in die Pfanne gehauen?) Man sagte ihr, es sei nicht obligatorisch, aber sie werde bestimmt gefragt werden.

Die Entfremdung zwischen Simenon und Denise, deren erste Anzeichen in Connecticut sichtbar geworden waren, wurde in der Schweiz immer deutlicher spürbar, anstatt zu schwinden, wie Simenon es sich erhofft hatte. Anfangs fuhr er mit ihr öfter am Nachmittag spazieren; dabei redete er mit ihr über alles, was ihn interessierte, stellte jedoch, wenn er sich ihr nach einer Weile zuwandte, unweigerlich fest, daß sie eingenickt war. Trotzdem pflegte er weiterhin mit ihr zu schlafen, und zwar am liebsten nach dem Mittagessen, wenn er sie in ihrem Arbeitszimmer aufsuchte und sie einlud, für ein Weilchen zu ihm zu kommen. «Was willst du?» fragte sie dann. «Dich.» – «Schon wieder?» Darauf seufzte sie, bat Joyce Aitken, sie für einen Augenblick zu entschuldigen, begleitete ihn ins nächste Schlafzimmer, zog sich das Höschen aus, legte sich auf den Rücken und sagte: «*Fais vite*» (Beeil dich). Langsam verwandelte sich der Liebesakt in einen Akt des Hasses. «Fast jeden Nachmittag, vielleicht weil wir beide nach dem Duschen nackt waren, wollte ich mit ihr schlafen. Dann fügte sich Denise entweder resigniert, oder sie sagte: ‹O nein, nicht schon wieder heute...›»

Eingedenk der Monate alkoholischer Glückseligkeit zu Beginn ihrer Beziehung versuchte Simenon das Experiment zu wiederholen, mußte jedoch einsehen, daß der Erfolg ausblieb. Einmal ließ er mitten in der Nacht einen Arzt kommen und bat ihn, Denise mit einer Spritze zu besänftigen, doch statt dessen gab der Arzt *ihm* die Spritze. Manchmal flüchtete sich Denise in Boules Zimmer, um Simenon zu entkommen, manchmal rannten die Kinder des Nachts aus dem Haus, um Denise zu entkommen. Denises

Betragen scheint wilder und irrationaler gewesen zu sein; andererseits war Simenon selbst in den besten Zeiten sehr launenhaft und konnte sowohl ein Haus mit Sonnenschein füllen als auch alle Anwesenden einschüchtern. Jahre später beschrieb Denise die Kraft seiner Persönlichkeit in ihrem Roman *Le Phallus d'Or*. «Seine Stimme schallte von morgens bis abends durch das Haus, und wenn er ausgegangen war, war es, als warte die Stille auf seine Rückkehr.» Simenon hat in *Mémoires intimes* seine Probleme mit Denise eingehend dargestellt, während sie ihre Version der Geschichte in *Un oiseau pour le chat* kürzer dargelegt hat. Was aus Simenons nach seiner Ausreise aus den Vereinigten Staaten geschriebenem erzählerischem Werk klar hervorgeht, ist, daß er Sex mit Verzweiflung zu verbinden begann – Sex von unvermeidlich erschreckenden, manchmal tödlichen Proportionen, während zuvor Sex zuweilen eine Hoffnungsbotschaft enthielt.

1956 wurde Simenon von der RTF, dem staatlichen französischen Rundfunk, eingeladen, einen Vortrag über eine der Todsünden zu halten. Er konnte sich aussuchen, welche, außer der Trägheit, die bereits an Cocteau vergeben war. Simenon wählte sofort die Wollust. In seinem Vortrag, der nie gesendet wurde, beschrieb Simenon die Wollust als die unschuldigste aller Sünden und führte sie auf die Sehnsucht nach der Kindheit zurück. Er schilderte

«[...] das Bedürfnis, in einen Zustand natürlicher Unschuld zurückzutauchen [...] ein Dasein ohne Pflichten oder Regeln [...] Gewiß, das wunderbare und geheime Leben eines Kindes findet sich nicht nur in einem Sonnenstrahl oder in den bunten Bildern einer Welt, die noch ganz frisch ist, sondern auch in den Freuden, die das Kind *ohne Reue* in seinem eigenen Körper entdecken kann, in den Empfindungen, die durch Kälte und Hitze, durch Essen und Trinken geweckt werden sowie durch Erregungen, die das Kind sich nie zu erklären versucht. Das Kind ist wie jedes junge Tier [...] ein wollüstiges Geschöpf. Warum also sollte es, wenn es zum Mann geworden ist, nicht bestrebt sein, die rasche Befriedigung seiner Sexualität wiederzuentdecken? [...] Ich glaube nicht, daß die Wollust, die ich beschrieben habe, notwendigerweise eine Form der Verderbtheit ist wie etwa die Wirklichkeitsflucht [...] In Zeiten der Revolution oder des Krieges, wenn der Druck der Ereignisse am stärksten ist, kommt es oft zu einer Explosion der Sexualität [...] Wenn man mich also der Wollust bezichtigte, würde ich frohgemut antworten: ‹Ein Mensch, Mann oder Frau, dem man Pflichten auferlegt, die seine Kräfte übersteigen, tut, was er kann, um sich wie ein Erwachsener zu verhalten. Doch manchmal geschieht es, daß er die Augen schließt, und wenn er die Augen schließt, entdeckt er den Duft einer verlorenen Welt wieder, und er versucht, sie zurückzugewinnen.›»

Und Bernard de Fallois hat geschrieben: «Die Erotik scheint für Simenon vor allem deshalb von kapitaler Wichtigkeit zu sein, weil er sie nicht als einen Ausdruck der Intelligenz und der Willenskraft betrachtet, sondern als einen verzweifelten Versuch, zum Leben und zu den wahren Quellen der Existenz zurückzufinden.»

Diese Ansicht wird von Simenons damals entstandenen Werken bestätigt. Sechzehn der dreiundzwanzig *«romans durs»*, die er von 1955 bis 1965 schrieb, als seine Ehe in die Brüche ging, handeln von Giftmorden unter Eheleuten, alkoholsüchtigen Frauen, *crimes passionnels* (Verbrechen aus Leidenschaft) oder Selbstmord. In sechs der Bücher, die er in der Zeit von 1955, als er noch in Cannes lebte, bis 1961 verfaßte, sechs Monate bevor seine Frau zum erstenmal in eine psychiatrische Klinik bei Lausanne eingeliefert wurde, schrieb Simenon einige seiner düstersten Romane über das Thema Sexualität. Der erste, *Les complices* (1955), war der explosivste. In einem Augenblick der Unachtsamkeit verursacht Joseph Lambert, der seine Sekretärin Edmonde bei einer Autofahrt streichelt, den Tod von achtundvierzig Schulkindern in einem Ferienbus. Die Handlung des Romans endet auf den ersten beiden Seiten, eigentlich schon in den ersten vier Abschnitten; der Rest der Geschichte betrifft Joseph Lamberts Geisteszustand und das Leben in einer südfranzösischen Kleinstadt zur Sommerszeit, die aufgewühlt ist durch das schreckliche Unglück und die Bemühungen der Polizei, den Schuldigen zu finden. Der von Reuegefühlen überwältigte Lambert flüchtet sich in seine Beziehung zu Edmonde, die nie auch nur mit einem Wort das entsetzliche Geschehen erwähnt, dessen Zeuge sie war, und in die Freundschaft zu einer *prostituée de passage*, die ihm seine Unruhe anmerkt. Irgendwann, noch bevor man ihn verdächtigt, beschließt Lambert, sich umzubringen; zu diesem Entschluß wird er jedoch erst getrieben, als er Edmonde nicht mehr sexuell befriedigen kann und feststellt, daß ihm der allerletzte Fluchtweg aus seinen Qualen abgeschnitten ist. Er verliert die Zuversicht, daß seine private Wahrheit die richtige ist, und erschießt sich in seinem Büro; in dem Abschiedsbrief, den er hinterläßt, offenbart sich seine innerste Überzeugung: «Ich bin nicht schuldig.»

In *Strip-tease* (1957) ist die Heldin, Célita, ursprünglich Berufstänzerin, als Stripperin in einem Nachtlokal in Cannes gestrandet. Sie führt einen erbarmungslosen Kampf gegen die Frau des Besitzers um dessen Gunst, denn sie ist die einzige aus dem Personal, die ihn wirklich zu erregen vermag, wenn er mit ihr schläft. Célita sieht in Léon «einen wahren Mann mit dem Bedürfnis zu dominieren». Deshalb will sie ihn daran hindern, sich allzu selbstbewußt zu fühlen; er soll nie ganz sicher sein, daß er sie sich »unterworfen« hat. Léon findet sie weiterhin anziehend, ist jedoch auf der Hut, und Célita faßt das gegenseitige Verhältnis in den kämpferischen Worten zusammen: «Sie hätten [...] ein feines Paar ergeben, zwei, die sich voneinander losreißen, aber nur desto enger zusammenkommen, die einander den Stolz brechen, einander demütigen.» Léons Frau stirbt, doch anstatt ihn nun ganz zu gewinnen, verliert ihn Célita an eine *ingénue*, eine Naive, aus dem Nachtlokal, und da sie unfähig ist, sich an ihm zu rächen, zerstört sie sich selbst. *Strip-tease* gehört nicht zu Simenons erfolgreichsten Büchern, weil es ihm nicht gelang, die Persönlichkeit der Hauptfigur Célita so wirksam wie gewöhnlich zu gestalten. Wenn er ihren gelegentlichen Wunsch schildert, Sex zum bloßen Vergnügen zu haben, dann tut er es mit einem überraschenden Mangel an Überzeugung.

En cas de malheur (1955) ist ein viel besseres Buch. Diesmal geht es um die Leidenschaft, mit der ein Mann mittleren Alters einer jungen Frau verfallen ist. Lucien Gobillot ist Rechtsanwalt. Eines Tages bittet man ihn, den hoffnungslosen Fall einer entwurzelten jungen Frau, Yvette, zu übernehmen, die angeklagt ist, einen älteren Juwelier beraubt zu haben. Lucien erlangt den Freispruch seiner Klientin, ist von ihr indes so besessen, daß er seiner Karriere schadet und seine bisher völlig harmonische Ehe gefährdet. Er und Yvette treiben es gemeinsam mit dem Dienstmädchen. Ein junger Rivale von ihm ist ebenso versessen auf Yvette und bringt sie schließlich um. Nach ihrem Tod händigt Gobillot dem Anwalt des wegen Mordes angeklagten jungen Mannes seine Akte in Sachen Yvette aus, die alle schmutzigen Einzelheiten ihrer Liebesaffäre enthält*.

In *Dimanche* (1958) lebt der Hotelbesitzer Emile unter der Fuchtel seiner unattraktiven und boshaften Ehefrau Berthe. Schauplatz ist die Côte d'Azur. Emile findet Trost in der glücklichen Liebesbeziehung zu Ada, einem ungebildeten italienischen Stubenmädchen. Eines Tages überrascht seine Frau die beiden bei der Siestastunde und fordert ihn auf, Ada zu entlassen. Emile weigert sich ganz entschieden; es ist das erstemal, daß er sich den Wünschen seiner Frau widersetzt. Darauf einigen sich Berthe und er, offiziell den Schein zu wahren, im Privaten jedoch einander Freiheit zu gewähren. In der Folge faßt Emile den Entschluß, sich lieber ganz seiner Frau zu entledigen und mit Ada ein zufriedenes Leben zu führen. Mit äußerster Akribie macht er sich daran, Berthe in einer Zeitspanne von elf Monaten zu vergiften. Alles geht gut, und am Ende gelingt es ihm, ihr den tödlichen Risotto zu servieren. Als er in den Speisesaal des Hotels zurückkehrt, begegnet er Berthes ruhigem und hartem Blick *(«calme et dur»)*. Sie hat den Risotto Ada gegeben, deren Teller fast leer ist.

Betty, die Hauptfigur des Romans *Betty* (1960), ist eine Alkoholikerin, die sich nur auf den Barhockern der Champs-Elysées heimisch fühlt und ihren Kummer in einem Meer von Cocktails

---

* Der Roman wurde 1958 von Claude Autant-Lara mit Jean Gabin und Brigitte Bardot in den Hauptrollen verfilmt.

und flüchtigen Liebesaffären ertränkt. Am Ende wird sie von der Familie aus dem Haus gewiesen und verliert gegen eine regelmäßige Rente alle Rechte auf ihre Kinder.

In *La porte* (1961) schließlich werden einem Mann ohne Hände von einem Mann ohne Beine die Hörner aufgesetzt. Bernard Foy, der seine Hände bei einer Explosion im Krieg verloren hat, lebt mit seiner attraktiven Frau Nelly, die ihn liebend umsorgt. Während er gezwungenermaßen daheim sitzt und seinen Beitrag zum Haushaltsgeld leistet, indem er so gut es geht Lampenschirme dekoriert, quält ihn der Gedanke an seine Unfähigkeit, Nelly zu streicheln. Dieser Gedanke wird zu einer Besessenheit, einer krankhaften Neugier und Eifersucht auf alles, was sie tut. Jeden Tag besucht Nelly einen jungen Mann namens Pierre, der, an einen Rollstuhl gefesselt, in einem tieferen Stockwerk wohnt. Pierres Schwester arbeitet im selben Geschäft wie Nelly, und sie besucht ihn nur, um ihm Nachrichten zu überbringen. Bernard erlangt schließlich wieder die Gewißheit, daß die Liebe und die Ergebenheit seiner Frau echt sind, und das gibt ihm die Kraft, dem Leben die Stirn zu bieten und an die Möglichkeit eines gemeinsamen Glücks zu glauben. Eines Morgens geht er unerwartet früh aus, um die täglichen Einkäufe zu machen. Dabei kommt er an Pierres offener Wohnungstür vorbei und sieht, wie Nelly sich über den Rollstuhl beugt und Pierre küßt, während dieser *sie in den Armen hält*. Bernard geht einkaufen, und als er heimkehrt, hat Nelly sich umgebracht. Er folgt ihrem Beispiel.

Die autobiographischen Bezüge in diesen sechs Büchern, die im Lauf von sechs Jahren geschrieben wurden und allesamt sexuelle Verzweiflung zum Thema haben, ergeben eine eindrucksvolle Liste. Die Folge von Episoden in *Les complices*, bei denen Edmonde allein oder mit Hilfe ihres Arbeitgebers in dessen Wagen, an ihrem Schreibtisch im Büro oder in der freien Natur zum Orgasmus kommt, ist einem Lebensabschnitt Simenons nachempfunden, als er einige Tage lang dieselbe Erfahrung mit einer Aushilfssekretärin machte, der er Texte diktierte. Auch die Schweigsamkeit der wirklichen Person und ihre offenbare Gleichgültigkeit gegenüber jeder nicht physischen Form von Kommunikation wiederholt sich im Roman, in Edmondes zur Gewohnheit gewordenem teilnahmslosem Schweigen. Während die Polizei nach dem Fahrer des Wagens fahndet, der den Maueraufprall des Schulbusses verursacht hat, geht Joseph Lambert weiterhin jeden Abend ins Café Riche und spielt seine Partie Bridge mit dem Polizeikommissar, dem Besitzer des Warenhauses Prisunic, dem *sous-préfet* und dem örtlichen Versicherungsagenten – wie Simenon in La Rochelle und Fontenay-le-Comte. Reporter und Fotografen aus ganz Frankreich treffen ein, um jene Aufgaben zu verrichten, die Simenon bestens kannte, und schließlich begegnen wir Léa, der «*fille publique*», mit der Joseph Lambert sich tröstet und die ihm, wie viele Prostituierte es mit Simenon getan hatten, ihre Lebensgeschichte erzählt.

In *En cas de malheur* ist es die vertraute Situation einer Ehe ohne sexuellen Reiz, die von einer sexbesessenen Beziehung unterbrochen wird. Hier gibt es auch den Sex mit einem Hausmädchen und eine Szene, in der Lucien Gobillot sich zu seiner Überraschung mit zwei Frauen im Bett findet, von denen er die eine eben erst kennengelernt hat. In *Strip-tease* sind autobiographische Hinweise seltener, vielleicht weil es einer der wenigen Romane ist, die Simenon auf Anregung eines anderen geschrieben hat. Die beiden wesentlichen biographischen Elemente sind die Gemütsverfassung einer Person, in diesem Fall Célitas, die all ihre Karten auf den Erfolg einer sexuellen Leidenschaft setzt, und eine Nebenfigur, eine Amateurstripperin, die sich im Lauf ihrer Vorführung in einen Orgasmus steigert, genauso wie es eine wirkliche Tänzerin in Cannes zu tun pflegte. Ferner gibt es eine männliche Figur, einen Gast des Lokals, der sich lieber mit den Mädchen unterhält, als ihren Vorführungen zuzuschauen, und der «die Menschen mit einer Neugier beobachtete, die allzu mitleidig schien».

In *Dimanche* ist die Ehe eine einzige Qual, gefolgt von einer leidenschaftlichen sexuellen Beziehung, diesmal mit einem italienischen Dienstmädchen (ein interessanter Fall von «vorgeahnter Erinnerung» bei Simenon); als dann die Ehefrau den Helden und seine Geliebte während der Siestastunde in einem Zimmer außerhalb des Hauses überrascht, beschließt das Ehepaar, aus Gründen der Schicklichkeit den Anschein der Ehe zu wahren. Auch in *Betty* greift Simenon der Erinnerung voraus, wenn er die «verlorene Seele» schildert, die unter dem Trauma ihrer Kindheitserlebnisse leidet, dem Alkohol und der Promiskuität verfällt, schließlich aus dem eigenen Haus vertrieben und von ihren Kindern getrennt wird. Abgesehen von der Promiskuität war das auch Denises Schicksal (obgleich sie der Romanfigur nicht als Vorbild gedient hat). Doch die autobiographischen Fingerzeige in *La porte*, dem letzten Roman dieser Serie, der auch zeitlich der Endkrise in Simenons Ehe am nächsten liegt, sind wohl die erstaunlichsten.

Im August 1960 lud Simenon den jungen Akademiker und Proust-Spezialisten Bernard de Fallois für einige Zeit nach Echandens ein. De Fallois hatte seinen ursprünglichen Plan, seine Doktorarbeit über Proust in einem Buch weiterzuentwikkeln, aufgegeben und statt dessen beschlossen – was ihm als größere Herausforderung und interessantere Aufgabe erschien –, das von Gide hinterlassene Manko gutzumachen und einen ernsthaften Essay über den populärsten lebenden Schriftsteller der Weltliteratur zu schreiben. Aus der dem Besuch vorausgegangenen Korrespondenz geht hervor, daß Simenon davon überzeugt war, endlich an einen ernsthaften Kritiker geraten zu sein, der imstande wäre, eine intelligente und verständnisvolle Interpretation dessen zu bieten, was er, Simenon, schreibend beabsichtigte. Im Lauf der Zeit sollte Bernard de Fallois sowohl sein Verleger als auch einer seiner engsten Freunde werden. Für die Dauer dieses ersten Besuchs indessen mußte Simenon infolge einer Blinddarmoperation das Bett hüten. So wurde de Fallois in einem Erdgeschoßzimmer mit Schreibtisch einquartiert, während Simenon im Zimmer darüber im Bett lag. Denise überbrachte Simenon die Fragen und Wünsche de Fallois' und kehrte dann mit den Antworten und den entsprechenden Unterlagen aus dem Archiv des Autors zurück. So wurde mehrere Tage lang verfahren, fast bis zum Schluß des Besuchs. Zu dieser Zeit war Simenon völlig besessen von Eifersucht auf Denise, und als er sich eines Mittags kurz nach de Fallois' Abreise mit Denise und den

Kindern zu Tisch setzte, sagte er teils belustigt über sich selbst, teils aber auch, um seine wahren Gefühle auszudrücken: *«Enfin on est ensemble, l'amoureux de maman est parti.»* (Endlich sind wir wieder beisammen, Mamas Verehrer ist abgereist.) De Fallois, der damals keine Ahnung von der Heftigkeit der Gefühle hatte, die Simenon für seine Frau empfand, war daher ziemlich bestürzt, als er 1962 sein Exemplar des im Mai 1961 geschriebenen Romans *La porte* erhielt, in dem die Geschichte eines Mannes erzählt wird, der die meiste Zeit in seinem Zimmer verbringen muß und unfähig ist, das physische Bedürfnis nach seiner Frau auszudrücken, während in einem der Stockwerke unter ihm ein jüngerer Mann, der ebenfalls an sein Zimmer gefesselt ist und den die Frau ständig besucht, das einzige zu tun vermag, was ihr Mann nicht tun kann, nämlich sie zu liebkosen.

Das Interesse dieser sechs Romane liegt nicht so sehr in den direkten biographischen Bezügen, die sie enthalten, sondern vielmehr in dem Licht, das sie auf den Gemütszustand und die Arbeitsmethoden des Autors werfen. Pierre Mazeron in *La porte* ist genausowenig Bernard de Fallois, wie Bernard Foy Georges Simenon ist. Was der Roman sich zur Aufgabe macht, ist die Erforschung der Gefühle und Ängste eines Mannes, der von einer scheinbar grundlosen Eifersucht besessen ist, weil seine Frau häufig einen jüngeren Mann im selben Haus besucht, der sein Zimmer nicht verlassen kann. 1960 erhob Simenon Denise gegenüber noch Besitzansprüche genug, um auf jede Aufmerksamkeit eifersüchtig zu sein, die sie einem jungen Besucher in Echandens schenkte. Die Geschichte hinter *La porte* ist vor allem deshalb aufschlußreich, weil sie sowohl das Ausmaß darlegt, in dem sich Simenon in vielen seiner Erzählstoffe auf erlebte Erfahrung stützt, wie auch die Grenzen dieser erlebten Erfahrung zeigt, den Punkt, an dem die Fakten aufgegeben wurden und der Roman sein Eigenleben begann.

Während dieser zunehmend trübseligen Jahre kämpfte Simenon mit aller Kraft um die Rettung seiner Ehe. Im Mai 1959 brachte Denise Pierre zur Welt, den Jüngsten, und sie kamen einander wieder näher, als das Baby im Alter von vier Monaten erkrankte und zur Behandlung nach Lyon gebracht werden mußte. Obwohl dort alles Erdenkliche für Pierre getan wurde, wäre er fast gestorben. «Zum erstenmal in meinem Leben erfuhr ich, was wirkliche Angst ist», erinnerte sich Simenon im Rückblick auf den Augenblick, als man ihm gesagt hatte, Pierre habe eine «Chance von fünfzig Prozent mit einer Menge Gebeten». Zum erstenmal verspürte er «jene Art Angst, die einen erstarren läßt, die einen sprachlos und reaktionsunfähig macht». Die Wirkung auf Simenon war dergestalt, daß er ernsthafte Schwindelanfälle bekam und in Lyon nicht über die Straße gehen konnte, wenn er nicht von einer Menschenmenge umgeben war; noch fünfundzwanzig Jahre später, als er seine Erinnerung daran niederschrieb, saß er wie gelähmt auf seinem Stuhl, schluchzend und um Atem ringend, während ihm die Tränen über die Wangen rannen. Die quälende Bangigkeit lastete fast zwei Monate auf Denise und Simenon, bis man ihnen endlich sagen konnte, daß das Leben des Kindes außer Gefahr war.

Doch ohne derartige Belastungsproben zerrüttete die Ehe immer mehr. Beide neigten zur Gewalttätigkeit, nur war die seine viel bedrohlicher, beide tranken ansehnliche Mengen, sie Whisky, er Wein, und beide arbeiteten weiterhin äußerst hart. Simenon besuchte regelmäßig *«les filles»*, und Denises Adreßbuch enthielt unter dem Kennwort *«Filles»* mehrere Seiten mit Anschriften und Telefonnummern in Cannes, Paris, Mailand und Brüssel. Simenon fand dieses Wort zu respektlos, und so änderte sie es in *«Frivolités»*. Denise verbrachte einen großen Teil ihrer Zeit in ihrer Bürosuite mit dem Sekretärinnenteam. Simenon blieb bei seiner üblichen Praxis, in verhältnismäßig kurzen Zeitspannen bis zur Erschöpfung zu arbeiten und dann längere Phasen der Untätigkeit folgen zu lassen; in diesen begann er sich zunehmend als Fremder im eigenen Haus zu fühlen, überflüssig in der Verwaltung seiner eigenen Geschäfte, fehl am Platze in den emotionalen Bedürfnissen seiner Frau und nicht einmal imstande, sie als Gesprächspartnerin zu gewinnen. 1959 und 1960 litt er sogar mehrmals an «Schreibhemmungen». In dieser Situation waren die Kinder Balsam für sein wundes Gemüt. Marc hatte das Haus verlassen, um sein eigenes Leben zu beginnen, und Pierre war zu klein, um ihm Gesellschaft zu leisten; doch es blieben ihm Johnny und Marie-Jo, und obwohl er sie beide gleichermaßen liebte, wie es sich gehörte, fand er in der Gesellschaft seiner Tochter zweifellos mehr gefühlsmäßige Unterstützung. Dabei hoffte er noch immer auf die Rückkehr zu einem normalen Leben. Im Februar 1962 fuhr er nach London, um an dem Festessen für den *«pipe-man of the year»* teilzunehmen. Er kam in Begleitung Denises, ihrer Sekretärin Aitken und ihres neuen italienischen Dienstmädchens Teresa und richtete sich im Hotel Savoy wie ein Pascha mit seinem Harem ein. Doch Julian Symons, der ihm bei diesem Besuch begegnete, erinnert sich, daß Simenon sehr zurückhaltend und wachsam war und das Sprechen weitestgehend Denise überließ, die ihn in den Schatten zu drängen schien. (Im Lauf dieses Besuchs hörte er von Marc, der inzwischen geheiratet hatte, daß er Großvater geworden war.)

Zu Hause war Simenon immer noch fähig, sich in Hochstimmung zu zeigen. Eine wilde *dinner party* mit befreundeten Ärzten endete mit einem Striptease, den Simenon zum besten gab, und am nächsten Tag fragte er sich, ob er zu weit gegangen war. Bernard de Fallois erinnert sich, daß Simenon seinem Gegenüber den Eindruck eines «warmherzigen, gesprächigen Geschichtenerzählers mit ungemein bezwingendem Blick» vermittelt habe. Doch die Situation in der Ehe hatte sich vier Monate später, im Juni, dermaßen verschlechtert, daß Denise sich auf den Rat eines Psychiaters hin damit einverstanden erklärte, Echandens zu verlassen und einige Zeit in einer nahe gelegenen Privatklinik zu verbringen. Ihrer Meinung nach wurde sie durch eine List zu diesem Entschluß gezwungen, der sie für den Rest ihrer Ehe ins Unrecht – und in eine schlechte Verhandlungsposition – versetzt habe; andere hingegen, so auch ihr Sohn Johnny und ihre Sekretärin, vertreten die Ansicht, einer der beiden habe das Haus verlassen müssen, und Simenon sei der geistig Gesündere und charakterlich Stärkere gewesen. De Fallois erinnert sich, daß Simenon während Denises Abwesenheit sehr unglücklich gewesen sei und in der Hoffnung auf Nachricht aus der Klinik den ganzen Tag neben dem Telefon gesessen habe.

1961 hatten Simenon und Denise erfahren, daß eine neue Autobahn direkt an Schloß Echandens vorbeiführen sollte, und waren zu dem Befund bekommen, die beste Lösung sei es, sich ein eigenes Haus oberhalb von Lausanne zu bauen. Sie erwarben ein großes Grundstück in Epalinges, auf einem Weideland mit herrlichem Ausblick auf die Berge, und engagierten einen Architekten, der Pläne für das Haus ausarbeitete, das erste nach Shadow Rock Farm, das ihnen gehören sollte, und für Simenon von den fünfundzwanzig, die er seit seiner Ankunft in Paris bewohnt hatte, das dritte in eigenem Besitz. Der in der Folge entstandene Bau sieht aus wie eine texanische Ranch: weiß, von Holzzäunen umgeben, mit zwei Flügeln, gruppiert um einen Hof. Simenon hatte sich das Haus so groß gewünscht, daß all seine Kinder und deren Kinder darin leben könnten, doch als es gegen Weihnachten 1963 bezugsfertig war, lag seine Ehe in den letzten Zügen. Denise wohnte nur vier Monate in Epalinges; dann kehrte sie in die psychiatrische Klinik zurück. Einmal versuchte sie wieder einzuziehen, doch Simenon stellte sich ihr weinend an der Tür entgegen, weigerte sich, sie einzulassen, und schickte sie in die Klinik zurück. Er hatte seine Ehe und seine Leidenschaft *«jusqu'au bout»* ausgekostet. Bernard de Fallois meint: «Er versuchte, Denises Vertrauen zu gewinnen, indem er sie an seiner Arbeit beteiligte. Doch als sein Bemühen fehlschlug und die Dinge nur noch mehr komplizierte, gab er das ganze Vorhaben auf.»

Im Rückblick wirft Denise heute Dr. Durand, dem Leiter der Klinik, vor, sie und Simenon auseinandergebracht zu haben. Durand habe, so sagt sie, Simenon erklärt, wenn sie nach Epalinges zurückkehre, werde sie eine kranke Frau bleiben, und ihr habe er erzählt, Simenon sei allergisch auf sie. «Die letzten Kräche, die wir hatten, waren inszeniert», sagt sie.

«Er war ein Mann, der seine Liebe auslebte. Er war viel älter als ich, und ich glaube, er hatte Angst, obwohl das nur eine Vermutung ist. An dem Tag, als ich heimkehrte, rannen im die Tränen über die Wangen. Er war ein wunderbarer Mensch; aber er war auch ein sehr schwieriger Mensch. Er war schwierig, weil er unglücklich war. Zwanzig Jahre lang war ich die Art von Person, mit der er zusammensein wollte, und da ich selbst sehr heftig war, verstand ich seine heftige Art zu lieben. Zum Schluß schenkte ich Simenon sicherlich nicht mehr all die liebende Aufmerksamkeit, die ich ihm hätte schenken sollen. Ich mußte mich um die Kinder und um all die Verträge kümmern. Es war einfach zuviel. So genoß ich auch den Sex nicht mehr wie früher und tat nur noch, als ob. Er war zu anspruchsvoll, und auch ich war zu anspruchsvoll, weil ich meine Ruhe haben wollte. Er verstand nicht, daß ich erschöpft war. Ich konnte es nicht ausstehen, wenn er den Leuten in Epalinges erzählte, wie gut ich im Bett sei. ‹Besser als eine siebzehnjährige Prostituierte›, sagte er; da gab ich ihm eine Ohrfeige. Und ich erklärte ihm, ich hätte keine Lust mehr, mit ihm zu schlafen. Das war, glaube ich, das Ende für ihn. Er ging hinunter und trank eine ganze Flasche Whisky aus.»

Simenons Erinnerungen widersprechen dieser Version.

«Eines Tages versuchte ich sie aufzutauen. Ich nahm sie in die Arme und zog sie auf ein Sofa. Sie ließ sich nehmen, ohne mit der Wimper zu zucken, ohne ein Wort, ohne ein einziges Zittern, und angesichts dieser Reaktion schwor ich mir, es nie wieder zu tun.»

Nachdem Simenon es aufgegeben hatte, seine Ehe retten zu wollen, begann er nicht Gleichgültigkeit für Denise zu empfinden. Die 1945 in Manhattan entflammte Leidenschaft war nicht erloschen; sie hatte nur die Form gewechselt und fand nun Ausdruck in einem Haß, der ihn ebenso verzehrte wie zuvor die Liebe. «Ich habe nie wirklich den Haß verstanden, den mein Mann für mich empfand», sagt sie heute. «Er haßte mich auf die gleiche Weise, wie er mich liebte. Er haßte mich so *besitzergreifend*, wie er mich liebte.» Es war ein Gefühl, das die letzten fünfundzwanzig Jahre von Simenons Leben beherrschte.

Simenon hatte in Denise die ideale Lebensgefährtin gesucht. Solange sie gut miteinander auskamen, war Denise für ihn, wie er sagte, fünf Personen in einer: seine Frau, seine Geliebte, die Mutter seiner Kinder, seine Wirtschafterin und seine Agentin. Er wünschte sich noch eine sechste Person, die zärtliche Gefährtin, die Person, welche ihm zum erstenmal in seinem Leben die Zuneigung und die Geborgenheit geben würde, die seine Mutter ihm verweigert hatte und die seine enge Freundschaft mit Tigy ihn hatte vermissen lassen. Doch Denise war eine Perfektionistin, und das machte sie bisweilen übertrieben gewissenhaft, beklagenswert unfähig und gegenüber ihrem Mann hoffnungslos verschlossen. Sie fühlte sich irgendwann überwältigt von seinen Ansprüchen und reagierte darauf sehr amerikanisch. «Einer der Gründe, warum er mich zu hassen begann», sagt sie, «war meine Offenheit. Ich wollte Simenon begreiflich machen, *wer* ich war. Vermutlich war ich zu amerikanisch, um mich ihm zu unterwerfen.» Er verlangte viel zuviel von ihr. Es ist schon reichlich schwer, eine einzige Frau zu sein – fünf auf einmal zu sein ist noch schwerer. Und während sie sich in ihre täglichen Aufgaben zurückzog, begann er sich vernachlässigt zu fühlen, «als Fremder im eigenen Haus». Simenon konnte gewalttätig sein, aber Denise sagt, seine Gewalttätigkeit sei nicht der Grund für ihre Trennung gewesen. Als Marie-Jo einmal sah, wie ihr Vater die Mutter schlug, tröstete Denise das kleine Mädchen, indem sie erklärte, er habe sie nur geschlagen, weil er verärgert gewesen sei, und er werde den Ärger in seinem nächsten Roman schon wieder loswerden. Simenon selbst hat zugegeben, Denise einmal unabsichtlich geschlagen zu haben, weil er immer noch *«en roman»* gewesen sei und nur eine seiner Figuren habe darstellen wollen. Sie bemerkte, daß er seit ihrer Rückkehr nach Europa wieder mehr trank, wenn er einen Roman beendet hatte und sich von seinen *personnages* löste. Und oft wurde er gewalttätig *«quand il était pris avec ses fantômes»* (wenn er sich mit seinen

Gespenstern herumschlug), womit sie seine zwanghafte Eifersucht meinte.

Simenons Eifersucht war eine Folge der absoluten physischen wie romantischen Leidenschaft, die er für Denise empfand – das einzige Mal in seinem Leben, daß er Leidenschaft verspürte. Seine Liebe zur Mutter war zurückgewiesen worden, seine Liebe zu Tigy war beschränkt gewesen; als seine Leidenschaft für Denise gleichfalls fehlschlug, geriet er in Panik. Die seiner Phantasie entsprungenen Figuren spiegelten diese Ängste wider, und je unglücklicher er sich fühlte, desto schwerer wurde es ihm, sie und ihre Besorgnisse loszuwerden. Genauso, wie seine Mutter ihr Leben lang Angst vor der Armut hatte, hatte er sein Leben lang Angst davor, nicht geliebt zu werden. Sie waren beide besessen von der Furcht, die Gespenster ihrer Kindheit könnten wiederkehren.

14

Der Mann im Glaskäfig

«Warum bist du gekommen, Sohn?»

Henriette Simenon zu ihrem Sohn,
als er an ihr Sterbebett trat (1970)

Im September 1966 nahm Simenon, dreiundsechzig Jahre alt und der erfolgreichste Autor der Welt*, an einer öffentlichen Feier für seinen berühmtesten Romanhelden teil: Kommissar Maigret. Er verließ sein neu erbautes Dreißigzimmerhaus oberhalb von Lausanne und flog nach Amsterdam, wo vierzig seiner Verleger, unter ihnen vier aus Bulgarien, ihn erwarteten. Mit großem Geleit fuhr er ins Hotel Amstel, das für den Anlaß voll ausgebucht war. Simenon wurde in einer neuen Suite untergebracht, die eigens für den Staatsbesuch von Königin Elizabeth II. eingerichtet worden war. Ein Festmahl folgte; es gab Reden, Tanz, eine Pressekonferenz, Interviews. Am Tag nach den Feierlichkeiten beförderte ein Sonderzug die ganze Gesellschaft nordwärts in die kleine Stadt Delfzijl, wo die Stadtverwaltung einen Empfang organisiert hatte. Vier der Schauspieler, die im Film oder im Fernsehen die Rolle Maigrets gespielt hatten, waren bei der Enthüllung einer Statue des Kommissars anwesend. Im Restaurant Le Pavillon, wo Simenon nach eigener Aussage die Figur des massigen Polizisten zuerst vor seinem geistigen Auge gesehen hatte, fand ein weiteres Festessen statt. Dann brachte ein anderer

---

* Sein Erfolg zu dieser Zeit läßt sich daran ermessen, daß er die übliche Basis der Autorenhonorare von zehn Prozent pro verkauftes Exemplar aufgegeben hatte und dafür eine hohe, pauschale Vorauszahlung verlangte. Er war des Zeitaufwands und der Unkosten müde, die das System der periodischen Honorarabrechnung erforderte, und zog eine sofortige Zahlung vor; mit den darüber hinaus erfolgten Verkäufen wollte er sich nicht weiter befassen. Das neue System trat 1965 in Kraft, kurz nach dem endgültigen Weggang Denises.

Sonderzug, ausgerüstet mit einem mobilen Fernsehstudio und einem Tanzwagen samt Tanzkapelle, die Festgemeinde zu einem Bahnhof außerhalb von Amsterdam, der geschlossen worden war, damit auf den Bahnsteigen bis spät in die Nacht hinein getanzt werden konnte. Die Feierlichkeiten dauerten drei Tage; dann flog Simenon zurück und schrieb *Le chat*. Dieser Roman war zum Teil angeregt durch die zweite Ehe der inzwischen siebenundachtzigjährigen Henriette; Simenon bezeichnete ihn als das grausamste Buch, das er je geschrieben habe. Es handelt von einer Witwe und einem Witwer, die wieder geheiratet haben und einander immer mehr zu hassen lernen. Es fängt damit an, daß sie aus Angst, vom anderen vergiftet zu werden, ihre Essensvorräte in getrennten Schränken verwahren. In einem Brief vom April 1967 an Simenon nannte Marcel Achard *Le chat* «eines Ihrer erschreckendsten Bücher» und verglich die Atmosphäre in Simenons jüngsten Werken mit jener in seinen vor dem Krieg erschienenen Romanen. «Die Charaktere werden immer härter, und in *Le chat* erreichen sie den Höhepunkt an brutaler Roheit», klagte Achard. Simenons Mutter war leicht als Vorbild der Witwe in dem Roman zu identifizieren, die einen Witwer heiratete, um ihr Leben mit seiner Rente abzusichern. Die getrennten und verschlossenen Speiseschränke wurden tatsächlich während Henriettes Ehe mit Joseph André in der Rue de l'Enseignement 5 eingerichtet. Simenon machte die Sache noch schlimmer, indem er *Le chat* vom Standpunkt des Witwers aus schrieb, der sich von den beiden zudem als der Sympathischere erweist. Wenn man berücksichtigt, daß er diesen Roman kurz nach Denises Fortgehen schrieb, ist es durchaus möglich, daß er im Unterbewußtsein die Mutter für das Scheitern seiner eigenen zweiten Ehe verantwortlich machte. Doch die Geschichte enthält auch ein leichteres Element. Ganz im Gegensatz zu den Sequenzen in den weiter vorn erwähnten Romanen ist die sexuelle Beziehung des Witwers und der Bardame Nelly in *Le chat* eine erfreuliche Erfahrung. Das war auch in *Le petit saint* der Fall gewesen, einem Roman, den er nur sechs Monate nach Denises endgültigem Weggang von Epalinges geschrieben hatte.

Zur Zeit der Feierlichkeiten in Delfzijl lebten Simenon und Denise bereits seit mehr als zwei Jahren getrennt; dennoch stellte er sich der Öffentlichkeit und vielen seiner engsten Freunde weiterhin als ein glücklicher Mann dar, der Mittelpunkt einer großen Familie war und in einem Haushalt lebte, den Madame Simenon führte. Schon früher, 1960, als die Krise zwischen Simenon und Denise bereits in einem fortgeschrittenen Stadium war, schrieb Henry Miller, der sie seit Jahren kannte, bei ihnen gewohnt hatte und sich Simenon so nahe fühlte, daß er ihn «fast einen Bruder» nannte, er würde «nie die Vollkommenheit erreichen», die Simenon in seiner Ehe erlangt habe. Im September 1965, nachdem Denise seit über einem Jahr das Haus für immer verlassen hatte, sandte Marcel Pagnol, einer der nur acht Briefpartner, mit denen Simenon sich duzte, herzliche Grüße und Küsse an Denise. Und Jean Renoir, ein ebenso ergebener Freund, schrieb von 1966 bis 1969 stets frohgemut an «Georges und Denise». Die Tatsache, daß Simenon so lange die Wahrheit über seine Ehe verschwieg, läßt vermuten, daß er immer noch Hoffnungen hegte, sie auch nach Denises Fortgehen zu retten.

Einige Freunde Simenons, die ihn regelmäßig in Epalinges besuchten, wie Bernard de Fallois, sind der Meinung, daß die eigenartige Atmosphäre des Hauses von vielen Gästen übertreibend kommentiert worden ist. Und es stimmt, daß zum Beispiel Charlie Chaplin im Juni 1965 an Simenon schrieb, um ihm für ein «köstliches Mittagessen, köstlichen Wein in Ihrem schönen Haus und Schwimmbecken» zu danken. «Das trübe Wetter hatte mich niedergeschlagen und pessimistisch gestimmt, bis ich diesen bezaubernden Besuch bei Ihnen machte [...]» Einige Gelegenheitsbesucher allerdings hatten einen anderen Eindruck. An den Einrichtungen des Hauses war manches recht seltsam. So führte ein Gleitschacht von jedem Schlafzimmer in einen zentralen Wäscheraum, wo sechs Waschmaschinen unter der Aufsicht einer ganztägig arbeitenden Wäscherin ständig in Betrieb waren. In seinem unverwüstlichen Optimismus hatte Simenon in seinem eigenen Zimmer ein Bett stehen, das groß genug für vier Personen war. Viele der anderen Zimmer hatten eingebaute Mikrofone, was damit begründet wurde, daß man die Kinder hören müsse, falls sie weinten oder sich verletzten, wenn niemand bei ihnen war. So brauchte Simenon nur einen Schalter anzuknipsen, um zu hören, was in fast allen Zimmern vorging. Es gab ein kompliziertes System von Korridoren, und zwei von ihnen endeten jeweils an einer Stelle, wo identische Simenon-Porträts von Bernard Buffet hingen. Einige behaupteten, Simenon habe das Porträt kopieren lassen, um es Dieben zu erschweren, das Original zu stehlen, und er allein habe sie voneinander unterscheiden können. Im Endeffekt aber wurden die Gäste verwirrt, so daß sie nicht mehr wußten, in welchem Teil des Hauses sie sich befanden. Es entstand der Mythos von einem Haus voller Abhörgeräte, in dem die Gäste sich verirrten, umherwanderten und immer wieder demselben teilnahmslosen Bild ihres Gastgebers begegneten. Als Miron Grindea Simenon im Januar 1966 besuchte, zwanzig Monate nach Denises letztem Abgang, wurde ihm gesagt, Denise ruhe sich in einem Pflegeheim in der Nähe aus. Grindea wurde von Gino, dem makellos behandschuhten italienischen Chauffeur, mit dem Rolls-Royce abgeholt und nach Epalinges gefahren. «Im Haus herrschte eine hygienische Stille», erinnerte sich Grindea, obgleich Simenon gerade *«hors roman»* war. Doch in der folgenden Woche sollte er *«en roman»* sein. Er hatte soeben *Maigret et l'affaire Nahour* beendet und schickte sich an, *La mort d'Auguste* in Angriff zu nehmen. Angeblich ruhte er sich aus, in Wirklichkeit jedoch «verhielt er sich wie ein Sklave zu grimmiger Routine», schrieb Grindea.

«[...] aufgestanden im Morgengrauen, überprüft jeden Aspekt des Haushalts, Öfen, Kühlschränke, Wäscheschächte [...] lange Spaziergänge durch die Wälder, dann Punkt zehn zu Bett. Simenons Territorium erstreckte sich in einem Radius von mindestens einem Kilometer um die Festung, so daß kein neues Gebäude den Frieden zu stören mochte [...] [Das war eine Übertreibung.] Vom frühen Morgen bis zur Abenddämmerung störte nichts Ungewöhnliches die Routine, abgesehen von ein paar Ferngesprächen von jenseits des Atlantiks oder

der Ankunft einiger neuer ‹Simenons› aus fernen Ländern wie Argentinien, Bulgarien, Japan, Israel. Im Nachbarzimmer schätzte ich die verschiedenen Übersetzungsausgaben ab, einige 18000 Bände [...] Beim Mittagessen saß Simenon am einen Ende des Tisches, Marie-Jo [damals zwölf] am anderen [...] Kaviar und Wein im Überfluß, aber der Gastgeber trank nur Wasser und aß wenig. (Gino erzählte mir später, daß der Herr des Hauses nie ohne seine Flasche Whisky auf sein Zimmer gegangen sei.)»

Aus irgendeinem Grund beschrieb Miron Grindea, dem man gesagt hatte, er könne das Haus nicht besuchen, solange Simenon an einem Roman arbeite, das Bedürfnis seines Gastgebers nach absoluter Ruhe als «manisch». Ein anderer Nachrufschreiber, der nach Beispielen für Simenons extreme soziale Verhaltensweisen suchte, erzählte, es sei den Kindern streng verboten gewesen, die Eltern bei einem Gespräch zu unterbrechen.

Nachdem Denise am 21. April 1964 endgültig Epalinges verlassen hatte, übernahm Simenon ohne Bedauern alle elterlichen Pflichten. Er war ein hingebungsvoller Vater, zuweilen aber auch ein wahrer Tyrann. Als die Kinder ihn den «Paten» nannten, war das ein passender Witz. Damals waren Johnny vierzehn, Marie-Jo elf und Pierre knapp fünf. War Simenon *«en roman»*, duldete er die Kinder nicht in seiner Nähe. Legte er eine Pause ein und verließ die Schreibmaschine, konnten sie ihn von einem Fenster im oberen Stockwerk aus beobachten, wie er allein im Garten spazierenging, und an seinen Schritten konnten sie erraten, über welche Art von Figur er gerade schrieb. Laut den Aussagen Denises und seiner Freunde fürchteten die Kinder seinen Zorn; er war ein ungeduldiger Mensch, und er hatte eine verwirrende Art, bald großzügig und nachsichtig, bald unerwartet streng und knauserig zu sein. Manchmal gab er seinen Kindern kein Geld, weil er sie nicht verwöhnen wollte, doch er begriff nicht, daß es unmöglich war, ihnen seine eigene entbehrungsreiche Kindheit künstlich anzuerziehen. In Epalinges gab es zweiundzwanzig geräumige Zimmer und einen zusätzlichen Dienstbotenflügel.

Jedes Kind verfügte über sein eigenes Badezimmer, «um Streitigkeiten zu vermeiden». Das Schwimmbecken hatte ein gläsernes Kuppeldach, im Speiseraum der Dienstboten stand ein Tisch für zwölf Personen, und es gab einen Massageraum für den Hausherrn, aus dem Journalisten bald einen Operationssaal machten. Simenon selbst sagte später über sein einsames Leben in Epalinges, er habe sich in dem großen Haus mit den Adam- und Louis-Quinze-Möbeln unbehaglich gefühlt und wieder zu trinken angefangen. Im November 1964 entließ er Boule nach neununddreißig Jahren; sie verließ unter Tränen ihren *«petit monsieur joli»* und zog zu Marc, der inzwischen eigene Kinder hatte.

Unter denen, die Simenon besuchten, war auch seine Mutter. Henriette kam im Mai 1967, drei Monate nachdem, Le chat erschienen war. Sie hatte das Buch gelesen, wie sie alles las, was ihr Sohn schrieb, sobald es veröffentlicht war; manchmal tadelte sie ihn, weil er derart unmoralische Menschen schildere. (Man erzählt, Simenon habe geantwortet, wenn er über sich selbst schreibe, wäre es noch schlimmer.) Es war ihm klar, daß ihm nicht mehr viel Zeit blieb, falls er das Verhältnis zu seiner Mutter je noch in Ordnung bringen wollte; doch ihr Besuch war von seinem Standpunkt aus kein besonderer Erfolg. Henriette war erstaunt über die Größe des Besitzes in Epalinges und nahm die Dienerschaft ins Verhör, um herauszufinden, ob ihr Sohn für das Haus bezahlt hatte oder nicht. Man bot ihr eins der größten Gästezimmer an, doch sie bat darum, im Fernsehzimmer der Kinder untergebracht zu werden, das kleiner war. Nachdem sie vom Personal keine befriedigende Antwort erhalten hatte, fragte sie Boule, die für die Zeit ihres Besuchs zurückgekehrt war und die sie seit Jahren kannte, ob ihr Sohn «viele Schulden» habe. Eines Tages, als Henriette nicht zum Frühstück erschien, fand man sie in ihrem Zimmer am Boden liegend, eingeklemmt unter einem Kleiderschrank, der auf sie gestürzt war, als sie versucht hatte, einige Schachteln obenauf zu verstauen. Die Schachteln enthielten Goldmünzen, die ihre sämtlichen Ersparnisse darstellten und die sie für ihre Enkelkinder aufbewahrte. Später am selben Tag übergab sie Simenon ein Kuvert mit all dem Geld, das er ihr im Lauf der Jahre geschickt hatte, eine Geste, die ihn rührte, aber auch zutiefst verletzte. Es war Henriettes Antwort auf *Le chat*.

Nach dem Tod seiner Mutter warf Simenon sich vor, ihr nicht häufiger geschrieben zu haben. Einige seiner Briefe, die noch vorhanden sind, zeigen ihn als einen pflichtbewußt die Korrespondenz pflegenden und zumindest aus der Distanz aufmerksamen und liebevollen Sohn. Am 24. September 1959 schrieb er ihr aus Echandens zum Tod seines Vetters Lucien Brüll, eines angesehenen Chirurgen, der verhältnismäßig jung in Lüttich gestorben war.

«Ich kannte ihn kaum. Ich sah ihn nur einmal, an dem Tag, da er Dich als bärtiger junger Student in der Rue de l'Enseignement besuchen kam und eine Aufnahme von Dir machte, während Du an der Tür standest [...] Ich hätte ihn gern näher kennengelernt. Auf meiner letzten Reise nach Lüttich [wahrscheinlich 1956] lud ich ihn zu einem von meinen Kollegen veranstalteten Empfang ein, aber er teilte ihnen mit, daß er nicht kommen würde. Wollte er mir vielleicht nicht begegnen?»

In einem Brief vom Dezember 1958 teilte er das Alter seiner Kinder mit und fügte hinzu: «Denise ist in Hochform. Wir arbeiten hart, wie Du aus den Zeitungen ersehen kannst. Wir leben alle in der ruhigen Atmosphäre unseres Dorfes und reisen sehr wenig. Wir denken viel an Dich.» Simenon schrieb dann noch, er wünsche, daß seine Mutter sich entschlösse, ein Dienstmädchen zu engagieren, das mit ihr im Haus leben könne.

Im November 1959 schrieb er an Henriette, um ihr mitzuteilen, daß Pierre sich von seiner gefährlichen Krankheit erholt habe; weitere kurze Briefe folgten im April und im August 1960. Im November 1961 machte er einen seiner seltenen Besuche in Lüttich. Wenn er im Fernsehen erschien, schrieb er vorher an seine Mutter, damit sie Bescheid wußte; ansonsten sind seine Briefe, die mit *«Chère petite maman»* beginnen, wenn mit der Hand geschrieben, oder mit *«Ma chère maman»*, wenn auf der Maschine getippt, ziemlich steif im Stil und enthalten fast nur Nachrichten über die Kinder.

Henriette erfreute sich zu dieser Zeit einiger Berühmtheit in Lüttich, vor allem nachdem *Pedigree* erschienen war. Die Rue Pasteur hatte man nach ihrem Sohn umbenannt, und 1968 wurde sie «anläßlich ihres neunzigsten Geburtstags» im belgischen Fernsehen interviewt. (In Wirklichkeit war sie achtundachtzig.) Als der Schriftsteller und Literaturkritiker John Raymond 1966 die damals sechsundachtzigjährige Henriette besuchte, behauptete sie, zweiundneunzig zu sein. «Sie empfing mich mit großer Liebenswürdigkeit», schrieb Raymond.

«Eine zerbrechliche alte Dame mit durchdringenden blauen Augen und dramatischer Flüsterstimme. ‹Haben Sie Georges' letztes Buch gelesen?› fragte sie und klopfte auf *La mort d'Auguste* auf einem Tisch neben ihrem Sessel, während ihre Stimme um eine Nuance leiser wurde. ‹Es geht um ein verschwundenes Testament, Monsieur...›»

Henriette erzählte John Raymond: *«Georges aimait toujours les petites gens [...] il était très fier [...] mais, voyez-vous, monsieur, c'était une fierté très mal placée.»* (Georges hat immer die kleinen Leute gemocht [...] er war sehr stolz [...] aber, wissen Sie, Monsieur, dieser Stolz war sehr fehl am Platze.) Georges schrieb gerade *Le chat*, als seine Mutter sich so lobend und tadelnd zugleich über ihn äußerte.

1969, als Henriettes Kräfte zu schwinden begannen, verließ sie ihr Haus in Outremeuse und zog in das Altersheim derselben Ursulinerinnen, denen Georges' Tante Schwester Marie-Madeleine bis ins hohe Alter angehört hatte. Georges besuchte sie im April und im August dieses Jahres, verschob dann aber einen weiteren Besuch auf das Jahresende, zuerst wegen seiner Arbeit und dann, weil er krank wurde. Die Oberin Marie-Germaine schrieb ihm im Dezember 1969, es gehe seiner Mutter nicht gut, und er antwortete ihr am 6. Januar 1970, er habe den Briefen Henriettes entnehmen können, daß ihr Gedächtnis nachließ; es sei ihm jedoch nicht möglich, sie zu besuchen, schrieb er und fügte, nicht gerade überzeugend, hinzu: «Wenn man doch nur nach Lüttich fliegen könnte, wie man nach Brüssel fliegt.» Im Sommer ging es Henriette wieder ein bißchen besser. Am 9. Juli schrieb Simenon abermals an die Oberin Marie-Germaine und teilte ihr mit, er könne nicht kommen, weil seine Tochter an einer ernsthaften Depression leide und in einer psychiatrischen Klinik sei. Am 20. Oktober schrieb Simenon seinen letzten Brief an Henriette; darin bezog er sich auf einen Besuch, den er kurz zuvor gemacht hatte, und erzählte ihr, er habe soeben einen Roman beendet (*La disparition d'Odile*, eine Geschichte, die Marie-Jos Krankheit zur Grundlage hat). Er unterschrieb mit den Worten: «*Toute ma tendresse, chère petite maman.*» Am 16. November schrieb er der Oberin Marie-Germaine und bat sie um Nachricht. Kurz darauf wurde er nach Lüttich gerufen, da seine Mutter sich einer Operation unterzogen hatte und man mit ihrem Ableben rechnete. Er verbrachte eine Woche bei ihr, vor ihrem Tod am 8. Dezember. Man hatte sie aus dem Altersheim wieder nach Outremeuse verlegt, ins Bavière-Hospital, dasselbe Krankenhaus, in dem er sechzig Jahre zuvor bei der Frühmesse ministriert hatte. Als er in ihr Zimmer trat, schaute sie ihn an und sagte: «Warum bist du gekommen, Sohn?» Später schrieb er in *Lettre à ma mère*: «Wir haben uns nie geliebt, solange du lebtest, wie du wohl weißt. Aber wir haben so getan, als liebten wir uns.» Und in *Un homme comme un autre* schrieb er, er habe mehr Zärtlichkeit bei Prostituierten gefunden als je bei seiner Mutter.

Im April 1974, mehr als drei Jahre später, schilderte Simenon, was er beim Tod seiner Mutter empfunden hatte, in *Lettre à ma mère*, einem Text, den er so diktierte, als lese er einen Brief vor. Er war ganz plötzlich für eine Woche nach Outremeuse zurückgekehrt, um sich täglich ins Bavière-Hospital zu begeben, wie er es als kleiner Junge getan hatte, als er dem Priester auf dem Weg zu den Sterbenden mit dem Versehglöcklein vorangegangen war. Der Trauergottesdienst für seine Mutter war auf ihren Wunsch in der Krankenhauskapelle abgehalten worden, derselben Kapelle, in die sie ihn jeden Tag geschickt hatte, bevor ihm die ersten

Zweifel an ihren mütterlichen Gefühlen ihm gegenüber gekommen waren. Mit dem Tod Henriettes starb auch die Welt seiner Phantasie. Er, der vierzig Jahre lang vier bis fünf Romane jährlich geschrieben hatte, hörte zwölf Monate nach ihrem Tod auf, Romane zu schreiben. Es war, als habe er niemanden mehr, für den er sie schreiben konnte. Mit ihrem Tod war die wichtigste emotionale Schlacht seines Lebens geschlagen. Sie hatte das letzte Wort gehabt, doch ihm stand seine letzte Wunde noch bevor.

In den Jahren nach Denises Weggang aus Epalinges hatte Simenon seine Produktion von «Maigrets» und anderen Romanen in stetigem Rhythmus fortgesetzt. Von 1965 bis 1971 schrieb er jährlich drei bis vier Bücher. Auf *La porte* folgten *Les anneaux de Bicêtre*, ein Roman, der ihm viel Lob einbrachte, und einige andere Romane, die zu seinen besten gehören, wie *Le petit saint*, *La mort d'Auguste*, *Le chat* und *Il y a encore des noisetiers* (1968). Es bedarf weiter keiner Erwähnung, daß er kein zölibatäres Leben führte, doch er schien sich mit Teresa Sburelin zu begnügen. Sie war liebevoll und eine wahre Seele von Takt; jahrelang hatte sie darauf bestanden, Simenon mit «Monsieur» anzureden. In der Krise, die sich abzeichnete, verließ er sich immer mehr auf sie. Im Dezember 1965, nach Denises Weggang, stürzte er eines Abends in seinem Badezimmer in Epalinges, nachdem er zuviel getrunken hatte, und brach sich mehrere Rippen. Teresa hörte schließlich seine Hilferufe und rettete ihn aus seiner peinlichen Lage. Sie begleitete ihn ins Krankenhaus, schlief auf einem Feldbett neben seinem Bett, pflegte ihn und blieb fast ständig an seiner Seite bis zu dem Tag, an dem sie seine Asche unter der Zeder verstreute. Wie Denise war Teresa ihm von einem Verleger vorgestellt worden. Wie Denise sah Teresa ihre Beziehung zu Simenon bestätigt, als sie ihn zu pflegen begann. Sie begleitete ihn überallhin, auch nach Delfzijl, hielt sich jedoch im Hintergrund, und es dauerte Jahre, bis die wahre Natur ihrer Beziehung zu Simenon allgemein bekannt wurde. Da Simenon nicht italienisch sprach, verständigten sie sich auf französisch. Teresas Französisch war «brauchbar», wie sich ein Freund erinnert, und sie benutzte es ohne Schüchternheit; *«elle était très bavarde»* (sie war sehr redefreudig).

In der Öffentlichkeit fuhr Simenon fort, die 1925 mit seinem Interview in *Paris-Soir* begonnene Eigenreklame zu betreiben. 1963 gab er eine virtuose Vorstellung in einem langen Fernsehinterview mit Roger Stephane, dem besten und erhellendsten Gespräch über seine Arbeit, das je an die Öffentlichkeit gelangte, und der intellektuellen Fortsetzung seines Essays über Balzac. Er stellte sich der Befragung wie einem Finale um den Tennisweltpokal und begegnete seinem Interviewer auf eine spöttische, feindselige Art, die den Wortwechsel um so interessanter für das Publikum machte. Ein weltkluger Beobachter hätte annehmen können, die Feindseligkeit sei gespielt gewesen – immerhin hatte Roger Stephane Simenons Rundfunkvortrag über Balzac seinerzeit in Auftrag gegeben –, doch Stephane hat seitdem klargestellt, daß Simenons einschüchternde Haltung keineswegs gespielt war. In diesem Interview reagierte Simenon äußerst pikiert auf eine Bemerkung Stephanes, der auf das berühmte Paradox angespielt hatte, wonach Simenon sowohl ein «guter» Schriftsteller als auch ein höchst populärer und produktiver Romancier *(«un cas»)* war. Als er nochmals nach dieser seltsamen Doppelnatur seines Erfolges gefragt wurde, berief er sich auf Lope de Vega, Dickens, Balzac, Dostojewski und Victor Hugo und erklärte mit Nachdruck, daß seinem schriftstellerischen Status durchaus nichts Seltsames anhafte. «Heutzutage sind zu viele Leute, die Romane schreiben, keine Romanciers», sagte er.

«Der Romancier hat immer wie ein Handwerker gearbeitet, niemand wundert sich über die Anzahl der von Matisse oder Vlaminck gemalten Bilder [...] Die Kunst, die darin besteht, zwei Monate oder zwei Jahre träumend oder nachdenkend in Mentone oder Florenz zu sitzen, ist nicht die Kunst des Romans [...] Ein Romancier dringt ein in das Fleisch seiner Figuren und hat das Bedürfnis, mit anderen Figuren in seinem Inneren zu leben [...] Ein Romancier ist ein Mensch, der schreibt, weil er schreiben muß, der sich nicht fragt, ob ein Satz eine Zeile, anderthalb oder zehn Zeilen lang sein soll, sondern der lediglich versucht, seine Arbeit von einem Tag zum anderen zu vervollkommnen. So etwas wie ‹le cas Simenon› gibt es nicht. Ich bin kein Fall, ich wäre entsetzt, ein ‹Fall› zu sein. Ich bin einfach ein Romancier, das ist alles [...] Warum betrachtet man mich als einen ‹Fall›? Weil man heute nicht mehr schreibt, außer gelegentlich in Saint-Tropez. Sagen Sie ruhig, daß einige Generationen an Anämie leiden, aber sagen Sie nicht, ich sei ein ‹Fall›. Ich [...] bin [...] normal.»

Das Interview fand im Oktober 1963 in Echandens statt, kurz vor dem Umzug nach Epalinges, als Denises Verhalten einen Höhepunkt der Seltsamkeit erreicht hatte. Es war die Zeit, da sie, wie ihr Mann behauptete, des Nachts die Kinder im Haus herumjagte. Unter diesen Umständen war Simenons Verhalten erstaunlich normal – fast abnorm normal.

Im Juni 1968 erbrachte Simenon eine weitere Bravourleistung, diesmal vor einem geladenen Komitee von fünf Ärzten, die einen ganzen Tag in Epalinges verbrachten und ihm sieben Stunden lang Fragen stellten. Das Gespräch wurde danach in der Sonderausgabe zum fünfundzwanzigjährigen Bestehen der schweizerischen Zeitschrift *Médecine et Hygiène* veröffentlicht und enthielt eine Menge wertvoller Informationen über Simenons ungewöhnliche Arbeitsmethoden. Simenon erklärte, er müsse sich vor dem Schreiben zuerst seiner eigenen Persönlichkeit entledigen, um «den Gnadenzustand» zu erreichen, der ihm gestattete, sich in jene rein rezeptive Stimmung zu versetzen, in der er von seinem Romanhelden in Besitz genommen werden konnte. Die Einzelheit, die er suchte und die ihm erlaubte, seine Geschichte zu beginnen, war oft ein *fait divers* – es konnte ein Verkehrsunfall sein, eine Herzattacke oder eine Erbschaft, jedenfalls etwas, was «ganz plötzlich das Leben der Romanfigur verändert». Simenon erwähnte auch die Wichtigkeit des Geruchs in seiner Erinnerung und erzählte, er habe immer noch die Gewohnheit, zum Wäscheschrank in Epalinges zu gehen und ihn zu öffnen, um die Stapel frisch gewaschener und gebügelter Laken zu riechen – «sie stellen für mich den Inbegriff des friedlichen Lebens dar». (Die Ärzte wiesen darauf hin, daß in Epalinges gleichwohl eine seltsam antiseptische und geruchlose Atmosphäre herrschte.) Simenon bot seinen Gästen auch eine Rechtfertigung seines Lebenswerkes, besonders in bezug auf Maigret, den *«redresseur des destins»* (Ausbesserer der Schicksale).

«Ein Schriftsteller kann seinem Leser nur dann helfen, wenn er ihm vor Augen führt, daß jeder Mensch seine Licht- und Schattenseiten hat, deren er sich mehr oder weniger schämt [...] Begegnet der Leser einer Romanfigur, welche die gleichen Symptome wie er aufweist, sagt er sich: ‹Ich bin also nicht allein, ich bin kein Ungeheuer.› Und das kann helfen. Ich möchte meinen Lesern zeigen, daß die persönlichen Dramen, mit denen sie sich herumschlagen und deren sie sich schämen, nicht allein die ihren sind und daß viele andere Menschen unter den gleichen Qualen leiden, sogar Menschen, die man lieben kann und die eine beneidenswerte Position in der Welt einnehmen können.»

De Fallois hatte früher geschrieben: «Verläßt der Leser einen dieser Alpträume [Simenons], während er noch den bitteren Geschmack der Schwäche, der Angst und der Einsamkeit im Mund hat, findet er, ohne zu wissen, warum, daß er sich selbst etwas weniger einsam und etwas stärker fühlt.»
Das Interview mit den fünf Ärzten ging nicht bis an die äußersten Grenzen der schöpferischen Erfahrung Simenons; beispielsweise wurde darin ein wichtiger Punkt nicht erwähnt, der Denise aufgefallen war: daß Simenon nicht genau wußte, wie er schrieb. Seine Arbeit hing von einem Mechanismus ab, den er nicht einschalten konnte; er mußte warten, bis dieser von selbst in Gang kam. Es war etwas, was sich seinem Zugriff entzog. Er konnte nie wissen, wann oder ob es wieder funktionieren würde, und das beunruhigte ihn zuweilen. «Er hatte immer schreiben wollen», sagt Denise, «aber er begriff nie, *wie* er imstande war zu

schreiben. Für ihn war es eine Art Wunder.» Ein anderer Aspekt, den er nie ganz verstand oder untersuchte, war das Verhältnis zwischen seinem Schreiben und seinem Unterbewußtsein, das sich in seinem Schlafwandeln zeigte. Es hatte sich bei Simenon, wie bei vielen, in der Kindheit geäußert, blieb ihm jedoch bis ins hohe Alter. Denise erzählt, sie habe ihn während ihres Zusammenseins nur einmal, in Tucson in Arizona, schlafwandeln sehen, als sie eines Nachts aufwachte und sah, wie er versuchte, die Schlafzimmerwand hinaufzuklettern. Doch nachdem sie miteinander gebrochen hatten, lebte die Gewohnheit wieder auf, und in einer seiner autobiographischen *Dictées*, *Un banc au soleil*, entstanden 1975, schrieb er zwei schlaflose Nächte dem Einfluß des Vollmonds zu; zwei Jahre zuvor hatte er bei einer anderen Gelegenheit sein Schlafwandeln vermerkt. Manchmal verglich er den Trancezustand, in dem er sich beim Schreiben eines *«roman dur»* befand, mit einer Art Schlafwandeln. Jedenfalls ereignete sich «das Wunder» zum letztenmal im Oktober 1971, als Simenon seinen letzten Roman, *Les innocents*, abschloß. Der letzte «Maigret», *Maigret et M. Charles*, wurde im Februar 1972 beendet. Als Simenon sich am 18. September wieder an seinen Schreibtisch setzte, um einen neuen Roman zu beginnen, der *Victor* oder *Oscar* heißen sollte, fand er, daß er nichts zu schreiben wußte. Zwei Tage später gab er das Buch auf, und im Februar 1973 rief er einen Reporter eines Lokalblatts zu sich und verkündete, daß er nicht mehr schreiben werde. In den Memoiren, die er nach seinem Rückzug diktierte, sagte er: »Ich brauchte mich nicht mehr in die Haut eines jeden zu versetzen, dem ich begegnete [...] Ich jubelte, ich war endlich frei.« Die Gespenster seiner Phantasie hatten schließlich ihre Ruhe gefunden.

Simenons letzter Reklamecoup ereignete sich 1977, und in mancher Beziehung war es sein größter überhaupt, denn dabei fiel die bekannteste Bemerkung, die er je von sich gab. Um Fellinis neuen Film *Casanova* zu lancieren, hielt ein Agent in Rom es für eine gute Idee, Fellini von Simenon interviewen zu lassen, der nach wie vor einer seiner führenden Bewunderer war und mit ihm regelmäßig korrespondierte. Die Bewunderung war gegenseitig. Im August 1976, noch während der Dreharbeiten, hatte Fellini an Simenon geschrieben und ihm erzählt, er sei mit *Casanova* sehr schlecht vorangekommen, bis er eines Nachts einen seltsamen Traum gehabt habe. Er habe geträumt, er habe geschlafen, und das Geräusch einer Schreibmaschine habe ihn geweckt. Er habe in einem Garten geschlafen, und das Geräusch sei aus einem Turm gekommen. Dann sei das Geräusch verstummt. Er habe sich an ein rundes Fenster geschlichen und hineingespäht. Drinnen sei ein weißgetünchtes Zimmer gewesen, wie eine Zelle. Ein Mönch, der ihm den Rücken zugekehrt habe, sei mit irgend etwas beschäftigt gewesen, was er, Fellini, nicht habe sehen können. Ein Dutzend Kinder hätten ihm zu Füßen gesessen und mit seinen Sandalen und der Kordel seiner Kutte gespielt. Der Mönch habe sich umgedreht. Es sei Simenon gewesen, mit einem kleinen weißen, offensichtlich falschen Bart. Dann habe eine Stimme geflüstert: «Er ist falsch.» Worauf er, Fellini, gefragt habe: »Was tut er denn?» Die Antwort sei gewesen: «Er malt seinen neuen Roman, einen Roman über Neptun.» Am nächsten Morgen habe er, Fellini, festgestellt, daß er sich von seiner Depression erholt hatte und die Arbeit an seinem Film fortsetzen konnte. «So, *mon très cher ami*, interveniert Simenon – *maître de vie et de créativité* – wie ein Zauberer, um Wunder zu vollbringen», schloß Fellinis Brief.

Das Interview mit Fellini fand in Lausanne statt und wurde am 21. Februar 1977 als Titelgeschichte in *L'Express* veröffentlicht, eine Woche nach Simenons vierundsiebzigstem Geburtstag. Fellini war siebenundfünfzig. Zu Simenons großer Freude verbrachten die beiden Freunde den Tag zusammen. Das Interview nahm einen mehr oder weniger interessanten Verlauf, und Simenon spielte fast ohne Unterbrechung seine Interviewerrolle, doch kurz vor Schluß, nach einer Bemerkung Fellinis über seine Angewohnheit, beim Beischlaf stets einen Büstenhalter zu tragen, sagte Simenon plötzlich und ohne Bezug auf irgend etwas vorher Erwähntes:

«Wissen Sie, Fellini, ich glaube, ich bin in meinem Leben ein noch größerer Casanova als Sie gewesen. Ich habe es mir vor einem oder zwei Jahren ausgerechnet; seit dem Alter von dreizehneinhalb Jahren habe ich mit zehntausend Frauen geschlafen. Es war ganz und gar kein Laster, ich leide an keiner sexuellen Perversion, aber ich habe das Bedürfnis zu kommunizieren. Und selbst die achttausend Prostituierten, die man in die Gesamtheit der zehntausend Frauen einschließen muß, waren Menschen, Menschen weiblichen Geschlechts [...] aber man findet menschlichen Kontakt nicht notwendigerweise, nur weil man ihn sucht. Im allgemeinen findet man eine Leere. Meinen Sie nicht?»

Die merkwürdige Folge dieses Einwurfs war, daß sie Simenon berühmter als je zuvor machte und eine größere Reklamewirkung für ihn als für Fellinis *Casanova* erzielte. John Simenon, der bei dem Gespräch dabei war, ist davon überzeugt, daß keine berechnende Absicht dahintersteckte. Sein Vater hatte nur etwas erwähnt, was ihm in diesem Augenblick eingefallen war; wenn es also ein Reklamecoup war, dann war er unbewußt.

In den Jahren nach seinem Verstummen als Romanschriftsteller arbeitete Simenon an den *Dictées*, einundzwanzig Memoirenbänden, die er auf Tonband diktierte. Aus ihnen ging klar hervor, daß seine autobiographischen Berichte nicht immer zuverlässig sind. In *Quand j'étais vieux*, geschrieben in den Jahren 1960 bis 1963, hatte er bereits *Je me souviens* (1940) als «oft ungenau» und *Pedigree* (1940–1943) als «nicht wirklich exakt» bezeichnet. Und in *Un homme comme un autre* (1973), der ersten seiner *Dictées*, sagte er, *Quand j'étais vieux* sei «widersprüchlich». Später erklärte er dazu, Denise habe das Manuskript gelesen und ihn gezwungen, viele Passagen zu fälschen.

Erst nach dem Tod Henriettes begann Simenon, Denise – die sich inzwischen wieder «Denyse» schrieb – in seinen Schriften anzugreifen. Zumindest ihr gegenüber hielt er sich nicht an sein altes Motto *«comprendre et ne pas juger»* (verstehen und nicht verurteilen). Der erste ernsthafte Angriff erfolgte in *Lettre à ma mère*, als er seine blinde Leidenschaft für Denyse, die er nun als «D.» apostrophierte, auf seine Schuldgefühle gegenüber seiner Mutter zurückführte. «Es war 1952, während der Reise nach Lüttich. Meine zweite Frau, ‹D.›, begleitete mich und war bestrebt, sich eine möglichst prominente Position zu sichern», schrieb er. Als er später im selben Buch auf das Tauziehen um die Korsetts einging, schrieb er: «D., die schon immer die Manie hatte, in den Schubladen und Privatangelegenheiten anderer Leute herumzuschnüffeln [...]» und weiter noch: »Auf der einen Seite D., stolz, aggressiv, erbarmungslos, und auf der anderen diese kleine Frau aus Lüttich in ihren abgetragenen Kleidern [...]»

Zu der Zeit, als *Lettre à ma mère* veröffentlicht wurde, war Marie-Jo einundzwanzig. Simenon hatte sie zu seinem Lieblingskind und seiner bevorzugten Gefährtin erwählt, und sie bot ihm dafür ein Maß an liebender Verehrung, das jenem, welches er seinem Vater entgegengebracht hatte, zumindest gleichkam. Nur war Marie-Jo leider nicht annähernd von so robustem Wesen wie ihre beiden Eltern. Der gnadenlose Krieg, der zwischen ihnen ausbrach, verwirrte und bestürzte sie, besonders als Simenon ihr, wahrscheinlich auf den Rat Dr. Durands hin, sagte, er wünsche nicht, daß sie weiterhin ihre Mutter aufsuche. Johnny, der älter war, ergriff meistens Partei für seinen Vater und hatte ohnehin die Möglichkeit, rechtzeitig dem Haus zu entkommen und sein Studium fortzusetzen; im übrigen behauptet er steif und fest, sein Vater habe ihn nie daran gehindert, die Mutter zu besuchen. Pierre war noch klein genug, um von den schlimmsten Dingen, die sich in dem Krieg abspielten, weitgehend verschont zu bleiben. Doch Marie-Jo war das empfindlichste und am meisten exponierte Kind, und sosehr sie ihren Vater vergötterte, liebte sie auch ihre Mutter und fühlte sich in ihrer Anhänglichkeit zwischen den beiden hin- und hergerissen.

Simenon berichtete über die Entwicklung seines Verhältnisses zu Marie-Jo in *Mémoires intimes*. Als sie klein war, pflegte er sie in ein Kindermodengeschäft in Lausanne zu führen und mit ihr gemeinsam die Kleider auszuwählen. Diese unschuldige Gewohnheit wurde von ihr viel ernster genommen, als er wahrhaben wollte, und eines Tages, als sie am Schaufenster eines Juweliers vorbeikamen, bat Marie-Jo ihn, ihr einen goldenen Ehering zu kaufen. Damals war sie acht. Als sie größer wurde, ließ sie den Ring erweitern, und sie trug ihn bis an ihr Lebensende. Vor ihrem Tod äußerte sie den Wunsch, mit dem Ring eingeäschert zu werden; auch sollte ihre Asche unter der Zeder im Garten ihres Vaters verstreut werden.

Wenn sie gemeinsam in Ferien waren, bestand Marie-Jo darauf, mit ihrem Vater zu tanzen. Ihr Lieblingsstück war der «Tennessee Waltz», und die Musiker spielten ihn stets früh am Abend, wenn das kleine Mädchen sich mit seinem Vater an den Tisch neben dem Orchesterpodium setzte. Als Marie-Jo neun war, erzählte ihr die Mutter von dem neuen Verhältnis ihres Vaters mit Teresa. 1964, mit elf Jahren, wurde sie, kurz bevor sie allein mit ihrer Mutter nach Villars in Skiferien fuhr, zum erstenmal von einem Psychiater untersucht. Als Teenager schrieb sie Liebeslieder und Gedichte an ihren Vater, der inzwischen ihres «Vaterkomplexes» gewahr geworden war und es sogar fertigbrachte, mit ihrer Mutter darüber zu scherzen. Als ihre Eltern sich stritten, sagte sie zu den Hausangestellten in Epalinges, sie befürchte, daß ihre Mutter eines Tages ihren Vater umbringen werde. Simenon bemühte sich, seine sexuellen Beziehungen zu Teresa vor den Kindern zu verbergen, doch laut Denyse gelang es ihm nicht immer, soweit es Marie-Jo betraf. Nachdem Marie-Jo ihr Studium abgeschlossen und in Paris ihr eigenes Leben begonnen hatte, blieb das Verhältnis zum Vater ungemein eng. Zweimal wählte sie Liebhaber, die viel älter als sie waren. In Paris ging ihr regelmäßig das Geld aus, und regelmäßig pumpte sie Freunde an. Eine Menge Geld gab sie einem Kellner, der sie ausbeutete. Doch sie hatte auch einige Rettungsanker. Sie hoffte, eines Tages eine Karriere als Sängerin, Schriftstellerin oder Schauspielerin zu machen. Marc, fünfzehn Jahre älter als sie, tat, was er konnte, um ihr zu helfen und sie vor dem Sturm zu beschützen. Außerdem war sie bei mehreren Psychiatern in Behandlung. Gemäß dem harten Urteil eines ihrer Pariser Ärzte steuerte sie unausweichlich auf den Selbstmord zu, da sie in psychischer Hinsicht wie eine Schnecke ohne Haus sei; sie habe kein Rückgrat. 1978, als sie fünfundzwanzig war und bereits sechs erfolglose Selbstmordversuche unternommen hatte, war es ihr wieder einmal zuviel, und nach einem letzten Telefongespräch mit ihrem Vater schoß sie sich am 20. Mai in ihrer Wohnung an den Champs-Elysées mit einer Flinte eine Kugel ins Herz.

Etwa um diese Zeit schrieb Simenon in *Mémoires intimes*: «Man erholt sich nie vom Verlust seiner Tochter, die man geliebt hat. Es hinterläßt eine Leere, die nichts auszufüllen vermag.» Simenon hatte sich viele gedankenlose Handlungen vorzuwerfen, die seine Tochter betrafen. Eine davon war die Veröffentlichung seines Romans *La disparition d'Odile* im Jahr 1971, als sie siebzehn war und ihren ersten Nervenzusammenbruch erlitten hatte. In dem Roman schilderte er den seelischen Zusammenbruch, die Flucht von Lausanne nach Paris und den Selbstmordversuch eines seiner Tochter sehr ähnlichen jungen Mädchens. Marie-Jo war das einzige der Kinder, das mit Hingabe alles las, was der Vater schrieb; in einem ihrer früheren Abschiedsbriefe an ihn hatte sie sogar einen Satz aus seinem Roman *Les autres* zitiert.

Doch der härteste Schlag, den Marie-Jo zu verwinden hatte, war das Verhältnis ihres Vaters mit Teresa. Sie akzeptierte, daß eine andere Frau die erste Stelle in seinem Leben einnahm, solange diese Frau ihre Mutter war. Daß ihre Mutter jedoch durch Teresa ersetzt wurde, vermochte sie nicht hinzunehmen. Nach ihrem Tod versuchte ihr Vater, Denyse für die Tragödie verantwortlich zu machen, da seiner Überzeugung nach alles von einem seelischen Trauma herrührte, das eine inzestuöse Geste ihrer Mutter während der gemeinsam im Februar 1964 in Villars verbrachten Ferien ausgelöst hatte. Er schrieb auch, Marie-Jos «*complexe du père*» sei so ernsthaft gewesen, daß sie Teresa in seinem Bett ersetzen wollte. Denyse bestreitet sowohl die Geschichte bezüglich Villars als auch die Möglichkeit, daß ihre Tochter je an einen Inzest mit Simenon gedacht habe. «Das war die teuflische Seite Simenons», sagt sie. Bernard de Fallois, der alle drei Betroffenen bestens kannte, meint, was Marie-Jo wirklich zutiefst verletzt habe, sei der Beschluß ihres Vaters gewesen, das Haus an der Avenue des Figuiers, das er mit Teresa teilte, so umzuorganisieren, daß sie, wenn sie nach Lausanne kam, dort nicht mehr wohnen konnte.

Wie es scheint, faßte Marie-Jo irgendwann im Lauf der Schlacht zwischen ihren Eltern Mitgefühl für Denyse. Im Widerspruch zu dem, was Simenon in *Mémoires intimes* schrieb, verstand sie sich weiterhin recht gut mit ihrer Mutter, und das bis zu ihrem Tod. Einmal gingen sie zusammen ins Theater, um den jungen Schauspieler Roger Mirmont in *Hair* zu sehen, und unterwegs sagte Marie-Jo: «Du bist die einzige Mutter, die man zu einem ersten Besuch bei seinem Freund mitnehmen kann, wenn er völlig nackt ist.» Sie hoffte stets, daß ihre Eltern sich eines Tages wieder versöhnen würden, war sich der Probleme jedoch genügend bewußt, um ihre Mutter zu bitten, nicht nach Paris zu kommen, «weil er sich sonst gegen mich wenden würde». Nach ihrem Selbstmord fühlte sich Simenon verantwortlich dafür, versuchte aber in *Mémoires intimes* die Schuld Denyse zuzuschreiben. Doch das Problem war komplizierter, als er ahnte. Marie-Jo konnte sich nie damit abfinden, daß die Tage auf dem Bürgenstock, als sie acht gewesen war, den Ring am Finger getragen und mit ihrem Vater Walzer getanzt hatte, nicht wiederkehren würden. «Behalt mich in Erinnerung als das kleine Mädchen des ‹Tennessee Waltz›», schrieb sie ihm in einem ihrer Abschiedsbriefe.

Dem Tod Marie-Jos war eine publizistische Großoffensive im Krieg ihrer Eltern vorausgegangen. Nach Jahren eines erbitterten Briefwechsels hinsichtlich einer Scheidung, die Simenon ihr stets verweigerte, veröffentlichte Denyse im April 1978 ihren Ehebericht, *Un oiseau pour le chat*, der von der Werbung als *«le mariage de Mme Maigret»* angekündigt wurde. Simenon sah eine Sendung im französischen Fernsehen, die für das Buch Reklame machen sollte und aus einer langen Attacke auf ihn bestand. Marie-Jo sah die Sendung auch, kaufte sofort das Buch und versah es mit zahllosen Randbemerkungen. Auf ihren Selbstmord, der einen Monat später geschah, folgte eine kurze Phase kummervollen Schweigens, doch bald darauf fingen ihre Eltern wieder an, sich zu streiten, diesmal um die Verantwortung für den Tod ihrer Tochter.

Im September 1978, vier Monate nach Marie-Jos Tod, empfing Georges Simenon einen Besucher aus Lüttich. Seine Lebensweise hatte sich inzwischen gegenüber dem aufwendigen Stil in Epalinges sehr verändert. Nach seinem vergeblichen Versuch 1972, eine Fortsetzung von *Les innocents* zu schreiben, und seinem Entschluß, seine Karriere für beendet zu erklären, hatte er das große Haus zum Verkauf angeboten, zehn seiner elf Angestellten entlassen und eine Achtzimmerwohnung in einem Hochhaus im Zentrum Lausannes gemietet. Ein Jahr später hatte ihm die Wohnung nicht mehr gefallen, und er war zum allerletztenmal umgezogen, in ein kleines Haus, das er von den Fenstern seiner Hochhauswohnung aus sehen konnte; es hatte einen Garten, in dem eine riesige Zeder stand, angeblich der älteste Baum in Lausanne. «Ich fühle mich glücklich in Lausanne», sagte Simenon 1973. «Hier hat noch nie jemand uneingeladen an meiner Tür geklingelt.»

In dieses Haus kam am 19. September 1978, einer Einladung folgend, Mathieu Rutten, emeritierter Philologieprofessor der Universität Lüttich. Ein Jahr zuvor hatte Rutten das auf niederländisch geschriebene Buch veröffentlicht, das den Höhepunkt seines lebenslangen Hobbys darstellte – nichts Philologisches, sondern die Genealogie Georges Simenons. Er nannte das Werk *Simenon: ses origines, sa vie, son œuvre*, und dessen Grundlage war eine Menschenjagd, die mehr als zwei Jahrhunderte vor der Geburt des Schriftstellers im Jahr 1903 zurückreichte und sowohl die väterliche als auch die mütterliche Seite der Familie umfaßte.

Simenon erwähnte Ruttens Besuch in einem unveröffentlichten Essay, den er unter dem Titel *Les cinq sens* im Sommer 1980 schrieb.

«Ein Professor flämischer Abstammung von der Lütticher Universität hatte die Neugier, die Geschichte der Simenons so weit wie möglich zurückzuverfolgen. Geduldig reiste er durch die Dörfer des belgischen Limburg, dann des niederländischen Limburg und schließlich durch jenen Teil Deutschlands, der an diese beiden Provinzen grenzt. Indem er die noch vorhandenen Personenstandsregister und Kirchenbücher einsah, gelang es ihm, bis ins 17. Jahrhundert zurückzugehen; in Vlijtingen fand er einen Simenon, welcher der allerbescheidensten Beschäftigung nachging, jener eines landwirtschaftlichen Gelegenheitsarbeiters, der sich für die Ernte oder als Tagelöhner verdingte [...] Es gab auch einen oder zwei Priester, einen Müller und schließlich einen Vetter ersten Grades meines Großvaters, der Weihbischof war, der denselben Namen wie ich trug und den ich vage kannte.»

Als Zusammenfassung von Ruttens Monumentalwerk ist das kaum ausreichend. Simenon erwähnt den frei erfundenen «Bischof Simenon», sagt jedoch nichts über Leben und Sterben eines Ahnen, dessen Einfluß auf sein Schicksal erheblich größer war. Der Mann, den Simenon übersah, hieß Gabriel Brüll. 1743 wurde eine zwölfköpfige Bande von Räubern und Wegelagerern, die siebzehn Jahre lang das damals noch ungeteilte Limburg heimgesucht hatte, dingfest gemacht und vor Gericht gestellt. Die Männer waren wegen ihrer Kleidung und ihrer Gewohnheit, Rinder und Ziegen zu stehlen, als «les Verts-Boucs» (die Grünböcke) bekannt. Man sprach sie zahlreicher Untaten wie Straßenraub, Mord, Einbruchsdiebstahl auf Bauernhöfen, in Kirchen, Pfarrhäusern und Wohngebäuden schuldig, und die zwölf, unter ihnen Gabriel Brüll, wurden zum Tod durch den Strang verurteilt; sie sollten am öffentlichen Galgen zu Ubach über Worms im heute niederländischen Limburg gehenkt werden. Bevor Brüll gehenkt wurde, starb er auf dem Scheiterhaufen, und nachdem man seine Leiche vom Galgen geschnitten hatte, wurde ihr der Bauch aufgeschlitzt. Seine Überreste durften nicht in geweihter Erde begraben werden, und eine Totenmesse war untersagt. Die Familie mußte die Kosten für den Prozeß und die Hinrichtung bezahlen. Gabriel Brüll war der Urgroßvater von Georges Simenons

Urgroßvater und somit über sechs Generationen hinweg der direkte Vorfahr des Schriftstellers.

Nach der Hinrichtung Gabriel Brülls machte sich in der Familie ein Hang zur Unstetigkeit bemerkbar. Die Brülls zogen ins spätere Rheinpreußen und brachen die Beziehungen zu ihren berüchtigten Vettern in den Niederlanden bewußt ab. Aus Ruttens Arbeit geht klar hervor, daß die Brülls kaum als Deutsche gelten konnten; sie waren Flamen. Simenon hatte eine preußische Ururgroßmutter; das war alles. Sein in Preußen geborener Großvater Wilhelm Brüll war ins niederländische Limburg zurückgekehrt, um zu heiraten, hatte sich jedoch nicht dort niedergelassen. Er und seine Braut zogen sofort ins belgische Limburg, in das «Haus am Kanal». Der Brüllsche Hang zur Unstetigkeit wirkte sich, wie wir gesehen haben, auch auf die Tochter Henriette aus, die zeit ihres Lebens sich dafür entschuldigte, daß es sie gab, ihre Familiengeschichte verbarg und ihre Liebe verweigerte.

Auf der Simenonschen Seite der Familie gab es weitere Überraschungen. Rutten wies nach, daß die Familie weder in die Bretagne noch in einen sonstigen Teil Frankreichs verwandtschaftliche Verbindungen hatte. Alle Simenons bis zu Georges' Großvater Chrétien (Christiaan) waren in flämischen Dörfern geboren und aufgewachsen und hatten flämisch gesprochen. In einem Brief vom 3. Januar 1977 schrieb Simenon an Fellini: «Im Gegensatz zu Ihnen, lieber Fellini, ist mein Leben eine Folge von Abschieden gewesen, vermutlich weil mir der Anker fehlte, denn ich komme aus keinem Land, während Sie wahrscheinlich immer und vor allem Römer sind und bleiben werden.» Rutten versorgte Simenon mit einem Anker, wenn auch viel zu spät, als daß er noch von Nutzen hätte sein können. Simenon war nicht von gemischt wallonischer, bretonischer, flämischer und deutscher Abstammung. Er war durch und durch Flame, und sein Land war das flämische Limburg.

Ruttens Besuch bestärkte Simenon in einer Ansicht, die er zwei Jahre früher geäußert hatte. 1976 schrieb er:

«Ich war stets davon überzeugt, daß ich unter dem Einfluß der väterlichen Seite meiner Familie stand [...] Heute, in meinem Alter, wird mir klar, daß ich ebensoviel der Seite meiner Mutter schulde. Ich habe das gleiche Erbe wie meine Mutter, wenn auch weniger ausgeprägt und durch das Erbe meines Vaters ausgeglichen. Aber lange Zeit glaubte ich, ein echter Simenon zu sein. Heute weiß ich, daß es nicht stimmt und daß ich im Unterbewußtsein sehr empfindlich, fast überempfindlich bin.»

1974 hatte Simenon in *Lettre à ma mère* geschrieben, die Geschichte seiner Familie sei ihm ein Rätsel. Er hatte sich gefragt, warum sein Großvater Wilhelm – später Guillaume – Brüll, als nahe der niederländischen Grenze geborener Deutscher ins Limburgische gezogen war und es dann wieder verlassen hatte. «Unsere Familiengeschichte, so, wie du, Mutter, sie mir erzählt hast, weist große Lücken auf», schrieb er. Ruttens Lebenswerk füllte diese Lücken aus. Aber hat Simenon jemals wirklich die ihm von Rutten gelieferten Informationen in sich aufgenommen? Seine Briefe an Rutten zur Zeit des Besuchs sind höfliche Dankesbekundungen, sonst jedoch unverbindlich, und er erhielt die französische Ausgabe erst 1986. Widerwillig gab er alle Ansprüche auf die Bretagne auf; mit seiner flämischen Herkunft indes scheint er sich nie ganz abgefunden zu haben. In *Les cinq sens* begann er bereits wieder, die Legende neu auszuspinnen, und erzählte von seinem «Vetter, dem Bischof», der ebenfalls «Georges Simenon hieß»; die Gewohnheit des Geschichtenerzählens überwältigte ihn einfach.

Ich habe mit mehreren Personen gesprochen, die Simenon nach Ruttens Besuch begegnet sind; keine von ihnen erinnert sich, ihn je den Namen Gabriel Brüll erwähnen gehört zu haben. Bernard de Fallois meint, Simenon «wäre bestimmt entzückt gewesen», wenn er gewußt hätte, daß einer seiner Ahnen wegen zahlreicher Morde und bewaffneter Überfälle gehenkt worden war. Es wäre eine frappierende Bestätigung eines seiner bevorzugten geflügelten Worte gewesen: «Jede Familie hat ein Skelett im Schrank.» Das Seltsame war, daß Simenons Familienskelett an einem Galgen hing. Der Gehenkte, die Figur, die ihn seit seinem ersten Bericht über den Tod Kleines verfolgt hatte und die in so vielen seiner Romane wiederkehrt, erschien ihm noch einmal am Ende seines Lebens in der Gestalt eines Ahnen.

1927 war es dem Unternehmer Eugène Merle beinahe gelungen, Georges Simenon für sieben Tage und sieben Nächte in einen Glaskäfig zu sperren, wo er vor den erstaunten Blicken des Publikums einen Roman schreiben sollte. Die Legende verbreitete sich, er habe tatsächlich diese Leistung vollbracht, und erst viele Jahre später vermochte Simenon die Leute davon zu überzeugen, daß das Ereignis nie stattgefunden hatte. Doch schließlich gelang ihm ein ähnliches Kunststück aus eigenem Antrieb. Er schrieb *Mémoires intimes*, ein Werk, das weit enthüllender war als jeglicher in einem Glaskäfig geschriebener Roman. Als das Buch 1981 erschien, erregte es großes Aufsehen, vor allem wegen der Offenheit, mit der Simenon sein Sexualleben schilderte. Doch der erklärte Zweck von *Mémoires intimes* war es, der vor drei Jahren verstorbenen Marie-Jo den Lauf der Ereignisse zu erklären. Es war ein fiktiver Brief an den Geist seiner Tochter und als solcher ein Nachspiel zu *Lettre à ma mère*.

«Mein liebes kleines Mädchen», beginnt das Buch, «ich weiß, daß Du tot bist, und doch ist es nicht das erstemal, daß ich seitdem an Dich geschrieben habe.» Sein Kummer und sein Schrecken offenbaren sich in einem Bericht, dessen Geschehen er beim Niederschreiben auf weite Strecken wiederzuerleben scheint. Das Buch ist eine ausführliche Rechtfertigung seines Privatlebens und soll erklären, warum er für den Tod seiner Tochter nicht verantwortlich sein konnte. Insofern liest es sich wie eine Weigerung, ein überwältigendes Schuldgefühl anzuerkennen. Der letzte Teil des Buches ist eine schriftliche Übertragung einiger Tonbandaufzeichnungen, die Marie-Jo ihm hinterlassen hatte, und diese werden als Beweise dafür angeführt, daß Denyses Verhalten Marie-Jo in den Selbstmord getrieben habe. Allerdings ist der Text vor der Veröffentlichung von Simenon ausgiebig bearbeitet worden und kann kaum als zuverlässig gelten. *Mémoires intimes* ist überdies das Werk eines Mannes, der es aufgegeben hat, eine fiktive Welt zu ersinnen, und sich statt dessen eine fiktive Version seines eigenen Lebens zurechtgelegt hat. Wie das vierzig Jahre früher unter dem Einfluß eines andersartigen Schocks geschriebene *Je me souviens* ist auch *Mémoires intimes* in mancher Hinsicht eine Fabel, mit der Simenon sich zu rechtfertigen sucht. Selbst in diesem seinem letzten Testament, das er mit siebenundsiebzig Jahren in Langschrift mit einer Parker-Füllfeder schrieb, zeigt sich Simenon als ein zwanghaft sich äußernder Geschichtenerzähler. Denyse, die kein Blatt vor den Mund nimmt, sagt: «Er begann zu lügen, als er keine Romane mehr schreiben konnte. Und über wen verbreitete er seine Lügen? Über mich! Mich!» Die Wahrheit ist vielleicht ein wenig komplizierter, besonders bei einem Mann wie Simenon, der sie schon immer so verschiedenartig darzustellen wußte. Wenn es auch stimmt, daß es unter all seinen «zehntausend Frauen» nur eine gab, von der er sich bis zur Besessenheit verzehren ließ, so weist Simenons Leben ein noch bezeichnenderes Verhaltensmuster auf: Ablehnung.

Das Gefühl der eigenen Wertlosigkeit, das Simenon bei Balzac feststellte und das er mit ihm teilte, die Scham, die ihn dazu trieb, große Dinge zu vollbringen, rührten von der geringen Meinung, die seine Mutter von ihm hatte, und von ihrer Ablehnung seiner Liebe. Von Anfang an hatte die Mutter seine Liebe abgelehnt. Dann hatte er versucht, seine unglückliche Kindheit zu verwerfen, indem er Lüttich floh, Europa floh, sich von seiner Lütticher Frau scheiden ließ und eine neue Ehe einging. Dann verwarf er Amerika. Er beschloß, die Vereinigten Staaten von einem Tag zum anderen zu verlassen, und kehrte nie wieder zurück. Anläßlich seines Besuchs in Lüttich 1952 sah er, wie seine neue Frau und seine Mutter die Grundfesten einer Feindschaft legten, die so lange dauern sollte, wie sie einander kannten, und er tat nichts dagegen. Er schlug die Einladung seiner Mutter aus und ergriff Partei für seine Frau. Seiner Frau erzählte er, er hasse seine Mutter, und sie glaubt es bis heute. Später verwarf er seine Frau und versuchte, die Beziehung zur Mutter wiederherzustellen, doch da war es zu spät, und in Epalinges erfuhr er abermals die Ablehnung seiner Mutter. Er füllte die Leere in seinem Herzen mit der Liebe aus, die Marie-Jo ihm entgegenbrachte, doch als ihm dies zu intensiv wurde, verwarf er sie wieder, mit schrecklichen, jedoch vorhersehbaren Folgen. Schließlich kehrte er zum Schauplatz seiner Kindheit zurück, als seine Mutter im Sterben lag, und stieß ein letztes Mal bei ihr auf Ablehnung. Sie fragte ihn, warum er gekommen sei, und sie bat sich aus, neben ihrem zweiten Mann beerdigt zu werden, der ihnen beiden verhaßt gewesen war, nicht neben seinem Vater, den er vergöttert hatte. Auf diese letzte Ablehnung hin schrieb er das Buch *Lettre à ma mère*, das sich so liest, als bitte er seine Mutter um Verzeihung dafür, daß er ihr gegenüber nicht liebenswert genug gewesen sei. Selbst nach ihrem Tod versuchte er noch, ihre Liebe zu gewinnen. Seine triebhafte Sexualität läßt sich zum großen Teil mit seinem Bedürfnis nach Geborgenheit und Liebe erklären. Wenn er behauptete, Sex sei für ihn Ausdruck eines «Kommunikationsbedürfnisses», so meinte er genau das. Doch Fellini gestand er, man finde «menschlichen Kontakt nicht notwendigerweise, nur weil man ihn sucht. Im allgemeinen findet man eine Leere. Meinen Sie nicht?» Danach befragt, ob Simenon Sinn für Humor hatte, antwortet Bernard de Fallois: «Ja, was manche Dinge betrifft. *Mais le fond était tragique.*»

Simenon betrat nicht mehr seinen Garten, den er sehr liebte, nachdem Marie-Jos Asche unter der Zeder verstreut worden war. Er blieb ein Sklave seiner Routine, obwohl er immer weniger arbeitete. Ein gemütlicher Abend im Kreis der Familie, der mit Erinnerungen und Champagner endete, führte am nächsten Morgen zu Beschuldigungen, weil seine Routine gestört worden war. «Um ihn zu besuchen, nachdem er in die Avenue des Figuiers umgezogen war, mußten wir uns praktisch anmelden», erzählt John. Einmal bat Marc seinen Vater in einem Augenblick der Geistesabwesenheit brieflich um die Anschrift Henriettes, weil er ihr länger nicht mehr geschrieben hatte. Simenon antwortete: «Die Adresse deiner Großmutter ist Parzelle X, Allee Y auf dem Friedhof Robermont in Lüttich», was bestätigt, daß ihm der Sinn für Humor nicht ganz abhanden gekommen war. Bei einer anderen Gelegenheit ärgerte er sich über seine Schwiegertochter und sagte: «Du hältst mich für ein *vieux con*, nicht wahr?» Mylène antwortete: «Ja», und danach kamen sie viel besser miteinander aus. Verschiedene Male, doch nie gemeinsam, besuchten ihn Tigy und Boule in der Avenue des Figuiers. Tigy, die ihm zurück nach Cannes gefolgt war und sich dann, als Marc alt genug war, wieder in ihrem Haus in Nieul-sur-Mer niedergelassen hatte, heiratete nie mehr. In späteren Jahren erzählte Simenon einigen seiner Freunde, sie sei lesbisch, doch in Wahrheit war sie viel zuwenig an Sex interessiert, um lesbisch zu sein, und wenn sie auch lesbische Freundinnen hatte, zog sie deren Gesellschaft eigentlich nur aus Enttäuschung und Ernüchterung über das Verhalten ihres Mannes gegenüber ihr und seinem Sohn vor. Sie blieb mit Simenon befreundet und wurde all seinen anderen Kindern zur Großmutter, verstand indes nie, weshalb er ihre Familie zerstört, Marc geschadet und die ihr gegebenen Versprechen gebrochen hatte. 1985 verkaufte sie ihr «Großmutterhaus» in Nieul und zog nach Porquerolles, wo sie bei Marc, Mylène und Boule lebte. Kurze Zeit später starb sie in dem Haus, in dem sie mit Simenon 1927 bei ihrem zweiten Aufenthalt in Porquerolles gewohnt hatte, und sie liegt auf dem Inselfriedhof begraben. Nach ihrem Tod schrieb ihre Schwiegertochter Mylène Demongeot in einem Brief an einen gemeinsamen Freund: »Sie war eine Frau von äußerster Würde und Diskretion. In achtzehn Jahren hat sie so gut wie nie eine bittere oder rachsüchtige Bemerkung gemacht.»

Boule lebte fast vierzig Jahre lang mit Georges Simenon. Im November 1964 verließ sie Epalinges und zog zu Marc, dessen beide Kinder von seiner ersten Frau Francette damals vier Jahre beziehungsweise einen Monat alt waren. In *Mémoires intimes* erzählt Simenon, er sei gezwungen gewesen, Boule fortzuschikken, weil Denyse ihm aus der Klinik geschrieben habe, sie könne den Gedanken nicht ertragen, daß Boule den Haushalt führe. Bedenkt man, wie entschlossen Simenon zu Boule hielt und daß

Denyse selber Epalinges sieben Monate vorher das letztemal verlassen hatte, so klingt diese Version der Ereignisse nicht überzeugend. Denyse sagt, sie habe nie derartiges geschrieben, und es sei Teresa gewesen, die auf der Entlassung Boules bestanden habe. Boule sagt, sie sei freiwillig gegangen, um mehr Zeit mit Marc und seinen Kindern zu verbringen. Die Wahrheit scheint zu sein, daß der Entschluß von Simenon gefaßt wurde, weil Boule, stets charakterfest, Teresa nicht ausstehen konnte und den häuslichen Frieden in Epalinges zu bedrohen begann, das letzte, was Simenon sich wünschte. Boule sah Simenon zum letztenmal, als er 1988 die Osterfeiertage im Palace in Lausanne verbrachte. Sie war erstaunt, Teresa, die als Gast in der luxuriösesten Suite des Hotels wohnte, eine Schürze tragen zu sehen. Sie mißbilligte auch die Art, wie Teresa ihr Haar bis hinter die Ohren zurückgekämmt trug, und sie, die zwanzig Jahre Ältere, fragte Simenon, was er *«avec ce vieux machin»* im Sinn habe. Simenon antwortete nicht; Teresa lachte und sagte zu Boule, sie habe sich nicht geändert.

1991 lebte Boule friedlich in Marcs Haus in Porquerolles, fünfundachtzig Jahre alt, bei ordentlicher Gesundheit und so geradeheraus wie immer. Sie sagte, sie habe alle Briefe aufbewahrt, die Simenon (den sie ständig *«le père de Marc»* nannte) ihr geschrieben hatte; die meisten sind aus der Zeit, als er in Amerika und sie in Frankreich war. Sie hatte sie auf der Bank deponiert und verfügt, daß sie nach ihrem Tod zu vernichten seien. Auch lehnte sie es rundweg ab, über ihr Privatleben zu sprechen. Als ich sie später fragte, an was sie denke, wenn sie nachts wach liege, antwortete sie: «Ach, ich höre Sie schon trapsen mit Ihren Holzpantinen.» Doch irgendwann erzählte sie mir, daß Simenon ihr oft geschrieben habe, nachdem sie von Epalinges weggezogen war, und im Umschlag immer *«un bon petit chèque»* gesteckt habe. Sie fügte hinzu: *«Il était infiniment gentil avec moi.»* Ich fragte sie, ob sie einander geduzt oder gesiezt hätten (in *Mémoires intimes* behauptete Simenon, sie hätten sich immer gesiezt). Sie antwortete: «Zuerst haben wir uns gesiezt. Dann duzten wir uns in der Intimität und manchmal auch vor den Leuten, wenn wir nicht aufpaßten.» Sie erzählte, sie habe sich sofort in Simenon verliebt, und er habe sich «später» in sie verliebt.

Einige Zeit nach ihrer Ankunft in Porquerolles schrieb Boule eine Kurzgeschichte, die sie *Le vieux navire* nannte. Leider ist das Manuskript verlorengegangen, doch sie konnte sich an einiges aus dem Inhalt noch erinnern. Die Geschichte ist in der Art Simenons geschrieben, denn sie fußt auf wahren Ereignissen aus Boules Leben. Die ersten Worte waren: *«Merde, alors!»*, und sie kamen aus dem Mund des *«vieux navire»* (des alten Schiffers) Simenon, als er in den Laden eines Händlers für Schiffszubehör trat, um eine Rolle Wachsgarn zu kaufen, mit dem er ein Segel reparieren wollte. Das Mädchen, dessen Familie den Laden besaß und welches ihm das Garn holte, war Tigy nachempfunden. Dann kam ein schönes junges Mädchen in den Laden und begann ein Gespräch mit *«le vieux navire»* darüber, wie sich das Leben verändert hatte. Darauf verließ *«le vieux navire»* das schöne junge Mädchen und kehrte auf sein Boot zurück, wo «Teresa» ihm mit der Begründung, er sehe leidend aus, einen Kräutertee nach einem Rezept kochte, das sie von ihrer Großmutter hatte. Boule erläuterte, die Geschichte habe den Eindruck erwecken sollen, daß Teresa eine Hexe gewesen sei und ihr, Boule, gegenüber eifersüchtige Gefühle gehegt habe. Boule erklärte, sie habe das Manuskript zu Simenons Lebzeiten sorgfältig bei sich verwahrt, weil sie nie gewünscht habe, daß Marcs Vater, *«le père de Marc»*, sich an dem Gedanken stoße, *sie* sei fähig gewesen, etwas über *ihn* zu schreiben. Kurz vor meinem Besuch hatte einer ihrer Freunde, der nichts von ihrer Lebensgeschichte wußte, sie gefragt, warum sie nie geheiratet habe, und sie hatte ihm geantwortet: «Weil mein Mann mich nicht heiraten wollte. Aber er hat mir all seine Liebe geschenkt.»

Denyse bat Simenon nach der Trennung 1964 immer wieder, in eine Scheidung einzuwilligen. Er weigerte sich jedoch stets und erklärte, er werde sie versorgen, solange sie verheiratet seien; falls sie sich indes von ihm scheiden lasse, könne sie sicher sein, nichts mehr von ihm zu bekommen. Zuerst zog Denyse nach Avignon, wo sie nach Absolvierung einer entsprechenden Ausbildung einige Zeit lang als Psychoanalytikerin arbeitete. Dann kehrte sie in die Schweiz zurück und lebte seitdem in dem Städtchen Nyon am Genfer See, ganz in der Nähe der Klinik von Prangins, wo sie in Behandlung war, als ihre Ehe endete. Sie erzählt, sie habe jahrelang nach ihrer Trennung nur noch Simenons Bücher gelesen. Ihrem ersten Angriff auf ihn, dem Roman *Un oiseau pour le chat*, waren seinerseits vier Jahre heftiger Provokationen vorausgegangen – sowohl öffentliche Beschuldigungen wie in *Lettre à ma mère* und *Un homme comme un autre* als auch seine Behauptung, zehntausend Frauen geliebt zu haben (beim Nachrechnen kam sie auf zwölfhundert). Nach dem Tod Marie-Jos, für den sie sich selbst und Simenon zum großen Teil als verantwortlich bezeichnet, schrieb sie einen satirischen Roman mit dem Titel *Le phallus d'or*, in dem sie seinen Tod vorwegnahm. Das Buch wurde seinerzeit kaum zur Kenntnis genommen; man kann es aber als Schlüsselroman lesen. Es ist eine sehr komische Beschreibung des Haushalts eines reichen alten Mannes, der seinem italienischen Dienstmädchen, das auch seine Mätresse ist, zur Erinnerung einen lebensgroßen Phallus aus reinem Gold schenkt. Als er stirbt, zerstreiten sich die Familie und die Sekretärin über sein Testament.

Denyse beschreibt den Entschluß, Marie-Jos Asche in Simenons Garten zu verstreuen, als «gehässig»; immerhin nahm ihr dies jede Möglichkeit, das Grab ihrer Tochter zu besuchen. Sie bedauert, nicht härter gekämpft zu haben, um mit ihren Kindern in Verbindung bleiben zu können, nachdem sie Epalinges verlassen hatte, behauptet aber, sie habe damals vor Simenon Angst gehabt. «In diesem Land», bemerkte sie, «kann sich ein reicher Mann praktisch alles erlauben.» Auch sie sagt, sie habe viele leidenschaftliche Briefe von Simenon, die meisten aus der Zeit, als sie in Prangins in der Klinik war; sie lagen in einem Banksafe und sollten ihren Kindern vermacht werden. Ihren Mann sah sie zum letztenmal in Lausanne, als er langsam, auf den Arm der Frau gestützt, die einst ihr Dienstmädchen gewesen, die Straße entlangging. «Wenn er mit Teresa so glücklich war», fragt sie, «warum verspürte er dann ein so überwältigendes Bedürfnis, mich zu vernichten?» Eine Antwort darauf könnte das Ehepaar in

Simenons Roman *Le chat* sein. Der Haß der beiden «war zu ihrem Leben geworden. Er erschien ihnen so natürlich und so notwendig [...] wie bei anderen die Höflichkeit oder eine zärtliche Geste».

Das höchste Kompliment, das Simenon einer Frau machen konnte, Symbol seines vollen Vertrauens, war die Pflege, die er sich von ihr angedeihen ließ, wenn er krank war. Der Held in *La veuve Couderc*, einem Roman, den er als Siebenunddreißigjähriger geschrieben hatte, wollte bereits von einer Frau verhätschelt werden, die fähig wäre, «ihn wie ein Kind in die Arme zu nehmen, ihn zu Bett zu bringen [...] ihn auszuziehen, ihm Umschläge zu machen». 1961, in *Quand j'étais vieux*, bemerkte Simenon, wie häufig ältere Männer ihre Krankenschwestern heirateten. Bernard de Fallois meint, Simenon habe an Teresa geschätzt, daß sie gütig war, aufmerksam, liebevoll und – vor allem – ihm nie eine Szene machte. Ihr Leben mit Simenon wäre bestimmt nicht jedermanns Sache gewesen. Wenn er diktierte, mußte sie bei ihm sitzen und durfte nicht einmal ein Buch lesen, weil das Geräusch beim Umblättern ihn stören könnte. Wenn sie ein Buch lesen wollte, mußte sie mitten in der Nacht aufstehen, während er schlief, und ins Badezimmer gehen. Im Gegensatz zu Tigy, Boule und Denyse, die ihrem eigenen Wesen treu blieben, war Teresa bereit, alles zu sein, was Simenon von ihr verlangte. Sie war da, um ihm zu gefallen. Seit seinem Tod hat sie sich strikt geweigert, über Simenon zu sprechen, doch im Lauf eines kurzen Gesprächs vertraute sie mir an: «Solange er lebte, war ich seine Gefährtin. Jetzt bin ich nichts. Er hat mir nur unsere Erinnerungen gelassen, und die gehören mir.» Als ich sie fragte, ob es möglich sei, das Haus in der Avenue des Figuiers zu besuchen, sagte sie: «Nein. Das Haus gehört mir. Es ist *un lieu de mémoire*, und ich will nicht, daß es gestört wird.»

Marc Simenon meint, wenn Teresa nicht gewesen wäre, hätte sich sein Vater nach Marie-Jos Selbstmord wahrscheinlich umgebracht. Dann hätte er geendet wie so viele seiner Romanfiguren, wie Bernard Foy, der alte Krull, Emmanuel Vernes, Charles Alavoine und Joseph Lambert. Enttäuscht darüber, daß ihm die gebührende Anerkennung für seine Leistungen verwehrt geblieben war, hätte er seinem Leben wie ein Mann aus der Rubrik «Unfälle und Verbrechen» ein Ende gemacht. Indem er Marie-Jo überlebte, wiederholte er die Erfahrung Henriettes, die seinen Bruder Christian überlebt hatte, die seines Großvaters Chrétien, der Désiré überlebt, und die seines Urgroßvaters *«Vieux-papa»*, der seine Tochter Marie Catherine überlebt hatte. Ihn traf der Fluch der Familie, ausgeglichen durch den Geist, der ihm von den flämischen Brülls, dem «geplagten Geschlecht», vererbt war. Doch sein Haß auf Denyse und die Zärtlichkeit Teresas erhielten Simenon weiterhin am Leben. Das Romanschreiben war immer eine Qual für ihn gewesen; nachdem er sich davon befreit hatte, hatte er auch nicht mehr seine Gespenster zu fürchten, seine schreckliche Eifersucht und den kräftezehrenden Schöpfungsakt. Unter diesen Umständen gelang es ihm, seine letzte Lebenszeit in verhältnismäßig gelassener Ruhe zu verbringen. Marc erinnert sich, daß sein Vater bis zum Schluß äußerst wißbegierig blieb. Er las viele Biographien und entwickelte ein wachsendes Interesse für Übersinnliches. Er glaubte, daß der Menschheit mehr als nur ein sechster Sinn abhanden gekommen war, beschäftigte sich ausgiebig mit Hypnose und Vorahnungen und war davon überzeugt, daß die Zukunft den Insekten gehöre, da diese über Mächte verfügten, die sich selbst Gott nicht habe träumen lassen.

Simenon brauchte den Fußstapfen seiner selbstmörderischen Romanfiguren nicht zu folgen, da er sie losgeworden war. Statt dessen erinnerte er sich an Désirés Worte und suchte sein Vergnügen in den *«petites joies»*. 1984 unterzog er sich einer Gehirnoperation, von der er sich gut erholte. Die letzten zwölf Monate seines Lebens verbrachte er im Rollstuhl, fand sich jedoch sogar damit ab, trotz seines früheren Geredes über Euthanasie. Am 4. September 1989 um vier Uhr fünfzehn starb er schließlich, nachdem er aus dem Bett gefallen war, vielleicht bei einem letzten Versuch des Schlafwandelns, und seine letzten Worte, an Teresa gerichtet, waren: «Ich glaube, ich werde nun endlich schlafen können.»

Simenon schrieb einmal einen Roman, *La mort d'Auguste*, in dem sich eine Familie um ein Testament streitet. Nach seinem Tod ging gemäß seinem Letzten Willen das Vermögen zu gleichen Teilen an seine Witwe Denyse und seine drei überlebenden Kinder Marc, John und Pierre. Das Haus an der Avenue des Figuiers und eine ansehnliche Summe Geldes hinterließ er Teresa; keiner der anderen Begünstigten erhob Einspruch gegen diese Verfügung. Laut Denyse ergab sich die einzige Komplikation daraus, daß der für die Witwe bestimmte Teil des Vermögens nach Simenons Willen nicht aus seinen Autorenhonoraren genommen werden sollte, sondern aus seinen vier Liegenschaften in Lausanne und seiner Gemäldesammlung, die Bilder von Vlaminck, Buffet, Cocteau, Picasso und Matisse enthielt. Das schiere Ausmaß des aus Honorarerlösen stammenden Vermögens (zehn Prozent von fünfhundert Millionen weltweit verkauften Büchern sind eine Menge Geld) machte es faktisch unmöglich, diese Verfügung auszuführen.

Die Familie glaubt nicht, daß Simenon am Ende seines Lebens glücklich war, trotz seiner Gelassenheit. Denyse hält es für ausgeschlossen, daß er je mit Teresa glücklich gewesen sein sollte. Tigy meinte, sie könne sich nicht vorstellen, wie er in der Zurückgezogenheit und Eingeschlossenheit seines Lebens in der Schweiz hätte glücklich sein können. Boule sagt, der wahre Simenon, der einzige, an den sie sich heute noch erinnere, sei der junge Mann gewesen, sprudelnd von Energie *(«bouillonnant»)*; er habe sich dann verändert und sei vom ersten Tag seines Aufenthalts in Amerika an nie mehr wirklich glücklich gewesen. Sogar sein Sohn John, sonst der glühendste Verteidiger seines Vaters, glaubt nicht, daß Simenon am Ende seines Lebens glücklich war. «Er starb unglücklich», sagt er. John hat sich auch gefragt, ob sein Vater ein guter oder ein schlechter Mensch gewesen ist, und kam zu dem Schluß, er sei ein guter Mensch gewesen, weil er dem Leben mehr gegeben als genommen habe. «Hat er die Menschen reicher oder ärmer gemacht? Er hat sie reicher gemacht. Zwei Menschen hat er ärmer gemacht, und für den einen war es ein Unglück.»

Das letzte Buch, das Simenon schrieb, sind die 1047 Seiten umfassenden *Mémoires intimes*, die er acht Jahre vor seinem Tod abschloß.

Danach hatte er weiter fast nichts mehr zu tun, als jeden Tag im selben Zimmer seines in einer Sackgasse gelegenen Hauses zu sitzen, umgeben von drei Hochhäusern, dem Parkplatz eines Supermarkts und einem Lagerhaus für Orientteppiche. Oft ging er in der nahen Gartenanlage des Krematoriums spazieren, wo er selbst einmal eingeäschert werden wollte. Wenn er heimkehrte, konnte er die trostlose Musik der Avenue des Figuiers hören, die Musik der modernen Stadt, die Tag und Nacht über dem Wind und dem Vogelgezwitscher erklingt, das unaufhörliche Geräusch des Straßenverkehrs. Dort lebte er fünfzehn Jahre lang, die längste Zeit, die er je in seinem Leben an ein und demselben Ort verbrachte. Wäre es sein Wunsch gewesen, sich über die Art zu äußern, wie er die ihm vom Schicksal zugeteilten Karten ausspielte, hätte er vielleicht einen Satz aus seinem ersten Roman, *La maison du canal*, zitiert, den Jef sagt, nachdem er die Person umgebracht· hat, die er am meisten liebte: «Was hätten Sie getan?»

ANHANG

Ein flämisches Gerippe im wallonischen Familienschrank

Die Verbindung der Familie Brüll zum Gewaltverbrechen (wie sie in Kapitel 14 zusammengefaßt ist) könnte sich bis in eine spätere Generation fortgesetzt haben. Der Anführer jener Bande der «Verts-Boucs» war Niclaes Peters, der 1743 zusammen mit Gabriel Brüll (Simenons direktem Ahnen, sechs Generationen früher) hingerichtet wurde. Doch die «Verts-Boucs» lebten in den Jahren 1762 bis 1772 wieder auf, nun unter der Führung eines aus dem Dienst ausgeschiedenen österreichischen Feldschers namens Joseph Kirchhoff. Dieser Kirchhoff lebte bis zu seiner eigenen Hinrichtung 1772 in Herzogenrath, wo er ein Haus bewohnte, das Simenons Urgroßvater Johannes Josephus Brüll in der Folge erbte.

Rutten hat festgestellt, daß 1822, acht Jahrzehnte nach der öffentlichen Hinrichtung Gabriel Brülls, als die Verbindung der Familie zum Räuberhandwerk abgeschnitten, aber nicht vergessen war, Gabriels Urenkel Johannes Josephus Ubach über Worms und das von dem Klan der «Verts-Boucs» geerbte Haus verließ, den Niederlanden den Rücken kehrte und ein neues Leben jenseits der deutschen Grenze begann. Als Johannes Josephus Brüll Ubach verließ, war er als «Bäcker» bekannt. Als sein Sohn Wilhelm in Herzogenrath geboren wurde, war Johannes Josephus als «Metzger» gemeldet. Und als Johannes Josephus in Herzogenrath starb, bezeichneten ihn seine Söhne als «in Ubach von unbekannten Eltern geborenen Katholiken». So schnitten die Brülls ihre Beziehungen zum Gerippe im Familienschrank ab. Wilhelm Brüll, als Sohn des aus den Niederlanden gebürtigen Johannes Josephus in dem nunmehr preußischen Herzogenrath geboren, verließ seinerseits Preußen und heiratete eine Niederländerin aus großbäuerlichem Milieu. Sie hieß Maria Loijens und war die Tochter eines wohlhabenden Bauern, der im niederländisch-limburgischen Bezirk Maastricht lebte. Doch Wilhelm Brüll ließ sich ebenfalls nicht in der Heimat seiner Frau nieder. Statt dessen zog das junge deutsch-niederländische Paar in ein drittes Land: in das belgische Limburg. Wilhelm und Maria Brüll hatten dreizehn Kinder, und das jüngste von ihnen, Henriette, war Simenons Mutter.

In der französischen Ausgabe seines Buches verneinte Rutten die Absicht, die «germanischen» – das heißt, die niederländischen und deutschen – Ursprünge der Simenons hervorzuheben. Nichtsdestoweniger taucht das Thema in jedem Kapitel seines Werks auf. Geht man von Henriette aus sechs Generationen zurück, findet man zwei Brülls, die im späteren Preußen geboren wurden, der eine von niederländischen, der andere von deutsch-niederländischen Eltern, und vier, die in der niederländischen Provinz Limburg das Licht der Welt erblickten. Zwei dieser sechs heirateten deutsche Mädchen, die anderen vier Niederländerinnen aus Limburg. Das letzte deutsche Blut gelangte in die Familie Brüll, als Henricus Brüll (Simenons Ururgroßvater) 1799 Maria Catharina Hansen heiratete. Da die Simenons sich bereits im 17. Jahrhundert im später belgischen Teil Limburgs niedergelassen hatten, waren sie ausschließlich mit flämischen Familien aus Riemst oder Vlijtingen verschwägert. Die Simenons waren in der Tat, wie ihr Name vermuten läßt, wallonischer Abstammung, doch ihr Wallonentum war stark mit flämischen Elementen durchsetzt.

Bibliographie

Ausgewählte Sekundärliteratur

Adam International Review (Hrsg. Miron Grindea) Nr. 34 (Herbst 1969)
Amoureux, Henri, *Les règlements de comptes* (Paris 1944–1945)
Assouline, Pierre, *Gaston Gallimard* (Paris 1984)
– *Simenon. Biographie* (Paris 1922)
Bertrand, Alain, *Georges Simenon* (Lyon 1988)
Bourdrel, Philippe, *L'épuration sauvage 1944–45*, 2 Bde. (Paris 1988, 1991)
Boutry, Marie-Paule, *Les 300 vies de Simenon* (Paris 1990)
Brassaï, *Das geheime Paris* (Frankfurt/M. 1976)
Bresler, Fenton, *Georges Simenon, Auf der Suche nach dem nackten Menschen* (Hamburg 1985)
‹Cahiers du Nord› Nr. 2 u. 3 (Paris 1939)
‹Cahiers Simenon› *Les amis de Georges Simenon* Nr. 4 (Brüssel 1990)
Camus, Jean-Christophe, *Simenon avant Simenon 1919–22* (Brüssel 1989)
– *Simenon avant Simenon 1923–1931* (Brüssel 1990)
Chastenet, Patrick und Philippe, *Simenon: Album de famille* (Paris 1989)
Cobb, Richard, *French and Germans, Germans and French* (USA 1983)
– *People and Places* (Oxford 1985)
Cocteau, Jean, *Vollendete Vergangenheit. Tagebücher 1951–52* (München 1989)
Crespelle, J. P., *La vie quotidienne à Montparnasse à la grande époque 1905–30* (Paris 1976)
Debray-Ritzen, P., *Georges Simenon* (Lausanne 1989)
Dessane, Odile, *Le phallus d'or* (Paris 1981) s. Simenon, Denyse
Elsdorf, M., *Petits métiers et cris des rues* (Lüttich 1989)
Eskin, Stanley, *Simenon: eine Biographie* (Zürich 1989)
Fabre, Jean, *Enquête sur un enquêteur* (Montpellier 1981)
Fallois, Bernard de, *Simenon* (Lausanne 1971)
Gaillandre, A., *Aspects du titre chez Simenon* (unveröffentlichte Magisterarbeit) Dept. of Linguistics, Universität Montreal 1987)
Gauteur, Claude, *Simenon au cinéma* (Brüssel 1984)
Gill, Brendan, ‹Out of the Dark› *New Yorker* (26. Januar 1953)
– *A New York Life* (USA 1990)
Highsmith, Patricia, ‹Filatures› *Libération* (Paris, 3. März 1988)

Jacob, Max, *Lettres à Jean Cocteau 1919-44* (Paris 1949)
Jadoux, Henri, *Sacha Guitry. Le théâtre et l'amour* (Paris 1985)
Jünger, Ernst, *Strahlungen I. Das erste Pariser Tagebuch*, und *Strahlungen II. Das zweite Pariser Tagebuch* (Stuttgart 1963)
Kaspi, A. und Mares, A., *Le Paris des étrangers* (Paris 1989)
Lacassin, Francis, *Conversations avec Simenon* (Genf 1990)
Lacassin und Sigaux (Hrsg.), *Simenon* (Paris 1973)
Lemoine, Michel, *Index des personnages de Georges Simenon* (Brüssel 1985)
– *Liège dans l'œuvre de Simenon* (Lüttich 1989)
Lottmann, Herbert, *Colette: eine Biographie* (Wien 1991)
MacShane, Frank, *Raymond Chandler: eine Biographie* (Zürich 1984)
Mauriac, Claude, *L'alittérature contemporaine* (Paris 1958)
Narcejac, T., *Le cas Simenon* (Paris 1950)
Novick, Peter, *L'épuration française 1944-49* (Paris 1985)
Ory, Pascal, *Les collaborateurs 1940-45* (Paris 1976)
Piron, Maurice, *L'univers de Simenon* (Paris 1983)
Pivot, Bernard, ‹Carnets›, *Lire* (Oktober 1989)
Ragache, G., und J.-P., *La vie quotidienne des écrivains et des artistes sous l'occupation 1940-44* (Paris 1988)
Raymond, John, *Simenon in Court* (London 1968)
Rioux, J.-P. (Hrsg.), *La vie culturelle sous Vichy* (Paris 1990)
Rutten, Mathieu, *Simenon: ses origines, sa vie, son œuvre* (Brügge 1977)
Sauvage, Marcel, *Les mémoires de Josephine Baker* (Paris 1949)
Siclier, Jacques, *La France de Pétain et son cinéma* (Paris 1981)
Simenon, Denyse, *Un oiseau pour le chat* (Paris 1978)
– *Le phallus d'or* (Paris 1981)
‹Simenon sur le gril›, Interview mit fünf Ärzten, veröffentlicht in *Médecine et Hygiène* (Genf, 5. Juni 1968)
Stephane, Roger, *Portrait souvenir de Georges Simenon* (Paris 1989)
Symons, Julian, *Bloody Murder* (London 1972)
Tillinac, Denis, *Le mystère Simenon* (Paris 1980)
‹Traces› Travaux du Centre d'Etudes Georges Simenon, Nr. 1 und 2 (Lüttich 1989 und 1990)
Vilar, J.-F., ‹Le cadavre sans tête d'une ombre rouge›, *J'Accuse* (Juli 1990)
Williams, R. (Hrsg.), *G. Simenon: a bibliography* (Dragonby Press 1988)
Young, T., *G. Simenon: a checklist* (USA 1976)

Georges Simenon im Diogenes Verlag

- Romane

Brief an meinen Richter
Roman. Aus dem Französischen von Hansjürgen Wille und Barbara Klau

Der Schnee war schmutzig
Roman. Deutsch von Willi A. Koch

Die grünen Fensterläden
Roman. Deutsch von Alfred Günther

Im Falle eines Unfalls
Roman. Deutsch von Hansjürgen Wille und Barbara Klau

Sonntag
Roman. Deutsch von Hansjürgen Wille und Barbara Klau

Bellas Tod
Roman. Deutsch von Elisabeth Serelmann-Küchler

Der Mann mit dem kleinen Hund
Roman. Deutsch von Stefanie Weiss

Drei Zimmer in Manhattan
Roman. Deutsch von Linde Birk

Die Großmutter
Roman. Deutsch von Linde Birk

Der kleine Mann von Archangelsk
Roman. Deutsch von Alfred Kuoni

Der große Bob
Roman. Deutsch von Linde Birk

Die Wahrheit über Bébé Donge
Roman. Deutsch von Renate Nickel

Tropenkoller
Roman. Deutsch von Annerose Melter

Ankunft Allerheiligen
Roman. Deutsch von Eugen Helmlé

Der Präsident
Roman. Deutsch von Renate Nickel

Der kleine Heilige
Roman. Deutsch von Trude Fein

Der Outlaw
Roman. Deutsch von Liselotte Julius

Die Glocken von Bicêtre
Roman. Neu übersetzt von Angela von Hagen

Der Verdächtige
Roman. Deutsch von Eugen Helmlé

Die Verlobung des Monsieur Hire
Roman. Deutsch von Linde Birk

Der Mörder
Roman. Deutsch von Lothar Baier

Die Zeugen
Roman. Deutsch von Anneliese Botond

Die Komplizen
Roman. Deutsch von Stefanie Weiss

Der Ausbrecher
Roman. Deutsch von Erika Tophoven-Schöningh

Wellenschlag
Roman. Deutsch von Eugen Helmlé

Der Mann aus London
Roman. Deutsch von Stefanie Weiss

Die Überlebenden der Télémaque
Roman. Deutsch von Hainer Kober

Der Mann, der den Zügen nachsah
Roman. Deutsch von Walter Schürenberg

Zum Weißen Roß
Roman. Deutsch von Trude Fein

Der Tod des Auguste Mature
Roman. Deutsch von Anneliese Botond

Die Fantome des Hutmachers
Roman. Deutsch von Eugen Helmlé

Die Witwe Couderc
Roman. Deutsch von Hanns Grössel

Schlußlichter
Roman. Deutsch von Stefanie Weiss

Die schwarze Kugel
Roman. Deutsch von Renate Nickel

Die Brüder Rico
Roman. Deutsch von Angela von Hagen

Antoine und Julie
Roman. Deutsch von Eugen Helmlé

Betty
Roman. Deutsch von Raymond Regh

Die Tür
Roman. Deutsch von Linde Birk

Der Neger
Roman. Deutsch von Linde Birk

Das blaue Zimmer
Roman. Deutsch von Angela von Hagen

Es gibt noch Haselnußsträucher
Roman. Deutsch von Angela von Hagen

Der Bürgermeister von Furnes
Roman. Deutsch von Hanns Grössel

Der Untermieter
Roman. Deutsch von Ralph Eue

Das Testament Donadieu
Roman. Deutsch von Eugen Helmlé

Die Leute gegenüber
Roman. Deutsch von Hans-Joachim Hartstein

Weder ein noch aus
Roman. Deutsch von Elfriede Riegler

Die Katze
Roman. Deutsch von Angela von Hagen

Der Passagier der Polarlys
Roman. Deutsch von Stefanie Weiss

Die Schwarze von Panama
Roman. Deutsch von Ursula Vogel

Das Gasthaus im Elsaß
Roman. Deutsch von Angela von Hagen

Das Haus am Kanal
Roman. Deutsch von Ursula Vogel

Der Zug
Roman. Deutsch von Trude Fein

Striptease
Roman. Deutsch von Angela von Hagen

Auf großer Fahrt
Roman. Deutsch von Angela von Hagen

Der Bericht des Polizisten
Roman. Deutsch von Markus Jakob

Die Zeit mit Anaïs
Roman. Deutsch von Ursula Vogel

45° im Schatten
Roman. Deutsch von Angela von Hagen

Das Fenster der Rouets
Roman. Deutsch von Stefanie Weiss

Die Eisentreppe
Roman. Deutsch von Angela von Hagen

Die bösen Schwestern von Concarneau
Roman. Deutsch von Ingrid Altrichter

Der Sohn Cardinaud
Roman. Deutsch von Linde Birk

Der Zug aus Venedig
Roman. Deutsch von Liselotte Julius

Weißer Mann mit Brille
Roman. Deutsch von Ursula Vogel

Der Bananentourist
Roman. Deutsch von Barbara Heller

Monsieur La Souris
Roman. Deutsch von Renate Heimbucher

Der Teddybär
Roman. Deutsch von Ingrid Altrichter

Die Marie vom Hafen
Roman. Deutsch von Ursula Vogel

Der reiche Mann
Roman. Deutsch von Stefanie Weiss

«... die da dürstet»
Roman. Deutsch von Irène Kuhn

Vor Gericht
Roman. Deutsch von Linde Birk

Der fremde Vetter
Roman. Deutsch von Stefanie Weiss

Das Begräbnis des Monsieur Bouvet
Roman. Deutsch von Hans Jürgen Solbrig

Der Umzug
Roman. Deutsch von Barbara Heller

Die schielende Marie
Roman. Deutsch von Eugen Helmlé

Die Pitards
Roman. Deutsch von Ingrid Altrichter

Das Gefängnis
Roman. Deutsch von Michael Mosblech

Malétras zieht Bilanz
Roman. Deutsch von Irmgard Perfahl und Werner De Haas

Das Haus am Quai Notre-Dame
Roman. Deutsch von Eugen Helmlé

Der Neue
Roman. Deutsch von Ingrid Altrichter

Die Selbstmörder
Roman. Deutsch von Linde Birk

Tante Jeanne
Roman. Deutsch von Inge Giese

Die Erbschleicher
Roman. Deutsch von Renate Heimbucher

Der Rückfall
Roman. Deutsch von Ursula Vogel

Am Maultierpaß
Roman. Deutsch von Michael Mosblech

Der Glaskäfig
Roman. Deutsch von Stefanie Weiss

Das Schicksal der Malous
Roman. Deutsch von Günter Seib

Der Uhrmacher von Everton
Roman. Deutsch von Ursula Vogel

Das zweite Leben
Roman. Deutsch von Ingrid Altrichter

Der Erpresser
Roman. Deutsch von Linde Birk

Die Flucht des Monsieur Monde
Roman. Deutsch von Barbara Heller

Die letzten Tage eines armen Mannes
Roman. Deutsch von Michael Mosblech

Sackgasse
Roman. Deutsch von Stefanie Weiss und Richard K. Flesch

Die Flucht der Flamen
Roman. Deutsch von Barbara Heller

Fremd im eigenen Haus
Roman. Deutsch von Gerda Scheffel

Der ältere Bruder
Roman. Deutsch von Ingrid Altrichter

Doktor Bergelon
Roman. Deutsch von Günter Seib

Die verschwundene Tochter
Roman. Deutsch von Renate Heimbucher

Das Haus der sieben Mädchen
Roman. Deutsch von Helmut Kossodo

Der Amateur
Roman. Deutsch von Helmut Kossodo

Das Unheil
Roman. Deutsch von Josef Winiger

Die verlorene Stute
Roman. Deutsch von Helmut Kossodo

Der Witwer
Roman. Deutsch von Linde Birk

Der Stammgast
Roman. Deutsch von Josef Winiger

Hochzeit in Poitiers
Roman. Deutsch von Ingrid Altrichter

Das ungesühnte Verbrechen
Roman. Deutsch von Renate Heimbucher

Die Beichte
Roman. Deutsch von Michael Mosblech

Der Schwager
Roman. Deutsch von Renate Heimbucher

Schwarzer Regen
Roman. Deutsch von Stefanie Weiss und Richard K. Flesch

Manuela
Roman. Deutsch von Linde Birk

Die Ferien des Monsieur Mahé
Roman. Deutsch von Günter Seib

Der verlorene Sohn
Roman. Deutsch von Magda Kurz

Zum Roten Esel
Roman. Deutsch von Ursula Vogel

Doppelleben
Roman. Deutsch von Barbara Heller

Der Grenzgänger
Roman. Deutsch von Renate Heimbucher und Michael Mosblech

Der Wucherer
Roman. Deutsch von Günter Seib

- Maigret-Romane und -Erzählungen

Maigrets erste Untersuchung
Roman. Deutsch von Roswitha Plancherel

Maigret und Pietr der Lette
Roman. Deutsch von Wolfram Schäfer. Mit einer Nachbemerkung des Autors

Maigret und die alte Dame
Roman. Deutsch von Renate Nickel

Maigret und der Mann auf der Bank
Roman. Deutsch von Annerose Melter

Maigret und der Minister
Roman. Deutsch von Annerose Melter

Mein Freund Maigret
Roman. Deutsch von Annerose Melter

Maigrets Memoiren
Roman. Deutsch von Roswitha Plancherel

Maigret und die junge Tote
Roman. Deutsch von Raymond Regh

Maigret amüsiert sich
Roman. Deutsch von Renate Nickel

Hier irrt Maigret
Roman. Deutsch von Elfriede Riegler

Maigret und der gelbe Hund
Roman. Deutsch von Raymond Regh

Maigret vor dem Schwurgericht
Roman. Deutsch von Wolfram Schäfer

Maigret als möblierter Herr
Roman. Deutsch von Wolfram Schäfer

Madame Maigrets Freundin
Roman. Deutsch von Roswitha Plancherel

Maigret kämpft um den Kopf eines Mannes
Roman. Deutsch von Roswitha Plancherel

Maigret und die kopflose Leiche
Roman. Deutsch von Wolfram Schäfer

Maigret und die widerspenstigen Zeugen
Roman. Deutsch von Wolfram Schäfer

Maigret am Treffen der Neufundlandfahrer
Roman. Deutsch von Annerose Melter

Maigret bei den Flamen
Roman. Deutsch von Claus Sprick

Maigret und die Bohnenstange
Roman. Deutsch von Guy Montag

Maigret und das Verbrechen in Holland
Roman. Deutsch von Renate Nickel

Maigret und sein Toter
Roman. Deutsch von Elfriede Riegler

Maigret, Lognon und die Gangster
Roman. Deutsch von Wolfram Schäfer

Maigret und der Gehängte von Saint-Pholien
Roman. Deutsch von Sibylle Powell

Maigret und der verstorbene Monsieur Gallet
Roman. Deutsch von Roswitha Plancherel

Maigret und das Schattenspiel
Roman. Deutsch von Claus Sprick

Maigret und die Keller des ‹Majestic›
Roman. Deutsch von Linde Birk

Maigret contra Picpus
Roman. Deutsch von Hainer Kober

Maigret läßt sich Zeit
Roman. Deutsch von Sibylle Powell

Maigrets Geständnis
Roman. Deutsch von Roswitha Plancherel

Maigret zögert
Roman. Deutsch von Annerose Melter

Maigret und der Treidler der ‹Providence›
Roman. Deutsch von Claus Sprick

Maigrets Nacht an der Kreuzung
Roman. Deutsch von Annerose Melter

Maigret hat Angst
Roman. Deutsch von Elfriede Riegler

Maigret gerät in Wut
Roman. Deutsch von Wolfram Schäfer

Maigret verteidigt sich
Roman. Deutsch von Wolfram Schäfer

Maigret erlebt eine Niederlage
Roman. Deutsch von Elfriede Riegler

Maigret und der geheimnisvolle Kapitän
Roman. Deutsch von Annerose Melter

Maigret und die alten Leute
Roman. Deutsch von Annerose Melter

Maigret und das Dienstmädchen
Roman. Deutsch von Hainer Kober

Maigret im Haus des Richters
Roman. Deutsch von Liselotte Julius

Maigret und der Fall Nahour
Roman. Deutsch von Sibylle Powell

Maigret und der Samstagsklient
Roman. Deutsch von Angelika Hildebrandt-Essig

Maigret in New York
Roman. Deutsch von Bernhard Jolles

Maigret in der Liberty Bar
Roman. Deutsch von Angela von Hagen

Maigret und der Spion
Roman. Deutsch von Hainer Kober

Maigret und die kleine Landkneipe
Roman. Deutsch von Bernhard Jolles und Heide Bideau

Maigret und der Verrückte von Bergerac
Roman. Deutsch von Hainer Kober

Maigret, die Tänzerin und die Gräfin
Roman. Deutsch von Hainer Kober

Maigret macht Ferien
Roman. Deutsch von Markus Jakob

Maigret und der hartnäckigste Gast der Welt
Sechs Fälle für Maigret. Deutsch von Linde Birk und Ingrid Altrichter

Maigret verliert eine Verehrerin
Roman. Deutsch von Ingrid Altrichter

Maigret in Nöten
Roman. Deutsch von Markus Jakob

Maigret und sein Rivale
Roman. Deutsch von Ingrid Altrichter

Maigret und die schrecklichen Kinder
Roman. Deutsch von Paul Celan

Maigret und sein Jugendfreund
Roman. Deutsch von Markus Jakob

Maigret und sein Revolver
Roman. Deutsch von Ingrid Altrichter

Maigret auf Reisen
Roman. Deutsch von Ingrid Altrichter

Maigret und die braven Leute
Roman. Deutsch von Ingrid Altrichter

Maigret und der faule Dieb
Roman. Deutsch von Stefanie Weiss

Maigret und die verrückte Witwe
Roman. Deutsch von Michael Mosblech

Maigret und sein Neffe
Roman. Deutsch von Ingrid Altrichter

Maigret und Stan der Killer
Vier Fälle für Maigret. Deutsch von Inge Giese und Eva Schönfeld

Maigret und das Gespenst
Roman. Deutsch von Barbara Heller

Maigret in Kur
Roman. Deutsch von Irène Kuhn

Madame Maigrets Liebhaber
Vier Fälle für Maigret.
Deutsch von Ingrid Altrichter, Inge Giese und Josef Winiger

Maigret und der Clochard
Roman. Deutsch von Josef Winiger

Maigret hat Skrupel
Roman. Deutsch von Ingrid Altrichter

Maigret und Monsieur Charles
Roman. Deutsch von Renate Heimbucher

Maigret und der Spitzel
Roman. Deutsch von Inge Giese

Maigret und der einsame Mann
Roman. Deutsch von Ursula Vogel

Maigret und der Messerstecher
Roman. Deutsch von Josef Winiger

Maigret in Künstlerkreisen
Roman. Deutsch von Ursula Vogel

Maigret und der Weinhändler
Roman. Deutsch von Hainer Kober

Maigret in Arizona
Roman. Deutsch von Wolfram Schäfer

- Erzählungen

Der kleine Doktor
Drei Erzählungen. Deutsch von Hansjürgen Wille und Barbara Klau

Die schwanzlosen Schweinchen
Erzählungen. Deutsch von Linde Birk

Exotische Novellen
Deutsch von Annerose Melter

Emil und sein Schiff
Erzählungen. Deutsch von Angela von Hagen und Linde Birk

Meistererzählungen
Deutsch von Wolfram Schäfer, Angelika Hildebrandt-Essig, Gisela Stadelmann, Linde Birk und Lislott Pfaff

Die beiden Alten in Cherbourg
Erzählungen. Deutsch von Inge Giese und Reinhard Tiffert

Sieben Kreuzchen in einem Notizbuch
Zwei Weihnachtsgeschichten. Deutsch von Michael Mosblech

Neues vom kleinen Doktor
Drei Geschichten. Deutsch von Renate Heimbucher und Bettina Klingler

Das große Los
Drei Geschichten. Deutsch von Günter Seib

- Reportagen

Die Pfeife Kleopatras
Reportagen aus aller Welt. Ausgewählt und mit einem Nachwort von Hanns Grössel. Deutsch von Guy Montag

Zahltag in einer Bank
Reportagen aus Frankreich. Ausgewählt und mit einem Nachwort von Hanns Grössel. Deutsch von Guy Montag

- Biographisches

Intime Memoiren und Das Buch von Marie-Jo
Deutsch von Hans-Joachim Hartstein, Claus Sprick, Guy Montag und Linde Birk

Stammbaum
Pedigree. Autobiographischer Roman. Deutsch von Hans-Joachim Hartstein

Simenon auf der Couch
Fünf Ärzte verhören den Autor sieben Stunden lang. Deutsch von Irène Kuhn. Mit einer Vita in 43 Bildern, einer Bibliographie und Filmographie

Die Verbrechen meiner Freunde
Autobiographischer Roman. Deutsch von Helmut Kossodo

Außerdem erschienen:

Das Simenon Lesebuch
Erzählungen, Reportagen, Erinnerungen. Ein Querschnitt durch das Gesamtwerk. Enthält u. a. ‹Briefwechsel mit André Gide› und ‹Brief an meine Mutter›. Mit Chronik und Bibliographie. Herausgegeben von Daniel Keel. Zweite, erweiterte und verbesserte Auflage 1988

Über Simenon
Essays, Aufsätze und Zeugnisse von André Gide bis Alfred Andersch. Mit Lebensdaten, Bibliographie und Filmographie. Herausgegeben von Claudia Schmölders und Christian Strich. Zweite, erweiterte und verbesserte Auflage 1988

Stanley G. Eskin
Simenon
Eine Biographie. Mit zahlreichen bisher unveröffentlichten Fotos, Lebenschronik, Bibliographie, ausführlicher Filmographie, Anmerkungen, Namen- und Werkregister. Aus dem Amerikanischen von Michael Mosblech

Register

Abetz, Otto 265
Achard, Marcel 167, 344, 389
Aimée, Anouk 331
Aitken, Joyce 372f., 383
André, Henriette 179
André, Joseph 179, 232f., 389, 414
Anouilh, Jean 22
Antonioni, Michelangelo 368
Aragon, Louis 292ff.
Arletty (Arlette-Léonie Bathiat) 278
Aron, Raymond 277
 – *Les voyageurs de l'impériale* 277
Assouline, Pierre 289, 293, 299
 – *Simenon. Biographie* 289
Autant-Lara, Claude 377

Baker, Josephine 151, 170–174, 178
Balzac, Honoré de 22, 74, 162f., 237, 278, 289, 303, 365f., 398, 413
 – *Les Chouans (Die Chouans)* 162
 – *La comédie humaine (Die menschliche Komödie)* 162
 – *Le père Goriot (Vater Goriot)* 365

Bambeke, van (Jesuit) 77f., 85
Barde (Widerstandskämpfer) 341f.
Bardot, Brigitte 377
Baudelaire, Charles 114, 290
Baur, Harry 277f.
Béchevel, de (Arzt) 229
Benoit, Pierre 276, 280, 292, 349
 – *L'Atlantide (Atlantis)* 292
Béraud, Henri 168
Binet-Valmer (Jean Binet) 152, 154f., 157
 – *Lucien* 154
Bir Hakheim (Nachrichtenblatt der Résistance) 293

Bissing, Moritz Freiherr von 68, 70, 111
Bogdanowski (Student) 62
Bonnard, Abel 280
Bonvoisin, Joseph 116
Boyer, Charles 329f.
Brace, Harcourt 338
Brasillach, Robert 22, 236, 273, 311
Brassaï (Gyula Halász) 159
Breker, Arno 274ff.
Bresler, Fenton 217, 223, 287, 293
 – *The Mystery of Georges Simenon (Georges Simenon)* 293
Bretagne, Anne de 248
Brüll, Eugénie, geb. Dubuisson (Tante) 46f.
Brüll, Félicie s. Renard
Brüll, Gabriel (Urururgroßvater) 409ff., 425
Brüll, Henri (Onkel) 132
Brüll, Henricus (Ururgroßvater) 426
Brüll, Henriette s. Simenon, Henriette
Brüll, Johannes Josephus (Urgroßvater) 410, 425
Brüll, Léopold (Onkel) 45–48, 50, 54
Brüll, Lucien (Vetter) 394
Brüll, Maria Catharina, geb. Hansen (Ururgroßmutter) 426
Brüll, Maria, geb. Loijens (Großmutter) 41–44, 80, 269, 425
Brüll, Wilhelm (Guillaume; Großvater) 24, 41–45, 47f., 68, 78, 80, 269, 348, 410f., 425f.
Buckmaster, Maurice 341
Buffet, Bernard 391, 421

Camus, Albert 273, 297, 361
- *L'Etranger (Der Fremde)* 297
Camus, Jean-Christophe 100, 102, 105f., 142
Le Canard Enchaîné (Zeitschrift) 167, 185f., 216
le Carré, John (David John Moore Cornwell) 22
Casanova (Film) 401ff.
Ce Soir (Zeitung) 292f.
Céline (Destouches), Louis-Ferdinand 22, 214
- *Voyage au bout de la nuit (Reise ans Ende der Nacht)* 214
Chamberlain, Neville 228
Chandler, Raymond 331, 338
Chaplin, Charles Spencer («Charlie») 22, 107, 329, 371, 390
Chateaubriand, François-René, Vicomte de 74
Chaumont, Marcel 347
Chopin, Frédéric 290
Clouzot, Georges 366f.
Cocteau, Jean 22, 167, 267, 273–276, 288, 344, 374, 421
- *Les Enfants terribles (Kinder der Nacht)* 276
- *L'éternel retour (Der ewige Bann;* Film) 274
Colette, Sidonie-Gabrielle 22, 157, 164, 184
- *Chéri* 157
Coméliau (Untersuchungsrichter) 93
Comoedia (Zeitschrift) 275
Conrad, Joseph (Teodor Józef Konrad Korzeniowski) 74, 238
- *Heart of Darkness (Das Herz der Finsternis)* 238
Coomans, Charles (Vetter) 132
Cooper, Duff 297
Cooper, James Fenimore 74
Le corbeau (Film) 279, 292f.
Les corrupteurs (Film) 279f.
Cot, Pierre 212

«Coucou» (Auguste Renard; Onkel) 47f.
Coulon, Joseph 108
Creutz, Hutmacher 40
Croissant, Joseph (Onkel) 132
Croissant, Josephine, geb. Brüll (Tante) 132
Crommelynck, Robert 117
Crosby, Bing 332

Daladier, Edouard 215
Danse, Hyacinthe 81f., 120ff., 143, 239
Darrieux, Danielle 278
Daudet, Léon 153
Déat, Marcel 228
Deblauwe, Ferdinand 98, 104, 115, 118, 120–123, 137, 143, 239f.
Decoin, Henri 278f., 367
Delacroix, Eugène 114
Delmas, Charley 250, 252, 314
Delmas, Franck 250
Demarteau II., Joseph 88f.
Demarteau III., Joseph 88f., 91, 98–101, 108f., 119f., 123, 127ff., 131f., 134, 348
Demongeot, Mylène (Schwiegertochter) 415
Derain, André 285
Descaves, Lucien 227
Desnos, Robert 167, 273
Détective (Zeitschrift) 179, 330
Dickens, Charles 22, 74, 398
Dim (Innenarchitekt) 170
La dolce vita (Film) 368f.
Doringe (Lektorin) 345
Dostojewski, Fjodor Michailowitsch 24, 398
Douhard, Kriegskollaborateur 104f.
Drieu La Rochelle, Pierre 265f., 273, 276, 280, 292
Drion, Désiré 89
Dumas, Alexandre, der Ältere 74, 78, 84
Durand, Arzt 384, 404

L'Ecran Français (Untergrundzeitung) 279, 293
Eliot, Thomas Stearns 22, 362
Elizabeth II., Königin von Großbritannien und Nordirland 388
Engel, Howard 334
– *The Suicide Murders* 334
Epikur (Epikuros) 137
Epting, Karl 274
L'Excelsior (Zeitschrift) 215
L'Express (Zeitung) 402

Fabre-Lebret (Ministerialbeamter) 368
Fairbanks, Douglas 107
Fallois, Bernard de 242f., 294, 361f., 375, 380f., 383f., 390, 400, 406, 411, 414, 419
– *Simenon* 361
Farrère, Claude 153
Fayard, Arthème 180–185, 187, 189, 208, 216ff., 232, 237, 337f.
Fayard, Jean 343
Feinstein, Pauline 62, 71
Fellini, Federico 22, 368f., 401ff., 410, 414
Ferenczi, J. 161
Fernandel (Fernand Constantin) 344
Le Figaro (Zeitung) 292
Le Figaro Littéraire (Zeitschrift) 267
Fillipachi, Daniel 346
Fischer, Léon 83
Fitzgerald, F. Scott 331
Flaubert, Gustave 74, 237
– *Madame Bovary* 237
Foch, Ferdinand 100ff.
Fonck (Kavallerist) 65
Forguer, Ernst 108
Fort, Paul 153, 280
Foujita, Tsugonharu 158f., 226
Fraigneux, Louis 127f., 131, 153
France, Anatole (François A. Thibault) 116
France-Soir (Zeitung) 22, 299, 301

Fresnay, Pierre 292
Frou-Frou (Zeitschrift) 153

Gabin, Jean 85, 267, 344, 377
Gallimard, Claude 263
Gallimard, Gaston 202, 217f., 226, 236, 263, 272, 276f., 281, 289, 298f., 307, 337, 342f., 360f.
García Lorca, Federico 267
Garçon, Maurice 238, 293, 347, 349
Gaulle, Charles de 266, 277, 297f., 369
Gaulle, Yvonne de 369
Gazette de Liège (Tageszeitung) 88f., 91f., 95–106, 108, 111, 116, 118f., 124, 126ff., 131–134, 140ff., 146, 155, 160, 197, 348
Geilenkirchen, Joseph 139f.
George-Renkin, L. 84f.
Géradon, Jules de 102f., 118ff., 126
Gide, André 22, 236f., 263–267, 274f., 289–292, 296–299, 311, 334, 341, 344, 361, 363f., 366, 380
– *Les caves du Vatican (Die Verliese des Vatikan)* 237
– *Les faux-monnayeurs (Die Falschmünzer)* 237
– *Retour de l'URSS (Zurück aus Sowjet-Rußland)* 292
Gide, Catherine 265
Gill, Brendan 338, 355
Giono, Jean 265
Glesener, Edmond 349f.
Gogol, Nikolai Wassiljewitsch 24, 63, 334
Goya y Lucientes, Francisco 114f.
Grasset, Bernard 273, 280
Greene, Graham 31
– *Orientexpress* 31
Greven, Alfred 277, 286
Grindea, Miron 391f.
Guichard, Xavier 197f.
Guillaume (Polizeikommissar) 197, 239f.
Guitry, Sacha 22, 272, 274, 280, 362

Hair (Musical) 407
Ham, Joseph van 57, 73
Hamish Hamilton, James 338, 343, 357
Hammett, Dashiell 356
Hartmann (Obersturmführer) 254
Hault (Jesuit) 121
Heller, Gerhard 268
Hermant, Abel 280
Hermine, Prinzessin von Schönaich-Carolath, geb. Prinzessin Reuß (zweite Gemahlin Wilhelms II.) 212
Herriot, Edouard 168
Highsmith, Patricia 331
Hirohito (Kronprinz, später Kaiser von Japan) 99, 347
Hitler, Adolf 212, 214, 247, 273, 275
– *Mein Kampf* 273
Hugo, Victor 398
L'Humanité (Zeitung) 215

Ingersoll, Ralph 335
Jacob, Max 22, 233, 236, 274
Je Suis Partout (Zeitschrift) 277
Jeanne d'Arc (Jungfrau von Orleans) 268
Josephine Baker's Magazine (Zeitschrift) 171 f.
Le Jour (Zeitung) 212, 331
Le Journal de Liège (Zeitung) 92, 97, 295
Jünger, Ernst 275, 281

Kessel, Georges 329
Kessel, Joseph 168, 179, 185, 266, 329
Keyserling, Hermann Graf von 246
Keyserling, Manfred Graf von 246, 254 f.
Kirchhoff, Joseph 425
Kisling, Moïse 158 ff., 172, 307, 329
Kleine, Joseph Jean 115 f., 118, 134–143, 189, 191, 412
Kleine, Léonard 135
Kleine, Marie-Josephe, geb. Ciset 135, 137

Klément, Rudolph 213 ff.
Koenig, Léon 113
– *L'histoire de la peinture au pays de Liège* 113
Korda, Alexander 345

La Varende, Jean Mallard, Vicomte de 280
Lacassagne (Professor für Kriminaltechnik) 94, 198
Lacassin, Francis 200
Lafnet, Luc 108, 112 f., 115, 117 f., 123, 130, 142, 152, 154, 161
– «Das verwunschene Schloß» 117
Lambert, Jef 108
Laughton, Charles 330
Lazareff, Pierre 106, 167, 299, 314, 344
Lebeau, Jean 137
Ledoyen (Restaurantbesitzer) 281
Léger, Fernand 285
Lemestre, Marthe («Martoune») 160
Lemoine, Michel 142
– *Liège dans l'œuvre de Simenon* 142
Lenin (Uljanow), Wladimir Iljitsch 62
Leopold III., König der Belgier 349
Leroux, Gaston 89
Les Lettres Françaises (Untergrundzeitschrift) 286, 293
Libération (Zeitung) 299
Liberge, Berthe, geb. Cornu 165
Liberge, Henri 164 f.
Liberge, Henriette («Boule») 164 ff., 170, 173–177, 179, 206 f., 211, 225 f., 247 ff., 251, 253, 256, 259, 268, 282 f., 286 ff., 293 f., 300, 305, 310 f., 313, 319 ff., 328, 335, 353 f., 359, 372 f., 393, 415 ff., 419, 421
– *Le vieux navire* 417
Locard, Edmond 94
Luchaire, Jean 280

438

Mac Orlan, Pierre (Pierre Dumarchais) 167, 280
Maigret, Arnold 127, 196f.
Malet, Léo 215
Malraux, André 265f.
Manaerts, Alphonse 198
Mandel, Georges 270
Marianne (Zeitschrift) 215
Marie-Germaine (Ursulinerin) 395f.
Martin du Gard, Roger 297
Masina, Giulietta 368f.
Le Matin (Tageszeitung) 156, 163f.
Matisse, Henri 398, 421
Maugham, William Somerset 22, 363
Mauriac, Claude 361
- *L'alittérature contemporaine* 361
Mauriac, François 22, 236, 266, 291, 361
Maurois, André 349
McCarthy, Joseph 355f.
Médecine et Hygiène (Zeitschrift) 399
Mercier (Hotelbesitzerin) 238
Merle, Eugène 166–169, 172, 174, 412
Le Merle Blanc (Zeitschrift) 167
La Merle Rose (Zeitschrift) 172
La Meuse (Tageszeitung) 91, 97, 112, 118, 140
Michaux, Henri 266
Michelangelo Buonarroti 114
Mignon, Joseph 198
Miller, Henry 22, 311, 340f., 359, 363, 368, 390
Mirmont, Roger 407
Modigliani, Amedeo 158
Moers, H. J. (Henri) 110, 112, 115
Mondadori, Arnoldo 372
Le Monde (Zeitung) 22
Moors, Guillaume («Vieux Papa»; Urgroßvater) 24, 35, 39f., 58, 198, 420
Moors, Marie Louise, geb. Leblanc (Großmutter) 35
Mornard, Jacques («Raimond Mercader») 215
Mortimer, Raymond 296f.

Nanesse (Zeitschrift) 78, 118–121, 123, 126, 128, 131
Napoleon I., Kaiser der Franzosen 23, 35, 262, 268, 369
Narcejac, Thomas 360, 362, 364
- *Le cas Simenon (Der Fall Simenon)* 360
Neujean, Oscar 198
The New Yorker (Zeitschrift) 27, 355
Nielsen, Sven 298f., 343f., 361
Nietzsche, Friedrich 116, 137
Noss' Perron (Zeitschrift) 110f., 126
Nouvelle Revue Française (Zeitschrift) 265f., 276, 292

O'Brian, Justin 302
L'Oeuvre (Tageszeitung) 169, 183
Omre, Arthur 298
- *Traqué (Die Flucht)* 298
Ouimet, Denyse s. Simenon, Denyse

Pagnol, Marcel 22, 226, 277, 288, 344f., 349, 390
Paquis, Jean-Hérold 280
Paris-Flirt (Zeitschrift) 153
Paris-Match (Zeitschrift) 346
Paris-Matinal (geplante Tageszeitung) 168f.
Paris-Soir (Zeitung) 163, 168, 212–216, 228, 398
Paul (Gerichtsmediziner) 239
Pautrier, Lucien 247
Peeters, Alfred (Vetter) 80f.
Pellepoix, Louis Darquier de 269
Père Ubu (Zeitschrift) 204
Pétain, Henri-Philippe 258, 265, 268
Peters, Niclaes 425
Petiot (Massenmörder) 281
Le Petit Parisien (Zeitschrift) 221, 280
Picasso (Ruiz y Picasso), Pablo 158, 226, 275, 421
Piéteur, Andrée 116
Pirard (Polizeibeamter) 142f.
Pivot, Bernard 223
Plaisir (Zeitschrift) 153

Platon 137
Plumier, Georges 155
Poincaré, Raymond 134, 347
Powys, John Cowper 22, 341
Prin, Alice («Kiki von Montparnasse») 158f., 185
Proust, Marcel 267, 289, 380
Puschkin, Alexander Sergejewitsch 63

Quai des Brumes (Film) 267

Rabelais, François 109
Raimu (Jules Muraire) 270f., 332, 367
Rains, Claude 331
Ray, Man 159
– «Le Violon d'Ingres» 159
Raymond, John 395
Rebatet, Lucien 276f.
– *Les décombres* 277
Rembrandt (Rembrandt Harmensz van Rijn) 54
Rémy, Georges 107
Renard, Félicie, geb. Brüll (Tante) 45, 47f., 50
Renchon (Jesuit) 77
Renchon, Jules (Schwiegervater) 126, 131, 153
Renchon, Tita (Schwägerin) 242, 327
Renoir, Jean 22, 149, 172, 208, 330f., 390
Renoir, Pierre-Auguste 285
Rénus (Jesuit) 96f.
Resnick, Lola 62
Revue Sincère (Zeitschrift) 146, 152, 155
Ric et Rac (Wochenblatt) 183
Richardson, Maurice 293
Richelieu, Armand-Jean du Plessis, Herzog von 158
Rutten, Mathieu 41, 48, 80, 142, 408–411, 425f.
– *Simenon: ses origines, sa vie, son œuvre* 408

Saft, Student 62
Saint-Exupéry, Antoine de 266
Saint-John Perse (Marie-René-Alexis Léger) 361
Sarraut, Albert 160
Sartre, Jean-Paul 265, 273, 361
– *Huis clos (Geschlossene Gesellschaft)* 273
Sburelin, Teresa 21, 372f., 383, 397, 405ff., 416–421
Schrooten, Jean-Mathieu (Onkel) 45f., 72, 89, 132
Schrooten, Louisa, geb. Brüll (Tante) 45f., 72, 132
Schroyen, Mathieu 33
Scott, Sir Walter 74
Shakespeare, William 22, 74
Silberberg, Blima («Blinis») 372
Simenon, Arthur (Onkel) 36, 39, 64
Simenon, Blanche, geb. Binet (Schwägerin) 56, 208, 324
Simenon, Chrétien (Christiaan; Großvater) 35f., 38, 40, 52, 59, 67, 73, 78, 197, 199, 231, 261f., 269, 410, 420
Simenon, Christian (Bruder) 55–59, 63f., 74, 96, 208, 210, 231, 291, 295f., 323–326, 331, 346, 348, 350, 420
Simenon, Denyse («Denise»), geb. Ouimet (zweite Ehefrau) 49, 200, 220, 305, 307–315, 317–322, 324, 327–333, 335, 337, 339, 343ff., 347–350, 354, 356–360, 363, 367, 369–375, 380–392, 394, 397, 399ff., 403–407, 412f., 415–421
– *Un oiseau pour le chat* 374, 407, 418
– *Le phallus d'or* 374, 418
Simenon, Désiré (Vater) 24, 29f., 36ff., 40f., 44f., 50–56, 59, 62f., 66, 68ff., 72, 74ff., 78f., 81ff., 85, 95ff., 126, 131ff., 143, 146f., 155, 199, 231ff., 261, 269, 350, 411, 414, 420
Simenon, Francette (Schwiegertochter) 415

Simenon, Françoise (Tante) 53
Simenon, George (Neffe) 208, 325
Simenon, Georges Joseph
    Christian *passim*
- *L'amant sans nom* 182
- *L'Ane-Rouge (Zum Roten Esel)* 233, 238, 262
- *Les anneaux de Bicêtre (Die Glocken von Bicêtre)* 220, 371, 397
- *Annette et la dame blonde (Annette und die blonde Dame;* Verfilmung) 278
- *Antoine et Julie (Antoine und Julie)* 335, 363
- *L'assassin (Der Mörder)* 239
- *Au delà de ma porte-fenêtre (Jenseits meiner Fenstertür)* 113
- *Au Pont des Arches* 108, 110, 126, 130
- *Les autres (Das Haus am Quai Notre-Dame)* 406
- *Un banc au soleil* 401
- *Le Bateau d'Emile (Emil und sein Schiff)* 289, 299
- *Bergelon (Doktor Bergelon)* 239
- *Betty (Betty)* 377, 380
- *Le blanc à lunettes (Weißer Mann mit Brille)* 225
- *Le bourgmestre de Furnes (Der Bürgermeister von Furnes)* 230, 365
- *Bouton de col* 110
- *Les caves du Majestic (Maigret und die Keller des Majestic)* 272; (Verfilmung) 279
- *Cécile est morte (Maigret verliert eine Verehrerin)* 267; (Verfilmung) 279
- *Ceux de la soif («... die da dürstet»)* 223
- *Le chat (Die Katze)* 174, 177, 389, 393 ff., 397, 419
- *Chemin sans issue (Sackgasse)* 225
- *Le cheval blanc (Zum Weißen Roß)* 365
- *Chez Krull (Der fremde Vetter)* 230, 243
- *Le chien jaune (Maigret und der gelbe Hund)* 145, 358
- *Les cinq sens* (unveröffentlicher Essay) 408, 411
- *Le clan des Ostendais (Die Flucht der Flamen)* 314
- *Les complices (Die Komplizen)* 245, 375, 378
- *Le coup de lune (Tropenkoller)* 211, 216, 237
- *Le coup de vague (Wellenschlag)* 228
- *Crime impuni (Das ungesühnte Verbrechen)* 335 f.
- *De la cave au grenier* 132
- *Le destin des Malou (Das Schicksal der Malous)* 145, 147, 167, 362
- *Destinées* 48, 57
- *Dictées* 115, 369, 401, 403
- *Dimanche (Sonntag)* 222, 377, 379
- *La disparition d'Odile (Die verschwundene Tochter)* 371, 396, 406
- *En cas de malheur (Im Falle eines Unfalls)* 371, 376, 379
- *L'escalier de fer (Die Eisentreppe)* 335, 353
- *L'évadé (Der Ausbrecher)* 239
- *Félicie est là (Maigret und das Dienstmädchen)* 341
- *La femme rousse* 182 f.
- *Feux rouges (Schlußlichter)* 335, 351 f.
- *Les fiançailles de M. Hire (Die Verlobung des Monsieur Hire)* 216, 235 ff., 365; Verfilmung unter dem Titel «Panique» 292
- *Le fils (Der Sohn)* 131, 371
- *Le fonds de la bouteille (Am Maultierpaß)* 326
- *Le fou de Bergerac (Maigret und der Verrückte von Bergerac)* 194
- *Les frères Rico (Die Brüder Rico)* 335
- *La fuite de M. Monde (Die Flucht des Monsieur Monde)* 245, 272, 276, 283 f., 291
- *Le grand Bob (Der große Bob)* 335
- *Le haut mal (Das Unheil)* 365

- *Un homme comme un autre* (*Ein Mann wie jeder andere*) 123, 219, 283, 396, 403, 418
- *L'homme qui regardait passer les trains* (*Der Mann, der den Zügen nachsah*) 173, 225; Verfilmung unter dem Titel «The Man Who Watched the Trains Go By» 331
- *L'horloger d'Everton* (*Der Uhrmacher von Everton*) 335, 362
- *Il pleut, bergère...* (*Schwarzer Regen*) 239, 263, 365
- *Il y a encore des noisetiers* (*Es gibt noch Haselnußsträucher*) 397
- *L'inconnue* 182
- *Les inconnus dans la maison* (*Die Unbekannten im eigenen Haus*) 239, 244; Verfilmung unter dem deutschen Titel «Frankreichs Jugend» 270, 278f., 293, 366
- *Les innocents* (*Doppelleben*) 401, 408
- *Je me souviens* (unveröffentlichter Erinnerungsband) 29, 36, 38, 40, 42, 45–49, 52, 57, 84, 259–264, 267f., 289, 298f., 403, 413
- *Je suis resté un enfant de chœur* 181
- *Jehan Pinaguet* 76, 108f., 126, 222
- *Jour et nuit* 130
- *Lettre à ma mère* (*Brief an meine Mutter*) 48, 232f., 396, 403f., 411f., 414, 418
- *Lettre à mon juge* (*Brief an meinen Richter*) 307, 315f., 322f., 326, 340, 365
- *Le locataire* (*Der Untermieter*) 238f.
- *M. Gallet, décédé* (*Maigret und der verstorbene Monsieur Gallet*) 185, 189
- *M. La Souris* (*Monsieur La Souris*) 227
- *Maigret* (*Maigret und sein Neffe*) 191, 202f.
- *Maigret à New York* (*Maigret in New York*) 312
- *Maigret chez le ministre* (*Maigret und der Minister*) 335
- *Maigret et l'affaire Nahour* (*Maigret und der Fall Nahour*) 391
- *Maigret et M. Charles* (*Maigret und Monsieur Charles*) 401
- *Maigret et son mort* (*Maigret und sein Toter*) 323, 340
- *Maigret voyage* (*Maigret auf Reisen*) 339, 371
- *La main dans la main* 100
- *La maison de l'inquiétude* 183
- *La maison des sept jeunes filles* (*Das Haus der sieben Mädchen*; Verfilmung) 269
- *La maison du canal* (*Das Haus am Kanal*) 216, 233, 235, 422
- *Malempin* (*Der Wucherer*) 247
- *Mémoires intimes* (*Intime Memoiren*) 58, 79, 124, 171, 228, 230, 251, 259, 279, 287, 307f., 312, 318, 327, 347, 359, 367, 372, 374, 404, 406f., 412f., 415f., 422
- *La mort d'Auguste* (*Der Tod des Auguste Mature*) 391, 395, 397, 421
- *La mort de Belle* (*Bellas Tod*) 335, 340
- *La naissance de Maigret* (Essay) 181
- *La neige était sale* (*Der Schnee war schmutzig*) 77, 323, 326, 337, 362
- *Les noces de Poitiers* (*Hochzeit in Poitiers*) 155
- *Les nolepitois* 336
- *Un nouveau dans la ville* (*Der Neue*) 321
- *La nuit du carrefour* (*Maigrets Nacht an der Kreuzung*) 192, 198, 208; (Verfilmung) 330
- *On dit que j'ai soixante-quinze ans* 109
- *Le passage de la ligne* (*Der Grenzgänger*) 220, 371
- *Le passager du «Polarlys»* (*Der Passagier der Polarlys*) 216
- *Pedigree* (*Stammbaum*) 33, 38, 57, 66, 72, 74, 78, 86, 264, 267, 272, 285, 289ff., 298f., 347, 395, 403
- *Le pendu de Saint-Pholien* (*Der

- *Gehängte von Saint-Pholien*) 112, 117, 185, 189f., 198, 240
- *Le petit saint (Der kleine Heilige)* 222, 389, 397
- *Pietr-le-Letton (Maigret und Pietr der Lette)* 181ff., 187ff., 198, 204
- *La pipe de Maigret (Maigrets Pfeife)* 299
- *La porte (Die Tür)* 245, 378, 380f., 397
- *Le président (Der Präsident)* 371
- *Quand j'étais vieux (Als ich alt war)* 196, 199, 298, 341, 369, 403, 419
- *45° à l'ombre (45° im Schatten)* 239
- *Quartier nègre (Der Schwarze von Panama)* 239
- *Les quatre jours du pauvre homme (Die letzten Tage des armen Mannes)* 326, 340
- *Le relais d'Alsace (Das Gasthaus im Elsaß)* 216
- *Le revolver de Maigret (Maigrets Revolver)* 335
- *Les ridicules* (Pamphlet) 126, 130f.
- *Le roman d'une dactylo* 161, 164
- *Le Romancier* 125
- *Signé Picpus (Maigret contra Picpus)* 272, 279; (Verfilmung) 279
- *Les sœurs Lacroix (Der Schwager)* 227, 242
- *Strip-tease (Striptease)* 367, 376, 379
- *Le testament Donadieu (Das Testament Donadieu)* 225, 227, 247, 364
- *La tête d'un homme (Maigret kämpft um den Kopf eines Mannes)* 200, 208; Verfilmung unter dem Titel «The Man on the Eiffel Tower» 330
- *Le touriste de bananes (Der Bananentourist)* 227, 239
- *Train de nuit* 182, 183, 199, 232
- *Le train de Venise (Der Zug aus Venedig)* 371
- *Trois chambres à Manhattan (Drei Zimmer in Manhattan)* 307f., 310, 315f., 330

- *Les trois crimes de mes amis (Die Verbrechen meiner Freunde)* 56, 71, 86, 98, 115, 122, 135, 226f., 239f.
- *Les vacances de Maigret (Maigret macht Ferien)* 191, 322, 326
- *La vérité sur Bébé Donge (Die Wahrheit über Bébé Donge)* 272
- *La veuve Couderc (Die Witwe Couderc)* 272, 297, 419
- *Victor* oder *Oscar* (Projekt) 401
- *Les volets verts (Die grünen Fensterläden)* 222, 332, 335, 340

Simenon, Gilles (Onkel) 243
Simenon, Guillaume (Onkel) 37, 52
Simenon, Henriette, geb. Brüll (Mutter) 24, 29ff., 33, 38f., 41, 43–52, 55–59, 61–64, 66–70, 72, 74ff., 79f., 82–85, 95, 97, 105f., 117, 119, 129, 132–135, 143, 146f., 153, 155, 179, 210, 212, 231ff., 243, 247, 269f., 291, 296, 323, 345–350, 366, 387ff., 393–397, 403f., 410f., 413f., 420, 426
Simenon, Ida, geb. Vanherft (Urururgroßmutter) 262
Simenon, John (Sohn) 221, 329, 334, 336, 354, 359ff., 370, 383, 392, 403f., 414, 421
Simenon, Lambert (Urgroßvater) 261f.
Simenon, Lambert (Ururgroßvater) 262
Simenon, Lambert (Urururgroßvater) 262
Simenon, Léon (Onkel) 59, 146
Simenon, Lucien (Onkel) 36
Simenon, Marc (Sohn) 247–250, 254f., 257ff., 261f., 264, 268, 282, 284, 286, 288f., 291, 293–297, 300ff., 306, 314, 319ff., 328f., 332, 335f., 350, 354, 359f., 370, 382f., 393, 405, 414–417, 419ff.
Simenon, Marie Catherine, geb. Moors (Großmutter) 24, 30f.,

35–41, 43f., 48, 58, 153, 261, 269, 420
Simenon, Marie-Anne Céline 38
Simenon, Marie-Georges («Marie-Jo»; Tochter) 336, 350f., 353f., 356, 359f., 370, 372, 383, 386, 392, 396, 404–408, 412, 414, 418ff.
Simenon, Marie-Jean Louise (Schwester Marie-Madeleine; Tante) 37, 53, 64, 395
Simenon, Marie-Josephine 37
Simenon, Marie-Josephine Céline 37f.
Simenon, Pierre (Sohn) 381ff., 392, 394, 404, 421
Simenon, Régine («Tigy»), geb. Renchon (erste Ehefrau) 123–126, 131, 136, 146, 152ff., 156–159, 161, 164ff., 169–176, 178f., 183, 186, 196, 205–208, 210, 212f., 218f., 223–227, 229f., 242, 246–251, 254f., 258ff., 268, 282f., 286ff., 291, 293ff., 300ff., 305f., 310–314, 317–321, 327ff., 332, 335, 346, 354, 357–360, 386f., 413, 415, 417, 419, 421
Simenon, Willem 53
Simon, Claude 361
Simon, Michel 292, 344
Le Soir (Zeitung) 22
Sokrates 114
Spaak, Charles 279
Spinelly («Môme Crevette») 174, 269
Stavisky, Alexandre 215
Stawitzkaja, Frida 61f., 71
Steinbeck, John 332
Steiner, George 22
Stendhal (Henri Beyle) 74, 237, 362
– *Le rouge et le noir (Rot und Schwarz)* 237
Stephane, Roger 69, 104, 184, 199, 398
Stevenson, Robert Louis 74, 332
Stockiste (Polizeichirurg) 94
Symons, Julian 383

Tallandier (Verleger) 182
Tardivon, Pierre 156
Tejada y Galbán, Carlos de 121, 239f.
Thioux, Nicolas 73
Thurber, James 339
Tissier, Jean 269
Tourneur, Maurice 278f.
Tracy, Raymond de, Marquis 155ff., 164, 222
Trotzki (Bronstein), Leo Dawidowitsch 62, 213ff.
Troyat, Henri 280
Tschechow, Anton Pawlowitsch 63

Utrillo, Maurice 329

Vallat, Xavier 269
Vaughan, Baronin 32
Vautel, Clément 92
Vedette (Zeitschrift) 270
Vega y Carpio, Félix Lope de 398
Vercors (Jean Bruller) 273
Verlaine, Paul 114
Vermeer, Johannes 206
Verne, Jules 22
Vieljeux, Pierre 231
Villon, François (François de Montcorbier) 114
Vlaminck, Edwige de 248
Vlaminck, Maurice de 172, 207, 226, 240, 247f., 276, 292, 329, 398, 421
Voilà! (Wochenblatt) 208f., 211
Vriendts, Joseph 64, 73f., 119

La Wallonie Socialiste (Zeitung) 103
Whitman, Walt 340
– *Leaves of Grass (Grashalme)* 340
Wilder, Thornton 22, 339, 351f.
Wilhelm II., Deutscher Kaiser und König von Preußen 212
Wilsens-Brüll, Berthe-Marie (Kusine) 84
Wilsens-Brüll, Sylvie 43, 48f., 84

Zola, Emile 289

Bildnachweis

Die zur Reproduktion verwendeten Bildvorlagen stammen alle außer den nachfolgend genannten aus dem Centre d'Etudes Georges Simenon der Université de Liège. Nr. 6, 19, 22, 23, 24, 26, 28: Marc Simenon; Nr. 12: Photo Planchar, Liège; Nr. 13: Patrick Marnham; Nr. 32: Denyse Simenon; Nr. 35: Look Magazine, New York; Nr. 43: Elle, Paris.

Stacy Schiff
SAINT-EXUPÉRY
Deutsch von Eva Brückner-Tuckwiller
Biographie. 670 Seiten. Geb.

«‹Saint-Exupéry› ist eine außergewöhnliche Biographie: tatsächlich kann man sich kaum eine bessere Arbeit vorstellen. Die Biographie ist ausgewogen, scharfsichtig, genau recherchiert und ausgezeichnet geschrieben.» *The New Yorker*

«Saint-Exupéry wird in diesem sehr gut dokumentierten Porträt lebendig. Eine äußerst anregende Biographie.» *Library Journal*

Albrecht Knaus Verlag